"青春读书课"讲义
成长教育系列读本

CLASSICAL CHINA

风流犹拍古人肩

《古典的中国》讲义

严凌君 著

海天出版社
深圳

图书在版编目（CIP）数据

风流犹拍古人肩：《古典的中国》讲义 / 严凌君著.
— 深圳：海天出版社，2022.1
ISBN 978-7-5507-3216-2

Ⅰ.①风… Ⅱ.①严… Ⅲ.①阅读课—中学—教学参考资料 Ⅳ.①G634.333

中国版本图书馆CIP数据核字(2021)第198419号

风流犹拍古人肩：《古典的中国》讲义
FENGLIU YOU PAI GUREN JIAN：GUDIAN DE ZHONGGUO JIANGYI

出 品 人	聂雄前
策划编辑	谢　芳
责任编辑	孙　艳
责任技编	梁立新
责任校对	张丽珠
封面设计	蒙丹广告

出版发行	海天出版社
地　　址	深圳市彩田南路海天综合大厦（518033）
网　　址	www.htph.com.cn
电　　话	0755-83460239（邮购、团购）
设计制作	深圳市龙瀚文化传播有限公司 0755-33133493
印　　刷	深圳市华信图文印务有限公司
开　　本	787mm×1092mm　1/16
印　　张	23.25
字　　数	333千
版　　次	2022年1月第1版
印　　次	2022年1月第1次
定　　价	45.00元

版权所有，侵权必究。
凡有印装质量问题，请与本社联系。

184	第二十一讲	那些花儿：灵魂的隐喻
196	第二十二讲	明月心
206	第二十三讲	解忧酒·清心茶
214	第二十四讲	别样文字　游戏精神
224	第二十五讲	中国文化溯源：原儒
234	第二十六讲	中国文化溯源：原道
250	第二十七讲	李白家的月亮
		——对一个文化意象的经典个案考察
262	第二十八讲	凤鸣中国：杜甫的祈祷
298	第二十九讲	吃货苏东坡
		——喜欢苏东坡的三个理由
318	第 三 十 讲	李清照的文字美学
334	第三十一讲	活在书中的古典女子
349	第三十二讲	古典，让我们记住回家的路
		——追忆中国人的诗生活
359	第三十三讲	古典的中国如何活在今天
		——课程结语

364	致谢

目录
CONTENTS

001	第 一 讲	中国书生的儿童时代
009	第 二 讲	为自己读书
017	第 三 讲	古代的高考
025	第 四 讲	新人类：君子
036	第 五 讲	新生活：诗生活
046	第 六 讲	书生风骨
055	第 七 讲	中国创世记
064	第 八 讲	吾土吾民
074	第 九 讲	中国文学中最可爱的三个女人
096	第 十 讲	幸好有民间
102	第十一讲	市井与田园
107	第十二讲	时间的哀歌
117	第十三讲	我和桃花有个约会
124	第十四讲	折杨柳：古道西风瘦马
134	第十五讲	云中谁寄锦书来
141	第十六讲	中国式友情
151	第十七讲	眉眼盈盈处：中国式美人
163	第十八讲	手提花篮把相思卖
170	第十九讲	泥人儿：中国式爱情
179	第二十讲	问世间情是何物

第一讲　中国书生的儿童时代

一个算术题：三千年与一百年

我们生活在白话文时代，为什么要学文言文？

我们已经解决了口语与文字分离的问题，文言文作为一种"死文字"，学了有什么用？

为了回答这两个问题，我们先做一道算术题：

作为文明古国，中华文明有三千年历史，它的主要载体就是文言文。而白话文的历史只有一百年。这个算术题很简单，三千对一百，哪个蕴藏的文化含量大？

我们中国人最好的东西，中华文化的原典，中国人的思维特征、内心世界、文化品位、民情风俗，那种优雅高贵的汉语，那些群星灿烂的汉语巨人，那些中国人之所以是中国人的东西，大多都存在文言文里面。你要做一个真正的中国人，做一个合格的中国书生，就必定要知道中国文化的好处，就必须寻根溯源去读文言文。

文言文并没有死掉。最好的那一部分文言文已经与白话文交融在一起，成为白话文中最高雅、最有文化的内容。现代人说话作文，如果来一点经典的引用，顺手用几个成语典故，陡然间就显得有学问有文化了。往深处说，语言是一个延续的过程，如果说汉语是一棵大树，白话文只是树上长出的新枝，汉语的神韵和魂魄依旧活在文言文中，剥离掉文言文，白话文就不存在了。因此，要学好汉语，习得高雅的白话文，我们必须学好文言文。

讲一个小故事。有一个早年的学生留学美国后回来看我，跟我说起一件小事：他有一个好朋友，是韩国人。某天，这个韩国同学对他感慨了一声：我们的友谊，有点像管鲍之交啊。中国同学一头雾水，因为他不知道这个典故。回来跟我说的时候，他一脸惭愧。中国文化影响了亚洲多国，当别人用你的典故跟你对话，你却无言以对，是该羞愧。

须知，求学的目的不是考试，而是成人。今天的教育很奇怪，不考试的内容老师不教，学生不学。一张试卷、一个分数就圈定了一个学生的生存状态。一个人的价值和才能，不是一个分数可以囊括的。古代的教育，是以育人为目的，儒家画出了一个书生的人生成长轨迹：求学，格物致知——修身养性，成为君子——齐家，过一种有礼有节的生活——服务社会，治国平天下。顺便提醒一下各位：中国三千年的学校教育，只有一门大课：全是语文课，全是文言文，主要教材是四书五经，一脸庄严。课外读物，却有诗词歌赋传奇小说，还有其他有趣的语文，嬉笑怒骂皆文章的文言文。陈寅恪先生总结道："吾民族所承受之文化，为一种人文主义之教育，虽有贤者，势不能不以文学创作为旨归。"诗人，文人，是中华民族精神的承载者。

学习文言文有两个小诀窍。首先，是移情，就是同情心。还原文字的情景，拉近距离，设身处地去联想，把作者当作一个活人去理解，你会感觉很亲切。其次，要记诵。为什么你愿意背那么多的英语单词，却不愿意背古诗文？哦，英语单词你们也不喜欢背。但你要学好一门语言你就必须背。学文言文，背诵或熟读，是为了培养语感，学习中国书生说话的语调，进入一个伟大的文化传统。当然，你先要真的读懂了，喜欢了，然后背诵起来就容易了。

"古典的中国"这门课，我希望是一门给你内心注入元气的课，从经典转向小品，从批判转向欣赏，从纸上中国还原古人的真实生活，我们只有知道中国文化的好处，才能高高兴兴做一个中国人。这里有不一样的奇妙文字，让你有机会认识一个繁花似锦的古典中国，重新发现汉语文学和传统文化之美。

儿歌的微言大义

今天在座的各位同学，在古代称为书生——读书求学的人。今天我们来追寻前辈——古代书生的儿童时代，追寻他们的求学状态，他们是怎么成长的。

中国文化有一个很奇妙的特点，从启蒙教育到成人教育多是用韵文。世界其他民族的启蒙教育，自然也有儿歌、韵文，但是只有中国古人专心一意，一韵到底：小孩儿有儿歌童谣，民间有民谣谚语，求学伊始就是对对子、学对联，然后由一联扩展为两联，就是绝句，扩展为四联，就是律诗，然后写诗成为科考内容，全民学习。这是为什么？我们慢慢道来。先看童谣：

> 天上一颗星
> 地上一个人

这种思维通天通地，这到底是一种什么样的感觉？每一个活在大地上的人，对应着天上的一颗星星。这就意味着，你在世上是独一无二的，你的生命是可以闪闪发光的。如此庄重地珍爱与礼赞生命，在其他民族很是罕见。中国人从小灌输的是这种观点，你活在世界上，不是可有可无的，你是天上的一颗明星，你是注定可以让自己的生命发光的。这种饱含美好期待的祝福的词句，传达了中国人对人生的一种很诗意的寄托——希望我们每个人都能够不虚此生。

月光底下读诗章：注意这个读书的情景设置，月光底下，有什么用意？儿歌蕴含的意思是：人间诗书，上通神灵，下通人心。

> 天皇皇
> 地皇皇
> 我家有个夜哭郎
> 过路君子念一念
> 一觉睏到大天光

这首儿歌是我童年的时候，上学路上经常在家乡的街头看得见的：红纸黑字，贴在电线杆上、墙上、马路转角的地方，凡是人多的地方，经常看见这样的东西。哪家有小孩子，晚上老是哭，大人就认为这个孩子可能是受到惊吓。缓解的方式，就是把这首儿歌贴在路边，让别人去念，只要你念一念，我家那个夜哭郎啊，就可以一觉睡到大天光。注意"过路君子"这个称呼，街上来来往往的陌生人，主人预设他是君子。君子自然是善良的，而你的善意的能量可以传递到我的孩子的心灵，为他平抚惊吓。想一想，这样的儿歌里面包含着一种什么样的世界观？普通人家的一个孩子的安眠，都有赖于世人的善意念力。这就是中国人看待世界的方式："人之初，性本善"，这就是活生生的实例。

这样一种氛围，不是那种"不要和陌生人说话"的隔膜的世界，这个世界是一个和美的可信赖的世界，别人的善意可以帮助你安然生活。中国孩子小时候生活在这样安全的环境里面，和和美美的，多好！

有意思的民谣

民谣，是社会上流传的段子，老百姓口耳相传。相当于现在的手机段子。

最远古的民谣能够流传下来，是很奇妙的一件事。多亏了我们的先人喜欢写字。

> 日出而作，日入而息；
> 凿井而饮，耕田而食。
> 帝力于我何有哉！

三皇五帝的时代，是中国历史上的上古年代。远古年代的耕者过着一种顺时应天的生活。这首诗反映了他们悠闲自得的生活状态和乐观顺生的生活态度。每天早上太阳升起，我就起来干活，太阳落下去了我就回家睡觉。在地上挖一口井我就有水喝，在田里耕种呢，我就有粮吃。生活自给自足，皇帝的权力与我的生活有什么关系呢？奈我何干？

> 城中好高髻，四方高一尺；
> 城中好广眉，四方且半额；
> 城中好大袖，四方全匹帛。

汉朝首都长安的一首流行歌谣，说的是当时时髦的社会现象。京城里的女人啦，喜欢梳高髻，把头发盘起来（汉代的发型，优雅，带仙气，很漂亮吧？今天的女孩子为什么不梳发髻了？因为服装变了，撑不起发髻的优雅），传到京城外面，那些乡里女孩就去模仿，把头发梳得一尺高，高耸入云；首都的女人啦喜欢画眉毛，而且把眉毛画得很宽（汉代流行广眉），长安城外的人学起来呢，半个额头全是眉毛；城里的女人啦喜欢穿大袖的衣服，传到四面八方，追赶潮流的人们居然用整匹布来做袖子。夸张得厉害。一种时尚的流行，越来越走样，越来越荒腔走板，可以想见，传唱这首民谣的长安人多么志得意满啊。看来，中国人民自古以来一直很潮，而且是引领和创造世界潮流的潮，"四方"一词，除了指城外乡野，也包括周边的外邦。汉朝人为什么会很潮呢？只有生活富足之人才会爱美赶时髦呀。我们常说汉唐盛世，这是一个生动的民间例证。

民谣是社会生活的一种反映，现在流传很多手机段子，也就是现在这个时代的一种写照，不要小看了那些东西。若干年以后淘汰剩下来的好段子，也会在若干年以后的某个课堂传讲，后人会以此认识21世纪初的中国。我希望大家有历史的感觉。中国每个朝代都有代表性的文学样式：诗经楚辞汉赋魏晋小品唐诗宋词元曲明代民歌清朝小说，我们这个朝代鼎盛的文学样式，可能就是手机段子（或者是：电影电视剧）。

有韵的启蒙

童谣、民谣，世界各民族都有。而唯独中国人会用的一种教育方式，就是用韵文启蒙：对对子。这个只有汉字汉语做得到。

天对地，雨对风，大路对长空……一代代中国小书生就是这样开蒙的，这种风气一直延续到民国时期。清华大学有一次招生，考官是国学大师陈寅恪，他就出了一个对子考学生："孙悟空"，你对什么？后来比较好的答案是"胡适之"，或"祖冲之"也行。就这种对对子的训练，一直以来有个基本的含义在呢，我们现在讲和谐社会，这个概念来自古代。中国最难读的一本书叫《易经》，那里面提出了中国人对世界的一些基本的看法。比如：世界是由阴阳两部分组成的；任何事物身上都有阴阳两面；人身前面是阳，后面是阴；事物之间都有阴阳的对应。对对子的学习方式，其实就是反映了我们对天地万物的理解，宇宙间有呼唤就有应答，没有任何事物是孤独存在的。这是中国人才有的世界观。从小对对子，升格为写格律诗要有对仗，不光是为了写作训练、体验文字的和谐之美、在平仄阴阳韵律中培养对文字的敏感，还有更重要的目的：人生观的训练，从小培养你对世界和谐的看法。通过这种日常训练，来达成你的人格熏陶，养成你的世界观，这个世界的人不是孤立的存在，我们要依靠别人而生存，从中产生了人生与家国的伦理道德，要有礼有节，要有羞耻之心，等等，再推而广之，人与世界的关系；在鱼虾产子的时候有休渔期，在树木初生的日子不伐木砍柴，"斧斤以时入山林"，等等。诸如此类的人间道德都是由此引申出来的，这些生活规则里面都是诗，都是人在大地上诗意生存的方式。自古以来几千年，中国人就一直在努力建设这样一种和谐诗意的生活。

　　解缙是明朝的神童。据说他小时候，在赣江边洗澡，父亲给他出了句上联：千年老树为衣架。他马上对出下联：万里长江作浴盆。多有气派啊！接下来这个更有气势，尚书出上联：天作棋盘星作子，谁人敢下？没想到小解缙的心胸也有这么大，对出了同样气势磅礴的下联：地当琵琶路当弦，哪个能弹？同样高远的思维，没有大胸襟大想象是做不到的。

　　再看清朝的例子，除夕，一个9岁的孩子，祖父出了一句上联：除夕月无光，点数盏灯，替乾坤增色。那孩子来了一句：今春雷未动，擂三通鼓，代天地扬威。你看，他们所做的，都不只是一种写作的训练，也是一种心胸的开拓，培养心胸开阔的君子。一个孩子从小有广阔的胸怀，长大后才能治国平天下。

一个书生的成长，在两个著名书院的大门对联上表现得明明白白。

白鹿洞书院，在宋朝是一代学术重镇，朱熹主持。它的门联是：

> 日月两轮天地眼
> 诗书万卷圣贤心

你每天生活在两只眼睛——日和月的关照之中，它们都在盯着你看着你，你到底要做个怎样的人，所谓抬头三尺有神明，人要有所敬畏，君子慎独。你读万卷书，不是梦中吃饭，面墙定路，你要体会到古来圣贤的用世之心，所谓见贤思齐。神明与人杰的守护，造就一个好学生，一个真君子，你活着，要为天地立心。

明朝名头最响的是东林书院，书院门联的意思简单清楚：

> 风声雨声读书声声声入耳
> 家事国事天下事事事关心

一个普通的学生应该做什么呢？你绝对不可以两耳不闻窗外事，一心只读圣贤书。除了读书以外，你还得关注现实，学以致用，做有用的学问，不是纸上谈兵。你要有能力有热情参与国家的事务。中国的学生有关注现实的优秀传统：东汉的时候，著名学者嵇康要被朝廷杀了，三千太学生跪在地上，请求朝廷赦免他，最后没办法赦免，嵇康弹了一曲《广陵散》，被砍了头。学生代表一个民族最年轻的鲜血，最健康不苟且的活力。关心国事的传统就是这样延续下来的。

清人邓琰的书斋，有一副长联：

> 沧海日，赤城霞，峨嵋雪，巫峡云，洞庭月，彭蠡烟，潇湘雨，武夷峰，庐山瀑布，合宇宙奇观，绘吾斋壁；
> 少陵诗，摩诘画，左传文，马迁史，薛涛笺，右军帖，南华经，相如赋，屈子离骚，收古今绝艺，置我山窗。

这些都是世上的好东西，他都想据为己有，这种欲望是允许的，因为他只是用心占有了，世上的好东西不但没有减少，反而因为有人加入而更为丰富，这是对美好事物的追求。年轻的书生，如在座的各位，送你们一句黑格尔的话：我们要让自己配得上人间最尊贵的事物。

第二讲　为自己读书

几个"有毒"的典故

有几个流传已久耳熟能详的教育典故，老师们都喜欢引用，把故事中的人树立为天下学子敬仰的榜样，可惜，这些"正能量"的典故却经不起推敲，甚至，充满了对读书的恶意。

头悬梁，锥刺股。读书疲倦了，不是去休息或运动，而是把头发拴在屋梁上，一低头的温柔，就被拽醒了。效果还不够好？来个更狠的，用老妈纳鞋底的铁锥，往大腿上猛扎下去，鲜血冒出来，兴奋了，继续看书。请问，这样有效吗？不知道哪位有兴趣试一下？没人敢对自己这么狠吧？不是狠，是蠢。天天这么弄，可以预见的结果是：书没读好，头上秃了，腿上残了，脑筋傻了。况且，儒家有言在先：身体发肤，受之父母，不敢损伤。这么干，真是个不孝之子啊。

囊萤映雪。萤火虫的光可以用来看书吗？几十只萤火虫装在布袋子里，就有了一盏荧光灯？这是科幻小说吧？有人好奇，居然做了实验，结论是：80只萤火虫发出的光，可以让人看清书的标题。如果要想看清楚报纸上的小字，至少需要2000只发光的萤火虫。那么这位哥们，岂不是整天忙着捉萤火虫，哪有时间看书呢？夏天找萤火虫，冬天跑雪地里，这是一个追光的少年啊，可惜啊，雪光里看书，要得雪盲的。

凿壁偷光。这位不玩萤火虫了，自家没灯，邻居家有啊，直接在墙上打个洞，偷光。不对，读书人的事，怎么能叫偷呢，是窃光。

这些典故，家长和老师不问青红皂白，张嘴就来，学生听了望而生畏，对照一下，心中打鼓：完了，没有一个是我能做到的。于是惭愧，内疚，羞耻，绝望。这些典故的产生，是欺世盗名，它们的流传，会败坏一个孩子从小的读书兴趣，摧毁一个少年求学的勇气，让读书这件事变得面目可憎。

然而，这根本不是读书的真面目。

子曰：古之学者为己，今之学者为人。这是孔子的警告：古代的人学习是为了提高自己，而现在的人学习是为了给别人看。学习的终极目的是修炼自己的德行，做一个真正的人，不是为了取悦于人或者追名逐利。

小儿郎，上学堂：立人教育

从南宋以来，小学生开蒙的第一本书一般都是《三字经》。

《三字经》是一个很重要的创造。之前的启蒙课本，是千字文、百家姓一类的识字课本。只有《三字经》卓然不群，它把中华文化中最精华的东西变成了三字一句的顺口溜。学生可以方便地背下来，在背的时候，认识了生字，也体会到中国文化的基本特点，接受人世间的基本礼仪的教导。这种创造很重要，将学问和育人合二为一。

开篇就是：人之初，性本善。这奠定了中国人看人的基本态度，相信人的本性是善的。这就是儒家"仁义"的基础。世上之所以有千奇百怪的人，是因为：苟不教，性乃迁。没有得到良好的教化，人的本性就会被环境改变。基因和教化，两者缺一不可，不偏不倚，是为中庸之道。

有两种观点左右着人类对自己本性的认识：

一种是基因决定论，发展到鼎盛时期就是血统论，"文革"的时候有一句流行语："龙生龙，凤生凤，老鼠的儿子会打洞。"你的出身就注定了你是一个怎样的人，你这一辈子已被注定了。这种观点极端粗鲁野蛮：如果你出身于资本家、地主家庭，那你天生就是一个坏蛋，你出身于贫苦人民，吃不上饭，那么你就根正苗红，多么荒唐。基因决定论到现在似乎还有市场，只是换了一种面目，比如越富有的人品德越高尚，而贫穷是一种耻辱。当代中国人总是走不出这个怪圈。

另一种学说是行为科学，学者放出豪言：不管你的天性如何，我可以通过训练把你培养成我需要的人。你给我100个孩子，我可以把其中任意10个培养成领袖，任意10个培养成工程师，任意10个培养成清洁工，等等。这个发展到极致就是赫胥黎的《美丽新世界》。这本小说预言：未来社会要培养的人是怎样的？很简单，完全是在实验室里操控。一个人在胚胎时期就接受强制性的启蒙教育，通过各种手段，给他的记忆深处注入一个观念，比如：我是一个清洁工，我是一个清洁工，我做清洁工是世界上最光荣的事情；告诉另外一个胚胎，我是一个领袖，我是一个领袖，我要管理这个世界。基因科学的发展，都可以复制人了，未来的人性会有怎样的变化，尚未可知。

先天基因决定论和后天行为决定论这两者各持一端，都很绝对，都有偏颇。古人主张不偏不倚，走中庸之道：既承认基因的决定作用，又承认后天教育的重要性，《三字经》开篇几句话，包含着巨大的智慧。既承认人的本性是善良的，天生对人有一种信任，然后又告诉你人性是会变化的，后天的教育特别重要。

古人对教育有一个最基本的认识：先是做人，然后才是做学问。教育从家庭开始，母亲很重要，所以有孟母三迁；父亲不可缺席，明明白白告诫：养不教，父之过。父母只管生不管养，跟养牲口有什么区别？一个人在学习中成长，就像破开石头见到玉，玉不琢不成器，人不学不知义，学习让你成为一个人，一个君子。即便你是一块卞和的璞玉，如果不通过学习发掘自己的才能，那你一辈子还是一块石头，人要雕琢才能成器。

亲师友，习礼仪。首孝悌，次见闻。启蒙教育的基本内涵，牵扯到中国古人对人类社会的宏大设计。一个孩子入学，首先要学的是做人的态度：你要亲近你的师友，老师与学友，应该是一种亲近的关系，同学之间不是一种竞争的关系，不是"增加一分干掉千人"的关系，不是踩着别人往上爬的关系。要懂礼仪，从对待亲人开始。孝悌，孝顺父母尊敬兄长，然后才是增长见闻。

如果教育只是讲某章某节，某个知识点，只讲知识不育人，那么想想看，教育的基本目的是教给你一些知识以应对考试，还是帮助你成为一个身心健康的有文化的人？成为一个怎样的人，是不是比学到一些知识更重要？否则的话即使是经纶满腹，也可能变成一个混蛋。即使你学得不是那么出色，如果你是一个善良诚实负责任的人，那么你对社会也是有益的。

《续小儿语》，这种民间读本很多，代表了中国民间学者对培养一个孩子的基本要求。这个"小儿语"，是专门写给男孩子的。

丈夫一生，廉耻为重，切莫求人，死生有命。

你现在是个小男孩，将来是个大丈夫，大丈夫的一生，最重要的是要懂得廉耻。做人要廉洁，要有羞耻心，知道世界上有些事情是不能做的，那么你就可以在耻辱线之上做人。这样的人就不会是一个无耻的人。首先画一条底线，羞耻线，这是人生的底线。不要碰到任何事情就轻易去求别人，找关系、拉圈子、行贿受贿，这些都不是大丈夫所为。每个人都有自己的命运，你只要顺着自己的命运奋斗就行了。

男儿事业，经纶天下，识见要高，规模要大。
要看男儿，须先看胆……

男子汉的事业不光是眼前那点事，而是应该经纶天下。这是古人对男孩子的期许。绝对不是你考一百分、赚一百万这样的低级要求，而是要对社会有所贡献，经纶天下。所以男孩子从小就应该有大志向、大胸怀。看一个男孩是不是有出息，首先看他有没有胆量去闯荡世界。西方诗人也表达过这样的意思：世界躺在你面前，等着你去爱。

择友要大气，有难独担当。做人心要慈悲，做事与人方便。不要以自己的标准来要求别人，这也很重要。你可以对自己要求很高，但对别人要宽容，因为别人或许没有像你这么好的天赋和机会。话说到底：别人情性，与我一般。伟人与凡人，本性是一样的。正如马克思最为欣赏的一句格言：人所具有的，我都具有。人同此心，心同此理，以己推人，善莫大焉。

这就是小学时代给男孩子读的人生教育课。大家想一想，按照这种教育方式教出来的男生，他最起码有一条人生底线，不做无耻之人，不做无耻之事，他有基本的道德观，就是要自告奋勇，不坐井观天，也不游戏人生，做得更好一点，你还可以有远大志向，将来有益于整个社会。为什么历朝历代那么多的文人有风骨，有气节，跟这种教育是很有关系的。

《幼学琼林》，这几乎是一本古代文化的小型百科全书，把人世间各种知识编在一起，每句话里都有典故，读起来很有意思，说话写文章要显得有学问的话，你就要背这些典故，也能从中学到很多作文、说话的基本词汇，让你锦心绣口，融入传统。一本速成性的知识类书，很多熟悉的套语都能从中找到，是古代学生文学写作的通用密码。建议你找全书来读。

三个关键词：求学、学问、学习

做一个合格的书生，要先理解三个关键词：求学、学问、学习。

求学：学问是自己求索得到的才有用。

学问：尽信书不如无书。疑问是求学的敲门砖，带着疑问学习就是独立思考。

1. 问人：拜名师，得真传。如程门立雪。
2. 问书：精读经典法——买书不如借书，借书不如抄书；眉批书评——脂砚斋点评红楼梦，金圣叹点评水浒；问题贯穿法——一个问题串起一类书。
3. 问世界：书本知识与现实互动互证。实践出真知，如沈从文"读一本小书同时又读一本大书"。
4. 问天：求索未知。学问天地间，探求已知和未知。
5. 问心：内心的成长，建设自己的精神家园。

学习：习，繁体"習"，鸟儿扇动翅膀，在日光下练习飞翔。引申出对文化知识、技能等的"学习"的意思。学以致用，君子作风，言行一致，文质彬彬。

孔夫子有一句感慨：古之学者为己，今之学者为人。古代的学生为自己的内心需要读书，今天的学生为了别人的要求读书。为自己的成长和追求而读书，这样的求学，必定是快乐的。为了社会的要求、外在的成功标准而读书，把学习弄得比坐牢受刑还痛苦，一定是走火入魔了。

苏舜钦用《汉书》下酒，不亦乐乎；

陆游少年时被陶渊明诗歌吸引入迷，废寝忘食；

苏东坡作文行云流水，有感而发；

欧阳修公开作文秘诀：多读多写，自工。

这些都是学习该有的样子，是常识——正常的通俗的知识。请对照一下你们的学习：听课—写作业—考试，这样的循环下来，你们体会到了学习的快乐吗？考试，是检验学习的效果，但不是学习的目的，为了考试的学习不是学习的正常状态。请检查一下你的表情，如果你整天愁眉苦脸，一定是出问题了，子曰：君子坦荡荡，小人长戚戚。好好照照镜子，经常不快乐的你，可能不小心成了"小人"也。

学习，读书，原本是一件快乐的事情，通过读书，你认识了世界，你成长了，让自己变得内心丰富而强大，一天天更喜爱自己，从而更喜爱这个世界，渴望过有价值的人生。这才是读书该有的样子，从今天起，试一试快乐读书吧，至于喝酒喝茶，那些不重要，只是外在的道具而已。

读一本大书

有一句古话：一事不知，秀才之耻。许多古代书生以此自命，努力通晓天下事。一个少年书生的终极追求，是以天下为使命。因此，人生处处是学问。

古代中国有一个很奇怪的现象：科技远远领先于西方世界。说这话的是英国学者李约瑟，一辈子研究中国古代科学，他替我们中国人写了一本皇皇巨著《中国科学技术史》，他告诉我们，我们的祖先曾经是多么伟大。他帮助我们复习许多被忽略掉的常识，除了你熟知的四大发明，还有很多小小的发明也很重要。比如马镫，骑马的时候的那个脚镫。在马镫发明之前，一个骑马的人是不可能长途跋涉的，只有发明了马镫才可能有长途跋涉的能力，然后这项发明传到西方，普及开来，《中国科学技术史》说："只有极少的发明像脚镫（马镫）这样简单，却在历史上产生了如此巨大的催化影响。就像中国的火药在封建社会的最后阶段帮助摧毁了欧洲封建制度一样，中国的马镫在最初帮助了欧洲封建制度的建立。"这些看起来很不起眼的小小的发明，如何微妙地影响了世界的历史？我们真的知道得太少。有个美国人节选了李约瑟的巨著，改编成一本通俗小册子《中国：发现和发明的国度》，讲述中国影响世界的100个发明，你可以找来看看。

那么问题来了，古代中国并没有科学教育这回事，为什么却拥有如此众多的发明？朝廷也没有专设的科学机构，唯一有一点关系的部门，是司天监，观察天象的，还有点神神叨叨。科学和发明这两个词，也是近代日本人创制的。

几乎没有什么科学的土壤，许多的发明完全出于个人爱好。这跟中国人的学习精神有关，他们并不满足于读四书五经，他们有些人还会读世界这本大书，所谓学问天下。

沈括，有一次出使边关，到金国去，他就把沿途的山川草木画出来，画出来还不够，还要用泥沙堆起来，用木头刻出来，创制出了世界上最早的地理模型。这个地理模型比地图更直观，后来朝廷颁布下去，守关的边军都用它，就很容易了解地形地貌了。沈括的一生，常常这样似乎"无意"得到了许多发明和发现，后人根据他的随笔《梦溪笔谈》，认定他几乎是个全能的科学家。

李时珍，一个药学家，他的医学成就源于几十年如一日的仔细观察。他说明一种鸟的药用价值，却饶有兴致地记载道：这种鸟在夏天毛色五彩，叫声自鸣得意，像是在说"凤凰不如我"；等到冬天羽毛脱落，叫声就像"得过且过，得过且过"；这种鸟叫寒号鸟。一个医者，不脱诗人本色，严谨又不失浪漫情趣，也是古代学者有意思的一面。

蔡邕，汉朝学者，多才多艺，甚至有一种特异功能：听觉特别发达。他能够从烧焦的桐木中听出这段桐木音质绝佳，所以就抢救出来做了一把好琴。别人邀请他去做客，他走到门口听见主人在弹琴，他居然转身就逃走了。后来那人问他怎么回事，他说我听到你的琴声里有杀气。主人说真是这么回事啊，当时我正看到一个螳螂在捕蝉，我担心蝉飞了，在替螳螂加油，所以琴声里带了杀气。拥有蔡邕这样神奇的耳朵，才真是知音啊。

草圣张旭，人称张颠，他练书法的故事广为流传。走到路上，看到一个贵妇人和一个农民在一条窄路上相遇，两人侧身错让，让对方过去，一个身法妙曼，一个举重若轻，张旭从中悟到了笔法的转折之妙。公孙大娘舞剑器，名动长安，杜甫从中感觉到诗意，张旭从中悟到草书的酣畅淋漓。

顺便说一下，每次监考，我最痛心的事情是：有些同学的卷面书写没法看，尤其那些大男生，字写得细小如蚂蚁，扭曲如蚯蚓，非常恐怖。字如其人，你的书写流露了你的气质、个性和心胸，男孩子要胸怀宽阔，先要把字练好。练字，可以改变气质。

你的记忆不要总是停留在头悬梁锥刺股、八股文、范进中举发疯了这样一些无趣的东西里面，多接收一点古人学习的美好信息。对于古代书生来说，学习可以是一件有趣的事情，而且是一件终身乐此不疲的事情。你要学习的是这些。

第三讲　古代的高考

谁来管理一个国家？

一个国家该由什么人来管理呢？在古代世界，各国的帝王都试图让老百姓相信：君权神授。中国的皇帝则自称天子，是上天派来管理庶民的。估计很多皇帝说这话的时候，都会心虚得很。那么大臣呢？官僚阶层从何而来？贵族世袭。贵族之家的子弟才有可能进入朝廷去做官，一般的农民百姓永远是做平民百姓。阶级固化，社会将失去活力。

然而有一个人改变了这个局面，他开创私人教育，教化天下的聪明之士，然后把这些人送到各个国家去。贵族们发现：光靠自己的子弟治国已经不行了，这位老师培养出来的学生很有用，因为他们深明大义，博学多才，做事能干，又懂礼守礼，不会捣乱不会造反，所以竞相征用，这样就有源源不断的庶民进入了朝廷。这个改变中国权力结构的人，就是中国最伟大的教师、我们的前辈孔夫子。他不光是教育了弟子三千，而且改变了中国社会的结构形态。孔子教育的结果，让寒门子弟也有机会进入朝廷，成为国家的管理者。这是发生在春秋时代的事情，古人对权力的挑战不可谓不早。

古时候，主流还是官僚世袭，另有察举制、九品中正制等，作为补充的人才选拔方式，由地方官员举荐贤人能人，但家世出身是一个先决条件，于是"上品无寒门，下品无士族"，最终成为门阀士族的选举工具。荐举制在当代中国也一度流行，"文革"时期废除高考，地方干部推荐人才上大学，不用考试，"两手的老茧就是最好的成绩"云云，这些被推荐上大学的人史称"工农兵学员"。我是1979年上的大学，恢复高考的第三年（1977—1979，史称"新三届"），刚跨进大学校门时，大喇叭里高呼："欢迎你，人民的大学生。"这个称呼暗藏玄机。

既不是名门之后，又不被举荐，还有一个出路：自我推荐。战国的时候，有一个著名的故事：毛遂自荐。历朝历代都有一些出身草根的平民，自我推荐上朝做官，也有不小的成功率。汉代的时候，就出了这样一个奇葩：东方朔。他上书了一篇奇文，给自己做广告，广告词大言不惭：我幼而好学，文武兼修，勇敢敏捷，廉洁守信，还是天下第一的猛男加美男。奇人奇文，恰好遇到一个奇皇帝——雄才大略的汉武帝，居然信了他，一个人敢这样夸自己，肯定还是有点本事的，就让他住在驿馆里，待召。经过考察，后来还真让他入朝做官，用了他。都说中国人很谦虚，汉唐盛世的中国人不是那么谦虚的，中国人原本也是个性张扬的，看看那个东方朔吧。

在历史上，隋朝是一个很有创造力的朝代，统一天下，建筑都城大兴城，修通南北大运河，还有，建立科举制度。隋文帝是个英明之主，可惜第二代就不争气了，国运不济。隋朝所创下的这一切，从经济到文化，仿佛都是为了唐朝人做准备的。把大兴城改名长安城，唐朝就开张营业了，所以唐朝一立国，就开始了盛世。不是说唐太宗有多么伟大，而是一上手就继承了隋朝几十年的经营。唐朝从隋朝得到的最重要的遗产之一，就是人才选拔制度：科举考试。

科举制度的好处是：公平选拔人才，不论出身贵贱，只考较才能。一个平民百姓，可能通过科举来改变整个家族的命运。这个在世间是个创举，人才的流动，带来阶层的变动，激发朝廷的活力。一个寒门子弟，洗净腿上的泥土就可以穿上官服出将入相。历史学家认为，西方的文官制度就是借鉴中国的科举考试制度，用专业人士来管理政府。一直到今天高考，实际上也是吸收借鉴了科举考试的某些形式。各位啊，你们坐在这里享受这种平等的机会，还天天诅咒它，说高考如何摧残了你，但是你要知道，从中国历史来讲，你有一个这样的机会是多么的不容易，尤其是当你出身寒门时。科考，是古人给这个世界探索出来的相对公平的人才流动的机制。

赶考路上

唐代民谣：太宗皇帝真长策，赚得英雄尽白头。因为科举的兴盛，天下的英才都有机会入朝为官，为我所用，多好啊！所以唐太宗看到考生们从考场上鱼贯而出的时候，兴奋道：天下英雄尽入吾彀中矣！人间的有志之士都进到我的弓箭的射程之内了。当科举制度成为中国社会的一个常规，就出现了很多生动的现象，我们还原一下当时的生活情景。

一个书生从小在私塾接受教育，然后从村学到乡学，也可能到府学、太学，出色的人不断地被推上去，"学成文武艺，货与帝王家"。"出货"的方式就是参加科举考试，这是鲤鱼跳龙门的一跃。

千百年来，常见的场景是：丈夫要进京赶考，妻子殷殷告别。而下面讲的这一位，有点不一样。中国有一个很好的传统是，很多女人也接受了文化教育，虽然她不能参加科举考试。席佩兰，清代诗坛宗师袁枚的女弟子之冠。丈夫要去进京赶考了，妻子写了这么一首送行诗。能写诗的妻子在中国并不少见，这位妻子的口吻很有意思：

> 打叠轻装一月迟，今朝真是送行时。
> 风花有句凭谁赏，寒暖无人要自知。
> 情重料应非久别，名成翻恐误归期。
> 养亲课子君休念，若寄家书只寄诗。
>
> ——【清】席佩兰《送外入都》

古代男人主外，女人主内，丈夫就成了外子，妻子就成了内人。为了送你进京赶考，我为你准备行装已经一个多月了。传统的农业社会，不是商品社会，很多东西买不到，都要自己做。"慈母手中线，游子身上衣"，你出门很遥远，交通又不方便，往往一别就是大半年，甚至一年多，路上就要走几个月，一年四季的衣服都要准备。还有呢，要筹备点干粮。虽然古代旅途上，店铺不少，但是毕竟得花钱。有这么多的行装，可能还得有匹马，至少也得有头驴子，才好上路吧。然后还要筹点银两，把家里什么值钱东西都卖了，做路上的盘缠吧。所有这些东西要花时间。现在，终于到离别的时候了。你这一走，花开的时候，我写下的诗句，给谁去欣赏呢？你独自在外，谁能为你嘘寒问暖呢？你要自己保重啊。长久的分别我不闹心，我只担心一旦金榜题名，你可能就不记得回家的路了——被别人抢去做女婿了——这种担心一点也不多余。唐代笔记记载：每年春天发榜之日，权贵们的豪车宝马就守候在旁，抢着挑选中举的士子回家做乘龙快婿。还有更聪明的在后面：家里的事情你就不用担心了，供养父母，教育孩子我会尽责。千言万语，我只有一个条件：你如果有空给家里写信的话，可别随便写，要写就一定要写诗回来，正是：若寄家书只寄诗。

为什么提出这样一个条件？诗比散文要更精练、精粹，写诗要用心，诗言志诗言情。这个妻子多聪明啊，你要写信回来，可别随便写两句，又没钱了，寄点银子来这么简单，就是要银子也得写诗。在你推敲诗句的时候，你对家人的思念也会缠绵更长久。你心里要真的装着家，装着妻子，就会有诗兴。这是中国特色的家信，也是中国特色的离别诗。这位读书郎就这样背负着妻子的深情和家族的希望上路了。

路上的情景大家可以想象一下。古代的交通就是靠走，最好的也是骑着一匹驴子晃晃悠悠往前走，一天能走个几十公里就很不错了，还要翻山越岭，还可能遇到强盗，生病，等等。当然也有很多好的故事发生，认识一些新朋友，或者到驿站，可以看看前人留下的诗句，一路上风景也很美，诸如此类的。

这几首诗未必是写进京赶考的，可以是写任何在旅途上的人，但我们可以想象，这些人中可能有赶考的。温庭筠的《商山早行》广为流传，他写出了人在旅途的鲜明画面：

> 晨起动征铎，客行悲故乡。
> 鸡声茅店月，人迹板桥霜。
> 槲叶落山路，枳花明驿墙。
> 因思杜陵梦，凫雁满回塘。

——【唐】温庭筠《商山早行》

没有形容词，只有一组名词，却活生生地画出了一幅图画，这是中国诗词的特点，用一组名词描绘一幅景象。你看，鸡叫了，茅店上挂着一弯新月，远处木板桥上一层霜，上面印着一行旅客的脚印。早行之人孤寂，然而踏实，这里不是"古道西风瘦马"的孤绝，而是"枳花明驿墙"的清爽，是"凫雁满回塘"的故乡的记忆，心中满满的温情。树梢上清冷的月光，板桥上清晰的印迹，多么清新，多么美好。看路上的情景，全是落叶，全是鲜花，散发着芬芳。诗句捕捉到了晨起的镜头，让我们看得见古代的旅客如何地日夜兼程。如果你是考生，在家里准备充分，对考试有信心，不用忙着在驴背上温书，这个时候你的心情就会不一样，眼前的山水景物也不一样了。

> 客路青山下，行舟绿水前。
> 潮平两岸阔，风正一帆悬。
> 海日生残夜，江春入旧年。
> 乡书何处达，归雁洛阳边。
>
> ——【唐】王湾《次北固山下》

人在青山中跋涉，而前途还在青山外；坐船行走在绿水中，潮水涨起来了，河岸显得非常开阔。春天雨水多，河水涨潮，江面宽阔了。风吹动着我的船帆，远远看去，一只船帆像悬在天上。颔联是写景还是抒情呢？这是中国诗歌的另外一个特点：任何景语皆情语，每个景物都是经过选择的，都有抒情的作用，景物的样子就是诗人心境的样子。水涨了以后，不会有搁浅的风险，顺风顺水一帆风顺。船上的书生，心里充满了对未来的憧憬和希望，有一种志在必得的豪情。

颈联非常有名，被大唐宰相张说亲手书写在正事堂，相当于写在国务院办公室的正墙上，代表着大唐气象。海上日出，在辽阔无垠的大海上，从一个渐渐稀薄暗淡的夜里"生出了"一轮喷薄的红日，像个新生儿，这是色彩的对比，气势的对比。江水滔滔，两岸春色弥漫，春天是新鲜的，在日历上却还属于旧年。唐朝用的是周历，就是现在的农历。日历上还是旧年，日子看起来没什么变化，但是，春天已经悄悄降临，大唐国土辽阔，江南的春色来得早，闯入旧年，一点点驱赶大唐国土上的寒冬。在这里时间与风物纠缠交替，万象更新，面朝大海，心胸开阔，蕴含着对人间生生不息、国运蒸蒸日上的诚挚祝愿。

科举考试的细节

千百个书生从四面八方赶赴京城，抵达之后，有些特别的事情要做。

行卷。唐朝的科举考试非常生动活泼，考前有一个流行的仪式：行卷。把你写的诗文选编成一个手卷，送给当朝名士，这些名士必须是诗人，不是一般的达官贵人，名士诗人才懂得你的分量，看了以后如果欣赏你，就会向今年的主考官推荐：某某是个人才，录取的时候请特别留意，别遗漏了人才。

考生白居易，行卷给顾况。顾况是当朝名士，性格诙谐，一边漫不经心翻看白居易的手卷，一边随口拿他的名字开玩笑：你叫白居易啊？哎呀白居易呀白居易，长安的米很贵的，想要居下来怕是不容易啊。话音刚落，看到开卷第一首，白居易十六岁的诗作《赋得古原草送别》：野火烧不尽，春风吹又生。顿时发现眼前的少年是个人才，立即改口道：能够写出这样的诗句，你要在长安白住下来也不是不可以的。于是马上推荐了他。

这算不算是走后门呢？不是，这在唐朝是一种光明正大的举动。考生行卷干谒，名士推荐于主司，都是一种完全在阳光下的行为，公开地走大门，不是走后门。为什么敢这样做呢？按照人的本性来说，当然会推荐自己的儿女亲戚，不论才德，只论利害关系，这才是走后门。而为朝廷举荐人才，是官员的职责，举荐者与考生之间，有一种默契的担保关系：名士以自己的名望担保考生的水平够格，为朝廷得人才而感觉荣耀，有识才之德；如果考生入朝后表现恶劣，举荐者有连带责任，这叫株连。所以，举荐，不是那么简单的事情。

走后门。大名鼎鼎的王维就走过后门。大唐名头最响的公主，是唐玄宗的姑姑，太平公主，炙手可热。唐玄宗的兄弟歧王，算是大势力吧？比太平公主还是矮了一截。王维与歧王很熟，却希望得到太平公主的举荐，两人煞费苦心地演了这样一幕：歧王带一个戏班子进入公主府，王维假扮乐手混迹其中。琴弹得妙，人又长得帅，引起了公主的注意。攀谈之下，得知是王维，公主感叹：我从小就读你的诗，一直以为王维是个古人呢。很爽快地举荐他为京兆府的第一名——解元。当年考试之后成了进士。如果这算是走后门，那也是凭借才华，获得举荐。相反的例子：权倾一时的杨国忠，他的儿子就屡考不中，因为主考官，才是朝廷人才选拔的守门人。

做广告。有熟人好办事，如果举目无亲，纵有泼天的才华，也不得其门而入。来自偏远四川的陈子昂，就遇到这样的问题，不知道向谁行卷。好在家里有钱，有钱好办事，不是用来行贿——有没有人敢收暂且不说，行贿是玷污自己的节操，赔上一辈子名声的事情，谁愿意做——而是演出一幕摔名琴觅知音的好戏，立即名动京华，广告效应特别好，演出完毕，全长安都是熟人了。行卷被人抢着要，当年进士就到手了。

换考题。宋朝有一个很奇怪的家伙——晏殊，宋词婉约派的代表。他在参加科考最后一关——殿试的时候，表现很奇怪，在皇宫里的考场上一坐下来，一看题目就说：报告考官，请给我换一个题目。世上哪有这样的考生，敢提这样的要求？晏殊的理由很特别：这个题目我十天前做过了，草稿还在这里。所以，请求换一个题。这些话都是当着皇帝的面说的，皇帝非常欣赏他的诚实。你想想看，现代老师最得意的事情莫过于猜题，猜中了高考作文题，立即身价百倍。而这个晏殊说我写过了的题目不能再考，有作伪之嫌，请求换一个题。换了题目，晏殊还是考上了。对得起良心的人，首先要自己有本事才行。像这种人这种事情，我们叫作古风、古道、古人。说一个人诚实仗义叫古道热肠，说一个地方民风质朴叫古风犹存，说一个人慷慨仁义叫古人之风。

探花题名。金榜题名之后，唐朝还流行新进士在大雁塔题上自己的名字，等于是广告天下。白居易就很得意地说：慈恩塔下题名处，十七人中最少年。白居易进士及第是27岁。可见"五十少进士"的说法有诗为证。新科进士是人间最得意的人，是天上的文曲星下凡了，孤寒之士孟郊在46岁那年考中进士，感慨赋诗：昔日龌龊不足夸，今朝放荡思无涯。春风得意马蹄疾，一日看尽长安花。这个看花有两层含义：一是去看女人花，在长安北里曲巷妓馆，饮酒听歌，犒劳自己；二是真是去看花——唐朝进士发榜一般在早春二三月，公榜之后，在当年的新科进士中，挑一个少年英俊者，代表大家，骑着快马，满长安的公私花园去看，哪里的花儿开了，就采过来，给所有的进士同榜，人人满头插花。这个少年郎，称作探花使，科举排名"状元榜眼探花"，"探花"便来源于此。鲜花满头的进士们，还要在曲江池芙蓉园设进士宴。晏殊考上了，却待在破庙里不出去。有人向皇帝报告了，皇帝问：你怎么不出去玩呢？晏殊说：我不是不想玩，可是我没钱啊，搞这些庆祝活动很花钱的，所以我只有躲在庙里读书了。皇帝认定，这人是个诚实君子。后来，晏殊成了北宋太平宰相。

第四讲　新人类：君子

理想的人类是怎样的？

科学在不断发展，人类是否也在不断进步呢？如果进化论在社会学上也适用的话，天演天择，人类往何处去？如果人类可以自由选择，人类可以进化出来的最理想的样子应该是怎样的？

许多哲人对此有过思考，几乎基于一个共同的前提：人类活成现在这个样子是出错了，必须重新来一遍创世记。

按照英国作家斯威夫特借用马的口吻对人类的评价：你的大多数同胞是造物主容忍在地球表面爬行的小害虫中最丑陋、最恶毒的一类。

德国哲人——疯狂的尼采呼唤"超人"的出现：进化的目标并不是人而是超人。人只是超人与动物之间过渡的一条绳索，超人高于人犹如人高于动物。这个全新的物种大概是这样的：

超人是人类生物进化的顶点，是天生的统治者，是宇宙的精华。上帝由于过分慈悲而死掉了，超人就是新的上帝。

超人是天才，有极大的权力欲，独立、勇敢，以冒险为乐，恺撒大帝、拿破仑就是超人的雏形。

超人占有一切，统治一切，他们无所顾忌，超出善恶观念之上，不受良心的责备。

超人是真理与道德的化身，他们为人类立法，他们的意志、言论就是法律；他们的道德标准是"我能做"，而不存在"我应当做"的东西。

超人是绝对自由、自足而又自私的。超人傲视一切，远离群众，决不像燕雀那样结队飞翔，而是像雄鹰那样，张牙舞爪，独来独往，驰骋逍遥，没有任何朋友。

最痛苦的天才最有希望成为超人。

听出什么了吗？其一，超人不是所有人类的未来，只是人类未来统治者的样子，是强权者。其二，超人其实是不在乎全人类的，人类有退化为动物的危险——希特勒利用了超人哲学，对犹太人种族灭绝。其三，超人不过是疯子尼采的夫子自道。

文明社会发展这么多年，总是用各种各样的标准来给人分类。比如按国籍、按民族、按肤色、按地域、按性别、按年龄、按财富、按等级等，大都是按照外在的标准来划分，跟一个人的内在品质没有关系。你不能说有权有势有钱的人就一定是一个聪明高尚的人。一切以外在标准来评价人的机制，都是存在缺陷的。

按照社会制度划分，二战后，以美苏为中心，世界形成了北约、华约两大阵营，冷战出现。按照宗教信仰划分，各种宗教各自划地为王，冲突不断，是所谓"文明的冲突"。孰优孰劣，各执一端，最好的结果是多元共存，谁也别想灭了对方。

人类问题重重，总该有所改变吧。那么，有没有一种可以属于全人类的理想的进化模式，没有侵略性、统治欲，不论政治制度与宗教信仰，不限国籍与种族，而是把关注点回到人，回到人的内在品质上，这样一种进化是否有可能呢？有，那就是：君子。

君子的模样

中国第一教师，孔夫子，在两千多年前，提出了一种全新的人类评价标准：君子和小人。这原本指贵族与庶民。孔子转换了这一组词汇的含义，专门指向人的品德。我认为这是孔夫子对人类发展的一个伟大发明。他的这种对人的评价，只关注人的内在品质，跟一个人所有的外在标签毫不相关，把社会附加在人身上的外在东西全都抛开，不管他是一个怎样身份地位地域性别年龄的人，他都可以是一个君子，或者一个小人。这可能是世界上最公平、最正义的对人的划分方式。君子，最初是孔子对自己的学生提出的成才标准，是理想中的中国书生最好的样子，然后，这些人进入社会普及教化，天下人也有可能成为君子。试想，芸芸众生皆成为君子，人类的未来就有点意思了。

我们看看孔夫子心目中的君子大概是个什么样的。君子原是一些普通人，通过努力可以企及的优秀的人的模样。

君子不器。器，器具。从小到大你的所谓理想，要做一个科学家，一个作家，一个老板，你为自己未来的人生画了一个圈，实际上这都是器。你没想过让自己做一个健全的人，而是首先向往在哪个框框里面讨生活。不器，不局限自己。一个君子不是只有某种具体的作用，他应该有能力应对复杂的社会需求，当环境需要，他可以堪当大任，做任何有益之事。就算做儒生吧，也要作"君子儒"（不器，有担当），而不是"小人儒"（器用，祭祀官）。最初的儒是一种职业，主管祭祀，而君子是人格指向。小人儒是怎样的？交给你什么事情就做什么事情，没有独立人格，没有更多的追求。今天的很多大学生，用非所学，实际的工作并非自己所学的专业，但他们在别的领域也能好好做下来，从某种意义上说，也是君子不器的新证明。如此看来，孔夫子是否很有眼光？这就是超前意识，时髦的词叫全人教育。

文质彬彬。别人是否喜欢你，你很在乎，其实，你更应该在乎的是：你自己是否喜欢自己。一个人的本性如果没有被修养兜住，就会粗野无礼，成为莽汉一个；如果一个人修养"太好了"，天天"与时俱进"，口吐圣贤之言，好到连你自己都不认识自己了，文过饰非，不见真心，虚浮虚伪，这叫"伪君子"。文质彬彬，然后君子。说的是内外和谐，言行一致，以真面目示人，不撕裂自己，既不违背本性，也不抛弃良知，你所受的教育正好能够发挥你的天性，成就你自己，这才是一个正常的君子。

子曰：学而时习之，不亦说乎？有朋自远方来，不亦乐乎？人不知而不愠，不亦君子乎？

这是君子三问。每个人从小到大学了那么多好东西，学过以后就扔掉了，考过以后就扔掉了，这种学习是愚蠢的。好的学习应该是把学到的东西变成你的生活，学而时习之，习可以理解为实践，不单单是指复习——谁能够在天天复习旧知识中得到快乐呢？习变成复习，就成了记忆术了。习者，小鸟儿扇动翅膀学飞也，用学到的知识改变你的生活，天天向上，不亦乐乎？

有朋自远方来，朋，古人认为的朋友可不是一般的见面熟的那种人。古人对朋友的定义很苛刻：志同道合的人才可以成为朋友，最好的朋友是高山流水的知音级的人物。跟你有相同志向的人，不远千里来找你，共同切磋学问，交流共鸣，这才是发自内心的喜悦啊。

你的一生是为你自己活着，还是为别人活着呢？你是不是学成文武艺，就一定要进入帝王家呢？如果你一辈子也没把自己的学问卖出去，你是否自我圆满，自足自信？即使不能进朝廷做官，不能把自己的学问用于这个世界，你也可以做一个人格高尚的隐士，做一个有品质的老百姓。如此，人不知而不愠，即便怀才不遇也不恨天怨地，不亦君子乎？

日常生活中君子是什么样子的？君子坦荡荡，小人长戚戚。《续小儿语》有类似的句子：男儿事业，经纶天下，识见要高，规模要大。意念深沉，言辞安定，难大独当，声色不动。民间俗语有云：没事不惹事，有事不怕事。面对任何困难，先不要惊慌失措；碰到任何事情，冷静面对。一整套文化体系里面都在说要做一个坦坦荡荡的人，不要碰到一点小事就愁眉苦脸，甚至跳楼自杀。没有人格韧度的人是脆弱的，他不懂得怎样保护自己不受伤害。

君子和别人的关系，有个简单的标准：君子成人之美，不成人之恶，小人反是。成人之美的事情做起来是不容易的，看见别人在做一件好事，你愿帮助他、成就他，这需要大襟怀。如今号称是竞争时代，你在班上每次考试比某个同学少两分，你都恨得他牙痒痒的，你这叫成人之美吗？不是，你是不小心就成了一个小人，成人之恶，希望他比你少十分才好。有一种竞争是：你好，我想方设法不让你好，这是小人之争；君子之争是：你好，我也要好，见贤思齐，甚至，我努力做得比你更好，这是良性竞争。

乡愿，德之贼也。乡愿，如果世上每个人都说你好，你实际上可能不是一个好人，是个伪君子。因为世上各色人等，都认为你好，那你这个人肯定有问题。因为正直的人可能会喜欢正直的人，那些不良之人也喜欢你，说明你在伪装，和稀泥，一个老好人是有问题的。巧言，令色，足恭。这就是乡愿的基本表现。专说漂亮话，一脸假笑，对别人总说恭维的话。恭维人，不是真心赞美人，其目的，就是为了把别人踩在脚下。我恭维你，你不就恭敬我了吗？就把别人给降服了。一味说好话的人，经常如鱼得水，却没有人格底线。无原则地说好话就是在收买人心，我对这种人感到很羞耻。如果真有什么怨恨却隐藏起来，有不满却不敢表现，然后表面上还对他很恭敬很亲近，这不是坦荡荡地做人，这种行为也是可耻的。

交友，有三种好朋友：正直，宽容，见多识广。这种朋友交起来对你有益。有三种朋友交下去对你有害：走歪门邪道的，善于阿谀奉承的，一贯花言巧语的。西方有句话，只要看一个人所结交的朋友，就可以看出这个人的品性如何。因为朋友就是你的镜子。以此来对照，孔夫子给我们设立了六面哈哈镜，正反各三面。

仁者与智者，是君子的升级版，最高境界。两者趋向不同。智者乐水，仁者乐山，山水类比人格。水是动的，像智者一样，生机活泼，快乐无忧，有生命力有创造力，给世界提供新鲜的活力。山是静的，博大厚重，厚德载物，宅心仁厚，是襟怀天下的仁者的象征。一个君子的人生做到极致，就是一个仁者或者一个智者，当然还有一个更好的样子是成为圣人。一般的人做不到圣人，孔夫子也没说自己是圣人，只是我们后代的儒生给他戴了这个高帽子。人家孔夫子自认是一条丧家之犬，他到处推销自己的学问，穷尽一生都没有真正推销出去，没有变成现实的政治力量，却不失为一个伟人，因为他的学说影响中国几千年，他的学生就是今天的你我的模样。

有关君子的认定，我的感觉，孔夫子当时生活在乱世，他就曾经在想，这个世界被贵族把持着，而许多贵族既不聪明，也不仁厚，这种人把持着各个诸侯国的政权，显然是一种祸害。孔夫子是一个死硬的理想主义者，他周游列国，在外面碰得头破血流，他想到了回去的一个理由就是：我得回去，还有许多故国学子等着我去教育。他在学生身上寄托了伟大的理想，他要培养新的人类来改变世界，他希望贵族变成君子，更希望平民百姓里能出一批君子，有教无类——这个类指的是阶层，然后，由堂堂君子来掌管国家。

　　《论语》记载了孔夫子在不同的场合、对不同的弟子反反复复兜兜转转定义君子这个观念，其良苦用心何在？说"上帝死了"的那个19世纪哲学家尼采，与早他两千年呼唤"君子诞生"这个概念的孔夫子，我觉得他们两个用心是一样的，就是想改造人类。尼采偏激，超人无法落地；孔子中庸，君子具有可操作性。世界这样子是不合理的，这样下去是没前途的，我们应该在世人中培养一批君子：精通六艺、品德高尚、人格坚定、有公德心、以天下为己任。这套标准被后来一代代知识分子传承下来，成了中国文化的久远的记忆，是我们身上的一个遗传密码，你现在虽然不提不学了，说不定哪天就在你身上又唤醒了。总之，我觉得孔夫子的一个伟大理想就是培养君子，再造人类。

治国平天下不过是一些小事

　　儒家为历代书生铺设了一条人生路径：格物致知—修身养性—齐家—治国—平天下。前两项是养成一名君子，后三项是为家国效力。一个书生，如何能够担当如此重任：治国平天下。是金戈铁马血洒沙场吗？是位高权重一言九鼎吗？是登高一呼改朝换代吗？不是。所谓治国平天下，对于绝大多数书生来说，不过是一些鸡毛蒜皮的小事，但凡你的初心是善的，利国利民的，这些小事有时候也会惊天动地。

　　渤海郡在渤海湾一带，汉代的时候，这里的人民还过着原始的生活：刀耕火种，游猎维生。太守龚遂上任伊始，就发布了一个谕民公告：种地养蚕才是先进的生活方式，你们要改变落后的生活方式。百姓身佩刀剑，相当于佩戴一头耕牛，请卖掉刀剑，买回牛犊。你们的身份，要从饱暖不定的猎人变成踏实有保障的农民。这样一则太守令，移风易俗，善莫大焉。所谓"当官不为民作主，不如回家卖红薯"，说的就是这种当仁不让的责任感。

贵州遵义原本不产丝绸，直到清朝一个叫陈德荣的官员上任。这位原籍山东历城的书生，他的老家是盛产丝绸的，来到遵义为官，当时茅台镇的酒还没现在这么有名，百姓生活贫苦，有一种檞树，家家当柴烧。这种树在我的老家叫青莱树，是养蚕用的啊，陈市长大喜过望：我找到了富民之策了。于是从老家买来山蚕种，请来蚕师，试验了五年，终于大获成功。遵义丝绸名扬天下。这就是所谓：为官一任，造福一方。

北宋的某一年，刚刚上任的江西虔州（今赣州）知军刘彝碰到一件事情：闹饥荒。古人靠天吃饭，一旦年成不好，就很难养活儿女。历史上经常发生这种事情，一旦养不活的时候，就把孩子遗弃掉。古人不懂得计划生育，也没有避孕的条件，有孩子就生，一家常常就会有很多孩子，养不活就丢掉几个。刘知军一上任就面对着满大街的弃婴，怎么办？当时也没有孤儿院。这个知府就想了一个办法，在街上贴公告，招募平民百姓来收养街上的弃婴，每天打开公仓给他们公粮，每收养一个弃婴就给二升米。这样一来，街上的弃婴很快就给人收养完了。这是怎么回事？因为这些人家都没有吃的，现在收养一个孩子以后，每个月可以领到二升米，那不就可以救济家人了吗？问题来了：收养了一个弃婴，如果这份粮食没有给这个孩子吃，这家人把它分了，怎么办？官府想了一个对策：每个月把孩子抱到官府里验看一次，看他是不是被这家人饿得面黄肌瘦，或者生病了或者不在了。巧妙的一招后手，收养者就不敢偷奸耍滑了，办法很简单，所费又不多，很快就解决了赣州境内的弃婴问题。这么一件小事说明什么呢？如果刘知军不做这件事，他依旧可以安然无恙地做官。是什么促使他做这件事，而且做得如此到位，如此聪明？那不就是君子的人格加上从政的智慧在起作用吗？什么叫治国平天下？不就是这样一件一件小事体现了你济世利民的胸怀吗？任何一个有为的书生都可以治国平天下的，孔夫子要培养的就是这样的君子。

刘彝任虔州知军的时候还做了一件事：修建全城下水道——福寿

沟。因两条水沟的走向形似篆体的福寿二字而得名，全长 12.6 公里，它是罕见的成熟、精密的古代城市排水系统。最奇妙的是，这个排水系统至今仍然运行正常，承载着赣州 10 万老城区居民的排污功能。每次洪水暴发，赣州城都能逃过一劫，就是这套排水系统在发挥作用。据此，后人称刘彝市长为水利工程专家。古代没有学校教这个，也不知道他从哪里学到的知识。

  北宋有个宰相叫吕蒙正，做这么大的官，肯定有人要给他送礼。有一天，他的弟弟就受人之托转来一件礼物。这个礼物不一般：一般的铜镜只能照出人的脸而已，这个铜镜据说能照到两百里之外。吕蒙正拿着这个铜镜，说了这样一句话：我的脸大不过一个碟子，哪里用得上一面照两百里的镜子呢？照妖镜吗？对我有什么用呢？说得多好！这么一个简单的道理为什么现在中国的官员都不懂啊？贪官们动辄几千万的贪腐，贪这么多的钱用来干什么呢？他用得完吗？他们贪的不是必需的东西，而是根本用不着的东西。吕蒙正的话，现在的官员几个人听得懂？这就是君子与小人的一个区别，对人世间有没有一种很坦诚的认识：我不需要的干吗要伸手去拿？权力是公器，公器不属于个人，不可私用。

  一个君子，每到一处，有意无意都会对一地民风产生影响。广东民风，就被两个文学大家改造过：韩愈，被贬官潮州，影响一方的教化，至今有个韩山师范学院。苏东坡被贬官惠州，传说发明了一种女子专用斗笠：当地妇女原本戴斗笠，东坡改制，在斗笠周围加一圈绸帛，挡风蔽日，效果良好，沿用至今。

  君子原本是凡人所能达到的理想模样，不是什么天生的超人。天下兴亡，匹夫有责。每一个有所作为的中国人，都可以参与治国平天下。

  顺便说一句：今天的中国梦是治国，一带一路就是平天下。那些在一带一路上勤勉工作的普通的中国人，就是今天治国平天下的君子。

史官的威力——对时间的敬畏

古代中国有两种官员，权位不高，作用极大，备受西方历史学家的赞赏：谏官，史官。

谏官之"谏"，专门针对君主，"谏朝政之得失"。进谏的方式：在朝廷当面向君主直言，叫"廷诤"；书面向君主提意见，称"上封事"。君主制下，君王拥有绝对权力，谏官相当于刹车装置，制衡君权。称职的谏官犯颜直谏，乃至死谏，相当悲壮。如果这个位置上是阿谀逢迎之徒，就会破坏这种弥补机制，加剧专制的危机。

史官，一个更古老的官职，夏朝就有了。中国人似乎有文字癖，许多事情都"有文为证"，尤其是帝王的事情。史官主要有两类，一是史馆史官，专门编纂前代王朝的历史；另一种很有意思：起居注史官，天天跟在皇帝身边，君举必书，左史记言，右史记事，记录皇帝的言行与政务得失，皇帝却不能阅读这些记录。这一类史官，对于皇帝来说，是否"压力山大"？

谏官与史官要称职，一个要口硬，有错必纠；一个要手硬，秉笔直书。从帝王的私心来说，自然是希望掩恶扬善，文过饰非，而史官职责所在，必须直书其事，不掩其瑕。帝王与起居注史官，经常是一对天敌。

唐太宗李世民有贤君之名，一日，他有点忐忑地问褚遂良：你记录我的起居，我可以看吗？褚答：从来没有听说过一个天子要看自己的日常言行记录的。言下之意，你说了什么做了什么，自己还不清楚吗？又问：朕有不善，卿必记邪？答：君举必书，这是我的职责。守官就是守道。旁边的大臣帮腔：如果遂良胆敢不记，天下人也会记的。唐太宗反应机敏，立即表态：我做皇帝还是有原则的，力求不出差错，让史官没机会记录我的恶行。

宋太祖赵匡胤，行伍出身，文化程度不高。那天他在御花园用弹弓打鸟，有个大臣赶来，说有急事要禀报。赵匡胤正玩得高兴，不理他，这位大臣还一而再再而三地要禀报，所说的不过是寻常事务，赵匡胤不耐烦了，怪他扫兴。官员说：国家事情再小，也比打鸟要紧。皇帝勃然大怒，拿起长柄斧子，用斧柄扫过去，一下把官员的两颗牙齿打掉了。这个大臣的表现很有意思，他慢慢地弯下腰把打落的两颗门牙捡起来仔细地揣进怀里。这是干什么？这不是向皇帝示威吗？皇帝骂道：你想干什么？你难道想收集证据告我的状吗？我是谁啊？这个大臣的回答是：我当然不能告陛下的状，但是史官会记载的。可怜的宋太祖，闻言脸色一变，在司马光的笔下，是这样写的："上悦，赐金帛慰劳之。"司马光在这里用了曲笔，为尊者讳。这个悦字肯定用错了，应该是惧。听到史官要记录，皇上马上害怕了，然后赐予金帛，不是慰劳，是堵嘴。可惜的是，言事的官员或许闭嘴了，旁边的史官还是把这事记录下来了，让我们今天还能读到。

皇帝为什么会怕史官呢？皇帝不是至高无上吗？不是无所畏惧的天子吗？问题是，还有一个老天爷在。古人再坏，也懂得心怀畏惧，抬头三尺有神明。而和老天爷相通的那股力量掌握在谁的手里？就掌握在史官的手里，因为史官记录下任何一件事情，都是告诉你，皇权是厉害的，但是更厉害的是：时间。时间就是神，因为你这么一个人纳入时间的滔滔洪流中的时候，你只不过是一个有限的生命，你活过这短暂的一生之后，后人怎样评价你，你是掌控不了的。千秋功罪，自有后人评说。所以皇上如此畏惧，史官如此坚持，这是我们古代中国的传统。

高于皇权的东西

头上有神明，心中有道义，手头有作为，这就是君子美好的样子。孟子有云：民贵君轻。在一些关键时刻，这可以是真的。

南宋末年，元军南侵，朝廷已无可用之兵，文天祥一腔热血，回到家乡江西吉安临时招募义军，家乡豪杰万余人应召，他们明知敌强我弱，却甘愿鸡蛋碰石头，以身殉国。有心杀贼，却无力回天，皇帝都投降了，文天祥面对苍天高喊：君降，臣不降。转战抵抗。有一个理想叫作：社稷为重君为轻。这是高于皇权的良知和道义。文天祥在广东被俘，被押解到大都北京的一路上，他的得意弟子，在千里长途上张贴布告：大丞相可死矣。催逼老师速死全节。这是一种集体英雄主义的悲壮展示。文天祥慷慨赴死，人们在他的衣带上发现了遗言：

孔曰成仁，孟曰取义，惟其义尽，所以仁至。读圣贤书，所学何事？而今而后，庶几无愧。

文天祥是南宋最后一根铁脊梁，像他这一类书生，在许多朝代许多场合都会以不同的形式冒出来，他们在自己人生的关键时刻，高风亮节，堂堂一生做君子，仰不愧于天，俯不怍于人，留取丹心照汗青。这就是孔夫子希望的理想的人类，我们可以接着渴望，渴望这样子的人会成为未来人类的普遍模样。

第五讲　新生活：诗生活

中国文化的"四大发明"

"四大发明",享誉全球,大家也耳熟能详。这是英国学者李约瑟为中国人总结出来的中国科技对人类的贡献。我觉得还有另外四大发明,中国文化的四大发明,一点也不比火药指南针印刷术和造纸术逊色,甚至更为出色,更应该在全世界推广。我们一直有自信:中国人应该对人类有更大的贡献。科技类的发明或许很快就会过时,科技在于应用,不断推陈出新;文化在于沉淀,是时间的朋友,文化类的发明可以历久弥新,古老的容颜青春的心,鹤发童心,这就是文化胜过科技的力量。

我以为可以普及全球的中国文化的四大发明是:汉字,君子,茶,诗生活。

汉字。中国对世界最伟大的奉献,实际上就是我们的汉字。因为它是世界上唯一流传下来的依旧活着的文字化石——象形文字。几个文明古国原初的文字都是象形的:埃及的象形文字、苏美尔的楔形文字、古印度哈拉巴文以及中国的甲骨文,除了汉字,其他的都演变成了拼音文字。由于汉字是视觉文字,克服了全国众多方言的隔阂,让广大民众迅速成为一个文化共同体,保持了中华文明数千年的坚韧传承。汉字存活是个奇迹,近代以来,汉字就有过两次生死危机:在"五四"时期,我们的汉字差一点变成了拼音文字,钱玄同那一代大师曾喊出"汉字不死,中华必亡",为了急着融入世界文明,唯一的渠道就是把文化的载体一锅端掉,将汉字变成拼音文字。好在钱玄同那拨文人没有把它变成事实,这个运动的副产品是推广了汉语拼音,提高了识字率。然后到了计算机时代,只有拼音文字可以输入,汉字待在计算机外面,看人家奔跑。后来是科学家王选等人，当代毕昇，发明了汉字输入法，汉字激光照排系统，让汉字变成了信息时代最快捷的处理信息的文字之一。汉字又活过来了，而且显示了它独特的威力。唯一的，就是宝贵的。汉字对于人类的价值，或许在太空时代会有出其不意的表现。

君子。科学在发展，人类这个物种自身也该有所进步吧？各种对未来理想人类模样的揣测，其中只有君子，最有可能变成现实。也只有君子，是一种美好的变化。君子豹变，其文蔚也。参看上一讲。

茶。中国饮食文化博大精深，不用说八大菜系，也不用说琳琅满目的地方小吃，只是一个老干妈，就轻易占领了全球的餐桌，尤其对年轻一代懒人的胃口。中国饮食引领人类的胃口，已经是不争的事实。其中有一个，太寻常了的，人们天天需要的，以至于熟视无睹的发明，被人随随便便地遗忘了，那就是：茶。世界三大饮料：茶，咖啡，还有可乐。可乐是工业制品，伤身；咖啡毁誉参半；只有茶，似乎是一边倒的赞誉。除了众多实际的对人体健康的益处，我觉得茶是中国人奉献给世界的一种优雅的生活方式，一种因为分享而更具意味的人际生活状态。这个是会千古流传的。

诗生活。人类不是蚂蚁，除了劳动，还会偶尔想想活着的趣味。在劳动之外的时间里，我们如何生活，决定了人生的品质。今天的年轻人，玩游戏，不可一日无此君；成年人，打麻将，刷微信，追剧。都是消耗式的生活方式，想方设法把时间消磨掉。相比之下，享乐式的生活方式比较有意思，读书写字，喝茶饮酒，友人相聚，说走就走的旅行，风花雪月的恋爱，等等。除了享受快乐，还为生命增添了内容。这其中，最极致最美好的生活方式是：诗生活。西方哲人喜欢念叨的一句话：人类劳苦功烈，然而诗意地栖居在大地上。许多人认同这是人类的终极追求。诗生活，是中国人发明的曾经普及于东亚文化圈的一种新的生活方式。

以上，就是我私许的，中国古人奉献于世的可以流传更久远的人类文化的四大发明。

炼一颗文字丹

诗生活，不一定要写诗。不写诗，生活同样可以有诗意。然而如果写诗，你就找到了进入诗意生活的一个方便入口，如果全民写诗，如唐宋以来的书生那样，一种特殊的有韵味的生活就变成了现实。

作为一个诗的国度，诗生活早在中国书生的内心落地生根。由于诗赋取士，吟诗作赋早已成为古代读书人习以为常的生活方式。在文字中，感受与表达生活的深厚意味。因而，对文字的钟情，就是对生活的认真。

这件事只有我们中国人在做，几千年都在做。写诗到底对一个人日常生活有什么好处呢？这个还真要你写了才能真实体会。平常人眼中的一棵树，一声鸟鸣对于你来说只不过是景物而已，而对诗人来说可能就是灵魂的颤动。杜甫会说"恨别鸟惊心"，柳永会说"杨柳岸晓风残月"。这些寻常的景物在一个敏感的诗人心里都具有无限的韵味，这就是中国人写诗写出来的结果，让我们眼中的世界跟别人不一样。

"鸟宿池边树，僧敲月下门。"落第士子贾岛，后来又做了和尚，当他在长安朱雀大街上推推敲敲的时候，他在"炼"字，也在提炼生活经验。劈头撞见"长安市市长"韩愈，韩愈说："'敲'好。"你试想一下，到底是敲好还是推好？显然是敲。敲又有声音，又合礼仪。一个光头和尚半夜三更悄悄去推别人的门，那不是非奸即盗吗？推门而入显然是不合适的。即便是庙门，也该敲、叩门，意思是问："允许我入内挂单吗？"

春风又绿江南岸。"拗相公"王安石的名句，一个绿字让人击节赞叹。这首诗的手稿被别人给收藏了，发现"春风又绿江南岸"的"绿"被改了很多遍，"到""过""入""满"等足足有十几个字，推敲不定，最后才发现只有"绿"才是最好的。为什么好呢？形容词动用，一个绿字展现了春风来到江岸的动态和情态，他看到了来的过程，风让草慢慢变绿了，春天的江南忽然就在一个字里面活了，有画面，有动感，有生机。

>   渔翁夜傍西岩宿，晓汲清湘燃楚竹。
>   烟销日出不见人，欸乃一声山水绿。
>   回看天际下中流，岩上无心云相逐。
>
>   ——【唐】柳宗元《渔翁》

这是柳宗元的一首名作。有个读者眼光很毒，他认为最后两句诗是多余的，画蛇添足，这个人就是苏轼。而后世的学者也多赞同他。为什么最后两句可以不用呢？

一个渔翁，天黑了将船停在峭壁之下，一大早点燃竹子烧开江水做早餐。然后，很妙的一句：炊烟消失了，太阳出来了，渔翁不见了，只听见摇橹的声音，一路上将山水都摇绿了。人消失了，天地之间空旷无物，只有一片青郁的山水。渔翁的生活清淡自足，很容易让人联想到高深的隐士，比如烟波钓徒、五湖散人这样的名号。诗写到这里，神清意满，接下来说什么呢？那渔翁回过头来看看昨晚船停的地方，水流浩浩，白云自在，无心，没有机心——把这个消失的人又叫出来了，还把前面的第三人称叙述改成第一人称的视角，让他把自己狠狠地赞美了一声。唉唉，前面的画面本来就交代清楚了，又何必再特意点破呢？显然是多余的抒情。有点像中学生作文，一定要在篇末点题，否则于心不安。

清朝一个杭州土豪到苏州买妾，李家姑娘生得标致，就是没裹脚。土豪叹息一声：可惜土重。他不说脚大，而说土重，土感觉很重，走起路来踩在地上很重。就像骂人瘸子——世上的路不平。骂人不带脏字。媒婆说姑娘有才，可以弥补脚大的遗憾。土豪出了个恶作剧的命题：《弓鞋》。李姑娘当场赋诗：

>   三寸弓鞋自古无，观音大士赤双趺。
>   不知裹足从何起？起自人间贱丈夫。

脚大又怎么了？自古以来就没有这个习俗，连观音菩萨都不裹小脚呢。这就很有意思了。如果说裹小脚的风俗一度裹胁了整个中国的妇女，按道理我们把观音菩萨引进来的时候，把一个男神变成女神，那么，观音也应该裹小脚才对。但是很奇怪，我们的观音菩萨从没有裹小脚。因为引进在前，恶习在后，后人再大胆也不敢往前追溯，把观音的脚也给裹了，这就有很微妙的文化信息在其中。不知道裹脚的习俗从哪个时候兴起（据说始于南唐李后主），不管是哪个朝代，最初发明裹小脚的那个人肯定是人世间的大贱人、贱男人。骂得好！这么一来，土豪就不敢娶她了。这个女孩用诗句捍卫了自己的尊严。

诗生活，是一种审美生活，价值观也蕴含其中。

一个人读书作诗，就是在做人。诗是什么？诗首先要说真话吧？纵观中外文学史，各民族的文学源头都是诗歌，这意味着什么呢？诗歌是最容易抒发人的内心情感的，是人类在需要抒情的时候脱口而出的最自然的文学形式，诗歌最能表达人内心深处的永恒诉求。如果诗歌一旦开始抒发虚假的情感，变成假大空的东西，就不再是诗歌了。因此，所谓心中的诗意，首先是对人间的一种真诚，对自己人生的诚实，在这种状态下说出来的话、写出来的诗、做出来的事情才会有所不同。这就是读书以后心中有了诗意，你对人世间的感受异于常人。真诚地面对内心，诚实地面对世界。所谓性情中人，指的是诗意的性情，是不肯放弃对生活对生命的审美底线。

风雅的意趣

一个人从小就写诗，然后做了官，那会发生什么事呢？米芾，书法大师，他的行书写得特别漂亮。他在做县官的时候，碰到了蝗灾。蝗虫吃粮食很厉害。隔壁县的县官派人去捕捉蝗虫，在古代是没有农药杀虫技术的，只有靠人工捕捉蝗虫。有一年蝗灾，唐太宗亲自下到田里，捉了一只蝗虫就往嘴里塞，说：你吃我百姓的粮食，我就吃了你。可惜，吃不完哪。你想想蝗虫铺天盖地而来，老百姓抓它，要么就火烧掉，要么就埋掉。抓来抓去，隔壁县的官员就恼火了，说：怎么可以只让我们抓呢？这些蝗虫明明是从米芾的县里飞来的嘛，我们要写个公文去问责，以邻为壑，不把蝗虫好好管住，反而赶到我们县里来，危害我们的百姓，于是正儿八经地写了封信去责怪他。米芾正在吃午餐，看到这个公文后，会是什么表情？笑，然后忍住笑，放下筷子，马上写了封回信：

蝗虫元是空飞物，天谴来为百姓灾。
本县若还驱得去，贵司却请打回来。

多幽默啊，不嘲笑你，不必针锋相对，米芾告诉邻县县官一个常识：蝗虫不是用脚走的，它是在空中飞的，又没有航线规定，是老天爷派它来危害百姓的。假如真是我们县把它赶过去的，那就麻烦你把它们押解回来吧。用的是很文雅的诗句，说的是一件很严重的政事纠纷，淡淡的三言两语就把问题化解了。这是做官的机智，而且是用诗意做官的机智。邻县的长官估计没有好好学诗，急于事功，才会留下鲁莽的笑柄。

法国现代派诗歌开山宗师波德莱尔，有个奇怪的说法：中国人能从猫眼里看时间。原来，这句话是有典故的。话说欧阳修收藏了一幅古画：一丛牡丹，下边卧一只猫。不知道是否佳作，请来老亲家、宰相吴育鉴定。老吴一见，立即断定：这是画的正午牡丹。理由有二：牡丹花大开，颜色干燥，是日中时分的花；猫眼眯成一条细线，显然是阳光强烈的缘故，是正午时刻的猫眼。这个故事传到了法国，于是波德莱尔才有这个奇谈怪论，他一定内心惊讶：中国人总有些了不得的功夫。

清代美学大师李渔是个吃货，他对螃蟹情有独钟，以螃蟹为题，专门写一篇长文，介绍一个吃货的日常生活，为了吃如何痴迷。后世读者不免觉得这家伙有点可爱。然后，你去读他的其他文字，看看他除了吃还会怎样。推荐他一本生活审美的书：《闲情偶寄》。很有味道的一本美学书，关于日常生活的各类小事情小情趣小判断，比如说到美人，他认为女子的媚态比美艳更抢眼迷人云云，是文化人特有的审美趣味，品位精致高雅。

诗意的栖居

比《闲情偶寄》更好玩的一本小册子,我隆重推荐给大家:清朝书生张潮和他的朋友们共同撰写的《幽梦影》。这本书被林语堂翻译成英文,在西方非常流行,成了西方人认识中国文人的一部小型百科全书。这本书的美就在于,几千年文化传承到了清朝以后,在中国书生心里沉淀下来的那些对生活生命的审美、对世界的智慧认知。你一言我一语,用很简练的话写出来,就像今天手机上的小段子一样,发出来以后朋友们看到很高兴,也纷纷在后面跟帖,比拼机智,个性百出。这是很奇怪的一个文本,在清朝就出现了一部类似今天的段子汇编还带点评的小册子。听听这些聪明人的俏皮话:

天下有一人知己,可以不恨。不独人也,物亦有之。如菊以渊明为知己,梅以和靖为知己,竹以子猷为知己,莲以濂溪为知己,桃以避秦人为知己,杏以董奉为知己,石以米颠为知己,荔枝以太真为知己,茶以卢仝、陆羽为知己,香草以灵均为知己……

张潮认为,天下有一人知己,你就应该不遗憾了。不光人是这样,世界上的物事也是这样。下面每一句都有一个典故。比如说,菊花碰到了陶渊明,就成为隐士的象征,采菊东篱下;梅花碰到了诗人林逋,他隐居在杭州的孤山,号称梅妻鹤子;写过爱莲说的是谁?周敦颐;逃避秦朝暴政,有人躲到了桃花源;一个著名的医生,给人看病不要钱,只要种一棵杏树,杏林成为医者仁心的意象;米芾是个"石痴",碰到一块奇怪的石头会下拜:石兄你好;卢仝说喝茶令人神清气爽,七碗以后就可以生出翅膀来,翩然欲仙;而陆羽写了《茶经》,被尊为茶圣;屈原在他的楚辞里,写的最美的是香草美人,象征君子……有一个知己,天下的事情就变得可爱了,平凡的事物变得光芒四射了。这就和我们第一节课说的一样,天下任何一件东西都可以找到他的对应物,也就是中国人骨子里认为天地是和谐的,你发出的任何一种呼唤都会有人应答,

任何一种美都会有人欣赏，这就是文化，文化美丽了这个世界。

朋友与书类比：碰到一个知识渊博的朋友，你就好像发现了一本奇书，他时不时冒出一些你不知道的学问；对着一个很风雅的友人，就好像读着名人诗文，总是感到一种难得的美；对着那些很谨慎的朋友，就好像读圣贤传，正襟危坐；一个很幽默的朋友，就好像是一本传奇小说，不时令你开怀大笑。交友如读书，反过来，读书也是交友。读得越多越杂，朋友越多。

同一本书，少年读、中年读跟老年读，所得是不一样的。比如说四大名著，我们古人说少不读《水浒》，老不看《三国》。少年读了水浒喜欢打打斗斗，好狠斗勇；老人家本来应该心思清淡一点，还去读三国，老谋深算，心机深藏。再比如说《红楼梦》，年轻人读可能看到的是情色，甜甜蜜蜜的爱情；中年人读，可能感觉到一点人世的苍凉；老年人读可能就看到了时代的变迁，命运的虚幻了。所以说：少年读书如隙中窥月，隐隐约约的有星星点点的光，但你未必看到月亮的全貌。中年人读书时如庭中望月，月亮全貌是看到了，但是境界可能不是很开阔。到了老年人读书就好像在天台上赏玩月亮，知道月的阴晴圆缺，懂得体悟人间的各种悲欢离合。

昔人云：若无花月美人，不愿生此世界。

予益一语云：若无翰墨棋酒，不必定作人身。

这一则我很喜欢，我觉得这是天下读书人的宣言，中国书生的最佳广告词。前人说：如果这个世界上没有花月美人，根本不想活在世上。说这话的自然是个男人，女同学可以将"美人"换作"君子""绅士""骑士""侠客""男子汉""大丈夫"之类的词，请你自选。而我想补充一句：如果这世上没有文字笔墨，没有棋和酒，那我干吗非得做个人呢？这话的意思是：如果这世界上没有美好的景致，美丽的女子，活在世上没什么意思。而更重要的是，作为一个读书人，如果世界上没有那些美妙的文字，没有高雅的文化生活，那做人有什么意思呢？除了读书，也要有一点无益却有趣的消遣，喝酒与下棋便是。然而天天吃酒快活,天天赏花玩月,天天和美人在一起却没有书读,还是没意思。人要生活在文化之中,才堪称为人啊。

所以:天下无书则已,有则必当读;无酒则已,有则必当饮;无名山则已,有则必当游;无花月则已,有则必当赏玩;无才子佳人则已,有则必当爱慕怜惜。真的碰到一个值得欣赏的人,不管是同性还是异性,都要懂得欣赏他的美和才华,所谓近朱者赤。这就是心中有诗意的感受。日常生活的诗意才是一个君子活着的底气所在。一个人不可能总是活在那些艰难的重大的选择里面,一个人平常的所作所为才更可以看出他的本色。不一定要治国平天下干大事,更不必整天绞尽脑汁怎么去升官发财、争名夺利。能够活得自由自在有尊严,有所爱好,那也是很美的诗意生活。

我们看两首诗词,来体会这种情态。李清照,是古代文人里面,尤其是女性文人里面真正享受过幸福的人。生于富贵之家,年轻时候真正享受过幸福生活。这首年轻时写的小词很能见到她怎样对待日常生活中一个微小的景色,以及深藏其中的微妙的情意。

昨夜雨疏风骤,浓睡不消残酒。试问卷帘人,却道海棠依旧。知否,知否,应是绿肥红瘦。

——【宋】李清照《如梦令·昨夜雨疏风骤》

昨天晚上,下了一夜的小雨,刮了一夜的狂风,风雨交加中,词人睡得很沉。一大早起来,酒意却还没有消。随口问侍女:院子里的海棠花怎样了?有没有在风雨中零落了?侍女也随口回答:很好很好什么事都没有。李清照的随口问是有意的,侍女的随口答是无心的,头也没抬。李清照急了,居然跟她争辩起来:你这傻孩子,你知不知道啊?经过一夜风雨,应是绿的肥了红的瘦了。从字面的意思上来说,经过风雨打击,叶子还是茂盛的,可是海棠花娇嫩,一定经不起折腾。这话什么意思呢?李清照一大早起来,昏头昏脑地和侍女争辩一朵海棠花的开落,还将争吵写成词,她想干什么?要知道词人写这首词的动机,也就是为什么而触动?显然,一株海棠花的开落,对她来说是生活中很重要的一件事情，因为重要的不仅仅是一朵花，而是象征着一种生活，安宁美好的生活状态，很怕经受生活的波折、风雨的侵袭，所谓绿肥红瘦的感慨，是怜惜生活的一种勇气啊。

> 黄梅时节家家雨，青草池塘处处蛙。
> 有约不来过夜半，闲敲棋子落灯花。
> ——【宋】赵师秀《约客》

生活在快节奏时代的人们，体会不到慢生活的滋味。从前慢，人生的一些滋味才得以缓缓呈现。比如宋朝的这位诗人赵师秀，他在等朋友，而朋友一直不来，他信手就写下了这首诗。缠绵的黄梅雨，小心呵护着江南的每一户人家，长满青草的池塘里到处都是呱呱乱叫的青蛙，乡野有生机，也反衬我的孤寂。我一个人守在油灯底下，夜半已过了，独自摆着棋谱，一边等候，一边守护着我的孤寂，棋子敲在桌子上清脆的声音，震落了油灯的灯花。这是一种非常有耐心的等待的心境。

等待是一种美，一个好友值得等待，一本好书值得等待，一段感情值得等待。在等待中，我们期待的事物缓缓露出它的真容；在等待中，我们体察到随着时间而来的智慧；在等待中，我们自足，这是一种丰富的孤独。日常生活中的那种诗意，让我们充满了力量，许多平凡的事物也显得意味深长。

第六讲　书生风骨

古人常说：人生十件事，八九不如意。人生得意须尽欢，但是失意之时呢，怎样做人？在失意中更可看出一个人的风骨。有许多美好的词语刻意提醒你这种状态的重要性：书生意气，文心侠骨，白衣卿相，魏晋风度，等等。

书生意气这个词，在现实生活中，常常被用作贬义词。指的是一个人有书呆子气，不懂得人情世故，不会圆滑世故，一根筋。这个词的沦落，意味着我们这个社会道德尤其是书生群体的整体沦落。这个词本来很美好，在一个社会里，官场有规则，老百姓有生活的哲学。书生可以出将入相，也可以归隐山林。他们既不与官场同流合污，与一般百姓的活命哲学也不同。他们有一套自己的体系，保持了民族精神优秀的一面。我们来举例说明。

科考失利的人

科举考试为庶民士子改变命运打开了大门，然而，能够登堂入室的人毕竟是少数，古代科考每次的录取人数极少，与现在的高考完全不可同日而语。就进士而言，唐朝每年登龙门者不过二三十人，宋朝最多，盛极一时，有时多达五六百人，而明清时期一般在二三百人。如此，对于成千上万的考生，科举失利是常态。芸芸书生，该如何自处？

老油条归有光。一篇《项脊轩志》，让我们见识了归有光的才华，后人称赞其散文为"明文第一"。那些读着他的文章长大的学子纷纷进士及第，而这位大才子，八次落第，六十岁才考中进士。每次落第归乡，其心情如何？归有光说：来往旅途，饱看湖光山色，也是"奇游"。

他欣赏杜甫的见解：眼前无俗物，多病也身轻，最不耐烦与人同行。呵呵，宁愿生病，也胜过与俗人接触。跟俗人打交道，实在比生病还累人啊。

徐渭的挣扎。徐渭，字文长，号青藤。畸人一个：精神失常，自杀不死，杀人坐牢；奇人一个：书画诗文杂剧，明代一流，青史留名。考场失利，一生屈居幕府谋生，一生以书画诗文立身。这是一个怀才不遇的典型，也是一个自强不息的典范。真有才华的人，总能为自己找到一个出口的，徐渭的出口很多。其在绘画方面的成就，吸引了后世许多著名的粉丝。"八大山人"朱耷崇拜他，"扬州八怪"的郑板桥甘当"青藤门下牛马走"，近代艺术大师齐白石则说："恨不生三百年前，为青藤磨墨理纸。"

蒲松龄讲故事。明清科举考试八股文，害人众多。蒲松龄一生以秀才之身，在乡间私塾课童维生，考了一辈子，一直考到七十多岁，一次都没考上。对于心高气傲者，难免抑郁终生。这时候最重要的是怎样安放自己的一颗复杂的灵魂。蒲松龄为自己找到一个出口：听讲鬼故事。他想了一个办法，在来往行人很多的大路边的树底下铺上一张芦席，摆了一个茶摊，准备了茶和烟，邀请来往的人停下来免费喝茶抽烟，但前提是要讲故事，故事越稀奇古怪越好。于是，人们坐下来，喝口茶，吸袋烟，就开始讲鬼怪的故事。这件事坚持了二三十年，蒲松龄因此搜集到天下最奇特的各种鬼怪故事，编成了一部著名的玄怪短篇小说集《聊斋志异》。从此，在大众面前摆摊招呼客人成为他的正业，考试成为他的副业。七十一岁那年，官府按例赐给他一个功名：贡生。这时候，功名对于蒲松龄已经不重要了吧。蒲松龄心里的一腔诗意，化作了无数奇特的鬼故事流传民间，他写鬼写狐实际上都是在写人间百态，而其中刻画最多描摹最神奇的是狐狸精。这个，我私自揣摩，应该是一个贫寒书生在描画心中的理想女子，他笔下的狐仙，也就成了天下寒门士子的梦中情人。获得诺贝尔文学奖的莫言也生在山东，也喜欢讲鬼怪故事，不知道是否与当地民风有关。

可见，科举考试不是人生的唯一出路。有志之士懂得自寻出路。

平凡日子里的不平凡

廖有方的善举。廖有方,唐代安南(今越南,唐代藩属)士子,落第还乡的路上,遇见一个贫病儿郎,也是落第士子,此刻奄奄一息,病在路上,很快就死了。廖有方没有犹豫,没有钱,就将自己的马匹卖给当地豪强,买了一口棺材,将死者安葬,并配上铭文祭奠。同是天涯沦落人,同病相怜,与人为善,一个自然而然的行为,让他成了"大唐义士",名动京华。第二年,诸多高官感佩其善举,纷纷推荐,廖有方得以进士及第。

李贺呕心沥血。少年天才,以神童闻名当时。成年后,因为父名李晋肃,"晋"与"进"犯"嫌名",不得参加进士考试。尽管韩愈遍举法律和典籍为之辩解,也是无果。李贺体形细瘦,通眉长爪,奇人异相。仕途无望,倾心写诗,白日骑一匹骡子外出觅句,晚上回家则探囊整理,焚膏继晷,孜孜不倦。母亲心痛感叹:这孩儿是要呕出一颗心来才肯罢休啊。呕心沥血,成语来源于此。李贺只活了二十七岁。李贺去世后诗文编集成册,杜牧作序,李商隐作传。古人认为,人生有三不朽事业,值得追求:立德立功立言。李贺一生,以其瑰奇神秘的诗篇,为汉语立言。

历史上,有多少乡间书生,一生可能默默无闻,然而日子过得心安理得,有滋有味。其缘由,多半源于文字的魅惑。

宋代有个叫潘大临的书生,贫居黄州,酷爱吟诗,受到贬官于此的苏东坡的喜爱。某日,收到朋友的来信,询问最近有何佳作。潘回信,说到一件趣事:秋天一来,每一件景物都是上佳诗句,只是被世俗的气息所遮蔽,世人没发现罢了。昨天闲躺在床,听见风过树林,雨声瑟瑟,忽然得句,欣然题壁,在自家墙壁上写下:满城风雨近重阳。气势阔大,意境深远,引人遐思,正待续句,忽然打门声响,是村里催租的家伙上门了,诗兴败坏,只好将这一句奉上。听闻这个故事的人,都笑他迂阔。这些浅薄的笑者,哪里懂得一个书生对文字的痴情,对诗意生活的痴迷。

诗歌进入日常生活，可以帮助人们度过苦难和表达欢欣。一个人的生活很难有几天绝对的平淡恬静，就像这个诗兴正浓，却遇上了收税的扫兴事的诗人。但是有了诗歌作为心灵的伙伴和心智的见证，世界就被重新改写了，人们有底气抵御现实生活的磨难。让心中有一种东西来支撑自己，才活得有人的尊严和价值。这就是为什么有那么多书生，整天推推敲敲，要在汉语的风火炉里炼出一个文字丹来。

人生可失意，却不可失去诗意

刘禹锡是一个有着牛皮糖一样坚韧精神的人。二十一岁中了进士，可惜仕途坎坷，当了几年官，被贬了，十年后回来，长安城南的道观桃花盛开，是春游一景，他借题发挥，写了一首诗：

> 紫陌红尘拂面来，无人不道看花回。
> 玄都观里桃千树，尽是刘郎去后栽。
> ——【唐】刘禹锡《元和十年自朗州召至京戏赠看花诸君子》

桃树跟你刘郎有什么关系？这显然暗含了一种心理活动。潜台词被人读出来，说他对满朝新贵心怀不满。结果因为这个，皇帝一脚又把他踢到偏远地方去了，这一贬是十四年。十四年后，重新被召回京城，朝中官员又淘洗更换了一遍。这个家伙劣性不改，又来了一首诗：

> 百亩庭中半是苔，桃花净尽菜花开。
> 种桃道士归何处，前度刘郎今又来。
> ——【唐】刘禹锡《再游玄都观》

苔藓遍地，人迹罕至，桃花被菜花替代了，种桃的道士不见了，我老刘又回来了。没有关系的景物之间，他偏偏扯上了关系，又硬生生把自己插进去，拦也拦不住，别人读来也不觉得违和。这种牛皮糖个性，这种一定要用文字表达情感的书生意气。言为心声啊，诗言志。

柳永何许人也？他是北宋时期中国最伟大的流行歌曲的词曲作者。"凡有井水处，必有人歌柳词。"就这么一个人，当代第一才子，却总是考不上进士。曾经有一次合格了，在殿试的时候，忽然皇帝说了一句话：你不是喜欢填词吗？干吗要来当官呢？你还是去写你的流行歌曲吧，比当官的虚名好多了。皇帝这么一弄，柳永的前程就给断送了，没有任何理由，金口玉牙。柳永，有幽默的行为艺术的天分，他从朝堂退出来以后，想了想，上街就打了一个旗幡出来，人走在前面，后面有仆人跟着，打一个旗幡，上面写：奉旨填词柳三变。我是奉皇上的御旨填词的柳七柳三变。皇帝不是说，且去填词，何要浮名吗？干脆将计就计，将皇帝的名号打出来做广告。然后，柳永也就一直混在他的根据地——烟花柳巷里。

黄金榜上，偶失龙头望。明代暂遗贤，如何向。未遂风云便，争不恣狂荡。何须论得丧？才子词人，自是白衣卿相。　烟花巷陌，依约丹青屏障。幸有意中人，堪寻访。且恁偎红倚翠，风流事，平生畅。青春都一饷。忍把浮名，换了浅斟低唱。

——【宋】柳永《鹤冲天·黄金榜上》

这首词就记录了当时的心态：我没有金榜题名，是这个圣明的时代把一个贤人给遗弃了。我才不会就此消沉，反倒要活得更为潇洒，我是才子词人啊，怕什么？我是人间的一品老百姓，没有官位的民间宰相，词坛霸主，白衣卿相。古人穿衣服，颜色有规定，穿朱着紫的，是高级官员，白衣是书生常服。不让我登官场，我就去烟花柳巷，有那么多中意我的人儿等着我，我可以过得风流快活，不让青春虚度。人间荣耀，不过是过眼烟云，我愿将这般浮浪虚名，换成美酒新词，浅斟低唱。这是柳永的心态，未必一定做了官才活得舒畅。念头一转，我还有另一种活法，生活空间立即得以拓展：每一首新词出来，歌伎们抢着传唱。词人死后，有三千歌伎送行。

一蓑烟雨任平生

　　虽说文无第一武无第二，可是诗人也喜欢排名，明里暗里总想较劲。古代的诗歌大都是可以唱的，宋词元曲不用说了，唐诗的流传方式之一，也是被人谱曲传唱。诗歌诗歌，现代汉语里诗歌并为一个词，是有道理的。而歌伎的身价，也跟会唱多少诗歌相关，比如有个歌伎标榜自己的身价，是这样说的：我可是会唱《长恨歌》的，自然与众不同。大约是因为《长恨歌》是长调乐府，比绝句小曲难唱吧。当爱较劲的诗人遇上爱标榜身价的歌女，就有了故事——旗亭唱诗。

　　诗歌是人际交往的高雅工具。现代人只是抽烟喝茶，交往深入点就喝两盅。如果我们也能聊聊诗，那么风雅的感觉就出来了。

　　唐朝的三位诗人，王昌龄、高适、王之涣，同时出名。长安城里流传着他们的诗歌。有一天他们去旗亭酒家喝酒，碰上几位歌伎在场表演。这三个哥们就商量：我们名声在外，却从不知道高下如何，如今机会来了，我们别出声，在一旁听，任这些歌伎自由歌唱，看唱谁的诗多，谁的名头就最响。

　　第一个人唱了。唱的是王昌龄的"一片冰心在玉壶"。王昌龄用指甲在墙壁上画了一条线，道：一绝句。——这是我的。

　　第二个人也唱了，这次是高适的"夜台何寂寞"。高适也画了一条线：一绝句。

　　接下来是第三个，这又是王昌龄的，"犹带昭阳日影来"。

　　自诩成名已久的王之涣坐不住了，于是他改变游戏规则：这些歌伎都是潦倒乐官，唱的都是下里巴人的曲子，我的诗歌是阳春白雪，这些俗物不懂欣赏；我点这里面最漂亮的那个歌伎，如果她唱的是我的，我就赢了，你们拜我为师，否则我就甘拜下风。将数量取胜改为容貌取胜，别人也不反对。

　　结果，那个梳着双鬟的美色歌伎，唱的果然是王之涣的："黄河远上白云间……"王之涣大喜，玩笑道："乡巴佬，我胡说了吗？"三人皆大笑。

前面这一类故事,都是文人生活的雅兴。因为有了诗歌,世俗生活也容易雅致起来,这就是古代流行了几千年的令我们白话时代的书生望洋兴叹的风雅诗生活。

得意时青春欢畅,诗酒风流,这个容易;失意时灵魂无恙,依旧诗酒风流,这个不容易,却更为可贵。

黄庭坚,字鲁直,号山谷道人,二十二岁进士及第,中年以后仕途坎坷,不断被贬官,几乎是一路落败,跟他的老师苏东坡很像。他多次被贬官,都住在当地的寺庙里。最后一次,被贬谪广西宜州,荒蛮之地,寺庙要给皇帝祝寿,也不让住了,他只好搬去城楼上,官府又不允许,最后他抱着被子,睡在城南一间被人废弃的破屋子里,屋顶漏雨,四墙穿风,旁边就是杀牛卖肉的肉案,市声喧腾,气味熏人,但是,黄庭坚有一颗安宁的心,他居然给这间破茅屋题了一个雅致的书斋名:喧寂斋。铺开被子,就是卧榻,点燃一枝香,这里就成了书斋,买不起狼毫羊毫笔,就用三个铜钱买一支鸡毛笔,给求知问学的后辈写字书卷。他的内心深处的想法是:我本来就是农民,如果不是考中进士,现在在老家也不过是住在这样的茅屋里,在田里耕种,有什么可烦恼忧伤的?由俭入奢易,由奢入俭难,经历过富贵生活的官员黄庭坚,没忘记自己的来路,视贫寒生活为寻常、正常,以农民的生存底线做人,还有什么灾难可以打倒他?

陆游听朋友范寥说起黄庭坚去世前的一个故事,记在他的《老学庵笔记》里。黄庭坚当时住在角楼上,屋子又矮又窄,如同囚牢,时值三伏,闷热得像蒸笼。一日下了小雨,黄庭坚喝了点酒,小有醉意,就坐在交椅上,把脚伸到栏杆外面去淋雨,一面对范寥说:兄弟啊,我一辈子也没有比这更快活的了。不久之后,诗人就去世了。范寥替他办了后事。为什么说"吾生平无此快"?这个快乐,不是凡人所追求的快乐,而是不受官场束缚,得到解脱的心灵的快乐。

莫听穿林打叶声,何妨吟啸且徐行。竹杖芒鞋轻胜马,谁怕?一蓑烟雨任平生。　料峭春风吹酒醒,微冷,山头斜照却相迎。回首向来萧瑟处,归去,也无风雨也无晴。

——【宋】苏东坡《定风波·莫听穿林打叶声》

苏东坡的意思是,人生的天空,阴晴不定,只要内心坚定,就不会感觉狼狈,走在雨中泥地里,竹杖芒鞋也可轻快前行,怕什么?一蓑烟雨任平生——穿着蓑衣,戴着斗笠,穿越这风雨人生。风雨尽管来吧,什么都可以经历。只要不把你的心淋湿了,你的内心强大起来,什么样的日子不是照样过?天上的风雨总要过去的,内心的强悍却是永恒的。

古人的风雅,是一种日常形式所造就——读诗写诗;而风雅更是一种精神状态——化俗为雅化险为夷的心灵能量。今天的我们失去了吟诗的形式,只能努力保留其内在的冲动。因为风雅,是来自内心的充盈和寂静,不是环境赐予的,是自我发掘的。这种内心的诗意生活,既是一种高雅的追求,又是一种世俗的、平实的享受。风雅的"风"指的是世俗的生活,却是有所感应的日常,如风吹拂过你的内心,是对寻常的敏感。"雅"则是一种精神境界,是经过修炼的文化情怀。这是君子生活中诗意的硬朗,这就是书生风骨,敢于直面逆境,并且有能力自我寻找出路。

一言以蔽之,真正的诗意生活,是活在自己的内心。

现在有句网络流行语:好看的皮囊千篇一律,有趣的灵魂万里挑一。灵魂是否有趣的一个标志,是看你的内心是否饱含诗意。另一句网红格言做了补充解释:除了眼前的苟且,还有诗与远方。

以上的课程,我们重点讲了一名君子是怎么形成的,怎样建立维系一生的精神支柱,以及他们令人艳羡的风雅诗生活。有关中国书生的话题,到此告一段落。

在座的是新一代的中国书生,请你们偶尔审察一下自己的人生吧。苏格拉底说的:未经审察的人生是不值得过的。请你想想:你是否有兴趣学问天下,还是不高考的书就不看,跟高考无关的事情就不关心?你是否想过成为一名坦荡自足的君子,还是只懂得用金钱地位来衡量自己的一生是否成功?你是否偶尔闪过一个念头,所谓治国平天下,我或许也可以做到的,还是只愿意埋头于自己的小确幸小日子?是一生养育自己的浩然之气，锻造一副文心侠骨，还是只能做个996式的身为物役的工奴？是听任命运的摆布，还是尽才使气，去勇敢开拓自己的远大前程？

各位，别忘了，你们是中国书生。

第七讲　中国创世记

中国人独有的生活方式，到底是怎样的？中国人是在怎么样的文化氛围中，过着自己的日子？中国味道的构成，其源头是神话，其积淀是习俗。

创世之神：盘古与女娲

神话，蕴藏了一个民族对世界的初心，各民族的神话传说从一开始就打下了与众不同的文化烙印，深刻影响着各自的民族性格和文化特性。中国神话的开篇，是盘古开天地滥觞。有一个人，在混沌中醒来了，他天天向上，长大了，就把天与地给撑开了。这是一个十分孩子气的想法，跟西方的上帝创世不一样，没有那么深思熟虑，而是一派天真烂漫。大梦谁先觉？是我们的一个先人，分开了天地，然后，我们的世界究竟是怎么来的？神奇的中国特色出现了：

首生盘古，垂死化身。气成风云，声为雷霆，左眼为日，右眼为月，四肢五体为四极五岳，血液为江河，筋脉为地里，肌肤为田土，发髭为星辰，皮毛为草木，齿骨为金石，精髓为珠玉，汗流为雨泽。身之诸虫，因风所感，化为黎氓。

——《绎史》

整个故事惊心动魄，想象奇伟，它告诉我们，这个世界不是天上掉下来的，世界与人不是两张皮，而是合二为一，世界本身就是由我们的祖先变化而来，垂死化身：气息变成风云，声音化作雷霆，很童真的想法；左眼为日，右眼为月，日月两轮天地眼；肢体变成了山脉，血液流淌成了河流，肌肉凝结成了土地，毛发飞扬为星辰，皮肤滋生为草木，身上的小虫，化为黎民百姓……两个看点：世界是祖先神灵所化，人本来就是神身上的一部分。

对比一下《圣经·创世记》里的说法：上帝说"要有光"，就有了光。他说要什么就有什么，用语言创世。在六天之内快速创造了世界和人，然后第七天休息。由于基督教文化的传播，犹太人的创世观念变成西方的普遍观念：上帝是唯一的神，整个世界就是上帝独自创造的，人跟上帝有没有关系呢？有，但不是那种血肉相连的关系。人只不过是上帝的造物、作品。比较而言，哪一种传说令人更具神性呢？应该是中国的传说，在我们这片充满神性的大地上，神和人是血脉相连的。

俗说天地开辟，未有人民。女娲抟黄土作人，剧务，力不暇供，乃引绳于泥中，举以为人。后女娲祷祠神，祈而为女媒，因置婚姻。

——《风俗通》

中国又有传说，是女娲造人。与盘古化身有点不一样，但是没有关系，我们再拿来和西方的比较思考。女娲使用黄土造人，女娲捏泥巴，这又有一点孩子气，中国的创世神都有鲜明的人性，而且是孩子气的人性，由于工作效率太低，就用绳子去沾泥挥洒泥水，纷纷落地成人。我们就生活在这么一种朴素的、孩子气的世界氛围中，我们因为是用黄泥巴造出来的，所以是黄种人。中国造人的神，明明白白叫女娲，可见是母系社会的传说。而上帝不知道用什么造了亚当，《圣经》没说，基本的推断是用语言创造的。上帝要什么，直接就说出来，叫作"一言创世"。以此类推，盘古则是"一身创世"，女娲是以物造物，化平凡为神奇。

顺便设问一下，上帝是男的女的？是无性别还是全性别？《圣经》说：神按照自己的样子造了一个人。男人，就是亚当，那么反推过去，上帝应该是男人？基督徒似乎不同意。神先按照自己的样子造了一个男人，为了免除他的孤单，再从男人身上抽取一根肋骨，造了一个女人，于是，西方的男女关系是：女人是男人骨中的骨，肉中的肉，男人要爱惜女子，就像爱惜自己的一部分，从中就诞生了"绅士""骑士"的观念。再进一步想，男人拥有神的样貌，女人没有，那么，人有没有神性？不确定。在中国，是神的身体化作世界，变成人，包括男人女人。又有女神造人，用同样的材料和方式，造出了男人与女人，然后主导天下男女婚配。我们与神灵是息息相通血脉相连的，他们朴实、真诚，似乎触手可及，于是，在中国人的内心深处，人即是神，神性不需外求。有了这个心理基础和文化基因，所以才会有后世禅宗这种大胆的观念：我心即佛，我就是佛。

东西方文化的差异，也可以从神话中看出：西方是父系文化，之后崇尚征战殖民，骑士海盗探险者这些角色为主流，雄性的冲动泛滥；东方是母系文化，善良慈悲和平，安居乐业，勤劳自足，诗人艺人匠人成为主流，不思武力侵略，文化的传播也是润物细无声。

女娲还有一大惊人创举——补天。古代人类都有过对洪水的恐怖记忆。在中国先人的认知里面，雨水不止，大洪水暴发，是天破了一个窟窿，暴雨成灾，洪水遍地，人畜无法生存，大地上的生命危在旦夕，于是女娲挺身而出，炼五色石以补苍天，世界得以恢复常态。同样的洪水滔天，在《圣经》里，是上帝不喜欢现在活在世上的这一批人民，自私渎神，于是发洪水把他们全部淹死，只留下诺亚一家，躲在方舟里逃命。男神与女神，思维和行为方式的确不太一样。

另有一个话头：补天多出来一块的石头，就成了贾宝玉，曹雪芹的想象力也是惊人。各位是否知道，贾宝玉的故事完了之后，这块石头后事如何？我悄悄告诉你啊，这块补天的石头来到了蛇口，在我们育才中学的旁边、邓小平题词的"海上世界"，有一个雕塑——女娲补天，用的就是这块石头。当中国经济亟须快速发展时，女娲造出来的一群幸存的有理想情怀的人，来到了蛇口，由此开辟出一个改革的天空，开放的新世纪。

人文初祖：炎黄与仓颉

一个民族的人文先祖，有关他们的传说也不免带有一点神话的色彩，但他们不是神话世界的人，而是跟我们活在同一片土地上的先人。

炎帝与黄帝，最初被视为华夏民族（汉族）的人文始祖，现在的共识是：全体中国人及海外华裔皆为炎黄子孙。

炎帝，号神农氏，传说中是一个经典的农民形象：炎帝神农氏人身牛首。长一个牛头，应该是表示他是个好劳力。他是农神，挑选适合播种的百谷，让中国人从采集者、狩猎者变成播种者，改变了部族的生存方式。他也是医神药神，亲尝百草，一日而中毒七十次。话说中国当代药神屠呦呦，为了验证青蒿素的效果，首先在自己身上做人体实验，这同样是神农精神。

炎帝时代，族人学会了制作陶器，改善了饮食条件，从简单的用火烧烤，进步到可以蒸煮食物了，还可以贮存物品、酿酒、消毒等等。因为学会了织麻为布，族人开始穿衣裳了，由蒙昧社会向文明社会迈出了一大步。据说炎帝还有音乐天赋，他削桐为琴，结丝为弦，造了第一架神农琴。他还削木为弓，始创了弓箭。

黄帝，号轩辕氏，史载黄帝因有土德之瑞，故号黄帝，黄土地之上的神人。传说中他的长相：古者黄帝四面。眼观六路耳听八方，一望而知，是统治天下的长相。当时九黎氏族部落酋长蚩尤，骁勇强悍，打败了炎帝，并一度占用了炎帝的名号。老炎帝求助于黄帝，两个部族结盟，在三年中打了九仗，都未能获胜，最后的决战就是著名的涿鹿之战，双方都有法术，黄帝懂得驱使猛兽做先锋，飞鹰为领队旌旗，而蚩尤做法，大雾弥漫，让炎黄联军失去方向。最后，黄帝凭借高科技取胜：他发明了指南车，活捉了蚩尤。另有一条好汉刑天不服，被黄帝砍了头，巨人刑天"乃以乳为目，以脐为口，操干戚以舞"（《山海经·海外西经》）。陶渊明为之点赞：刑天舞干戚，猛志固常在。这一场战争，在古人的记忆里，具有浓郁的魔幻色彩。

轩辕黄帝的最大功绩是统一华夏。兼并中原各部落之后，建立古国体制：划野分疆，八家为一井，三井为一邻，三邻为一朋，三朋为一里，五里为一邑，十邑为都，十都为一师，十师为州，全国共分九州。他发明了农历，推算天地变化，教导百姓科学耕种。他的妻子元妃嫘祖，发明了种桑养蚕之法，抽丝编绢之术，以蚕丝制作的衣服，比粗麻布衣更舒适，这是族人从温饱生活向舒适生活过渡的征兆。

黄帝一统中原的时代，人才辈出，诸多发明出现，奠定了中华文明的原始模样。

奚仲作车，仓颉作书，后稷作稼，皋陶作刑，昆吾作陶，夏鲧作城，此六人者，所作当矣。

——《吕氏春秋·君守篇》

作干支，艺五种，兴文字，竹制箫管，铸九州鼎，发明水井、舟车、弓矢、房屋等等；创医学，与岐伯讨论病理，作《黄帝内经》。所有的发明，皆遗惠今日。其中有一项发明，当时可能不太起眼，越到后来，越显示它的强大的力量：造字。

《荀子·解蔽》称："好书者众矣，而仓颉独传者，一也。"远古时代，尝试画符作字的大有人在，只有仓颉所造的文字流传下来。这个推测似乎可信。

仓颉作书而天雨粟，鬼夜哭。

——《淮南子》

仓颉，相传为黄帝的左史官，古籍记载：龙颜四目，生有睿德。龙颜侈侈，四目灵光。他比别人多长了一双眼睛，他要比常人看得更深邃更广大，只见他：仰观奎星圆曲之势，俯察龟文鸟羽山川，指掌而创文字……这种模拟现实景物而来的文字，叫作象形文字。《说文解字·序》中说："仓颉之初作书，盖依类象形，故谓之文；其后形声相益，即谓之字。"文字造出来之后，天地感应来了：天为雨粟，鬼为夜哭，龙乃潜藏。

仓颉不是唯一的造字者，却是唯一成功了的造字者。传说他还获得了河图、洛书，参透了朝代兴亡之数以及统民治国的道法，他发现灵龟背负的神秘图案，演绎为八卦，成为《周易》的来源。当代作家阿城考证，河图、洛书都是银河天象。据联合国调查，目前全世界有七千种语言，有文字的应该只有数百种，中国是一个多民族、多语言、多方言的国度，共有80余种民族语言，30多种文字。问题来了，为什么只有在华夏族的传说里，才会这么郑重其事地去描写造字？汉字的创造者，甚至成了神话人物？仓颉一造出汉字，天上就掉下谷子，这说明了什么？鬼怪在夜里哭泣，这又象征了什么？人类掌握了文字，就发现了世界的大秘密，掌握了记载自然万物的方法，捕捉到天地变化的机缘，就能够更好地生产丰收、安居乐业，因此天上下谷子，是普天同庆的意思。人类掌握了文字，就有了一种洞察自然的力量，甚至统治万物的权力，于是鬼怪不敢作怪，龙也让出万物之灵长的地位潜藏起来。

中国人向来对文字十分的尊敬，写过字的纸是不能随便丢掉的，要用专门的炉子去焚化，我们的古人一直认为文字是通神的。文字自带魔力。

男女有别：追日与奔月

两个著名的神话故事："夸父追日"与"嫦娥奔月"，很值得留意。

古人流传这两个故事的时候，不断有所修改，出现了不同的版本，远古作家们拿不定主意：究竟应该怎样为他们定性。

夸父，可能是世界上第一个嬉皮士：耳朵上挂两条黄蛇做耳坠，手上还把玩着两条黄蛇，扮相很酷。但他"不量力"，不自量力，这是一种不肯定的叙述，"夸父不量力，欲追日景，逮之于禺谷"。他要去追赶日影，追到太阳落山的地方，终于赶上了。却口渴了，将黄河的水喝干了，还不够，继续找水，死在路上。这是《山海经·大荒北经》的说法，像是一个胡闹的孩子玩出来的闹剧。在《山海经·海外北经》里面，叙述略有不同：

夸父与日逐走,入日;渴,欲得饮,饮于河、渭;河、渭不足,北饮大泽。未至,道渴而死。弃其杖,化为邓林。

这里,夸父目标明确:跟太阳竞走,最终进入了太阳的内部。然后口渴找水,几乎要把大地上的江河水喝干了,最后,还是渴死在路上。(两篇中都提到最后要去一个北方的大泽,莫非是世界上最大的淡水湖:贝加尔湖?)然后,多出来一个尾声:抛下拐杖,化作满山的桃花林。这就有点浪漫了。整篇叙述没有贬义,也不像有褒义,只是冷静客观地记录一个事实。现在的问题是:夸父为什么要追日?

夸父之所以要追日,古人的解释是因为天下大旱,很多东西都烤焦了,于是人们就想把太阳抓住,收到冰窖里去。相似的逻辑,更强悍的是后羿射日,试图彻底解决旱灾。所有有关这个故事的不同文本,都没有说明追日的原因。除了消除旱灾这么实际的意思,是否还有更合理的解释,让这个神话的内涵更为丰富?晋朝傅玄的《九曲歌》:岁暮景迈群光绝,安得长绳系白日。这为我们提供了一个新的诠释:人最深沉的冲动是因为对生命的一种惋惜,如果有机会把太阳留住,长绳系日,那么生命不就没那么容易消失了吗?因此,我觉得夸父是出于对生命的渴望而追日,逮住太阳,留住时光。虽然徒劳,却是勇敢至极。

羿请不死之药于西王母,姮娥窃以奔月,怅然有丧,无以续之。

——《淮南子》

昔者恒我(姮娥)窃毋死之药于西王母,服之以(奔)月。将往,而枚占于有黄。有黄占之曰:"吉。翩翩归妹,独将西行。逢天晦芒,毋惊毋恐,后且大昌。"恒我遂托身于月,是为蟾蜍。

——秦简《归藏·归妹》卦辞

女主角本名"恒我""姮娥",汉代因避讳才被改成嫦娥。嫦娥,英雄后羿之妻。西王母是中国女仙之首,后羿从她那儿求来了不死之药,然后,嫦娥窃药以奔月。嫦娥一出场,居然是一个小偷,偷了西王母的不死药。道教认为,吃了不死药可以羽化登仙,所以也可以上天。问题是：嫦娥为什么要窃药？又为什么要奔月？

这是西汉初期成书的《淮南子》的版本，内容简洁，应该是引用了远古的材料。1993年湖北江陵出土的秦代王家台秦简《归藏》，却应该是后来出现的材料，因为当年有小说家在故事里面增加了两个细节：出走之前，找巫师有黄占卦，卦辞大吉：静悄悄地行动，轻飘飘地上天，天上昏暗，也不用惊惶，虽是独自远行，日后必定名声远扬（有黄通灵，他似乎预见到了后世中国人年年会对着月亮吃月饼，不吃月饼的时候也会想嫦娥）。可见，嫦娥奔月之前，犹豫不决，直到得到巫师的支持，巫师通神，也意味着得到了神灵的许可。于是，嫦娥上天了，入月了，因为在黑沉沉的夜空，只看见这么一个明晃晃的东西，随遇而安吧，遂托身于月。奇怪的是后面这一句：是为蟾蜍。变成了癞蛤蟆。补上这一句的不是小说家，是道学家，又偷药，又离家出走，认定这个女人是不道德的。将一个女子视为癞蛤蟆，这该有多大的性别仇恨啊。在别的文本里，用了另一个称呼：月精。这还差不多。

我们可以想象，转述这个故事的一代代古人的心情是多么的矛盾。忍不住动手修改和添加真真假假的材料。

屈原在《天问》中说：后羿杀了河伯，并且霸占了河伯的妻子洛神。（"帝降夷羿，革孽夏民。胡射夫河伯，而妻彼雒嫔？"）那么，是后羿出轨在先，嫦娥出走在后？

东汉高诱为《淮南子》作注："姮娥，羿妻也。羿请不死之药于西王母，未及服之，姮娥盗食之，得仙，奔入月中，为月精也。"凡女成仙，变作月精，月亮女神。

南朝刘勰在《文心雕龙·诸子》篇载："《归藏》之经，大明迂怪，乃称羿毙十日，姮娥奔月。"又成了寡妇出走，似有隐情。

唐代杜光庭所作女仙传记《墉城集仙录》载："羿司射卫黄帝之宫，入宫得琼蕊之丹，以与姮娥，服，飞入月宫，为月中之宫。"后羿是黄帝的侍卫，他得到仙药，主动把药送给了妻子，妻子服药之后就飞入月宫，主管月宫事务。这个道教小说家是全部推倒重来的意思。

李白怜香惜玉：白兔捣药秋复春，嫦娥孤栖与谁邻？

李商隐体会到嫦娥深刻的孤独：嫦娥应悔偷灵药，碧海青天夜夜心。

　　凡此种种，还是没有解释清楚我们的疑问：嫦娥为什么要窃药？又为什么要奔月？

　　成仙的渴望人人有之。为了长生不老，青春常在。好吧，这个勉强可以解释为什么窃药。但是，为什么是奔月呢？

　　我们设想一下，日与月，两个明晃晃的东西，每天伴随人们生活，大地上的人儿，抬头不见低头见。于是，中国人的集体潜意识里，将太阳分给男人，月亮分给女人，阴阳搭配，干活不累，各管一头，各得其所。所以夸父肯追日，嫦娥要奔月。产生这种传说最本质的冲动，是人对光明的向往。人总是无法满足于眼前的苟且，内心渴望着远处、高处、别处，生物的趋光性，人性的求新求异，总之要奔向光明的，而中国的女性，比男性有更多的梦想。或许，每个女孩心中都有一个仙女情结，嫦娥替天下女孩实现了由凡人成为仙女的梦想。

　　当然这只是我的一种推断：男女有别，中国的男人负责流汗，汗滴禾下土，跟太阳较劲——不是追日，就是射日。而中国的女人负责做梦，跟月亮纠缠不清，她们奔月、追梦、追美，心灵自由轻灵。天上对应着人间，日月对应着男女，中国人的小日子，靠谱。

第八讲　吾土吾民

人间的节日

活在这个时代，大家日子很滋润，隔三差五就过节，一年节日无数，土节洋节来者不拒，什么节都过，日子热热闹闹的，不妨停下来想一想：西方的节日，大都是宗教的节日，是天上的节日，纪念神的活动节日；而我们中国的传统节日，都是人事，都是人间的节日，表达的是自然节律与人的生活节律的合拍共振。过中国古节，就是在触摸大地的脉跳。

《荆楚岁时记》是一本很宝贵的民俗书，记载了魏晋南北朝时期荆楚地区一年到头的节庆习俗，有很多罕见的信息：

新年爆竹。正月一日，三元之始，鸡鸣的时候起床，真的是烧一根竹子，来把山鬼吓走。后来火药加盟，才有了我们今日的爆竹。

谁先喝酒。正月初一有很多有趣的活动：大家要穿新衣服，互相拜年；要吃胶牙糖，希望日子甜美；下五辛盘，借谐音"新"，一切重新开始；吃鸡蛋，代表着圆满；敬椒柏酒，代表健康长寿，不一样的是，正月喝酒先从年纪小的开始，因为小的长大了一岁，先喝为庆，而老人又失去了一岁，所以最后举杯。

人日。正月初一到初七，分别是几种重要的动物的生日，依次是：鸡、狗、猪、羊、牛、马、人。初七是人日，世上所有的人有机会反省并更新生命，重新诞生一遍，从头来过，重新做人，在漫漫无涯的辛苦日子里，这是每年一次的希望和祝福。这一天，因为人入新年，样貌也会更新，顺应天时，人要成为一个新人，就用彩绸或金箔，剪个纸人，戴在头上，贴在屏风上。这是在告知上苍，我成为新人了。然后，如有更多的心思要表达,你可以去登高赋诗。

三月三的水与酒。三月桃花水涨,诗经时代,男女相邀,水滨祭奠除秽,然后相亲幽会。后来,三月三这天,文人雅集,百姓也凑趣,曲水流觞,为春天干杯。

布谷鸟叫。四月,布谷鸟叫了,农人听了,就该插秧了。鸟呀人呀岁时呀,一切都是和谐合拍,一切都是生命的共同体。天地秩序,藏于人心,依时而作便是。

……就这样一年到头,有滋有味地过下来,全部的日子,都是真实的、踏实的,有泥土气息,又有文化气息,有现实也有魔幻,有劳作也有享受,有祝愿也有祈祷。

奇妙的习俗

我翻看古代民俗资料,常常感觉心头暖暖的,是一种惊喜感与幸福感。有那么多的优美优雅奇妙的习俗,如果保留下来,或者复兴一些,我们的日子会大不一样吧。我移居深圳的一大收获,是发现这里保存了重阳节登高的习俗,九月九,学校工会组织老师们爬南山,瞬间,唐诗的意境就复活了,多美啊。

补天。补天不是女娲一个人的事情,你也可以参与,因为你参与了,就是对女娲的支持,后人支持先人,不是理所应当吗?况且,做法很简单:正月二十日这天,天穿了,大家来补天呀,用红线系上一块饼,抛到屋顶上,就成了,诗人云:一枚煎饼补天穿。这个习俗从宋代流传下来。这一天,女孩子正好穿耳孔。想想,你穿耳孔这么小的事情,都对应着天时。

咬春。你可以观春赏春惜春踏春,也可以吹春风淋春雨打春牛听春曲,可是,你怎么可以把春天放在唇齿之间,尝一尝?清代的北京人说,可以的,你只要在立春这天,上街买萝卜,生吃,这就是咬春,把春天吃到嘴里了。还不过瘾,你可以作春饼,继续咬春。

卖掉那些让你不舒服的东西。大凡如口吃、春困、伤风感冒等烦人的玩意，都有办法卖掉它，宋代人文鼎盛的时代特别流行。只是，有卖的就有买的，那些买去你的烦恼的人，该多么沮丧？也不一定，陆游就写诗做广告，要买春困："惟思买春困，熟睡过花时。"老眼昏花了，看不得鲜花盛开，太伤感伤心，干脆买个春困，一觉睡过去，花就开完了。

大的烦恼，比如相思，也可以买卖的，而且卖得有声有色，提着花篮，唱着曲儿，一路卖过去，主顾还特别多，生意特别好。更大的烦扰，比如贫穷，有办法送走，而你想要富贵，也有办法迎进门来。

这样的买卖，多么天真烂漫啊。古人有层出不穷的智慧。

美妙的礼物。送礼很有讲究，送一些特别的礼物，需要巧慧。比如：南北朝诗人陆凯《赠范晔》：折花逢驿使，寄与陇头人。江南无所有，聊赠一枝春。送一支梅花或桃花给北方的雅人，告诉他：春风刚绿江南岸。隋唐习俗是，长安人送客，隆重的，必定送到城南灞桥边，折一枝杨柳给远行者，这是最有诗意的赠别礼物了。海上生明月的晚上，唐朝诗人张九龄想到自己牵挂的人，忽生遗憾：这么好的月光，多想手捧一掌月光送给你，可惜，"不堪盈手赠"。

南梁隐士陶弘景的诗："山间何所有，岭上多白云。只可自怡悦，不堪持赠君。"这个遗憾，一直有人蠢蠢欲动想要弥补。到了清朝，终于有人干了。黄山云海，一大奇观，山中人想出办法，将黄山云作为土特产出售。办法是：用纸盒收集云，密封即可。收到礼物的人，打开纸盒，黄山的云丝丝缕缕袅娜而出，慢慢在空中凝结成云朵，山峰若隐若现，直冲天空而散。如此美妙清雅的礼物，的确值得一送，也值得一收。

当今世道，有个商人用易拉罐装新鲜空气售卖，怎么却感觉俗不可耐呢？

中国的习俗都建立在天人感应的基础上，而天人感应的本意是——你的所作所为，老天爷都知道。

七夕：中国情人节

复兴一些古代习俗，是我的一个梦想。尤其是各种生日：正月初七的人日，世上的人儿旧貌换新颜；二月十五，大地的百花过生日；七月七，天下的女孩儿过生日——爱的新生；天下的情人过生日——七夕鹊桥会。

国人愿意过西方的情人节，自然是想让生活多一个浪漫的理由，但是西方情人节来历不明，最初跟爱情似乎也没什么关系。如果要推举一个日子作为中国的情人节，我首推七夕，元宵节备选。推荐七夕的理由：

第一，牛郎织女的传说。牛郎、织女原是天上的星辰名字（命名者定当是个诗人），《诗经》里面就有了歌咏。汉代，牛郎织女成为恋人，古诗十九首里面，有过清晰的咏叹与幽远的遗憾：

> 迢迢牵牛星，皎皎河汉女，
> 纤纤擢素手，札札弄机杼。
> 终日不成章，泣涕零如雨。
> 河汉清且浅，相去复几许！
> 盈盈一水间，脉脉不得语。
>
> ——【汉】无名氏《古诗十九首》

南朝小说里面，牛郎织女的故事日益丰满，众多的"民间小说家"在口耳相传中，丰富了他们的故事，于是，当后人抬头遥望银河的时候，心中就存了巨大的渴望与温情。故事中最重要的细节是：在七夕这一天，喜鹊搭桥，横跨银河，金风玉露一相逢，便胜却人间无数，人间的牛郎与天上的织女，得以一年一度相会。如此惊人的大胆想象，肯定有助于增添天下恋人追求爱情的勇气。

第二，乞巧的习俗。乞巧源起汉代宫廷，三国故事里又增添了情节：貂蝉拜月。到了唐朝，举国上下，从宫廷到乡野，大唐女子，无分老幼，在七夕这天，都有拜月的习俗。

> 开帘见新月，便即下阶拜。
> 细语人不闻，北风吹裙带。
>
> ——【唐】李端《拜新月》

拜月，对于少女，是祈祷月老（婚姻之神）赐予好姻缘，对于已婚妇女，是乞求神灵保佑感情常在。拜月只是七夕节目群中较为醒目的一个，整台节目名叫：乞巧。富贵之家会在庭院中扎起彩楼，陈列瓜果，儿童作诗，女子比拼自己的女红作品，对月焚香列拜。最简单的，也要望月穿针，并将小蜘蛛放在针线盒里，第二天查看，如果结网圆正，就是得巧了。巧慧女子，才更被人爱慕啊。天下女孩儿乐此不疲。如此，七夕成了全家参与的一个热闹节目。在唐玄宗时代，宫里会起高楼，搭彩楼，全体嫔妃竞相乞巧，上行下效，整个长安城都在乞巧，七夕晚上的新月，迎接过太多热烈的目光。

七夕，有大无畏的古老爱情，有神奇的民间传说，有天上的星辰与世间的渴望相互辉映，更有民间历经数千年的华丽习俗，有天下女子的拜月加持，乞巧得分。如此丰富的社会基础和人文含量，情人节，舍我其谁？

中国母亲

母亲，是用推动摇篮的手推动社会。中国母亲，沉淀了中国国民的一些基本价值观。古代男主外女主内，家庭教育基本由母亲独自承担，母亲是一个人幼儿时代唯一的教师，一个人长成什么模样，跟母亲有重要的关联。按时代顺序排列，中国古代有四大名母的故事流传：孟母三迁，陶母宴宾，欧母画荻，岳母刺字。男权社会，母亲没有留下姓名，母以子贵，后人才知道她们的故事。

孟轲的母亲。孟家在坟场的旁边，孟子喜欢模仿，从小学着人家吹喇叭，玩祭祀，孟母觉得不妥，赶快搬家。搬到闹市区，一个集市的旁边，结果孟子又学着人家卖猪肉，这也不对。又搬到一个学校旁边，结果好了，学着人家读书。这样的母亲是明智的，知道环境对孩子的影响。当孟子读书没有恒心，母亲拿一把刀把自己织的布割断，告诫孟子半途而废的后果，教他做事持之以恒。这是战国时候的故事。大家知道所谓"学区房"价格飞涨的原因了吧？今天的妈妈们都在学孟母三迁吗？

　　陶侃的母亲。陶侃是东晋一代名将，陶渊明的曾祖。陶侃刚成人的时候，有一天家里来了一位贵客，是本郡孝廉范逵，来到他家借宿。正逢大雪天气，当时陶家一穷二白，家徒四壁，没有招待客人吃住的条件，怎么办呢？这个母亲的行动非常果决：把自己的长发剪下来，做成两副假发，让儿子拿去换钱买米。没有柴火烧饭，把屋里的每根柱子砍去一半，当柴烧；把床下的草垫子剁碎了作马料。黄昏时分，一顿整洁素雅的晚餐出现在客人面前。陶母这一系列果决的行为，把贵客震住了：有这样的母亲，其子必然是可用之才。范逵回到朝廷，推荐了陶侃。热情待客，倾其所有，是中国乡间至今尚存的一种传统美德，但是做到陶母这个地步的，还是绝无仅有。后来陶侃在长江边做了一个管水利渔业的小官，孝敬母亲，托人送回来一坛子腌鱼，母亲把它退回去，说：你做官，怎么能拿官家的东西来送我呢？一坛腌鱼，也称官物，真是公私分明。母亲回赠了三个礼物：一块土布包着一个土碗，土碗里面装着一个土块。儿子看懂了母亲的意思：做人要像一块白布一样，清白无染；像土碗一样，廉洁做官；像土块一样，别忘了你的家和母亲。这样的教育很实在，很生动，也很有效。陶侃之后的功业，离不开母亲早期的栽培。

　　欧阳修的母亲。欧阳修很小的时候，父亲就去世了，寡妇带崽，其中的艰难与勇毅，往往令人敬佩万分。家里穷，没有钱买纸笔，为了教孩子认字，欧母就摘下一根芦苇，也就是荻草，在地上写画教儿子认字。后来，欧阳修成了北宋文坛一代宗师，提携了像苏东坡这样的一批后辈。

　　岳飞的母亲。国难当头的时候，母亲在儿子的背上刺下"精忠报国"四个字，让岳飞不忘国耻、不怕牺牲，最后儿子成了南宋一代名将。深明大义的母亲，教导儿子做国家的栋梁，顶天立地大丈夫。

家教，给一个人注入做人的底气。母亲启迪孩子的灵性，培养孩子的品德，铸造他人生的底色。传统中国讲究严父慈母，现代社会似乎变了，流行奶爸虎妈，变成慈父严母了，这是中国家庭构成的一大变革，五千年未有之变局呀，可以预见，将来赞美奶爸的文字会多起来了。家，是一个君子建功立业的起点，齐家，你要把家照顾好，你才能去治国，而父母对你的家教，会影响你一生，影响你做一个怎样的成人。家不安稳，人就没办法立身，没有港湾，没有后方，你就没有办法扬帆起航。要后方稳固，不能后院起火，你才敢在外拼拼杀杀，治国平天下。

只要母亲仍在，这个家教似乎可以延续一生。

明末大将洪承畴，抵抗清兵入关，打不过了，投降。投降以后，率军平定了整个江南，官升兵部尚书，接老母进京享福。母亲迈动小脚，嘀嘀跶跶地来了，见到儿子，二话不说，举起拐棍就打。一边打一边说："你接我来，是让我去给旗人做老妈子吗？我打死你，为天下除害！"一顿乱棍之后，转身就回老家。儿子变节，母亲却心怀民族气节。这是母亲的人格，不为儿子遮羞，更不为儿子辩护。母爱不是纵容，而是爱憎分明。

中国的民间故事里，慈母的故事特别多。《鬼母传》以小说笔法，将慈母的形象推到极致，表现一种超越生死的母爱，什么时候去读，都令人不禁泪目。各位看官自读，我不忍陪看。

家教与家训

家教是人品的起点。

《芒山盗》这个故事流传甚广，我小时候就听母亲大人亲口说过，留下深刻印象。

这是发生在宋朝的一个真实故事。一个强盗在临刑之前，母亲来到刑场诀别。强盗提了一个奇怪的要求：希望像小时候那样吸一次奶，就死而无憾了。母亲答应了。强盗一口咬断了母亲的乳头，以致母亲流血而亡。强盗对刽子手说：我小的时候，偷一棵菜一根柴回家，母亲都非常欢喜，导致我落得今天这个下场；我恨她，所以杀了她。

这个强盗临死前突然想到，我为什么走上一条死路？是因为小时候母亲就纵容我干坏事啊！所以做了这样一个极端的举动。不只是为了报复母亲，而是与过去的人生，与此生一刀两断，或许是想重新投胎做人吧。

古人注重儿童教育，所谓"教子婴孩"，教育孩子要从娃娃抓起。民间俗语：小时偷针，长大偷金。三岁看大，七岁看老。小时习性歪了，长大就正不过来了。现在独生子女时代，做父母的，孩子还没生下来就进行教育了，叫胎教。目的在于开发智力，不让孩子输在起跑线上。父母所看重的，大都跟做人无关，跟孩子的品德无关。故事中的母亲，她溺爱孩子，纵容孩子，不分是非。她没明白：爱有底线，对孩子的爱不能违背社会公德。真的爱孩子，就让孩子成为一个健全的人。

再看唐朝的一个真实故事。宋朝的时候，江西上饶出土了一个墓碑。碑是唐代的，碑文是以女子的口吻写的，内容是：

君姓曹名因，祖居鄱阳，祖父父亲都在唐高祖朝做官，唯有你考了三次都没有考中进士，最终死在去往长安的应试路上，朝廷的公卿世交都为你伤心感叹。只有我和他们不一样，我不这样看。我对婆婆说：家里有田地，足可供养父母；屋里有夫君你留下的诗文，足可教育我们的孩子。人的肉体在天地间生存，在阴阳之间转换，死生离合，也是寻常，不是什么意外之灾。人世间就是这样的，我不喜也不忧。

她在碑文后面交代：我姓周，是曹因的老婆，嫁给他八年，我们非常恩爱，所以刻下碑文"其生也天，其死也天"，活着是天意，死了也是天意。生死在天，活人由我，通晓这个道理，有什么可忧伤的呢！多么豁达开阔的心胸，多么深明大义，对人生道理、生死玄理都悟得很通透。

宋朝的大学者洪迈看到这个碑文，特意把它写下来传给后人，希望载入地方志，他以一颗拳拳之心要告诉后人：世上曾有这样的奇女子。

大难临头，不慌不乱，安葬死者，安顿生者，她不是忙着嫁人另寻依靠，而是自己担当起重任。这是女性的柔韧坚强，是母性的豁达智慧，是地母承载一切的宽厚。试想，若干年后，她的子女回忆她，定然感念母亲的贤德与能耐，让家庭生活不至于戛然中断。

这位曹周氏，不算奇女子，却是自古以来千千万万个中国家庭中母亲的寻常模样，维护了民间的生态：半耕半读一品人家。由于"她"的存在，中国人的家，情意悠长，民气不绝。而做父亲的，读了书见了世面，会想着把一些重要的人生道理一代代传下去，这就诞生了许多家训。家训养成家风，家风培育人才，不断有人读书入仕，这个家族就是书香门第，即便没有人读书得到功名，这个家族依旧坚持耕读传家。

传世家训中最为人所知的是南北朝时期颜之推撰写的《颜氏家训》和明朝朱柏庐所著的《朱子家训》。前者多出现在学者书房，后者多出现在百姓之家。《朱子家训》语言晓畅，道理通达，从所有家训之中脱颖而出，广受欢迎。明代以来，几乎家藏一本，成为畅销书，跟《三字经》有得一比。开篇的句子："黎明即起，洒扫庭除。"天亮就要起床清扫庭院，要内外整洁。古时候的人家，从一个清洁的黎明开始一天生活，而不是脸不洗饭不吃慌慌张张去上学上班。"一粥一饭，当思来处不易；半丝半缕，恒念物力维艰。"学会惜物，就是惜福。还有几个小细节说得很有意思：与挑着担子的小商贩买东西，不要讨价还价占人家的便宜，小贩也是穷人，让别人赚点钱是应该的；见到贫苦的邻居，要多给人家温暖体恤。靠刻薄寡恩建立的家业，享受不长久，很快会败落。还有"施恩勿念"，给人好处不要念念不忘，否则的话，你是在投资投机而不是真正帮助人。别惦记，只是相信好心自有好报。反过来"受恩莫忘"，所谓滴水之恩，当涌泉相报。"凡事当留余地，得意不宜再往。"做任何事都要留有余地，不要把事做满了，否则物极必反，得意开心之事不要一做再做，因为天下不可能总有这样的好事。诸如此类的，全然是实用哲学。

长篇的是家训，短篇的诫子书，用意如一，都是压箱底的人生经验。

清朝的孙枝蔚告诫儿子：读书不要太爱惜书，书是用来读的，爱惜而变成收藏，本末倒置。藏书，是有钱人家干的事。

南朝的梁简文帝告诫王子：立身之道，与文章异。立身先须谨重，文章且须放荡。西人云：文如其人。风格即人。简文帝却截然两分，各有道理。

诸葛亮跟那个不出名的儿子说：非淡泊无以明志，非宁静无以致远。其中有深意：回到内心去生活，功利心不要太强，无为更能抵达远方。

明朝的王夫之对后代留言：

> 传家一卷书，惟在汝立志。
> 人字两撇捺，原与禽字异。
> 潇洒不沾泥，便与天无二。

我们的传家之宝就是一本书而已，这书讲的是怎么做人的。怎么做人呢？人字两撇捺，和"禽"字相去不远，做人不小心，就会在红尘泥土中打滚，人活得低俗卑小，很容易与禽兽同列。如果你坦坦荡荡，志在高远，不沾泥，不与低俗卑小的人与物为伍，你就可以顶天立地。

诸如此类家训很多，抚育了中国一代代的民风民气，到现代，还有许多值得保留与传承。

第九讲　中国文学中最可爱的三个女人

　　这个讲题是跟着林语堂先生学舌（说较劲也行）的意思。他曾将《浮生六记》译成英文，向西方推介中国文化，广告词说："芸，我想，是中国文学上一个最可爱的女人。"论证一通之后，再次强调："我说她是中国文学及中国历史上（因为确有其人）一个最可爱的女人，并非故甚其辞。"我虽小有异见，却不愿拉李清照卓文君进来打官司，就照着林先生的语境接着说下去。

　　补正：完整的标题其实应该是"中国文学中最可爱的三个已婚女人"。强调已婚，是因为，古今中外，都在大写特写爱情，许多文字都在这里戛然而止：从此，王子和公主过上了幸福的生活。怎么幸福的？诗人作家集体失语了。多嘴的，会来一句：婚姻是爱情的坟墓。都已经在坟墓里了，还有什么话说？

　　幸好，在中国古典文学中，有几个人在大胆地说，比如苏东坡、李清照，他们享受过美好的婚姻生活，并且有胆量将这种幸福传递开去，只可惜，多是用诗词的笔法说的，有点简洁，后人要读明白，需要加入想象演绎。到了明清，密集出现了若干生活笔记、婚姻实录，对于婚姻中的爱情，终于有人大胆详细地用散文笔法说出来了。

烟火神仙陈芸

　　沈复，字三白，清代乾隆年间苏州人，出身于幕僚家庭，也算"衣冠之家"，没有参加过科举考试，曾以卖画维持生计，后做过幕僚。

　　四十六岁的时候，三白先生被苏东坡一句"事如春梦了无痕"吓坏了，联想自己结结实实做过春梦的，不赶紧记下来，将被时间冲刷得一干二净了，立即决定写自传。没有藏之名山传之后世的名利念头，只为了让自己的春梦留痕，所以没有道学说教和醒世酸语。三白又有将蚊子看作鹤群的想象力，所以他笔下的寻常日子也就多了些滋味。于是当下心安，先将欢乐记下来，就有了"闺房记乐""闲情记趣"，然后刹不住笔，写下"坎坷寄愁"，还原自己真实的人生……想起李太白有句"浮生若梦，为欢几何"，所以给自传取个总名：《浮生六记》。

沈复十三岁时，对一个女孩一见钟情，表示非她不娶。女孩名叫陈芸，字淑珍，是舅舅的女儿，长这样：

其形削肩长项，瘦不露骨，眉弯目秀，顾盼神飞，唯两齿微露，似非佳相。一种缠绵之态，令人之意也消。

明清流行的女性审美是瘦，如今天所谓骨感美人。联想到明清女子普遍缠小脚，似乎不适合唐朝的肥硕为美，不合时宜。按照清朝审美大师李渔的观点：女子的媚态比容貌更为要紧。陈芸可作例证。陈芸比沈复大十个月，姐弟相称，沈复表示：非淑姊不娶。母亲喜欢她性情柔和，当即脱下金戒指定亲。陈芸这边也是芳心早许：沈复某日半夜时分想宵夜，陈芸早已悄悄备下热粥与小菜；沈复出水痘，陈芸为他祈福而长期吃斋。

新婚之夜，一般人人都会印象深刻吧，但只有沈复记录下来了，于是我们有幸看到古代的洞房之夜实景：

至乾隆庚子正月二十二日花烛之夕，见瘦怯身材依然如昔，头巾既揭，相视嫣然。合卺后，并肩夜膳，余暗于案下握其腕，暖尖滑腻，胸中不觉怦怦作跳。让之食，适逢斋期，已数年矣。暗计吃斋之初，正余出痘之期，因笑谓曰："今我光鲜无恙，姊可从此开戒否？"芸笑之以目，点之以首。

……灯残人静，悄然入室。伴妪盹于床下，芸卸妆尚未卧，高烧银烛，低垂粉颈，不知观何书而出神若此。因抚其肩曰："姊连日辛苦，何犹孜孜不倦耶？"芸忙回首起立曰："顷正欲卧，开橱得此书，不觉阅之忘倦。《西厢》之名，闻之熟矣，今始得见，莫不愧才子之名，但未免形容尖薄耳。"余笑曰："唯其才子，笔墨方能尖薄。"伴妪在旁促卧，令其闭门先去。遂与比肩调笑,恍同密友重逢。戏探其怀,亦怦怦作跳,因俯其耳曰:"姊何心春乃尔耶?"芸回眸微笑,便觉一缕情丝摇人魂魄,拥之入帐,不知东方之既白。

有小动作,诚实的香艳,却不色情。新婚之夜耳鬓厮磨的情景,历历在目。夜读西厢,是否想起《红楼梦》的情节?曹雪芹与沈复,生活在同样的文化环境里,他们的文字忠于现实:当时少男少女都爱读西厢,《西厢记》,大概成了性爱启蒙读物。接下来,两人的柔情蜜意迅速飙升:

是年七夕,芸设香烛瓜果,同拜天孙于我取轩中。余镌"愿生生世世为夫妇"图章二方,余执朱文,芸执白文,以为往来书信之用。

当年的七夕,拜织女星,赏月乞巧,才新婚半年,两人已经对天约定:愿生生世世为夫妇。这是两个情痴。

芸娘聪慧,她从识字开始,全靠自学成才:

生而颖慧,学语时,口授《琵琶行》,即能成诵。四龄失怙,母金氏,弟克昌,家徒壁立。芸既长,娴女红,三口仰其十指供给,克昌从师,修脯无缺。一日,于书簏中得《琵琶行》,挨字而认,始识字。刺绣之暇,渐通吟咏,有"秋侵人影瘦,霜染菊花肥"之句。

幼儿时期,用白居易的《琵琶行》学说话,长大后,就能循音辨字,学会了识字读书,然后,自然而然学会了吟诗,诗才还不俗。这个起点高,对于幼儿识字教育,也是一个极佳案例,值得研究。父亲去世之后,年幼的芸娘靠做女红刺绣,担负养家的责任。贫寒的生活没有磨灭芸娘的灵性,反而造就了她天然自得的文学审美观,她不太喜欢杜甫的森严锤炼,却偏爱李白的活泼洒脱:"李诗宛如姑射仙子,有一种落花流水之趣,令人可爱。"这算得上别出心裁了。白乐天是诗歌启蒙老师,李太白是诗歌知己,嫁了个夫婿又叫沈三白,这下把三白先生乐坏了:

"卿与白字何其有缘耶?"芸笑曰:"白字有缘,将来恐白字连篇耳(吴音呼别字为白字)。"相与大笑。

他们能开玩笑。能开玩笑的夫妻是可以成为朋友的,有朋友之情的夫妻关系多是亲密的、融洽的、平等的,甚至侠义的。在沈复的记忆里,芸娘一开始是缄默的、多礼的,我的性情落拓不羁,喜欢出语挑逗,"余调其言,如蟋蟀之用纤草,渐能发议"。丈夫的引领自然重要,但也要妻子能够接招,或许,芸娘原本就有的幽默品质,被可信任的爱情激发出来了。

七夕刚刚拜完月,七月半,小两口不怕这天是鬼节,芸娘备好了酒菜,准备邀月畅饮。

觉其鬓边茉莉浓香扑鼻,因拍其背,以他词解之曰:"想古人以茉莉形色如珠,故供助妆压鬓,不知此花必沾油头粉面之气,其香更可爱,所供佛手当退三舍矣。"芸乃止笑曰:"佛手乃香中君子,只在有意无意间;茉莉是香中小人,故须借人之势,其香也如胁肩谄笑。"余曰:"卿何远君子而近小人?"芸曰:"我笑君子爱小人耳。"

芸娘喜欢用茶泡饭,偏爱吃臭腐乳和虾卤瓜,这是童年艰苦生活留下的饮食习惯。而我最讨厌此二物,比喻为"狗无胃而食粪,以其不知臭秽",这玩笑有点过分,芸娘也不气恼,平心静气解释了原因之后,用筷子强塞了一块虾卤瓜到他嘴里,夫君捏住鼻子,咀嚼,觉得脆美,松开鼻子再吃,异常鲜美。然后,又喜欢上了臭腐乳。培养相同的饮食嗜好,芸娘很有耐心。沈复对自己口味的变化疑惑不解。芸娘扔下一个金句:情之所钟,虽丑不嫌。

人间的日常生活总是相似的,有的人越过越单调无趣,有的人却越过越有滋味,其中的奥秘,首先在于,是否用心经营了生活。其次,更重要的,是否有美化生活的能力。芸娘虽然是个小家碧玉出身,文化程度也不算高,但是人有悟性,艺术趣味高雅,而且,她有动手能力。

她是厨艺高手,是不费钱的那种:

芸善不费之烹庖，瓜蔬鱼虾，一经芸手，便有意外味。

她善于发明创造，随手可造物，给日子小小的惊喜：

夏月荷花初开时，晚含而晓放，芸用小纱囊撮茶叶少许，置花心。明早取出，烹天泉水泡之，香韵尤绝。

静室焚香，闲中雅趣。芸尝以沉速等香，于饭镬蒸透，在炉上设一铜丝架，离火半寸许，徐徐烘之，其香幽韵而无烟。

余与芸寄居锡山华氏时，华夫人以两女从芸识字。乡居院旷，夏日逼人，芸教其家作活花屏法，甚妙。

她也参与文人雅集，以对对子比赛为消夏之乐。夫君的朋友也成了自己的朋友，同时有自己的闺蜜。沈复是个园艺行家，擅长绘画与插花，芸娘觉得夫君的插花功夫高妙，仍可以锦上添花，建议借鉴绘画中的草虫一法，让插花活起来：

余闲居，案头瓶花不绝。芸曰："子之插花，能备风晴雨露，可谓精妙入神，而画中有草虫一法，盍仿而效之？"余曰："虫踯躅不受制，焉能仿效？"芸曰："有一法，恐作俑罪过耳。"余曰："试言之。"曰："虫死色不变，觅螳螂蝉蝶之属，以针刺死，用细丝扣虫项系花草间，整其足，或抱梗，或踏叶，宛然如生，不亦善乎？"余喜，如其法行之，见者无不称绝。求之闺中，今恐未必有此会心者矣。

芸娘居然有本事随身带着一个"酒家"去春游赏花。下面这一节文字，早先被我疏忽了，应该选进读本的，故事性趣味性都很好：

苏城有南园、北园二处，菜花黄时，苦无酒家小饮。携盒而往，对花冷饮，殊无意味。或议就近觅饮者，或议看花归饮者，终不如对花热饮为快。众议未定。芸笑曰："明日但各出杖头钱，我自担炉火来。"众笑曰："诺。"众去，余问曰："卿果自往乎？"芸曰："非也，妾见市中卖馄饨者，其担锅、灶无不备，盍雇之而往？妾先烹调端整，到彼处再一下锅，茶酒两便。"余曰："酒菜固便矣，茶乏烹具。"芸曰："携一砂罐去，以铁叉串罐柄，去其锅，悬于行灶中，加柴火煎茶，不亦便乎？"余鼓掌称善。

街头有鲍姓者，卖馄饨为业，以百钱雇其担，约以明日午后，鲍欣然允议。明日看花者至，余告以故，众咸叹服。饭后同往，并带席垫，至南园，择柳荫下团坐。先烹茗，饮毕，然后暖酒烹肴。是时风和日丽，遍地黄金，青衫红袖，越阡度陌，蝶蜂乱飞，令人不饮自醉。既而酒肴俱熟，坐地大嚼。担者颇不俗，拉与同饮。游人见之，莫不羡为奇想。杯盘狼藉，各已陶然，或坐或卧，或歌或啸。红日将颓，余思粥，担者即为买米煮之，果腹而归。芸问曰："今日之游乐乎？"众曰："非夫人之力不及此。"大笑而散。

真是聪明人做聪明事。别人想不到的，她想到了，而且做到了，这是过人的智慧。

芸娘出身贫寒，婚后依旧贫寒，却为人大方，丈夫的弟弟结婚，给新娘的彩礼中缺少珠花，芸娘就将自己的拿出来。她惜物，对于破书残画反极珍惜，定要修补齐全。在繁琐的女红之余，在破笥烂卷中，偶获片纸可观者，如得异宝。弄得旧邻冯妪每收乱卷卖之。

贤淑、善良、聪慧，这样的人，本来应该是得到老天眷顾的。芸娘不是一个贪心的人，她的理想生活是这样的：

芸喜曰："他年当与君卜筑于此，买绕屋菜园十亩，课仆妪，植瓜蔬，以供薪水。君画我绣，以为诗酒之需。布衣菜饭，可乐终身，不必作远游计也。"

一对"情痴"，彼此扶持，不离不弃，不憎不怨。芸娘体弱多病，心性好强，硬碰上命运多蹇：娘家不幸，弟亡母丧；婚后，努力做一好媳妇而不能得，因误会屡被公婆嫌弃，逐出家门，贫病无依……只剩下夫妻情深了。

一个好女子，却不得好生活。内心的诗情画意，总是败于鸡零狗碎的人情世故；灵性巧慧，终究抵挡不了贫贱夫妻百事哀；夫妻情深，到底敌不过厄运的重击。芸娘客死异乡，沈复连殓葬的钱都没有。芸娘的遗言：

忆妾唱随二十三年，蒙君错爱，百凡体恤，不以顽劣见弃。知己如君，得婿如此，妾已此生无憾！若布衣暖，菜饭饱，一室雍雍，优游泉石，如沧浪亭、萧爽楼之处境，真成烟火神仙矣。神仙几世才能修到，我辈何人，敢望神仙耶？强而求之，致干造物之忌，即有情魔之扰。总因君太多情，妾生薄命耳！

芸娘的要求并不高：布衣蔬食，琴瑟和鸣，偶尔出门走走，就是烟火神仙了。这就是普通百姓的生活啊，安宁、朴素、和美，这个要求一点也不高，却不可得。芸娘越可爱，越是令人痛惜。沈复仰天长叹：

呜呼！芸一女流，具男子之襟怀才识。归吾门后，余日奔走衣食，中馈缺乏，芸能纤悉不介意。及余家居，惟以文字相辩析而已。卒之疾病颠连，赍恨以没，谁致之耶？余有负闺中良友，又何可胜道哉！奉劝世间夫妇，固不可彼此相仇，亦不可过于情笃。语云："恩爱夫妻不到头。"如余者，可作前车之鉴也。

虽然古话说情深不寿。但若无深情，人间何必有婚姻之事呢？男子襟怀，敢于担当；闺中良友，互为知己。《浮生六记》让我们看到了古代有文化的普通人家的婚内感情生活，有人赞许它为"晚清小红楼梦"。如果你读出了红楼梦的感觉，就可以做沈复的知音了。

贤妻是个俗词，却极为难得，凡事为他人着想，以一种礼让的方式过一种有耐心的慢生活，能吃亏，不抱怨，不以为太阳就该绕着自己转，是古代女子的常态，却是今天难得的常识。如今流行"邻家妹妹"这个叫法，我觉得，芸娘仿佛邻家嫂子，朴素可亲，聪明能干。可爱，可敬，可怜惜。

文朋诗侣秋芙

在介绍《秋灯琐忆》的时候，林语堂先生又改口了，说：芸娘和秋芙，是中国古代两个最可爱的女子。我也同意。

蒋坦，清代道光咸丰年间浙江杭州人。与秋芙为表亲，两小无猜，婚后，夫妻偕隐家园。家有庄园，属世家子弟，夫妻别居，生活空间够大。每月靠父母资助几十两银子，容得下悠闲度日。入不敷出的时候，需要典当衣服，两人都有精神胜利法："箧为频搜卿有意，裈犹可挂我何惭？"（有点厚颜。虽有画才，却没有像沈复那样去卖画，考虑古代自谋生路的机会少，暂且原谅他。后也有外出任职）文章写作的起因是在结婚十周年的纪念日，妻子尚在人世，两人有点年纪了，"皆鬓有霜色"，前尘往事，如梦如醉，忽然起了冲动，要用文字打败时间，留下记忆中美好的吉光片羽，想起什么写下什么，属于随笔体杂记，落笔即是：那是一个秋天，秋芙嫁给了我……

蒋坦有贾宝玉情结，视秋芙如仙女下凡，并欣赏她的才华胜过自己，"秋芙辩才，十倍于我"，而秋芙似乎真有易安居士压倒夫婿的才华。且看他们的新婚之夜：

"秋芙绾堕马髻，衣红绡之衣，灯花影中，欢笑弥畅。"斜髻薄衫，新娘娇俏，风情撩人，洞房暧昧，开始聊起少小时嬉戏之事，这算是正常的"前戏"。可是，接下来，她又说到诗词方面去了，"余苦木舌挢不能下"，因为心不在焉啊，舌头木了，脑筋一时没转过弯来，这回是碰到真才女了。"于时桂帐虫飞，倦不成寐。盆中素馨，香气溢然，流袭枕簟。"蚊子恼人，花香袭人，情欲迫人，新郎有点急不可耐，这时节，新娘子念头一转，居然诗兴大发，"秋芙请联句，以观余才，余亦欲试秋芙之诗，遂欣然诺之"，我是被迫接招吧。于是在洞房花烛夜，两个痴人开始联句，你一联我一联，不觉已要天亮，"檐月暧斜，邻钟徐动，户外小鬟已喁喁来促晓妆矣。余乃阁笔而起。"按礼节，"待晓堂前拜舅姑"，我别无念想，只好搁笔起床，心情想必悻悻然。这就是蒋坦先生在新婚之夜遭遇的情景。春宵一刻值千金，这两位居然做到了诗意比情欲更撩人的境界，天下新娘始作俑者，秋芙也。

两人下围棋，秋芙眼看要落败，纵膝上小狗搅乱棋局。女孩子的赖皮总是有点可爱，让人恼不起来——这是仿效杨贵妃。《酉阳杂俎》载："上夏日尝与亲王棋，令贺怀智独弹琵琶，贵妃立于局前观之。上数子将输，贵妃放康国猧子于坐侧，猧子乃上局，局子乱，上大悦。"

杨贵妃怀中的"康国猧子",是康国进贡的雪白小狗。

丈夫聚友数十人夜饮,家中酒尽,秋芙脱玉镯换酒——这是仿效元稹悼念贤妻的诗意:"顾我无衣搜荩箧,泥他沽酒拔金钗。"

活在文化里,不是模仿别人生活,是举手投足之间即可让生活增色。

虎跑泉边桂花开了,两个花癖沉溺于天香国里,簪花煮茶,临走还要在车上插几枝桂花,告知城里人新秋消息。

外出浪游了一天,半夜回来,却不让人歇息,坚持要夫婿写诗记游。只好挑灯命笔,不觉至曙。

深夜,屋梁上的燕巢倾倒,乳燕掉落在地,秋芙怕小狗伤害乳燕,急忙起床,将乳燕送回燕巢,并用竹片钉在梁上,加固燕巢。

新春竹笋冒出地面,秋芙带着侍女锄笋,然后,盐菜煮竹笋,香味甘美,就是经典菜谱所载,也没有这么好吃吧。

用零落的桃花花瓣作词,雅得不可思议:

桃花为风雨所摧,零落池上,秋芙拾花瓣砌字,作《谒金门》词云:"春过半,花命也如春短。一夜落红吹渐满,风狂春不管。""春"字未成,而东风骤来,飘散满地,秋芙怅然。

秋芙用落花砌字,黛玉是葬花伤春,秋芙哀而不伤,乐而不淫,一味浪漫得紧。试想,惠风和畅,落英缤纷,水红的桃花如雨飘飞,一个俏丽的美人,身着杏黄纱裙,穿行在桃花林里,步步生桃花,不对,是步步生桃花词,眼见她一瓣一瓣拼成一字一字,一字一字合成一词一句,词句又清丽可诵,观者敢不为之倾倒?

自制诗笺的祖师奶奶是薛涛,唐代女诗人,她制作了桃花色的浣花笺纸,一时名动江湖,诗坛大佬纷纷赞赏不已。秋芙也玩得别开生面:

秋芙以金盆捣戎葵叶汁,杂于云母之粉,用纸拖染,其色蔚绿,虽澄心之制,无以过之。曾为余录《西湖百咏》。

澄心堂纸,南唐徽州名纸:肤卵如膜,坚洁如玉,细薄光润,传为中国造纸史上最好的纸。大词人李煜就是用这种纸写词。但跟我家秋芙所制相比，也还差那么一点。蔚绿纸上，银光点点，佳人手制，香泽生息，夫婿诗作，爱妻笔录，世上自然没有比这更有意思的东西。

秋芙思维敏捷，议论常出新意，伶牙俐齿，却从不伤人，只见机智与幽默。

秋芙所种芭蕉，已叶大成阴，荫蔽帘幕。秋来雨风滴沥，枕上闻之，心与俱碎。一日，余戏题断句叶上云："是谁多事种芭蕉，早也潇潇，晚也潇潇。"明日见叶上续书数行云："是君心绪太无聊，种了芭蕉，又怨芭蕉。"字画柔媚，此秋芙戏笔也，然余于此，悟入正复不浅。

秋芙之才不止于诗词，在制笺、下棋之外，她还会绘画、鼓琴、书法和参禅。夫妻俩都爱学佛诵经，结交僧尼，并且落到行动上，断绝杀生数十年，日常修佛参禅。而秋芙对禅宗的悟性颇高，僧人赠白莲图，秋芙题诗，有这样的句子："空到色香何有相，若离文字岂能禅。"此语非常人可道。蒋坦对妻子欣赏拜服到迷信的程度，道家的高人扶乩后说神灵降下旨意，认定秋芙是明代一个著名的得道成仙的女道士昙阳子转世，他也就信了：

昔瑶花仙史降乩巢园，目秋芙为昙阳后身，观其辨才，似亦可信。加以长斋二十年，《楞严》《法华》熟诵数千卷，定而生慧，一指半偈，犹能言下了悟，况区区文字间乎！昔人谓"书到今生读已迟"，余于秋芙信之矣。

秋芙多有雅趣，蒋坦有办法成全她：

余为秋芙制梅花画衣，香雪满身，望之如绿萼仙人，翩然尘世。每当春暮，翠袖凭栏，鬓边蝴蝶，犹栩栩然不知东风之既去也。

既然娶了个仙女，就照着仙女的方向装扮吧：自制衣裳，画上梅花，一身梅花，香雪满身，既招蜂引蝶，又翩然出尘，九嶷仙人萼绿华，大概就是这个样子吧。这个不是日常服装，而是表演服，做行为艺术用的，只在每年春天拿出来秀一下，让大家亲眼欣赏一下仙女的模样。有时候,就是两口子互相欣赏,却也乐此不疲。

秋月正佳,秋芙命雏鬟负琴,放舟两湖荷芰之间。时余自西溪归,及门,秋芙先出,因买瓜皮迹之,相遇于苏堤第二桥下。秋芙方鼓琴作《汉宫秋怨》曲,余为披襟而听。斯时四山沉烟,星月在水,琤瑽杂鸣,不知天风声环佩声也。琴声未终,船唇已移近漪园南岸矣。因叩白云庵门。庵尼故相识也,坐次,采池中新莲,制羹以进。香色清冽,足沁肠腑,其视世味腥膻,何止薰莸之别。回船至段家桥,登岸,施竹簟于地,坐话良久。闻城中尘嚣声,如蝇营营,殊聒人耳。桥上石柱,为去年题诗处,近为嫔衣剥蚀,无复字迹。欲重书之,苦无中书。其时星斗渐稀,湖气横白,听城头更鼓,已沉沉第四通矣,遂携琴刺船而去。

杭州温山软水,步步生境,两口子经常出游。细读这一回,注意一些细节:没有约定路线,却用西瓜皮做路标引路,是否心有灵犀?秋芙弹琴的时候,我给她披上衣服,自己安静地听,虽然我是秋芙的古琴老师。山如水墨,星月在湖,一船独航,琴声叮咚,仿佛是仙人御风而来,环佩声响从天而降,你懂的,是两人飘然欲仙的意思。庵里尼姑是故交,采鲜莲子做羹汤,香色清冽,全然不是世俗之味。回船登岸,竹席铺地,相依相偎,远眺市井听市声,城里人声如苍蝇嗡嗡,多么俗气,简直污染了我们的耳朵。桥上石柱上,去年题写的诗句已经剥蚀,想重写一遍,可惜没有随身带笔。就这样沉浸在二人世界里,可以这样直到永远,然而,星斗渐稀,天色欲明,湖气横白,气温上升,城头更鼓报时,已经四更天了,俗世红尘,将要扑面而来,我们回吧。

与凡尘有距离的生活,常有不知身在人间的幻觉:住在城外,身离喧嚣;吟诗作画,眼离俗物;吃斋念佛,读经修禅,结交僧人,心离凡间。隐居是一个隔离,琴棋书画诗词是一个隔离,修佛参禅是一个隔离,他们生活在红尘边上,若即若离,清静自在。两人生活别有洞天,是以退为进的人生典范。

一对隐逸夫妻,两个闲散韵友。在两人小心营造的小世界里,境况是轻松的、愉悦的,不时有调笑的,不过主动开玩笑的,不是男方,反而是女方（芸娘多是反唇相讥，秋芙则是先声夺人）。如果说有谁会感觉小小的拘束，那也是蒋坦，因为秋芙经常强迫他吟诗。秋芙，既有传统淑女的美德，又有独立的自我意识，被文化熏染过的性灵和俏皮，摇曳人心。

夜深，秋芙思饮，瓦吊温瞰，已无余火，欲呼小鬟，皆蒙头户间，为趾离（梦神）召去久矣。余分案上灯置茶灶间，温莲子汤一瓯饮之。秋芙病肺十年，深秋咳嗽，必高枕始得熟睡。今年体力较强，拥髻相对，常至夜分，殆眠餐调摄之功欤？

古代书生有个通病：君子远庖厨。蒋坦能够亲自下厨，为病妻温一碗莲子羹，已属不易。过日子，只有诗画清言填不饱肚子，人间烟火不可少啊。当蒋坦生病，秋芙表现了传统贤妻的一面。刚结婚两年，蒋坦便感染了重病，起初是生毒疮，随即又转为疟疾。作者在病榻上伏枕三月，九死一生。秋芙一直衣不解带照顾他：

六年之间，三堕病劫，秋芙每侍余疾，衣不解带。柔脆之质，岂禁劳瘁，故余三病，而秋芙亦三病也。

当秋芙病重，在娘家休养，作者回家，人刚走，秋芙就让人召回。回来了，秋芙却不言不语，只是静静地看。万千恩爱，不知从何说起。只愿撒手人间之时，有你在身边送行。蒋坦的感觉是："秋芙生负情癖，病中尤为缠缚。"琴棋书画时，一派清新高洁，轮到儿女私情，到底憨痴眄人。这就是才女的模样吧。

数年而后，当与秋芙结庐华坞河渚间，夕梵晨钟，忏除慧业。花开之日，当并见弥陀，听无生之法。即或再堕人天，亦愿世世永为夫妇。明日为如来涅槃日，当持此誓，证明佛前。

这是作者写在文末的愿望，要么双双成佛，要么生生世世为夫妻。这应该是两人共同的心愿。而这一生，他们只做了十年夫妻。文成不久，秋芙离世，三十余岁。数年后，太平天国战乱，蒋坦饿死在逃难途中，四十二岁。

秋芙的感慨：

人生百年，梦寐居半，愁病居半，襁褓垂老之日又居半，所仅存者，十一二耳；况我辈蒲柳之质，犹未必百年者乎？

人生苦短，善自珍重可也。

侠艺无双董小宛

《影梅庵忆语》，是冒辟疆的《追忆似水年华》，却没有小说的虚构。这是尼采深赏的那种文字：用血泪和着墨汁书写的文字，传统书生抒写家庭生活的罕见的至情至性之文。这是中国散文中第一篇追忆男女情爱的文章，"忆语体"的发明者，影响后世甚广。这不是一个文人狎妓的故事，不是一个凡人遇仙的故事，这是一个女人征服男人、一个名妓征服名士、一个弱女子抵抗命运再造命运的故事。在冒襄的所有文字中，唯有这四千字的血泪之作广布人间。

冒襄（1611—1693），字辟疆，号巢民，江苏如皋人，明末四公子之一，出身官宦人家。科举落第，游冶江湖。明清之交的江南妓馆，似乎聚集了中国最聪慧、最有艺术修养的女子，青史留名者有之，戏剧歌诗传唱者有之，一时星光灿烂，著名的有所谓"秦淮八艳"：顾横波、董小宛、卞玉京、李香君、寇白门、马湘兰、柳如是、陈圆圆。一个个花明雪艳，才艺双绝，其中不乏气节高亢、侠肝义胆的奇女子。

董小宛（1624—1651），名白，字小宛，别号青莲女史，江苏苏州人，又一个仰慕李白的奇女子，跟芸娘一样。"董家绣庄"是沿袭两百年的苏绣世家。13岁父亲病故，母亲携女儿筑室半塘河滨，后来，绣庄破产，母亲病倒。15岁的董白入籍南京秦淮河畔画舫，卖艺为生，改名小宛。

落第士子冒辟疆，听说董小宛艳名，几番寻访而不得。终于见着了，董小宛又喝醉了：

从花径扶姬于曲栏,与余晤。面晕浅春,缬眼流视,香姿五色,神韵天然,懒慢不交一语。余惊爱之,惜其倦,遂别归,此良晤之始也。时姬年十六。

醉晤。小宛晕晕然,眼睛都要睁不开,一言不发,不太热情,似乎也没动情。而冒襄却是惊为天人,初见醉人,一见难忘。后数度寻访,仍不得见,小宛旅游去了。三年之后,偶然见着了,董小宛却生病了。

叩门至再三,始启户,灯火阒如。宛转登楼,则药饵满几榻。姬沉吟询何来,余告以昔年曲栏醉晤人。姬忆,泪下曰:"襄君屡过余,虽仅一见,余母恒背称君奇秀,为余惜不共君盘桓。今三年矣,余母新死,见君忆母,言犹在耳。今从何处来?"便强起,揭帷帐审视余,且移灯留坐榻上。谈有顷,余怜姬病,愿辞去。牵留之曰:"我十有八日寝食俱废,沉沉若梦,惊魂不安。今一见君,便觉神怡气旺。"旋命其家具酒食,饮榻前。姬辄进酒,屡别屡留,不使去。

病晤。冒襄三年积念,终偿所愿,不禁狂喜,而董小宛这才认真看清楚眼前之人,称许为奇秀之士,忽然间就缠绵起来。此前,有一段故事:朝代更替之际,美人也成了收藏品,地方豪强、明代宫廷、农民义军李自成等,争相抢夺美人名妓。冒襄曾经与陈圆圆有过约定,预备相伴终生的,可惜就在十几天之前,陈圆圆被朝廷官宦掳走了(如果冒襄没迟到,接走了陈圆圆,吴三桂就没机会"冲冠一怒为红颜"了,历史会稍稍停顿一下,却不会改写)。而今,忽然就撞见了董小宛,而小宛也被豪强所惊,大病一场。小宛认定,冒襄是个可以托付终身之人。于是,见了,就从了,从了,就是一生。

舟泊江边,时西先生毕今梁寄余夏西洋布一端,薄如蝉纱,洁比雪艳。以退红为里,为姬制轻衫,不减张丽华桂宫霓裳也。偕登金山,时四五龙舟冲波激荡而上,山中游人数千,尾余二人,指为神仙。绕山而行,凡我两人所止,则龙舟争赴,回环数匝不去。呼询之,则驾舟者皆余去秋浙回官舫长年也。劳以鹅酒,竟日返舟,舟中宣瓷大白盂,盛樱珠数斤,共啖之,不辨其为樱为唇也。江山人物之盛，照映一时。至今谈者侈美。

仙女。华服如霓裳，佳人如神仙，游人尾随，舟子环绕，众星捧月，灿烂夺目，大好江山，绝美人物，世间至今仍在流传我们的消息。

然而小宛明白，自己的身份是小妾。入门之后，看看一个十九岁少女的强悍心智：搁置管弦，洗尽铅华，五年的风尘生涯弃掷身后，转身精学女红，数月足不出户，顷刻之间，就可以换一种人生换一种活法，这或许是求生本能。

居数月，于女红无所不妍巧，锦绣工鲜。刺巾裾如蚊无痕，日可六幅。剪彩织字、缕金回文，各厌其技，针神针绝，前无古人已。

针神。数月之内，把自己炼成女红皇后，前无古人的针神，除了有家学传承，还要靠天资异禀吧。家务方面，吃苦耐劳，毫无风尘习气，比婢女更用心尽力。尊长爱幼，阖家欢喜。

记事珠。冒襄有编辑评点全唐诗的计划，小宛每天安坐书房，稽查抄写，永日终夜，相对忘言，是冒襄的记事珠。她也就成了一个安安静静的女学者。那情形有点像年轻时的学霸李清照。她在帮我抄书做笔记的同时，自己还顺手编辑了一本奇书——《奁艳》，天下女子生活的百科全书，皆是有情香丽的文字。小宛读书很有悟性，评史说诗，多有慧解。特别喜欢诵读楚辞、杜甫、李商隐、王建等。号青莲的女子，如今却并不偏爱李白了，是熟读过了，还是心境变了？闲暇练字学画，都是兴致勃勃的样子。

茶道。小宛能喝酒，见我酒量小，就很少喝了。我们找到了共同的嗜好：喝茶，喝岕茶。不是丫环泡好了端上来，是小宛亲自煮茶，文火细烟，小鼎长泉，必手自吹涤。每当花前月下，两人品茶，玉碗白瓷盏，香汤漾碧波，仙草在茶汤中涌动，这是茶客卢仝、茶圣陆羽到达的境界，是苏东坡想要而不得的生活，东坡有句：分无玉碗捧蛾眉。我有玉碗，有蛾眉，还有蛾眉给我奉茶的缘分。岁月静好，人间无恙。

香灵。焚香是雅事，费钱的事，有钱有雅趣才能做好。幸好二者都不缺。而小宛，尤有灵性，她懂得香道，会燃香，会制香，不同季节不同场合用不同手法点燃不同品类的香。在春日闺房,沉香与肌香,组合成温柔乡:"久蒸衾枕间,和以肌香,甜艳非常,梦魂俱适。"在寒夜密室,玉帏四垂,大小宣炉中,灰上隔砂蒸黄熟香,时过半夜,凝成糖结般的香脂,这时节的香气,是梅花半开、鹅梨挂果、蜂蜜熟成,"我两人如在蕊珠众香深处",贪恋此味,一直到拂晓的钟声响起,依旧沉迷无眠。

花魂。花开人人会看,门道却有不同。冒家花园多植梅,可在树上看,插在鬓边看,而小宛擅长插花,插花带画意,就活了,活在每一个你眼睛停留的地方。一年四季,花样翻新。

秋来犹耽晚菊,即去秋病中,客贻我剪桃红,花繁而厚,叶碧如染,浓条婀娜,枝枝具云罨风斜之态。姬扶病三月,犹半梳洗,见之甚爱,遂留榻右。每晚高烧翠蜡,以白团回六曲,围三面,设小座于花间,谓之菊影,极其参横妙丽。始以身入,人在菊中,菊与人俱在影中。回视屏上,顾余曰:"菊之意态足矣,其如人瘦何?"至今思之,澹秀如画。

白天看花色,夜间看花影。白团扇,翠绿烛,剪桃红,董小宛,别样菊花别样人,是"人比黄花瘦"的李式才女特有的娇贵矜持,是"故烧高烛照红妆"的苏式才子的审美怜惜,够美够有才,如此,自恋自爱者,人恒爱之。男子习惯风流自喜,女子喜欢美丽自喜,小宛与秋芙,都神灵自通这种行为艺术,自赏之时,美化了自己,也美化了生活。

食仙。花不仅可以赏,还可以吃。一年四季各种花开,董小宛一一采集,以盐梅腌渍,酿制花露,凡有秋海棠、断肠草、梅花、野蔷薇、玫瑰、丹桂、甘菊之属,美不胜收。还会将水果制成果露,如橙黄、橘红、佛手、香橼之类。又将桃汁、西瓜汁,熬炼成桃膏如大红琥珀,瓜膏可比金丝内糖。每次宴客,酒后排出数十种花露果露,都是闻所未闻见所未见的奇妙物事,"五色浮动白瓷中,解醒消渴"。就凭那阵势,也把来宾惊倒了。

董小宛,一个只吃茶泡饭的女子,如芸娘。"姬性淡泊,于肥甘一无嗜好,每饭,以芥茶一小壶温淘,佐以水菜、香豉数茎粒,便足一餐。"她不是吃货，也没有烹饪基础，一出手却成了美食制造家，能炮制发明各种奇特美食，所为何来？为了夫君的口味："余饮食最少，而嗜香甜及海错风熏之味。"她炮制的是：爱。寻常日子，富贵过法，全凭一颗初心：爱人之心。

董小宛的饮食发明与食品创制还有很多：平常的豆豉、腐乳、咸菜，经她亲手调制，都别具风味。蒲藕笋蕨、鲜花野菜、枸蒿蓉菊之类，无不采入食品，芳旨盈席，扩大了民间食谱。熏肉、风鱼、醉蛤、醉鲟、虾松、兔酥雉等等，莫不异妙。董小宛是饮食天才吗？她会钻研食谱，遍访名厨，加上自己的慧巧变化，最终跻身于"中国历代十大名厨"之列。她的许多发明，至今活跃在江南的厨房里。

姬最爱月，每以身随升沉为去住。夏纳凉小苑，与幼儿诵唐人咏月及流萤纨扇诗，半榻小几，恒屡移以领月之四面。午夜归阁，仍推窗延月于枕簟间，月去复卷幔倚窗而望。语余曰："吾书谢希逸《月赋》，古人'厌晨欢，乐宵宴'，盖夜之时逸，月之气静，碧海青天，霜缟冰净，较赤日红尘，迥隔仙凡。人生攘攘，至夜不休，或有月未出已鼾睡者，桂华露影，无福消受。与子长历四序，娟秀浣洁，领略幽香，仙路禅关，于此静得矣。"李长吉诗云："月漉漉，波烟玉。"姬每诵此三字，则反复回环，日月之精神气韵光景，尽于斯矣。人以身入波烟玉世界之下，眼如横波，气如湘烟，体如白玉，人如月矣，月复似人，是一是二，觉贾长江"倚影为三"之语尚赘，至"淫耽""无厌""化蟾"之句，则得玩月三昧矣。

月魄。小宛最爱的是月亮。那个移榻、推窗、卷幔追月的女孩，不就是我们许多人小时候的样子吗？只是我们长大了就不追了，小宛还在追，这是童心犹在。这颗赤子之心认为：日光下的世界与月光下的世界，简直是凡间与仙界的差别。小宛为天下无缘消受赏月之福者而感觉遗憾，又为自己一年四季都可以伴随这份娟秀浣洁而感恩、宁静，正是踏上仙路的入口。仿佛夏夜咀嚼冰块一般，咀嚼李商隐的诗句：月漉漉，波烟玉。对于小宛，这是天然的沉思，对于旁观者冒襄，却会引发幻觉与迷思：月亮的精气神，都在这三字经里了。佳人置身烟波玉世界，眼神如水波流动，气息如云烟撩人，身体如白玉清凉，一时间，人就是月，月就是人，明月与佳人，一体两面，合二为一了。这是董小宛的仙女时刻。不是表演给人看的，是内心自得自享的。在俗世烟火之余，仍有伸手够月的纯洁冲动，她是在眺望高远神秘恬淡清灵的命运的面容吗？

甲申之变，明朝亡了。李自成进京，清兵南下，各地兵匪蜂起，冒家逃难，家财散尽，九死一生，数十名奴婢被杀，仅余一家八口。常常是，冒襄扶老携幼奔逃在前，董小宛独自跟跄尾随于后，小宛对冒襄说："当大难时，首急老母，次急荆人、儿子、幼弟为是。彼即颠连不及，死深箐中无憾也。"冒襄担心照顾不及，一度要将董小宛托付给友人，如果无缘再见，请自行安排余生。小宛的表态是："举室皆倚君为命，复命不自君出，君堂上膝下，有百倍重于我者，乃以我牵君之臆，非徒无益，而又害之。我随君友去，苟可自全，誓当匍匐以俟君回；脱有不测，前与君纵观大海，狂澜万顷，是吾葬身处也！"生死之际，小宛大义凛然，通达权变，甘愿自我牺牲。冒襄的父母却舍不得丢下小宛，要带上一起走。

逃难途中，偏偏冒襄又身患奇疾，几次走到了阎王殿门口，几次被小宛生生地拉了回来。

余则感寒，痢疟沓作矣。横白板扉为榻，去地尺许，积数破絮为卫，炉煨桑节，药缺攻补……阅冬春百五十日，病方稍瘥。此百五十日，姬仅卷一破席，横陈榻边，寒则拥抱，热则披拂，痛则抚摩。或枕其身，或卫其足，或欠伸起伏，为之左右翼，凡病骨之所适，皆以身就之。鹿鹿永夜，无形无声，皆存视听。汤药手口交进，下至粪秽，皆接以目鼻，细察色味，以为忧喜。日食粗粝一餐，与吁天稽首外，惟跪立我前，温慰曲说，以求我之破颜。余病失常性，时发暴怒，诟谇三至，色不少忤。越五月如一日。

更忆病剧时，长夜不寐，荞风飘瓦，盐官城中，日杀数十百人。夜半鬼声啾啸，来我破窗前，如蛮如箭。举室饥寒之人皆辛苦鼾睡，余背贴姬心而坐，姬以手固握余手，倾耳静听，凄激荒惨，欷歔流涕。姬谓余曰："我入君门整四岁，早夜见君所为，慷慨多风义，毫发几微，不邻薄恶。凡君受过之处,惟余知之亮之,敬君之心,实逾于爱君之身,鬼神赞叹畏避之身也。冥漠有知,定加默祐。但人生身当此境,奇惨异险,动静备历,苟非金石,鲜不销亡!异日幸生还,当与君敝屣万有,逍遥物外,慎毋忘此际此语!"噫吁嘻!余何以报姬于此生哉!姬断断非人世凡女子也。

久病床头无孝子,更难有贤妻。小宛在长达半年的日夜陪护中,一言一行,无不惊天动地,是冒襄所谓:非人间凡女子所作为。席地而卧一百五十日,从冬至夏,我寒冷时,她用身体将我捂热;我病痛时,她耐心按摩,用自己的身体当枕席;我不能进药,她就用口送汤药;时常嗅验粪便,毫不嫌弃;我病失常性,时发暴怒,她从不还嘴,色难。小宛敬佩我慷慨多风义,相约做烟火神仙:"敝屣万有,逍遥物外。"小宛待我,如此种种,其中有恩爱,更有侠义,是慷慨,是奉献。小宛视我为灵魂的伴侣,惺惺相惜。遇见小宛,其实是我一生最大的幸运。"余一生清福,九年占尽,九年折尽矣。"

名士名妓的邂逅是另类风流,如今一变而为寻常的匹夫匹妇,却演绎出人间夫妻的新奇剧目。秦淮名妓多有侠气,小宛的侠气,没有表现在政治立场上如柳如是、顾横波,没有表现在人格气节上如寇白门、李香君,她的女侠之风表现在日常生活里:邂逅名士,主动追求;入门之后,拿得起,放得下,迅速改变人生;其后,灵气四射,孜孜不倦地美化生活;最后,落难途中,舍生忘死。她的艺能主要不在琴棋书画,而在于营造生活过新鲜日子。文艺才女历朝皆有,能将平凡日子过成一种艺术形式,人间烟火成为审美生活,却是罕见的一种才女。

小宛是烟火神仙,也是文朋诗侣,更有芸娘和秋芙之外的品质:侠义与美艺。贤淑、雅慧之外,她的创造生活的趣味与能耐,她的牺牲精神,不是人间常态,属于可遇不可求之列(所以,小宛与冒襄的邂逅,不是小宛得救,而是冒襄遇仙了)。小宛之美,在于一生的幸福都是自己争取来的,自己创造出来的。

我有点诧异,如此美妙夺魄的女子,林语堂先生为何遗漏了?

追寻记忆中的乐园

　　这三篇文字都是追忆体,按时间顺序,是冒辟疆开启了明清文人追忆似水年华的先河。中国书生文化积淀到明清,如何把日子过得有滋味,成为普遍的时尚追求。《闲情偶寄》《幽梦影》等清丽随笔纷纷面世。小说领域,冒出《金瓶梅》和《红楼梦》两部杰作,拓展了情爱世界的深度和广度。戏曲领域,出现《牡丹亭》《桃花扇》,渲染了中国古典爱情特有的浪漫诗意。自传领域,真实记录自己感情生活的文字应时而生——古典婚姻中的爱情实景,纯粹的两人世界,由此揭开了神秘的面纱。冒襄、沈复、蒋坦三人,有情有胆有识,充分享受过婚姻生活的美好,都有深刻的冲动,想把这份美好留下来,让春梦留痕,让后人牵挂这样三位可爱的女子。

　　可爱与否,始于容貌,却不终于容貌,终究要走心。芸娘纤瘦,有小虎牙,算不得大美人,沈复却被一种缠绵之态击中。蒋坦笔下,没有出现秋芙的容貌描写,却无处不在,爱到膜拜境界,已无关美貌与否。董小宛自然是美的,但有大美人陈圆圆在前,小宛或许不在容貌上取胜。我们眼见着冒襄从炫耀美人如神仙开始,渐渐从内心痛惜深爱这个女子。女子的可爱,还在于性情贤淑、聪慧之才与心地之美。(奇妙的是,三文皆未提到小脚,三个男子的趣味很不一般,算是超凡脱俗?)

　　芸娘身上,是一个小媳妇由谨慎守礼到渐渐开张伸展自我的样子,一生努力把小日子过得有滋有味。秋芙这边,以诗情禅意为口粮,努力逃离世俗的束缚,人也从跌宕自喜的缠绵之态逐渐转为心性淡远,陶然忘忧。董小宛这里,最骇人的是她整顿人生的才能,不亚于一个将军整顿破碎河山,对自己够狠,人生才有机会变美,直视命运,放手一搏。

　　三个人都有才情,都会玩,还都有幽默感。不太确定小宛是否有幽默感。芸娘和秋芙都有的,想来,小宛不可能没有。只是冒襄有点端着,老爱记录小宛表决心的话,寻常的玩笑则忽略不计了。幽默,人际关系的润滑剂。夫妻也一样。

在精神上，这三个女人都不是丈夫的附庸，有的时候，比相公还要略高一筹。三人既有传统淑女的美德，又有独立的自我意识。渐有现代人的模样，又有现代人丢失了的美。

三个女子，都是生活艺术化的典范，都有提升人间烟火的巨大的审美能力。这是中国文学所提供的最宝贵的现实经验之一。因为她们，我们可以改写苏格拉底的格言：未经审美的生活，是不值得过的。

芸娘，邻家嫂子，朋友之妻；秋芙，画中人，无烟火气，活在诗词中，林下风致，可放在书卷中欣赏；董小宛，活在传奇中的人物，不可遇也不可求，是金风玉露一相逢，便胜却人间无数，凡人福分不够，只有羡慕忌妒恨——不，羡慕忌妒之余，你还在梦里爱她。

光做梦是没用的，男人要相配。

沈复说过最深情的一段话：

沈复：惜卿雌而伏，苟能化女为男，相与访名山，搜胜迹，遨游天下，不亦快哉！

芸娘：此何难，俟妾鬓斑之后，虽不能远游五岳，而近地之虎阜、灵岩，南至西湖，北至平山，尽可偕游。

沈复：恐卿鬓斑之日，步履已艰。

芸娘：今世不能，期以来世。

沈复：来世卿当做男，我为女子相从。

芸娘：必得不昧今生，方觉有情趣。

这是男人能说出来的最深刻的情话吧。等不及来世，不昧今生才好，于是有了鼓动妻子女扮男装出游的喜剧。我知道的一点点的好，都想与你分享，这就是人间匹夫匹妇相爱的真相吧。

蒋坦，教妻子弹琴、下棋；画梅花衣裳，玩浪漫；温莲子羹，体贴。不知是学佛入狂还是伉俪情深，直认枕边人是仙女下凡，乃今人所谓"宠妻狂魔"是也。

冒襄，文字开篇的声明，有趣得紧：爱生于昵，昵则无所不饰。缘饰著爱，天下鲜有真可爱者矣。意思是，人间芸芸男女，总爱往文字里掺水，虚报情爱，我这里说的才是干货。冒襄有资格说这话，因为董小宛太出色了。相对于蒋坦的欣赏拜服，沈复的平视知己，冒襄最初是被动地接受，富家公子，见得多了，不觉稀罕。是小宛一桩桩一件件的事情做下来，让夫君刮目相看，然后深刻认同，感恩惜福，然后，才决定写下这篇文字，以报人间女子之大德大美于万一。贵公子冒襄一生猎艳无数，是董小宛，让他知道了爱的神奇面目。

男人能做的最好的情梦不过是蒲松龄笔下的狐仙。明清之交的文人自我觉醒，有才华，有澄清天下之志，一时的民风民气是这样的——女子不爱权贵与土豪，偏爱书生："慧福几生修得到，家家夫婿是东林"（秦际唐）；佳人们如此决绝："修到人间才子妇，不辞清瘦似梅花"（林佩环）。而书生呢？江山易主，纷纷从天下退回到室内，开始懂得痛惜佳人难再得，集体逃避乱世躲进温柔乡。时代背景如此，才演出这琴瑟和鸣的千古佳话。

三人者，皆可学而得之也，学个三四分也好。天下女子，何不学习呢？在座女生，有人想学吗？这可比那些笑不露齿谨言慎行的所谓淑女教育美妙多了。生活模仿艺术，生活就多了审美；后人模仿前人，是见贤思齐，见美思齐。为了你的幸福生活，我祝愿各位学其神而弃其形，青出于蓝而胜于蓝。

我们似乎可以推翻一个流传甚广的谬论了：婚姻是爱情的坟墓。我们读到的这三对夫妻，不是什么虚构的神仙眷侣，而是真实的烟火夫妻。可贵之处正在于此，他们双方都有能力，将一种人人在过却大多数人过得不如意的平常日子，过出了不一样的滋味和情趣。相知方得相爱，相惜方得婚内之爱。婚姻，未必是爱情的坟墓，却可以是爱情的修炼场，是两个灵魂相伴相生的归宿。只要美曾经存在，就不怕毁灭，就会给后人留下念想。虽然，如花美眷，敌不过似水流年，一往情深，却惊艳了彼此的人生，即便留下的是遗憾之美，也抛给人世间一段永恒的浪漫时光：原来姹紫嫣红开遍，似这般都付与断井颓垣。良辰美景奈何天，赏心乐事谁家院……

第十讲　幸好有民间

皇权总是不可靠。在没有制度限制皇权的时代，一旦朝廷败坏，整个社会岌岌可危，到了这个时候，人们庆幸，还好，还有一个民间，一个老百姓生活的空间，有一些高于皇权的东西，保留在民间，可能化解社会危机，为中华民族保存最宝贵的资源。

高手在民间

在我们想象中，有了科举制度，天下人才都在朝廷出将入相，然后呢，野无遗贤？错了。在朝堂为官的永远只是少数，还未必是一代人中最杰出的少数，各代都不乏滥竽充数者，社会越发展，民间的生存空间越大，在很多时候，真正的高手，各方面杰出的人才，不在朝堂，反而遗落在民间。

比如裁缝，清朝一代，宁波的裁缝天下闻名，他们有绝招：

昔有人持匹帛命成衣者裁剪。遂询主人之性情、年纪、状貌并何年得科第，而独不言尺寸。其人怪之。成衣者曰："少年科第者，其性傲，胸必挺，需前长而后短；老年科第者，其心慵，背必伛，需前短而后长。肥者其腰宽，瘦者其身仄。性之急者宜衣短，性之缓者宜衣长。至于尺寸，成法也，何必问耶！"

你看，这到底是裁缝还是社会学家、心理学家？裁缝天天跟人打交道，阅尽人间荣辱，知道人的形体变化跟境遇相关，而衣服是行动的外壳，又要跟人的性格相关。做一件衣服，也需要全方位考察。一般裁缝量体裁衣，高明的裁缝才懂得量人裁衣。所谓三百六十行、行行出状元，就是这种情况。

再说围棋。一个传奇故事。安史之乱，唐玄宗逃难到四川，途中权居荒山野岭。随行的围棋国手王积薪，睡在一户人家的屋檐下，夜深了，睡不着。听见屋里老婆婆招呼儿媳下棋，黑暗中，下盲棋。下了半天，婆婆说赢了九子，国手居然不明白怎么算出来的。天亮了，恭恭敬敬去请教，老婆婆看他布局，对媳妇说：可以教他一些普通招式。媳妇简单说了几个攻防战术，国手不断求问。老婆婆说：够了，学会这些就可以天下无敌了。此后，王积薪成为真正的国手。所谓高手在民间，这是一个例子。如果在朝堂服务的人也存此念头，就不太敢自以为是了吧。

神医的故事很多。清朝的叶天士，甚至让道教的张真人为他做广告。某日，张真人在桥头停下轿子，说：让桥下天医星先过。这时，叶天士的小船正好通过，于是民间都传说他是天医星。广告归广告，神医的奇能异术却让人有些匪夷所思，比如同样一个痘闭症，治疗的手法却很不同。中药的神奇传说很多，不服药治病的中医听过吗？针灸、艾灸、推拿、刮痧等等，是中医的奇招，如果既不用药，也不用针灸等等，就能把病治好，算得上是神了吧？看叶天士如何治痘：

第一，激怒法。行走乡间，见采桑少妇，叶天士让轿夫去挑逗她，不是言语挑逗，是直接上去搂抱，男女授受不亲呢，采桑女子于是暴怒，破口大骂。叶天士告知：你有痘闭症，发不出来，这么一激怒，今晚就可以发出来了，发了就好了，否则有生命危险。

第二，擀面法。富豪的儿子得了痘闭症，叶天士不轻易出诊，富豪知道他喜欢斗蟋蟀，于是买了几十盆蟋蟀，引诱他来治病。叶天士来了，让富豪排开十几张干净桌子，小孩脱光，像擀面一样，一张张桌子上滚来滚去，把痘滚出来了。

第三，蚊咬法。自己的外孙痘闭不出，外公叶天士感觉棘手。闺女以死相逼。叶天士只好将小外孙脱光了，扔在一个空屋子里，锁上门，转头就去跟人赌博。深夜回来，外孙遍体痘发，粒粒像珍珠一样。原来，是空屋子多蚊子，故意让蚊子叮咬发痘。

现在诋毁中医的人很多，基本上是无知与无缘。中医的神奇，我体会过。一次打球把腰扭伤了，坐卧行走困难，折磨了几天。想到中医，去一个民间诊所，老中医了解状况，二话不说，用针灸法，将一根长针刺在我的印堂穴。腰痛，却针灸眉心之间的印堂穴，奇了怪了。插上针，老中医说：起来走走。我说：起不来的，几天了。中医：现在起来。我腰杆一挺，起来了，可以走动了，在走廊里步行一刻钟，越走越轻松，很快就全好了。从此，我相信中医。

屠呦呦发现青蒿素，不也是受传统中医的启发吗？

礼失求诸野

中国封建社会是金字塔结构，层层往上的掌权者，构成了社会的权力网络，金字塔的底层，就是广大的民间社会。儒家思想成为传统中国的统治思想，像一张大网，兜住了所有阶层，其中，仁义礼智信等核心思想，超越皇权，直达上天。然而，一个普通人一旦进入权力阶层，又有了另一套游戏规则：唯上是从，官大一级压死人，攀爬钻营，贿买官位，公器私用等等，天天与最高道德作对抗，腐败现象时有发生。有时候，官家不相信的东西，民间仍然坚信。于是，孔夫子预见到这种状况，早早地提出了一个预警口号：礼失求诸野。丢失了的传统礼节、道德、文化，要去民间重新找回来。

读过雨果的小说《悲惨世界》的同学，应该记得一个细节：男主角冉·阿让因为偷了一块面包而被判刑，几次越狱被捕，结果服刑十九年。出狱后，被米里哀主教收留一夜，冉·阿让偷了主教的银器逃走，路上被警察捉住。主教说：银器是我送给他的。警察释放了他。被感化的冉·阿让，从此成为一个善人。主教的善意唤醒了一个罪人。

这是小说中的故事，真实的故事也发生过。在中国宋朝，山东曹州，一个夜晚，小偷进入小商人于令仪家被捉。于令仪发现是自己认识的一个平时挺老实的孩子。为什么要偷盗？穷。如果有十千钱，就可以过上温饱生活。于令仪给了他。然后还细心地让他留宿一晚：你一个穷汉,大半夜背着十千钱,肯定被人怀疑的。小偷大为感动,从此成为良民。

两个故事如出一辙,主教和于令仪,都是仁至义尽之人。仁至:把罪人当人看,不再是罪人;义尽:在危难之时我出手帮你。与人为善,不是施舍,而是真的替别人着想。这种人在古代称作"义人""义士"。

乱世出奇人奇事。满族人刚得天下的时候,为了从心理上驯化汉民族,颁发"剃头令":留发不留头,留头不留发。剃去脑门上的头发,后脑勺的头发梳成辫子,露在外面,拖下来。汉族男人的发型,之前一直是盘发,戴帽子幞头罩住。伦理上,身体发肤,受之父母,不敢损伤。剃头令这一招非常狠毒,是施加在每一个汉族男子身上的羞辱。重创你的伦理,摧毁你的尊严,还要暴露在光天化日之下,日日顶着半个光头,行走人间。有不堪其辱者,宁愿留发不留头。

这一回,江苏泰州如皋县的捕快小王碰到难题了。县里有个叫许元博的选择了宁死不屈,官府将他判处死刑,又要将他妻子流放,小王负责押送。小王钦佩老许,想救许妻,回到家长吁短叹,被妻子一再追问,告知实情。小王的妻子有侠肝义胆,突发奇想:我愿意替代许妻流放。这小两口的深夜对话,很有戏剧性,可以想见两人的情绪与表情的丰富变化。结果,这两位居然说做就做,通知许妻躲去娘家,王妻扮做许妻,丈夫负责押解,两口子真的把自己流放到千里之外,应该是黑龙江一带苦寒之地。一个义士,一个侠女,两人的故事后来传回了故乡,家乡父老大为感动,募集赎金将两人赎回,两口子得以在故乡终老。

这是一个小故事,却有壮怀激烈的大悲情、大侠义。是拍成电影的好题材。

最能表现中国人的铁血精神、忠肝义胆的故事,可以参见春秋传奇《赵氏孤儿》以及唐传奇《吴保安》。今天的人已经读不懂古人了,所以陈凯歌的电影《赵氏孤儿》荒腔走板、离题万里,简直是羞辱先人。

宁欺官不欺贤

政治清明的时代，官民同心；政治黑暗的时代，官民离心离德。当掌权者变成一群坏蛋的时候，无论你在朝在野，都有一个重新选择立场的问题。许多可歌可泣的历史故事，就在这样的时节发生了。

望门投止思张俭，忍死须臾待杜根。

我自横刀向天笑，去留肝胆两昆仑。

——【清】谭嗣同《狱中题壁》

1898年，戊戌变法被慈禧太后镇压，康有为、梁启超逃亡海外。去留之际，谭嗣同说："不有行者，无以图将来；不有死者，无以召后来。"决定留下来，以血醒民，慷慨赴死："各国变法，无不以流血而成，今日中国未闻有因变法而流血者，此国之所以不昌也。有之，请自嗣同始。"谭嗣同等六君子被捕杀。此诗是谭嗣同死后，由刑部狱卒从狱中传出。

诗中的张俭和杜根，都是东汉末年的书生英雄。当时，宦官专政加上外戚专权，一片末世景象。有志之士奋起抗争，奋不顾身，屡扑屡起，有所谓"八俊"之目，天下高风亮节的八个名士。浊世滔滔，有人偏要做清流，不断弹劾宦官或外戚，却一律会被反诬"结党"，被迫逃亡，接纳者也将视为党人、同党，受到惩罚，牵涉面之广史无前例，史称党锢之祸。这个时候，普通知识分子与有见识的老百姓自觉站在一边，保护这些受迫害的贤者，对抗朝廷，他们的心理基础是：宁欺官，不欺贤。

史学家范晔在《后汉书》中单列《党锢传》，为这场声势浩大的民间集体英雄主义行为立传。他们的故事一直在民间流传，宋代学者洪迈的随笔集《容斋随笔》，补充了一些民间流传的史料，许多人发自内心的自觉选择，冒死抢救大德大贤，令后人高山仰止。我们来看几个民众的镜头：

李膺，一代清流，第二次党锢祸起，他主动投案，被拷打致死。他的门生、部下都被禁锢。有个官员景毅，他的儿子是李膺的学生，却没受到牵连。景毅感觉受到侮辱，说：我认定李膺是贤者，才让儿子去受教的，如今先生有难，我怎么可以单独免祸呢？"黑名单"上没有我，我就主动请求免官回家。

　　黑名单上有巴肃，巴肃自己去县里投案，县令不想逮捕他，要解下官印和他一同逃跑。巴肃不愿牵连县令而没答应。

　　督邮吴导接到逮捕范滂的火急诏令，怀揣诏令，关上门窗，趴在床上大哭。范滂却自动投案去了，县令郭揖见了大惊，走出衙门，脱下官袍，解下官印，立即要拉着范滂逃走。范滂说：我死了就可以消祸了，怎敢再拖累好人。

　　张俭在逃亡中望门投止，凡接纳其投宿的人家，均不畏牵连，冒死接待，有十几个人因此被杀。最后逃到李笃家里，县令毛钦带兵上门搜捕，李笃说：张俭无罪，所以逃亡，我即便将他交给你，你忍心将他带走吗？毛钦回答：春秋时卫国的贤大夫蘧伯玉，两次收留了周游列国的孔夫子，他以自己一人成为君子为可耻，足下为何独占仁义呢？毛钦长叹一声，走了。张俭幸免。

　　英雄创造历史，人们耳熟能详。在东汉党锢之祸的时候，是庶民百姓在创造历史。但是，不是所有的庶民都如此。中国的庶民百姓，在大多数时候，大多数人只是顺民，是鲁迅所说的：求做奴隶而不得的人和暂时做稳了奴隶的人。这些奴隶，只会吃人血馒头，然后自己也被暴政吃掉。但是，在中国历史上，有许多黑暗的时期，东汉末年就是，那些参与了创造历史的庶民，他们在官府与贤者不可兼得的时候，做出了惊人的选择——宁欺官不欺贤，为家国天下保留一线生机，他们扪着一颗良心，站在正义的一边，他们，已然是英雄，庶民英雄，凡人英雄。相比之下，李白赞赏的游侠儿"十步杀一人，千里不留行"，不过是匹夫之勇，而这些受人间大义所召唤的好男儿，才是我们中国自古以来大写的人。因为他们，黑暗的时刻透露了一点人性的光芒，让后人对中国的国民性不至于彻底失望。

第十一讲　市井与田园

一个错觉

由于近代几百年的落伍，我们一直有个错觉：中国只是一个农业国家。不敢想象，我们曾经有过世界上最大的城市，最丰富的市井生活。

城市，城＋市。城，是围墙内的区域，人口的聚集、工商业的发达、安全防卫的需要、王权中心等因素导致了城的诞生。有城就有市，做买卖的集市。长安城有两大集市：西市与东市。《木兰辞》说："东市买骏马，西市买鞍鞯，南市买辔头，北市买长鞭。"这是南北朝的一个城市，有多达四个集市。一般城市的集市是两个：东西。东市买一点，西市买一点，什么都齐了。再往后，"东西"泛指一切物品，这就是我们把购物称作"买东西"的来源。

学者告诉我们，中世纪的伦敦城，人口4万，巴黎是2万，而春秋时期的临淄城不少于30万人。史家记载："临淄之途，车毂击，人肩摩，连衽成帷，举袂成幕，挥汗成雨，家殷人足，志高气扬。"（《战国策·齐策》）摩肩接踵，挥汗如雨，家殷人足，志高气扬，这一连串的成语，说的都是古代中国的城市生活。

有一个世界古代城市十大排行榜，按人口和面积计，分别是：隋唐长安、北魏洛阳、南朝建康（南京）、罗马、巴格达、北宋汴京（开封）、君士坦丁堡、南宋临安（杭州）、明清北京、埃及开罗。中国占了六个。

中国城市的崛起，从春秋战国开始，一直延续到清朝才开始反转落伍，而今天，中国的现代化城市群又开始雄起，傲视环球。

市井生活是怎样的？

住在城里的古人，是怎样过日子的？

以北宋都城汴京（开封）为例，一幅《清明上河图》，就是一幅罕见的宋代繁华图景。一部北宋遗老的著作《东京梦华录》，则详尽记录了一些鲜为人知的情形。

城门开。五更时分，天色微明，寺庙更夫敲着木鱼报时，城门开启，集市开张，早餐的品种很丰富；装载猪羊和麦面的车子进城了，各种叫卖声里，汴京人有滋有味的一日开始了。

服色。士农工商，三百六十行，每一种身份和职业的人，都有特定的服色和服饰，各自装束整齐，不容随便，连乞丐也有自己的装束，不敢乱来。一眼就能认出别人的身份，的确很方便。

仗义。汴京人好客，尤其对外地人很仗义。如果你被人欺负，一定有人"横身相救"，为你出头打抱不平。如果你是新搬来的，邻居一定会上门，借给你日用器具，送汤送茶水。民风淳朴热情，是个值得人居住的地方。大城市的民风，不排斥外来人，当今深圳就是这样。北上广深，加上香港，只有深圳有胸怀喊一声：来了，就是深圳人。

银器送货。无论你富贵还是贫贱，只要叫了"外卖"，店家一定用银器给你送货，可以等到第二天才将银器取回。这么大方，这么信任陌生人，举世罕见。是真富贵的城市，人们才会如此慷慨吧。

三伏天的冰雪。好吃的玩意数不胜数，其中一个特别的，三伏天，有店家专卖冰雪，盛放在银器中，你见了浑身凉爽。一片冰心（也可以是西瓜）在玉壶。

陆游生活在临安，有一行诗句透露了一个美丽的市井生活镜头：

小楼一夜听春雨，深巷明朝卖杏花。

听了一夜淅淅沥沥的春雨，马上想到，明天一早，就有女孩儿挎着花篮，从小巷子里穿行而来，叫卖杏花。这是叫卖春天的消息，卖花人一定是明媚素洁的，买花人一定是热爱生活的，不是戴望舒的《小巷》中那个丁香一样忧愁的姑娘。不同的情调。陆游会不会一大早起来买花呢？

张岱是个才情高绝的纨绔子弟，他为七月十五的西湖，画了一张漫画：《西湖七月半》。杭州人倾城而出，说是看月亮，其实是人看人，而张岱，躲在暗处，机巧百出，细细调侃各色人等，获得极大的口头满足。这家伙有趣。

有一种人，是城市生活的润滑剂：商人。没有商人，哪来东西？没有东西，何来买卖？没有买卖，城里人如何生活？农民自给自足，可以喊一声：帝力于我何有哉？城里人不敢说。士农工商，四民之末。无奸不商。在书本上口头上，我们对商人从来没给过好脸色，而在真实的市井，商人一般会给你赔笑脸。

明朝的小文章《市商十要》，是前辈写给菜鸟的经商忠告，十条防身术：

经商要纳税，不可隐瞒不报；不露富，不走夜路；不可逛妓院；不可饮酒过度；待人笑脸相迎，和气生财；先做好人，再做生意，不得欺软怕硬；随手记账；随机应变；不要话多胡扯；见人赌博，捂紧钱袋远远躲开。

这完全不是如何谋利贪利的小技巧，而是堂堂正正经商的小忠告，这样的商人，做好了，有个好听的词：儒商。

你本是宇宙中之人精，人赖你万事周全不患贫。人赖你萤窗雪案供灯火，人赖你虎斗龙争助甲兵，人赖你侍奉双亲供膳养，人赖你鞠育妻孥做饔与飧。银子呵！人若一日得君也，喜地欢天乐事频。

清朝无名氏的一首散曲《冯商叹银》，是一曲难得一见的金钱的赞歌。古代书生真真假假玩清高，甚至不说钱字，而说"阿堵物""孔方兄"云云。现在，终于有人对钱说了真话。这其实是普通百姓对金钱的真态度。这个无名氏，是清朝的莎士比亚。

家园与田园

大家想过没有,其实,中国农家的住房,在漫长的岁月里,是家家都住别墅的,而且是带花园的独立别墅,前有庭院,后有菜园,左有猪圈,右有鸡舍,一般是依山傍水,风景上佳,门前有小河流过,河边有良田,后山有竹林鸟兽。这是传统中国人的家——家园,带园子的家。

> 土膏欲动雨频催,万草千花一饷开。
> 舍后荒畦犹绿秀,邻家鞭笋过墙来。
> ——【宋】范成大《春日田园杂兴》

所以,春天的时候,邻居家的竹林里,春笋会爬墙——从地下"偷渡"到我家:邻家鞭笋过墙来。我可以趁着新鲜挖笋下酒。

> 雨多杨梅烂,青筐满山市。
> 儿女当夕飧,嫣然口唇紫。
> ——【明】王稚登《平望夜泊》

杨梅熟了,山间集市上满街满筐一字排开,看得人直流口水,小孩儿拿它当晚餐呢,一个个吃得小嘴紫红紫红的。

水上人家不一般,陆游看过一艘大船,不,是大木筏,上面住了三四十户人家,简直是个小村庄,大到有菜园,有酒店。如此过活,真的是天天行走江湖啊。

来点奇怪的。听说过养蚂蚁维生的人吗?宋代的广东,就有这种人,专门收集蚂蚁,卖给种柑橘的人。蚂蚁可以防治虫害,这种蚂蚁有个专门的名字:养柑蚁。收集的方法是:用猪羊的尿泡,里面抹上油脂,敞口放在蚂蚁洞边上,等蚂蚁爬满了,就可以拎着去卖了。这种防治病虫害的方式,肯定比打农药好,纯天然无害生物防治法。

在福建一带,收龙眼的时候,树上摘龙眼的人一个个放声高歌,听起来似乎满是丰收的喜悦,路人忍不住要赞叹一声:农家乐、田园乐。

实情是，果农雇工采龙眼，龙眼比荔枝金贵，吃多了也不会上火，果农怕雇工偷吃，于是规定：一边采摘龙眼，必须一边唱歌。不唱的不给工钱。唱的什么歌呢？山歌、民歌，一般多是情歌。试想，雇工们整天对着清新可口的龙眼，一边流着口水，一边唱着情意绵绵的情歌，果林里面，歌声此起彼伏，真是甜蜜的惩罚。旁人知晓实情之后，浪漫就变成幽默了。

无论市井生活还是田园生活，中国古人都有深刻的体验，天地无恙，各自安好。在今天心急火燎的城市化进程之中，如何保留田园的生态，值得潜心探寻。

第十二讲　时间的哀歌

时间的秘密

　　三千年前，在流浪途中走到黄河边上的孔夫子，凝视着滔滔河水，一声浩叹："逝者如斯夫！不舍昼夜。"一切逝去的，都像这流水一样，日夜不停。孔夫子的感慨，包含多层心思：眼睛看得见的一切东西，以及眼睛看不见的一切事物，都会消逝，事物消逝的过程永不停顿，这就是时间的秘密。孔夫子为时间找到了一个隐喻意象：流水。

　　这个意象奠定了中国人对时间的原始认知，唤醒了中国人灵魂深处的悲感意识：一切终将逝去，这是时间的铁面无私。人生只是在无可奈何的无情的时间流逝中度过，因其有限，所以宝贵。

　　对于时间的另一个著名的叹息，发生在东晋时期。桓温，年纪轻轻就做了琅琊太守，当时，手植了一片柳树。晚年重游此地，看见当年栽下的柳树已经长成了合抱的大树，一大片柳林，挺拔茂盛，郁郁葱葱，他没有感觉喜悦，忽然间眼泪哗哗直流，他抚摸着大树，感觉到的不是成长的喜悦，而是时间的流逝——在你不经意的时候，时间已经流逝了，大树就是活生生的见证。你如今触摸到的，其实就是你失去的那些时间，那么结实，那么健壮，那么不容置辩。不善抒情的大官桓温，一声著名的感慨脱口而出：

　　木犹如此，人何以堪！

　　柳树啊你都老了，我又怎能禁得起岁月的风刀霜剑。语气中满是对时间的敬畏。桓温，为中国文化奉献了另一个时间意象：柳树。孔子和桓温，让中国人的时间变得清晰可见：流水与树木。（另一个意象是猫眼，波德莱尔说："中国人从猫眼里看时间。"前面说过）不可见的时间有了可见可感的参照物，那些不断增添的意象，构成了中国人的形象思维特征，我们习惯于体贴万物。

一个人从幼儿到青春期，身体和心灵都在飞速成长，他的眼睛只是扫描着这个世界，攫取新鲜的养料，无暇回顾自身。曾子曰："吾日三省吾身。"这种事情在年轻的时候是做不到的，年轻人的眼睛和心灵都是对外敞开的，哪有空反省，而且是每日三省？曾子有点迂腐，远没有孔老师通达。当你一旦发现太阳底下似乎也没有什么新鲜事，一个人就停止了成长，这时候，他回顾自己的人生，开始反省了，忽然，就触摸到来去匆匆的时间的衣襟，却拉也拉不住了。

少年不识愁滋味，爱上层楼，爱上层楼，为赋新词强说愁。而今识尽愁滋味，欲说还休，欲说还休，却道天凉好个秋。

——【南宋】辛弃疾《丑奴儿·书博山道中壁》

题壁诗，古来有之，是古人公开发表作品的方式。李商隐就不写题壁诗，因为太个人化的情感，别人难有共鸣，他经常连诗歌的标题也没有，无题，不想让人明白。白居易却很喜欢题壁，走到哪里题到哪里，因为他写的多是跟公共生活有关的事情，所谓讽喻诗、新乐府诗。辛弃疾愿意把这首词发表在博山道路边的驿站墙壁上，大约考虑过，这种人生沧桑的体验，是具有普遍价值的。

一个少年，总爱把心掏出来，感应万物，单纯，敏感，多情，于是多愁善感。等你看多了，真正经历了一些大事，却忽然欲说还休，不是无话可说，而是无从说起，有口难言，说不出口，文字难以表达等等，这就是时间带来的重压。当你可以见花落泪、听鸟惊心的时候，你是年轻态，可以跟着时间感应变化；当你欲说还休的时候，就开始老了，只能眼睁睁看着时间前去，你却原地不动，只得没话找话地感叹一句：今天天气不错；秋天来了，真凉快。语气苍凉，充满遗憾。时间就这样悄悄地改变了一个人。

然而，认真活着的人，总是心有不甘啊，龚自珍诗云：

少年哀乐过于人，歌泣无端字字真。

既壮周旋杂痴黠，童心来复梦中身。

少年的剑气箫心，既豪迈又温柔，待人触物全是真性情，待到被现实锤贬得面目全非，中年油腻，曲意周旋，变成自己讨厌的样子，然而，午夜梦回，总是忘不了少年的纯真纯美，那样的一颗初心啊，怎能轻易丢掉了。龚自珍没忘记，辛弃疾也没忘记啊。

似水流年的流与留

时间无情人多情。众生有情，悲欣交集，生命可爱，牵挂不舍。时间，曾经给你的人生送来过什么，又从你的生命中拿走了什么？什么事情是无可奈何花落去，又有哪些事情让你此情可待成追忆？在似水流年中，一个人可以留下一点什么？

春花秋月何时了，往事知多少。小楼昨夜又东风，故国不堪回首月明中。　雕栏玉砌应犹在，只是朱颜改。问君能有几多愁，恰似一江春水向东流。

——【南唐】李煜《虞美人·春花秋月何时了》

一个把国家弄丢了的君王，看不得春天花开，秋天月明，这些东西太美好，当时只道太寻常，而今却是太刺激人。苏东坡不是说"江山风月，本无常主，闲者便是主人"吗？不一样啊，寻常人可以这样想，亡国之君可不敢这么奢侈。忽如一夜春风来了，月光照亮的故国，已经物是人非，换了人间。故国的百姓不在牵挂的范围，李煜心疼的是，南唐的宫殿应该还在，雕栏玉砌的小世界还在，可是住在里面的人儿，那些没有带走的嫔妃和宫女，却都要变老了吧。不堪回首的，是那些春花秋月的时光，那些琴棋书画儿女情长的日子，那么多，那么美，你问我的忧愁有几多？多得像一江春水向东流，无穷无尽，不舍昼夜。

李煜很诚实，他怀念的就是自己的风流快活锦衣玉食的小日子，这些跟我紧密相关的事物，他们代表了我生命的全部价值。王国维夸张地说:"尼采谓:'一切文字,余爱以血书者。'后主之词,真所谓以血书者也。宋道君皇帝《燕山亭》词,亦略似之。然道君不过自道身世之戚,后主则俨有释迦、基督担荷人类罪恶之意,其大小固不同矣。"这首词,不也只是怀念雕栏朱颜吗?为什么也能打动我们?就是因为李煜的诚实,他珍爱的一切,都在春花秋月的包裹中,同样的时间的包裹,也涵盖了我们读者人生中所有的美丽与哀愁。李后主的词,情到深处,都是时间的哀歌。

> 锦瑟无端五十弦,一弦一柱思华年。
> 庄生晓梦迷蝴蝶,望帝春心托杜鹃。
> 沧海月明珠有泪,蓝田日暖玉生烟。
> 此情可待成追忆?只是当时已惘然。
>
> ——【唐】李商隐《锦瑟》

李商隐是个怪胎,一个爱情世界的隐士,一生恋爱不少,却没有一段可以明白示人。不能明示却不能放弃,只能暗示,所以取名"无题"。明明白白告诉世人:我没想告诉你实情,我只是为自己的人生留痕。从时间的洪流中打捞几个意象、几缕情绪,拎来一些典故伪装一下,固定在纸上,我自己明白就行。为自己写作,这应该是人类进化之后的最纯正的写作动机。你不需要像远古巫师一样代天地发言,也不需要像儒家一样文以载道教化天下,你写,是因为你不得不写,写得你自己高兴就好。想来,李商隐可能是古代中国私人写作的祖师爷了。

《锦瑟》可能是李商隐一生情爱的回忆录。锦瑟五十弦,故事很多,年头很长,但我的一生从没有乱弹琴。相爱的时候,分不清彼此,你我融为一体;受伤的时候,呕心沥血,长夜悲啼;那些为爱情流过的眼泪,早已经沉落在海底变成珍珠;而那些甜蜜欢畅的时刻,曾经让玉石也活转过来璀璨生烟。那些倾心相爱的日子我怎能忘记?想当年我们只是不计后果地沉迷于爱情。

现在的解读与书上导读的意思不同,你是否都能接受?"无题"是谜面,我们可能每次猜出不同的谜底,这也是"朦胧诗"的魅力,常读常新。《锦瑟》是按诗经的惯例，取首行首词为题，也差不多是无题。李商隐把爱情故事掰碎了揉成粉了，让人认不清了，但爱情的内核，借助新奇的意象和典故新造，却更鲜艳夺人。李商隐把人生藏在谜语里，却把内心袒露无遗。所以，我们不需要探究他的故事，我们只要欣赏爱情就行了。

谁道闲情抛弃久，每到春来，惆怅还依旧。日日花前常病酒，不辞镜里朱颜瘦。　　河畔青芜堤上柳，为问新愁，何事年年有。独立小桥风满袖，平林新月人归后。

——【宋】欧阳修《蝶恋花·谁道闲情抛弃久》①

李煜和李商隐，都是大神级人物，借龚自珍的诗句为证："之美一人，乐亦过人，哀亦过人。"那么，一般人呢？我们过着安逸的小日子，为什么，在某些时刻，比如，春风掠过你的鬓发，美酒流下你的咽喉，柳树新绿的枝条牵动你的衣襟，一弯新月从树林上升起，你走在杳无人迹的小桥上，忽然就走不动了，任新月住在你的眼睛里，任深夜的风灌满你的衣袖。

这种时候，欧阳修说，是闲情闲愁找上你了。日复一日，昨天的云抄袭今天的云，为什么，年年都会在某些时候，不是特意伤春悲秋，可是惆怅新愁，就是不放你走。

忧来无方，愁去无路，这是一个人直面时间的时刻，停下来，沉思、幻想、感动、悸动，都可以，这种时刻不请自来，短暂，却宝贵。这是你清洗内心的时刻，不可轻易放过。这样的时刻，让我们更像一个人。

---

① 此词一说是五代冯延巳所作的《鹊踏枝·谁道闲情抛弃久》。——编者注

悲感的力量

薤上露，何易晞！
露晞明朝更复落，人死一去何时归！

——【汉】民歌《薤露》

盛世多壮歌，也多悲歌。汉唐盛世，多有悲歌，或许是因为人们的内心更强大了，才敢于直视死亡。《薤露》是汉代的一首葬歌，在丧礼上合唱的，是汉人对生死的集体认知：人生如朝露，日出就消失。朝露明天还有，人死何时归来？生命如朝露，短暂、脆弱，却又晶莹、闪亮，这个是想象的极致了，在每次的葬礼上，人们如此叹息，如此复习一遍生命的遗憾。看明白了，然后继续向死而生。

古墓犁为田，松柏摧为薪。
白杨多悲风，萧萧愁杀人！

——【汉】无名氏《去者日以疏》

时间的多维性状，我们感觉不到，我们能够感觉的时间是线性的，属于每个人的只是一个线段，人生只是时间的一个片断。人生无常，没有什么可以永恒存在。古墓不断翻耕为田地，埋了死人又要继续供养活人，然后又会不断埋葬新的死人，坟墓前的松柏被砍作柴烧，庇佑了死者之后继续为生者出力。生与死挨得如此紧密，乃至分不清彼此。墓地里特有的植物是白杨树，它们用细碎的掌声拍打出时间的节拍、生死的节律，让人听了，岂能不悲伤？悲风萧萧，让生者也要跟着忧愁死了。

古人硬着心肠一遍遍重复这个事实：生命短暂，无法隐瞒。悲感文化成为中国庶民的常识，人们深藏悲情，坚韧活下去。知道生命短暂，活着更需要勇气与智慧，让人重新认定生活的价值，什么是重要的，值得在短暂中抓住不放的，什么其实是不重要的，得放手时且放手。当一个民族直视生死的时候，一切都不一样了。直到今天，我们的国歌还在唱："起来，不愿做奴隶的人们。把我们的血肉，筑成我们新的长城。

中华民族到了，最危险的时候……"悲感、悲情、悲壮，让中国文人敏感多情，让中国英雄慷慨悲凉，让中国爱情生死以之，最后，让中华民族背水一战、向死而生，这是悲感的巨大力量。

> 昔人已乘黄鹤去，此地空余黄鹤楼。
> 黄鹤一去不复返，白云千载空悠悠。
> 晴川历历汉阳树，芳草萋萋鹦鹉洲。
> 日暮乡关何处是，烟波江上使人愁。
>
> ——【唐】崔颢《黄鹤楼》

乡愁，浅层意义上是游子对故乡的思念，思念身体停留过的地方、从小生长的地方、亲人所在的地方。还有一个心灵流连过的地方、内心渴慕的地方、可以安放自我的地方、见到你本来面目的地方、你感觉自由自在的地方，这也是乡愁，有文化的人自带这种乡愁，看不见，摸不着，却会自觉追索的一种终极渴求。这种乡愁，是时空交叉的心灵归宿。

崔颢的这首诗，据说让李白罢手：眼前有景道不得，崔颢题诗在上头。后人评定此诗为全唐七律第一名。妙在何处？

崔颢先说了时间：黄鹤楼的前世今生，仙人在此得道飞升，现在黄鹤一去不复返了，只剩下空荡荡一座黄鹤楼。这里，诗人悄悄地引入了空间概念：仙界。仙界无从追寻，我看见的只是凡间的一座楼阁，剥离了神话，通往仙界之路茫然失踪。然后，诗人在颈联老老实实地写了眼前的景色，貌似是实景，是真实的空间，其实一点也不老实，作者是眯着眼睛看的，历历萋萋云云，是写意，非写实，他的内心另有牵挂，是那打不开的多维空间去不了的仙界，让他迷茫失落。然后，很自然地，日暮了，江上起了烟雾了，景色越发不分明了，这个时候，冒出的"乡关"一词，会是怀念某个有经纬度的故乡吗？不是。是深层的乡愁，令诗人情不可抑。

诱发一个书生产生乡愁的因素各不相同，崔颢的诱因是求仙，李白有同样的爱好，发现自己想说的都被崔颢说完了，这才搁笔，不是才华不够。

这种时刻其实很深邃，当一个人忽然想知道"我心灵的故乡在何处"，当你念想这回事，很难不忧伤哀愁。而那种悲伤多么华美，多么高贵。

横身屹立在时间的洪流中

大江东去，浪淘尽，千古风流人物。故垒西边，人道是，三国周郎赤壁。乱石穿空，惊涛拍岸，卷起千堆雪。江山如画，一时多少豪杰。　　遥想公瑾当年，小乔初嫁了，雄姿英发。羽扇纶巾，谈笑间，樯橹灰飞烟灭。故国神游，多情应笑我，早生华发。人生如梦，一尊还酹江月。

——【宋】苏轼《念奴娇·赤壁怀古》

苏东坡被贬官湖北黄州，长江边上有个赤鼻矶，世人误传为赤壁矶，苏东坡将错就错，把这里当作三国鏖战的赤壁，反正是为了借景抒情。这就是"人道是"三字的玄机，世人说的，别人说的，我不负责考证。这种做法，在今天的论文写作中不宜提倡，但在虚构小说时不妨尽情尝试。

身为贬官，似乎没有了再回朝堂的可能，满腹才华、一腔雄心即刻报废。这时节，想起三国的风流人物也在情理之中。注意，他没有想到诸葛亮，想的是周瑜，为什么？长篇历史小说《三国演义》要到明朝才面世，而史籍中记载的赤壁之战，没诸葛亮什么事，周瑜才是赤壁之战的英雄。苏东坡面对的是"三国周郎赤壁"，想的是"雄姿英发"的刚娶了美娇娘小乔的周公瑾，他还想象了一个细节："羽扇纶巾，谈笑间，樯橹灰飞烟灭。"治国平天下，多大的事儿啊？摇着羽毛扇，开开玩笑，就把敌人百万大军给灭了。这可比李白欣赏的游侠儿"十步杀一人，千里不留行"牛气多了。"神游"完了，摸一摸满头霜发，唉唉，别笑我自作多情啊，这辈子是做不了周瑜了，只能做梦了，还是喝酒吧，来，滔滔大江，江中明月，那些明月照亮了的、随着江水逝去的千古英雄豪杰，我们一起来，干杯！

这是一个特定的时刻，暴露一代文豪被贬官时的心思，他把自己置身于大江东去的历史洪流中，抚摸自己破碎的人生，面对千古风流人物，却只能坦然一笑，浮一大白。参照同期写的前后赤壁赋，可以看出苏东坡的达观，就像常言所云：认清世界的残酷，依旧热爱这个世界。只能这样了。这样就好。

补充一句：为了下酒，他在黄州还顺手发明了东坡肉。东坡肉，多好的一个意象，给无趣的人生时段增添了有滋有味的肉香。这是强者的作为。

> 前不见古人，后不见来者。
> 念天地之悠悠，独怆然而涕下！
> ——【唐】陈子昂《登幽州台歌》

陈子昂是一条好汉，文人从军，有勇有谋，某日征战间隙，登台悲歌。那一刻，陈子昂一定是劈面撞见了汹涌澎湃的时间洪流，在空空荡荡的天地间汪洋恣肆地呼啸而去，战士、诗人陈子昂横身屹立，刀剑无光，笔墨无色，古人作古，来者未来，空无一人，无穷无尽的天地间，只有我孤身一人，遗世独立。来自时间深处的孤独，就要将我淹没，我热泪奔涌，悲伤凄绝，但是，世界啊，我在，我在啊。

当一个人走入了精神世界或者知识世界的"无人区"，就会有这种浩大的悲恸，浩大的热泪，浩大的孤独，以及，无所依傍的日月一肩担的浩大的坚强。每个人要坚守的，是自己的精神家园。

后人评价，陈子昂的诗歌，开辟了盛唐气象。

> 少闻鸡声眠，老听鸡声起。
> 千古万代人，消磨数声里。
> ——【清】魏源《晓窗》

时间催生万物，又让万物消失在她的怀里。跳不出时间的洪流让人永恒的忧伤，人们常想着放一个时间漂流瓶，给流水中注入一点什么。魏源，晚清睁开眼睛看世界的学者，他有历史感，又有底层生活经验，巧妙地捕捉到这个意象——鸡鸣用以书写时间的模样,这是最有中国特色的对于时间的联想。一个书生的晨昏苦读与无尽梦想,伴随着鸡鸣声声;千秋万代的生命,经得起几声鸡啼?人不在了,鸡鸣依旧,鸡不叫了,时间依旧。

年轻时,我们夸父追日、嫦娥奔月,一代人年老了,要学会跟时间和解,并允许下一代人去追日、奔月。

天下述说时间的文字,无论中外古今,无论诗歌小说,大多令人动容。因为,这一类文字,会将读者从庸常的浑然不觉的生活中猛地一把拽出来,给你当头棒喝,让你忽然心头一凛:时间到哪儿去了?我活成了自己喜欢的样子吗?

第十三讲　我和桃花有个约会

你约桃花我约雪

那一年春天，诗人袁宏道在江苏吴县任县令。一早起来，寒食过后的一场冷雨，让诗人忽然有了忧伤：这一场雨不同寻常，它是来为西湖洗红的，西湖的红，就是那些花儿啊，尤其是桃花，雨过之后，必定落英缤纷，桃花一落，今年的春天就走了。而我，与桃花有个约会。我要赶紧去跟桃花告别，为桃花送行。

谁让他这么自作多情啊？谁规定他跟桃花有约呢？这无事生非的日子，这灵机一动，是诗心萌动，是文化作怪，是所谓诗意地栖居在大地上。

寒食后雨，余曰此雨为西湖洗红，当急与桃花作别，勿滞也。午霁，偕诸友至第三桥。落花积地寸馀，游人少，翻以为快。忽骑者白纨而过，光晃衣，鲜丽倍常，诸友白其内者皆去表。少倦，卧地上饮，以面受花，多者浮，少者歌，以为乐。偶艇子出花间，呼之，乃寺僧载茶来者。各啜一杯，荡舟浩歌而返。

——【明】袁宏道《雨后游六桥记》

于是赶紧邀朋唤友，等中午雨过天晴，去到西湖第三桥，眼见落花满地，层层叠叠，有一寸多厚。没有什么游人，没有几个像我们这样的闲人，闲人，好事之人，乐得独享清静。忽然，一骑驰过，白色丝衣，在桃林中穿行，嫣红之中，白光一闪，鲜丽耀眼，妙呀，美哉。我们找到了与桃花告别的妙法，各人脱去外衣，露出白衫，躺倒在地，桃花无风自落，落在白衫上，落在脸上，美妙如画，却要受罚。佛典：天女散花,得道者花不粘衣,花落粘衣者六根不净。以无情佛法,"惩罚"多情诗人,以此游戏,甚佳。可是,落英缤纷,没有谁的脸上没有落花,那么,脸上落花多者喝酒,少者唱歌,玩得不亦乐乎。这样子与桃花作别,桃花有灵,也会凑趣吧。

中国书生,有敏感的心灵。李白的口号:"清风朗月不用一钱买。"言下之意,你要学会享受这一切,要有足够的心智去消受,才不辜负天地大美。他们很早就亲身体会到波德莱尔所说的:世界是一座象征的森林。人与自然,时时感应,大自然的每一次深长的呼吸,都会被敏感的诗人听见,感觉到,然后有回应,用诗意的行为和文字去应答。民众不会写诗的,也会用行动感应自然,比如,春天来了,草木葱茏,清明节结伴去"踏青";秋天来了,万物即将凋零,重阳节相约登高去"辞青"。有情趣的,还用艾草作饼,桃花作馍,江南有青团,西北有桃花馍。

袁宏道看桃花,张岱去看雪。

崇祯五年十二月,余住西湖。大雪三日,湖中人鸟声俱绝。是日,更定矣,余拏一小舟,拥毳衣炉火,独往湖心亭看雪。雾凇沆砀,天与云与山与水,上下一白。湖上影子,惟长堤一痕,湖心亭一点,与余舟一芥,舟中人两三粒而已。

到亭上,有两人铺毡对坐,一童子烧酒,炉正沸。见余,大喜,曰:"湖中焉得更有此人!"拉余同饮。余强饮三大白而别。问其姓氏,是金陵人,客此。及下船,舟子喃喃曰:"莫说相公痴,更有痴似相公者!"

——【明】张岱《湖心亭看雪》

晚明第一号纨绔子弟张岱,也是第一号文字高手。大雪下了三天,张岱在屋里坐不住了,他听见了白雪的召唤,要去与雪约会。话说,袁宏道相约桃花,毕竟好色,惜美,优雅,浪漫,而白茫茫一大片的雪,有什么好看的呢?张岱觉得有,白茫茫一片真干净,平时闹成一锅粥的西湖,这会儿,杳无人迹,鸟影也没有一个,他还特意等到"更定"时分,天黑了,人影人声更干净了,雇一叶小舟,穿一身皮衣,抱一个火炉，独自前往湖心亭看雪。

接下来，最为人称道的句子出现了，几个量词的运用精妙，熠熠生辉：一白、一痕、一点、一芥、两三粒。这是张扬了中国传统美学的写法。你看所有的中国画，都是山大水大，小小人儿，偏处一角。这是中国式的审美观，也是中国人的价值观：在大自然面前，人是一个谦卑的存在。反观西方油画，人占据整个画面，这是个人的解放，体现西方价值观，"人是万物的尺度"，所以要征服自然、冒险、征战、殖民等等。而中国人是谦和的、和平的，尊重自然的。人在自然中谦逊却不渺小。

有学者开玩笑道：油画颜料的发明就是为了画肉体。那么，是否可以说，水墨用在绘画上特别适合表现山水？大雪遮蔽大地，不去骚扰它，但一点活泼生气却在亭中炉火、热酒、三二痴人游客之中缓缓呈现，人与雪，相看两不厌。与其说张岱是去看雪，不如说是借着雪景，赏玩自己的心境，人与雪，在澄静中对话。

这个对话的主题是：天地立诗心。

相看两不厌

众鸟高飞尽，孤云独去闲。
相看两不厌，只有敬亭山。

——【唐】李白《独坐敬亭山》

中国文人的孤芳自赏其来有自，孤芳自赏到更高境界，不是人欣赏万物，而是万物自己跑过来欣赏人。诗经时代，那些柳树啊、桃花啊、鸡鸣鸟叫啊，全都对人多情得不得了。到了屈原，明目张胆地给草木鸟兽分类，芳草俊鸟属于美人君子，腐草恶禽分给小人坏蛋。从此后，一发不可收拾，到了当代余秋雨先生那里，产生了这样的幻觉：无论荒漠苦寒之地，只要文化人在那里一站，世界就开始舞蹈。这是自恋的极致了，物极必反。

刚刚好的自恋是可爱的，比如李白。夏日酷热，李白在山间凉快，他会把衣服脱了挂在松枝上，裸体乘凉，有魏晋风度，也有点美国诗人惠特曼"我歌唱带电的肉体"的意思。《夏日山中》的诗中，太白自述："懒摇白羽扇，裸袒青林中。脱巾挂石壁，露顶洒松风。"这一回在敬亭山，李白没说脱了没有，但肯定是躺在树荫底下草地上的。只见那些鸟儿越飞越高，高到没了踪影，不知道是否去了天堂。一朵孤云在蓝天上散步，袖着手，缓缓走远了，万事无干的超脱样子。只有我，被万有引力吸附在这山崖上，敬亭山啊，与我相伴的，只有你了，你不会抛下我也走了吧，你没走，看来你并不讨厌我，我呢，自然也不讨厌你。接下来，我们干一杯吧。这应该是李白会做的事情。

甚矣吾衰矣。恨平生、交游零落，只今馀几！白发空垂三千丈，一笑人间万事。问何物、能令公喜？我见青山多妩媚，料青山、见我应如是。情与貌，略相似。　　一尊搔首东窗里。想渊明、《停云》诗就，此时风味。江左沉酣求名者，岂识浊醪妙理。回首叫、云飞风起。不恨古人吾不见，恨古人、不见吾狂耳。知我者，二三子。

——【宋】辛弃疾《贺新郎·甚矣吾衰矣》

辛弃疾是个少年英雄，文武全才，可惜南归之后，只能醉里挑灯看剑，一腔热血没个买主，最后落到给家里的庭园中的每一个景点，写一首贺新郎。小景物，大寄托，他感觉世界并没有抛弃他，至少，某个时刻，世界向我露出的是一张笑脸："一日，独坐停云，水声山色，竞来相娱。"

英雄暮年，如同美人色衰，徒唤奈何。忍看朋辈成新鬼，世间还有何物能让我欢喜？只有那一脉青山，承载万物而不觉其重，历经风雨而青翠依旧，我看它总是妩媚动人，料想青山懂我，必定青眼看人，它明白我的心情，欣赏我的样貌，我们是一样的妩媚可喜。酒中的妙理，那些埋头追求功名的家伙是不会懂的。想当年陶渊明酒后写下《停云》诗篇，怀念亲友。而我今天，写下这首新词，不仅为感慨故去的老友，更感慨史上的英雄好汉，没机会见到你们，我不遗憾，该遗憾的是你们，没见过我这样的狂人。酒后一声呐喊，风起云飞。古往今来，与我心思相通的，也就二三人而已。

飘逸的李白，雄放的辛弃疾，都以青山为知己，他们与青山一样，都是庞然大物的存在，人性巍峨，性情强健，志向宏伟，内心气象万千，他们是打不败的英雄，他们也配得上世间最尊贵的事物。

天地立诗心

王维是个多情又多才的人，青春时风流俊爽，中年后避世礼佛，诗风恬淡清新，一生与自然为友。如果说，杜甫和白居易是活在现实中，不断发表现实时评，诗篇都有诗史的效果，那么王维的目光常常躲开现实政治与民生，他转头面向自然，也就是面向自己的内心认可的最美好的那一面。用时髦话说就是：把生命浪费在美好的事物上。朋友从故乡来，他不问农桑，问的是："来日绮窗前，寒梅著花未？"他想念朋友，拿来诱惑人的理由只是："春草年年绿，王孙归不归？"他送别朋友，也不多安慰，只是说："但去莫复问，白云无尽时。"他相信自然的力量比人强大，可以安抚一切烦忧。他喜欢江南，喜欢的也是那里的红豆，因为"此物最相思"。他在开元天宝大唐盛世的官场却没有如鱼得水的感觉，偏偏喜欢山居田园的生活，也并不多发议论，不说那些人事喧嚣仕途险恶之类的牢骚话，只说自己看见的美好，"明月松间照，清泉石上流"，这样的举重若轻。

苏东坡说王维诗中有画画中有诗，也只是皮相之谈。王维不是描画自然，而是把自己安放在自然之中，李白、辛弃疾只是偶尔在饮酒之后才有的那种感觉，王维却是在长久的日常生活里的身心俱适：我与大自然，相看两不厌。正因为如此，那些常人眼中的寻常景物，都被王维一一挑出来，随意展示一下，就有别样的美，仿佛换了一双眼睛，究其实，是换了一颗心：不功利不世俗，不靠酒力和幻觉，真真实实的，就是那样，世界就在他面前呈现出自己的大美。在这个意义上，王维为中国人发现了世界的别样之美。

    荆溪白石出，天寒红叶稀。

    山路元无雨，空翠湿人衣。

——《山中》

空山不见人，但闻人语响。
返景入深林，复照青苔上。

——《鹿柴》

独坐幽篁里，弹琴复长啸。
深林人不知，明月来相照。

——《竹里馆》

人闲桂花落，夜静春山空。
月出惊山鸟，时鸣春涧中。

——《鸟鸣涧》

山中的空气是湿润的，这个你知道；山中的空气是翠绿的，这个你知道吗？你走进深山，是山间的空气中流动的翠绿色，染湿了你的衣裳。山间空气，青翠欲滴啊。

空山中有人语，说明是近郊，不是原始森林。看不见人，却有人的活动，这是一个安全的距离。夕阳的光照在青苔上，一种清冷之美。你来不来，世界就在那里，自由自在。

在竹林里弹琴，可能会引来鸟儿应和吧？弹琴也纾解不了的心思，需要长啸几声才好。不需要让人听见和看见，我唯独欢迎的，是明月，安安静静，包容一切。我愿意月光洒满我的身上，充盈我的心头。如此，生活中没有什么过不去的坎。这也是一种修禅。

一树桂花的开落，与你有什么关系呢？如果你忙于劳作、赶路，跟你就没关系，因为你毫不在意一朵花的开与落。只有你"闲"下来了，手闲心闲，那一树桂花，就是为你开且为你落。春夜的深山里，万物在潜滋暗长，你感觉到了，却不肯打扰它，你安安静静地躺着，世界就"空"了，空不是无，是丰富的自在的有。只是月光太亮了，月亮穿云一露面，就把鸟儿给惊吓了，那鸟儿在山涧叫起来，在轻轻地埋怨月亮：你把我躺在风里躺在云里的梦惊醒了，你把我喝露水吃虫子的好梦吵醒了……

不是所有的人都配得上美丽的山水的，那些走终南捷径的假隐士，他们住在山里，就像开超市的，山水只是他贩卖自己的背景；那些蠢笨粗鲁的游客，他们走在山里，就像逛超市的，山水只是他花钱买来的东西；还有那些利欲熏心的商人，他们走过的地方，都要被刮一层地皮，连空气也被灌装出卖。他们都在亵渎自然。

怎样才相配呢？如果说，山水如画，人在画中游，要和谐；如果说，山水如诗，人被写入诗，是缘于优雅。王维是相配的，而且用诗句告诉我们，人怎样才能与自然和谐相处，如果说有秘诀，那就是：人变成自然的一部分，最有灵性的那一部分，不侵犯不伤害。

天良未泯的人，裸露自己的灵魂，与自然相对，保持一种相看两不厌的状态，自然就会给你呈现它千姿百态的美。你如果恰好有才华，将这种美写下来，就是将不可言说的事物说出来了，大自然就有了"人性"，你的世界从此不一样，这就是：天地立诗心。

这就是王维他们做过的且做成了的事情。

第十四讲　折杨柳：古道西风瘦马

中国意象：折杨柳

　　了解几个词：物象、形象、意象。

　　天地万物皆有形，人给它们命名。自然概念，如山川日月花草树木云云，是物象。

　　文人虚构创造的人物和事物，成为虚构的经典，孙悟空、黑旋风等等，是形象。

　　从物象中自然筛选出来的一部分事物，由于不断附着上人的情感寄托，成为特殊的文化意象。挑选哪一部分，附着什么情感，各民族大不一样。

　　以鸟为例：

　　比如杜鹃鸟，在中国是悲戚的意象，在英国诗人华兹华斯笔下，却成了仙女的象征。

　　乌鸦，在中国代表不祥之兆，在英语文化中表示神秘之意。

　　云雀，法国文人叫它快活的少女，英国诗人雪莱叫它欢乐的精灵，而中国人无感。

　　夜莺，西方文学中象征爱情，而基督徒认为它在呼唤天堂。

　　中国人的耳朵能听懂各种鸟的语言。鹧鸪声，说的是："行不得也哥哥！"而杜鹃鸟一直喊着："不如归去！不如归去！"这些，外人无感。

　　古埃及人认为火烈鸟是太阳神的化身，朱鹮象征智慧，是月亮的化身，刻画在墓穴中指引死者，外人无感。

　　古希腊人将翠鸟当作婚姻幸福的象征，外人无感。

鹤，在中国象征长寿，外人无感。

喜鹊，我们认为象征好运，"喜鹊叫好运到"，欧洲神话却认为喜鹊不祥……

如此说来，貌似同一个世界，在各民族的文化中，却有不同的面目。由于文化的差异，我们根本不是生活在同一个物质世界，而是生活在不同的文化世界。一个民族的许许多多文化意象累加起来，就构成了这个民族臆想中的世界。我们甚至可以说，文化意象，是一个民族的文化命根、命门。所以，理解一些经典的中国文化意象，是我们进入中国文化的有效门径。从今天开始，我们会接触一系列中国文化的经典意象。

我们先认识一个：杨柳。

三千年前，中国古人就认为这种树有点不寻常："昔我往矣，杨柳依依；今我来思，雨雪霏霏。"（《诗经·采薇》）在游子征夫心里，这反差太大了：当年我离别故乡去打仗，池塘边的杨柳枝条缠缠绵绵，牵着我的衣襟总是不肯放手；如今我九死一生回来了，却是田园荒芜，大雪纷飞，面目冰冷。这个镜头太过经典，是许多征人的遭遇。经过千百年类似的重复场景，后人记住了杨柳。从此后，一个习俗，最迟在南北朝时期的北方已经形成：折柳送别。有诗为证：

上马不捉鞭，反折杨柳枝。
蹀坐吹长笛，愁杀行客儿。
——【北朝】民歌《折杨柳歌辞》

第一个折柳送别的人，一定是个多情的诗人吧，他就这么轻轻一抬手，却在历史上留下了一个经典意象，让柳树在万木丛中脱颖而出，寄托着国人离别的深情。

为什么是柳树？柳，谐音"留"。还要形象上相配，柳枝青翠可爱，枝条柔韧纤长，在春风中轻摇慢摆，像欲送还留的招手，依依不舍。折柳，就是留客、惜别的意思，非常切合。柳树，从此担当了中国人送别时美丽的信物。

到了隋唐，折柳送别成为固定节目。古代送客的距离表示感情的亲疏，送得越远感情越深，爱情故事里有所谓十八相送。一般把客人送到门外，是基本规矩。如果友人远行，却是要送出城外。长安城巨大，穿过长安，走到城外的灞桥边，需要大半天，然后，扎起帷幕，席地而坐，主客饮酒作别，叫送行酒；饮酒的时候当场赋诗，叫送别诗。隆重而漫长的告别程序的最后一幕，杨柳登场：送行者折一支杨柳枝条，递给远行者；行者挥动柳枝，策马远去。由于习俗的盛行，管理者玉成其事，在灞河岸边栽满了柳树，供人折取送别。多情的时代，总有多情的故事。

杨柳青青著地垂，杨花漫漫搅天飞。
柳条折尽花飞尽，借问行人归不归？

——【隋】无名氏《送别诗》

隋炀帝开凿大运河，在运河两岸，遍植杨柳，折柳送别的习俗随之流行中华大地。王维在边塞，送别友人出阳关，在酒店饮酒送行，按理客舍周围应该栽种了各种树木，王维却只是特意提到"客舍青青柳色新"，不需要直接说折柳，但凡提到柳树，就想到离别，两者之间有了固定的联系，成为送别时主客双方共有的条件反射。王维这首《阳关三叠》，成为大唐流行歌曲。

爱的离别，柳树扮演更重要的角色。

何处合成愁，离人心上秋。纵芭蕉、不雨也飕飕。都道晚凉天气好，有明月，怕登楼。　　年事梦中休，花空烟水流。燕辞归、客尚淹留。垂柳不萦裙带住，漫长是，系行舟。

——【宋】吴文英《唐多令·何处合成愁》

吴文英同学失恋了，看什么都不顺眼。秋天来了，秋天住进了我的心里，心上秋啊，写在我的心上，就是一个愁字。雨打芭蕉是引发愁绪的经典场景，现在虽然没下雨，在风中也是飕飕作响，全是愁声。秋凉了，登楼望月很爽快，却怕看见月儿明晃晃的那么大那么圆，照亮我孤零零的身影。这一年来就像做了一个长梦，缤纷往事如落花流水远去了。燕子也飞走了，我却迈不开远行的脚步。垂柳啊垂柳，你自古以来就是多情的树，为什么你不牵住那离去的裙带，留住我的心上人，却偏偏把手伸那么长，拴牢我的客船，不肯让我走。

唉，这一路撒娇下来，所为何事？就为了怪一声柳树，叹一段情事。

寒蝉凄切，对长亭晚，骤雨初歇。都门帐饮无绪，留恋处，兰舟催发。执手相看泪眼，竟无语凝噎。念去去，千里烟波，暮霭沉沉楚天阔。　多情自古伤离别，更那堪，冷落清秋节！今宵酒醒何处？杨柳岸，晓风残月。此去经年，应是良辰好景虚设。便纵有千种风情，更与何人说？

——【宋】柳永《雨霖铃·寒蝉凄切》

情场老手柳七柳三变，并没有因为情词写得多就滥情。反而是更敏感、更细腻地体察到情爱生活中的诸多变化。这一回，我们看见了柳永其实是一个深于用情之人。

时间：清秋节（九月九重阳节）。

地点：都门外，长亭中，送别的帐幕里。

人物：我和你。

事件：你为我送行，我们酒兴阑珊。

环境：寒蝉凄切，叫得人心烦意乱。天黑了，雨停了，船夫在催促，该出发了。

现场：执手相看泪眼，竟无语凝噎。两个痴人，双手相扣，含泪不舍。

迅捷交代完这些，接下来，全是词人的心理活动：这一走，千里万里，天地空阔，天昏地暗，我就要独自消失在这无边的暗夜里。人世间，悲莫悲兮生别离，更何况是在这亲友相聚祈愿长长久久的重阳节。虽然是没有酒兴，酒却没少喝，胡乱把自己灌醉了，今儿晚上，我酒醒过来时，会在哪儿呢？一定是：杨柳岸，晓风残月。

分明是别离了，杨柳却不放过我，在我酒醒时分，黎明的天边，浮动一钩残月,杨柳枝条在我头上飘啊摇啊。这是柳永想象到的最凄惨的情景。唉唉,柳永到底不放过杨柳啊。这一别长过一年,那些杨柳明月花花朵朵都是多余的了,我不敢抒情,我的满腹锦绣,满腔相思,没法跟别人说。

一首长调词曲,用一半多的篇幅来书写心境,且曲曲折折要把杨柳扯出来,也是够"婉约"的了。

说一个典故:左公柳。晚清大臣左宗棠,率军收复新疆。征战之余,他让湘军做了一件事:沿途种植杨柳沙枣树,称作道柳。当时种活的树多达26.4万株,绵延数千里,有诗为证:"大将筹边未肯还,湖湘子弟满天山。新栽杨柳三千里,引得春风度玉关。"(杨昌浚《赠左宗棠》)除了水土保护等实际用途,在人文意思上,将陕甘、新疆荒漠当作家园来建设,把一份故乡情怀种植下去,拴住游子之心,善莫大焉。百年之后,杨柳依依,至今仍有部分存活。

游子之心

电影《流浪地球》看了吧?刘慈欣脑洞大开,人类要带着地球去流浪,这是中国作家才会有的思维:故乡情怀,安土重迁。接续的是千百年来中国的游子之心。

> 陟彼岵兮,
> 瞻望父兮。
> 父曰:"嗟!
> 予子行役,
> 夙夜无已。
> 上慎旃哉!
> 犹来!无止!"
>
> ——【先秦】诗经《陟岵》(节选)

春秋时代魏国的这位游子,应该是去当兵打仗。走在路上,想念亲人，父亲、母亲、哥哥，一个个想过来，唱出来，歌词却是：他们一个个在想念自己，叮嘱自己。这是移情大法。很聪明的一种创作手法。把自己的情感投射到别人身上，设身处地替人抒情。征人戍边，这名战士很多情，模仿亲人的口吻叮咛：父亲说"回来呀，别留在他乡"；母亲说"回来呀，别抛下老娘"；兄长说"回来呀，别死在他乡"。按照诗经重章叠句的惯例，三章依次说下来，语气一次比一次沉重，离别的情绪也越来越感伤。

自古以来，出门在外的人，有一个统一的称呼：游子。古人远游的目的，不外乎是征战、赴考、求宦、经商，也有一些纯粹的旅游：李杜所谓壮游，书生特意行万里路。子曰："父母在，不远游，游必有方。"有这样的古训，远游的游子不得不时时黯然神伤。

> 悲歌可以当泣，远望可以当归。
> 思念故乡，郁郁累累。
> 欲归家无人，欲渡河无船。
> 心思不能言，肠中车轮转。
>
> ——【汉】民歌《悲歌》

想家的时候，就唱那些悲伤的歌，把想家的眼泪打发掉。长歌当哭这个成语，原典应该是悲歌当泣，长调歌曲多悲歌。登高的时候，面朝故乡的方向遥望，就当作回家一趟。离家太久，不知父母是否还健在？时刻想着回家去，却找不到摆渡黄河的渡船。"欲渡河无船"是个隐喻：不是找不到船，是没有归家的理由。或许是没有考取功名，或许是生意失利，总之，人生落魄，无颜见江东父老，回不去了。心中凄苦，不能诉说，也没人诉说，只有积压在自己的心里，打落牙齿和血吞，像有一个车轮在碾压我的肠子，那样痛苦，那样无可诉说。

西晋有个名叫张翰、字季鹰的苏州人，在山东一带做官，他感觉时局不对，要变天了，赶紧回故乡避难，他找了一个很好的理由：秋风起了，我思念家乡的莼菜羹和鲈鱼脍了。记住这个典故，现在很多同学要出国留学，一出国门，你就是游子；一到国外，你就会想家。听好了，不是你的心想家，而是你的胃先想家。中国饮食文化洋洋大观，或许，这也是中国盛行游子情怀的缘由之一。

游子的心理特征，第一是思念故乡与亲人，第二是报喜不报忧。

> 寒雨连江夜入吴，平明送客楚山孤。
> 洛阳亲友如相问，一片冰心在玉壶。
> ——【唐】王昌龄《芙蓉楼送辛渐》

王昌龄本是个豁达自在之人，能写出这样大气磅礴的诗行："秦时明月汉时关，万里长征人未还""黄沙百战穿金甲，不破楼兰终不还"。他被贬官江宁，也畏惧流言，朋友来访，特意写这么一首诗，托友人回家告诉父老乡亲：洛阳的亲戚和老朋友们如果问起我，请一定要转告他们，我王昌龄没有变，没有做对不起家国的事情，我的心就像一片冰心放在玉壶中，清白、纯洁、透明。

古人将做官叫作宦游，也是一种游子。而老年退休，文官叫告老还乡，武官叫解甲归田，都是游子回家。下面这位游子还年轻，他休假回家。

> 爱子心无尽，归家喜及辰。
> 寒衣针线密，家信墨痕新。
> 见面怜清瘦，呼儿问苦辛。
> 低回愧人子，不敢叹风尘。
> ——【清】蒋士铨《岁暮到家》

这是一幅温馨融融的画面。游子回家了，心情很复杂。父母嘘寒问暖，游子柔肠百转，心中低徊起伏，就是不敢说一声：我在外面多么委屈多么辛苦。

为什么"不敢叹风尘"？中国人是最讲究家庭亲情的民族，游子离家时，慈母手中线，一丝一缕的亲情包裹着你，倾其所有助你前程万里；如今回家了，无论是否功成名就，家总是温暖的安全的地方。父母承担了一切的辛劳，父母对你的所有期望与牵挂，都在对你的关怀中了,你怎么好意思,怎么张得了口,说什么风尘烦忧。

不敢让父母伤心担心,只好自己一肩担起未来,奋勇前行。中国游子,有柔情,也有勇毅。一代代男子汉大丈夫,就这样走出家门,踏平艰险,成就自我,治国平天下。

乡愁不过是对人世的深情

那个说"近乡情更怯,不敢问来人"的宋之问,总是怀有一颗羞耻之心。那个说"海内存知己,天涯若比邻"的王勃,对世界充满信心。那个说"莫愁前路无知己,天下谁人不识君"的高适,是对世界与对自己都充满信心。

唐朝诗人潇洒,因为背后有个大唐,有个盛世撑着你的腰背,你就不觉得渺小,所谓大唐气象,无远弗届,遍洒甘霖,盛唐诗人雨露均沾。如果生逢乱世呢?

深阁帘垂绣。记家人、软语灯边,笑涡红透。万叠城头哀怨角,吹落霜花满袖。影厮伴、东奔西走。望断乡关知何处,羡寒鸦、到著黄昏后,一点点,归杨柳。　相看只有山如旧。叹浮云、本是无心,也成苍狗。明日枯荷包冷饭,又过前头小阜。趁未发、且尝村酒。醉探枵囊毛锥在,问邻翁、要写牛经否。翁不应,但摇手。

——【宋】蒋捷《贺新郎·兵后寓吴》

蒋捷是个善良多情的才子,进士出身。可惜生逢宋朝倾覆之际,不肯屈就做贰臣,宁愿只身逃难。这是一首罕见的纪实佳作。流浪途中,一个单纯书生的形迹与心思,历历在目。

国破家亡,朝不保夕的流浪途中,最渴念的,自然是春闺绣帘里,佳人与儿女,在温暖的油灯边,轻声笑语,无忧无虑的脸颊上,笑出的酒窝。先写心境,再写实景:无数的城池号角悲鸣,杀声四起。霜寒天气里,只有我的身影陪伴我,东奔西走,四处逃亡。乱世的人,比不上那些乌鸦,到了黄昏,还有个巢穴可以归去。过了一山又一山,看天上的浮云，也像是丧家狗。枯荷包着冷饭，是我明天的干粮。乘着今天有人收留，喝两碗农家自酿的淡酒。喝了人家的酒，想着有所报答，摸摸包袱里的笔墨，问老农：老丈，我给您写一份养牛经吧？老人家头也不抬，只是摇摇手。是啊，人活了今天没明天，还养什么牛？

失去了家园，没有了祖国的游子，是最悲情的游子，辛弃疾与蒋捷同病相怜，都是心灵的浪子，不过，蒋捷纯然是书生，而辛弃疾多一份侠客的豪情。

楚天千里清秋，水随天去秋无际。遥岑远目，献愁供恨，玉簪螺髻。落日楼头，断鸿声里，江南游子。把吴钩看了，栏杆拍遍，无人会，登临意。　　休说鲈鱼堪脍，尽西风，季鹰归未？求田问舍，怕应羞见，刘郎才气。可惜流年，忧愁风雨，树犹如此！倩何人唤取，红巾翠袖，揾英雄泪？

——【宋】辛弃疾《水龙吟·登建康赏心亭》

一望无际的天，一望无际的水，一望无际的秋。远处的山影，像是女子的发髻，楚楚可怜，无人痛惜，无人保护。大好河山啊，国土沦丧，落入敌手。接下来一口气推出三个让人忧伤的经典意境：夕阳西下，晚霞抹上楼头的鸟檐；失群落单的孤雁，哀鸣着飞向不知何处；我本山东好汉，如今沦落为江南游子。把手上的吴钩利刃看了又看，把楼头的栏杆拍了一遍又一遍，人世间有谁懂我登高望远的心意？

张季鹰运气好，回故乡吃上了鲈鱼脍，我没这运气。许汜没出息，只知道老婆孩子热炕头，我现在沦落至此，也不敢面对刘备夺取天下的雄心豪气。桓温说得没错，树犹如此，人何以堪，似水流年，滔滔而来的尽是忧愁的风霜剑雨。人事已消磨，有谁可以去请来个红粉佳人，替我擦去这英雄失意的眼泪？

枯藤老树昏鸦，小桥流水人家，古道西风瘦马。　　夕阳西下，断肠人在天涯。

——【元】马致远《天净沙·秋思》

马致远很夸张，用一曲小令，要将游子的意象推到极致的境界：

二十八个字，十一种景物，四个画面，里面放一个人。

一边是枯藤老树昏鸦，这是古道上所见的情景，景物凄厉，人迹罕至；一边是小桥流水人家，不是在身边，是远处、是曾经路过的、游子心中念想的情景，其实，应该是家乡的安宁生活的情景，在心中缓缓浮现。

古道，天下有过多少游子，踏上这苍凉古道，有多少生死离别的故事，发生在这古道上。西风，总是凄凉意。瘦马，有点堂吉诃德的味道啊，可想而知，瘦的马，马上一个瘦的人。这时候，远处，夕阳又要西沉，收走大地上最后一点光芒，天要黑了，游子，为了各种理由，天涯孤旅，不知道何处可以投宿安放身体，不知道如何安放自己的灵魂，于是游子成了断肠人。天涯，是指游子与故乡的距离，它的潜台词是乡愁。

古人的灵魂敏感多情。那么多游子，那么多断肠人，不是脆弱，是深情于人世。

没出息的想法：在家千般好，出门万事难。

有出息的想法：我心安处即故乡。

离家外出的人是游子，心无所依的人，更是游子。陶渊明有个田园可以归隐。阮籍时常驾一辆马车，不择道路，信马由缰，走到没有路了，大哭而归。

离家的人总有回家的希望；将一颗心到处放牧的人，哪里是他的家乡？天下所有心无所依的人，其实都是"游子"。

那个独行天涯的人，是有所求的人。有所求的人，是永远的旅人，永远的跋涉者，永远的游子。而游子吟，也成为人生永恒的主题。

我们每个人，其实都是人间的、时间的游子。

第十五讲　云中谁寄锦书来

书法大师写了什么？

信＝人＋言，人言为信。古人把诚信作为做人的前提，说出去的话，泼出去的水，无法收回，所以要言必行、行必果，一诺千金，不可食言。用嘴说出来的话如此重要，用笔写出来的话当然更重要。写字之前，研墨润笔，铺纸构思，如此费事，又如此慎重其事，你怎么忍心，在雪白的纸上随便涂抹？每一封书信，从内容到书写字体，怎能不花费心思，彰显个性？

古人把书信雅称为鸿雁传书，鸿雁是大雁，大雁是候鸟，南来北往，绝对守时守信，古人甚至将它作为聘礼。男方给女方订亲的聘礼中，有两种物事很特别：一是大雁，表示定信不变；一是茶叶，表示忠贞不二（这个下回分解）。所以在古人眼里，看见大雁在天上写人字，会想到亲友来信：云中谁寄锦书来？

当代人临帖练书法，注意力全在一笔一画，恐怕很少有人会去留意书写的内容。所谓买椟还珠。古人，跟现代所谓书法家不同，那些古代书法大师，被后人赠送这个尊号的人，他们提笔写字的时候，多是出于现实需要，有感而发，重点在内容，恐怕没有多少古人会特意去写什么"书法作品"。

那么，书法大师们到底写了些什么？我们不谈书法，专看内容，也不看法帖，专看便笺，你会有意外的发现。

一、甲夜，羲之顿首：向遂大醉，乃不忆与足下别时，至家乃解。寻忆乖离，其为叹恨，言何能喻。聚散人理之常，亦复何云。唯愿足下保爱为上，以俟后期。故旨遣此信，期取足下过江问。临纸情塞。王羲之顿首。

二、雨寒，卿各佳不？诸患无赖，力书，不一一。羲之问。

——王羲之《杂帖》（二则）

王羲之留下了数百张便笺，都是日常随手所写，这两张便笺都是写给友人的。

第一帖：因为喝醉了，不记得怎么跟友人告别的，酒醒之后，赶紧写下一封信，跟朋友致歉，把当时该说未说的话用文字补上：聚散无可奈何，愿君保爱身体，也希望知道你过江后是否安好。内心有许多情感，无法详述，"临纸情塞"，就是这种情景。没有好好告别这件小事，也会让人于心不安，这是礼仪观念深入人心的作用，仪式在，礼节才在。谁说魏晋名士只追求潇洒，不守人间规矩？做事讲究，就是古风啊。

第二帖：一场冷雨下来，让王羲之坐不住了，随手写了几句话，问询各位好友：朋友们都好吗？如果在今天，就是用微信发朋友圈了，多方便啊。王羲之不方便，特意将一个纸条写了若干份，分送友人。为什么这么不厌其烦，因为王羲之自身大不方便："诸患无赖，力书"。因为雨天寒冷，自己浑身不自在，各种病痛找上身来，立即就想到各位亲友是否安好。善于移情，以己推人，非常多愁善感，这就是多情的王羲之，信手书来都是深情文字。

多礼多情之人，是否可敬可爱？两种人生态度：一种人，只照镜子的人，他的人生只有自己，世事变迁，与我何干？人世间自私者，都在此类。另一种人，是面对人间的人，他们对待人世用心，所以动情。真做到了声声入耳、事事关心的人，才能成就其伟大，至少是，可爱。

拙于生事，举家食粥来已数月。今又罄竭，只益忧煎，辄恃深情，故令投告。惠及少米，实济艰勤，仍恕干烦也！真卿状。

——【唐】颜真卿《与李太保乞米帖》

颜真卿人正字正，大气浑厚，长期在朝中做高级官员，最起码应该生活无忧吧？然而事实是，颜真卿居然会混到没米下锅的境地。于是有了这封"乞米帖"，其中透露的信息令人震惊：全家喝粥几个月了，现在连煮粥的粮食也精光了。在无米下锅、全家嗷嗷待哺的悲惨状态下，颜真卿向同僚写信借米。

写这封信的时间，是在安史之乱平定之后数年，全国的经济尚未恢复元气。颜真卿当时的身份是刑部尚书，收信人李太保，名将李光弼，时任太子太保。落到这步田地，前提是时局的因素。唐朝每逢大旱大灾，连朝廷也供养不了这么多人，屡次发生的怪事是：大灾之年，整个皇室和满朝官员临时移居洛阳就食。剩下的原因就是颜真卿本人告白的，"拙于生事"。除了薪俸，没有经营家产的能耐。而古代官员所谓养家，是养育整个家族，人口众多，少的也有几十人，上百人是常事。不善理财，让人惭愧，也就认了，现在让人挨饿，就无法忍了。我们揣摩颜真卿写信时的心态，一定是犹犹豫豫、反反复复，最终鼓起勇气，厚着脸皮（无颜啊），"只益忧煎，辄恃深情，故令投告"。直言自己的心理忧煎，而倚仗老朋友老交情深厚，才敢、才好意思开口。

文字的本真，就是真诚的交流。这就是两位书法大师的几封便笺的意思。

文字最怕格式化

字如其人。文如其人。古代书生最怕的是：语言无味，面目可憎。落笔有情，文字有趣，应该是书生的普遍追求。书信往来，真诚第一，其次要有趣。我们来欣赏几封有趣的书信。

南中橙甘，青鸟所食。始霜之旦，采之风味照座，劈之香雾噀人。皮薄而味珍，脉不粘肤，食不留滓，甘逾萍实，冷亚冰壶。可以熏神，可以芼鲜，可以渍蜜。毡乡之果，宁有此耶？

——【南朝·梁】刘峻《送橘启》

从收礼之人的角度看，嘴里吃着甜蜜的橙子，眼里读着友人的书信，被书信诱导：这个橙子不一般啊，是西王母座前的青鸟的食物；香雾喷人，满屋清香，入口即化，冰甜清爽云云。心里该有了加倍的喜悦。文字丰富了口感,简单的美变为多层次的美。

不爱吃橙子的人,可能会有疑问:这是不是虚假广告呢?回想一下陆机与张季鹰的著名广告:莼菜羹。我去江浙酒家,特意尝了这道菜,滑滑柔柔的,味道只是寻常,却也不觉遗憾,因为吃的不是一种草,吃的是文化,是典故。这就是想象的用处,也是文艺存在的理由之一。古人有心,将一件件小事做得文雅,让生活变得丰厚动人,富有美感。

仆领赐至矣。晨雪,酒与裘,对证药也。酒无破肚脏,螯当归瓮;羔半臂,非褐夫常服,寒退,拟晒以归。西兴脚子云:"风在戴老爷家过夏,我家过冬。"一笑。

——【明】徐渭《答张太史》

徐渭徐文长是个有趣的家伙,他写了这封搞怪的书信,口吻阴阳怪气。

背景是:张太史张元忭是徐渭的上司,而徐渭算是张太史的长辈,与张父的交清很深。侄辈关心世伯,赠礼孝敬。这个孝敬很及时,当天早晨大雪,立即派人送来羔羊半臂及菽酒。下属接受长官赠礼,自当回信致谢。身为长辈,接受晚辈的孝敬原是情理中事,但是自己的第二重身份是下属文书,而这位长官平时为人正统刻板,常以礼法来约束徐渭,放诞的徐渭自然不愿受束缚,道不同不相与谋,可是,长官毕竟是关心自己的。致谢信该用什么语气呢?徐渭的纠结由此而来。最后,他选择了戏谑的语气。

开开玩笑也好,你要让徐渭恭恭敬敬写一封感谢信,就不是徐渭了,也不好玩了。

思君日积,计辰倾迟,知欲还剡自治,甚以怅然。人生如寄耳,顷风流得意之事,殆为都尽。终日戚戚,触事惆怅,唯迟君来,以晤言消之,一日当千载耳。此多山县,闲静,差可养疾。事不异剡,而医药不同。必思此缘,副其积想也。

——【东晋】谢安《与支遁书》

一个人什么情况下会特别思念朋友呢？当你郁闷孤独时，需要找人倾诉，此时，良友如良药。还有些朋友，不需要理由，你时不时就想见见。这种朋友，可能是恒定不变的有定力的人，当你被世事烦扰，可以在他那里找到安宁；这种朋友，也可能是"苟日新日日新"的人，士别三日，必令人刮目相看，在你失去动力一成不变的日子里，特别想见这种人，见一面，相当于给怠惰的自己充一次电。

名臣谢安邀请名士支道林来山间养病，实在是因为自己心里有病了：早年间风流得意之事，顿时消失了，感觉人生如过客，急需修道之人支道林来破解郁闷。想你想得比男女相思还厉害，害相思的人儿也不过"一日三月""一日三秋"，而我想你是"一日当千载耳"。听说你身体不适，正好我心里不适，我现在居住的这个地方，似乎适合养病，而且有些不同的医药，说不定有奇效，请你快来吧。

有个博学识趣且深通老庄禅宗的朋友，真是有福气啊。

中国式的奢华表情：诗体书信

世界上大约只有中国人会这么奢华：用诗歌体写书信。还记得那个送丈夫赶考的妻子写的送别诗吗？"若寄家书只寄诗"，多么奢侈的要求，对方却不好意思感到为难，在漫长的古典岁月里，这是再正常不过的情感交流方式。将普通书信升华为诗歌，自然有行文的难度，更具有情感的浓度，并抵达表情达意的深度。这是豪奢的中国特色，多么美好。

夫戍边关妾在吴，西风吹妾妾忧夫。
一行书信千行泪，寒到君边衣到无？

——【唐】陈玉兰《寄外征衣》

古代没有纺织厂，衣服都是手工做，慈母手中线云云。唐朝戍边的士兵，军服要家里寄送。这位妻子一针一线缝制了一件棉袍，估计要花费若干月份，说不定从夏天就开始了，然后，又字斟句酌附上一封书信，因为感情太浓烈，不适合用散文表达，就写成了诗句，诗句平白如话，相当于一首唐代的白话诗，内容却是深情款款，委婉动人：

你在边关险境，我在后方吴地。凉风吹在我身上，我的心就飞到你身边。天各一方的漫长日子里，说不尽巨大的担忧和无边的思念，那些提心吊胆的心境，那些独卧空床的煎熬，全化作纷纷的泪珠，凝结成简短的诗信，纸短情长，诗短情更长，千言万语汇成一句：寒到君边衣到无？

以诗代信，有寻常白话达不到的深情倾诉和丰盈问候。

君问归期未有期，巴山夜雨涨秋池。
何当共剪西窗烛，却话巴山夜雨时。
——【唐】李商隐《夜雨寄北》

那一日，李商隐人在蜀地，秋天的雨水，下了一整天，山间、池塘，全是雨水的世界。自古以来，蜀道难，即便是今天，雨水充沛的时节，还经常发生泥石流，路毁人亡。李商隐在旅途，是面临危险的，那个秋雨，不只是诗意，而是实实在在的艰难险阻，之所以"君问归期未有期"，就是因为"巴山夜雨涨秋池"阻碍了行程，两句互为因果。诗人将危险隐藏，让思念显露。秋雨寒冷，越下越冷，人在异乡的游子，心里渴求温暖，于是想到北方的某个人，那人儿是谁呢？不知道，李商隐喜欢打哑谜。试想，但凡在凄凉时节第一时间想到的可以做温情倚靠的人，定然不是一般人。伊人是牵挂自己的，曾经问起我的归期。我是思念伊人的，却不直白，没文化的人才会直白吧？诗人设计了一个优雅的情景：等我们相见的那一天，彼此所有的相思之情，都可以在烛光里慢慢聊，话题很长，蜡烛会结出烛花，所以要剪烛花，让蜡烛明明亮亮映红我们的脸庞，而我们相互倾诉的话语，将照亮彼此的灵魂。

这样一封诗信到了那人儿手里，会引起怎样悠长甜蜜的眷顾之情？

我们回顾古人的书信文字，那些动人的情节令人心向往之。时至今日，我们很少用手写体书信了，但是文字还是要用的，虽然载体变成电子媒体，汉字的灵魂却不可流失了。如果把自己扔进信息的垃圾堆，你还是个"干净"的人吗？

当你用屏幕跟人交流的时候，你要想道：字如其人，文如其人。让你的文字体现你的智慧和个性。从短信微信贺卡做起，尽量把约定俗成的什么"生日快乐""教师节快乐"等抛在一边，想几句有个性的话说吧。一个人区别于芸芸众生，就是从说话写字开始起步的。

要像逃避瘟疫一样逃避说那些俗话、套话、空话，拒绝千篇一律，同样的意思换一个说法，尽量用自己的心，说自己的话。即便你在修辞上做不到创新，至少要在情感上诚实表达，情真意切。

第十六讲　中国式友情

知音为友

凡是群居动物，都是需要伙伴的，人也不例外。《诗经》云："嘤其鸣矣，求其友声。"鸟儿在那嘤嘤地叫，它在呼唤别的鸟儿，嘤鸣求友。人是社会动物，群居必然会看重人情，没有任何人可以孤独终老，他必须要有亲人、爱人和友人。古代有五伦之说，每个人最重要的五种社会关系：君臣、父子、兄弟、夫妇、朋友，对应的相处原则是君臣有义、父子有亲、长幼有序、夫妇有别、朋友有信。这是为人之道，人道不修就与禽兽无异。朋友作为五伦之一，有一些丰富的内涵，可能是今天的人忘记了的。

人类的几大基本情感——亲情、爱情、友情。这些都是滋润人生最基本的养料，缺一不可。一个没有友情的人，实际上是真正的游子。因为你的心不可能安放在另外一颗心里面。爱情的一个基础也是友情，因为彼此之间能交流沟通相互理解，才可能升华为爱情。所以，友谊是我们人生中很重要的一份情感。

今天，我们轻易将一个熟人称为朋友，古人没这么随便，他们对友情要求严苛，有一个词，表明了古人择友的标准：知音。

春秋战国时期晋国上大夫俞伯牙，由于一场大雨阻碍在路途中，在山岩下避雨，等待之时，俞伯牙张琴演奏，是即兴创作，音随心声。旁边有一个砍柴的樵夫钟子期，也在山岩下避雨，他听出了俞伯牙琴声中所包含的美妙的意境，忍不住发出了感慨和点评："善哉，峨峨兮若泰山""善哉，洋洋兮若江河"。一个樵夫，居然听懂了琴声，听出了琴声所包含的基本意象。然后发表点评：这一曲志在高山，另一曲志在流水。一个即兴演奏,一个即兴评论,两人一拍即合,达到这种默契的人称为"知音"。琴为心声,或许俞伯牙一生中从来没有遇到这样透彻了解他琴声和心声的人。现在遇到了一个,居然是个樵夫,在知音面前,身份地位算什么?两个身份悬殊的人从此成为莫逆之交。

故事的结局是,钟子期死了,俞伯牙说了这样的话:"人间再也没有人值得我为他弹琴了。"除了钟子期,我的琴声别人都听不懂,不配听。于是,俞伯牙摔琴谢知音,报答知音。决绝,不苟且,是古风,古人的心性。

古人认为,两个人要达到知音的境界,才可以称为朋友,否则,只是熟人而已。

为什么是"知音",而不是"知画""知文"?音乐是无言之言,似乎没说什么,却又说了很多,听出了弦里弦外之音的人,才是真的懂你。音乐又是人类通用的语言,饱含文字和图画无法表达的最幽深的人性、最精微的感动,音乐,就是心声啊,因此,知音,就是最高等级的朋友。

肝胆相照

《庄子·徐无鬼》:没有对手的寂寞。

庄子讲过一个小故事:在楚国的首都——郢都,有一个人,他在鼻子上抹白粉,一层白白的石灰,薄得像苍蝇翅膀一样。另外一个人,拿着斧头去削他鼻子上的石灰,结果白灰被削得干干净净,鼻子没有一点伤。在这个故事里面,在鼻子上削石灰的人显然是一个杂技高手,而那个被削的人呢,是不是一个高手?绝对的高手,否则他不敢让人削的。这两个人之间有一种绝对的信任在,我知道你不会把我鼻子给削掉,我也相信你沉得住气,不会乱动。彼此之间互相信任,才会有这样危险的杂技出现。

当时国君听说了这件事,就把那个玩斧头的人找来,说:"既然你技艺这么高,玩给我看看吧。"那人说:"我没法玩了,因为那个敢在鼻子上抹白灰让我削的人已经不在了,我的搭档已经不在了。在世界上我没有了对手,斧头也玩不灵了。"

庄子的好朋友惠子去世了,在下葬的时候,庄子给学生们讲了这个故事,感慨道:"自夫子之死也,吾无以为质矣,吾无与言之矣。"质,对手,搭档。庄子借这个故事来说自己与惠子的关系。惠子的聪明程度绝对不亚于庄子,两个人经常争辩,玩高端的智力游戏,结果促进了中国人逻辑思辨能力的发展。

两个人的智力相当,聊在一起,吵在一起,快乐在一起。因为这样的交友,辩驳问难,才是真正的朋友之道。如果你旁边的人,你说什么他都说是,那不叫朋友,叫应声虫。敢于跟你辩论,而且乐在其中的人,这种友谊才更为可贵。因为,这是两个独立的世界邂逅,而不是一个世界相同的东西混杂在一起,这是完全不同的交流境界。所以庄子说:"惠子死了,我也没有对手了。活在这个世上呢,我再也找不到人跟我辩驳问难,深入讨论问题了。我找不到对手了。"

金庸笔下有个绝顶高手,名字叫"独孤求败"。他已经孤独到希望自己能输给别人一次。世界上真需要有一个比我厉害的人,我活得才有意思。那样我就可以和他较量,我输在他手上,死在他手上也都心甘情愿。这种寂寞是什么寂寞?是绝世高手的寂寞,是没有对手的寂寞。这种寂寞,屈原有过,鲁迅也有过。屈原没有"对手",只好含恨沉水。鲁迅活着的时候,跟他对骂的人,都比他低好几个档次,都不是他的对手。他唯一引为知己的同龄人是瞿秋白,赠送对联时,说:"人生得一知己足矣,斯世当以同怀视之。"没有对手的寂寞,才是大寂寞。现世还有没有这样的人?或许台湾的李敖算一个。据说当代讲中文的人没有谁能骂得过他。(唉唉,本书付梓,斯人已逝矣。人间重归大寂寞。)

对手可以是敌,可以是友,是刀与磨刀石的关系。没有对手,让人遗世而独立,你孤独地站在整个世界的悬崖边上,没人理你也没人救你。这种寂寞,显示了人心中一种最深层的渴望,渴望有知音,渴望有对手,有搭档。渴望有一个配得上你的灵魂的人,做你的朋友。

我有一个学生,从美国留学回来看老师,跟我说到一件事。他的同学里有一个韩国人，跟他很要好。某日，韩国同学感慨道：我们两人的友谊就像是管鲍之交。我那学生顿时傻了，他不知道管鲍之交的典故，偷偷地去查谷歌。这个学生跟我转述这个故事的时候，还满脸不好意思。

管仲，春秋五霸之一的齐国政治家。孔夫子表扬他："管仲相桓公，霸诸侯，一匡天下，民到于今受其赐。微管仲，吾其被发左衽矣。"普通老百姓受他的恩惠，我也受他的恩惠啊！假如没有管仲的话，我到现在还是披散着头发，衣襟向左掩，沦为夷狄，还是个断发纹身的未开放的野蛮人啊。

管仲有句名言："仓廪实而知礼节，衣食足而知荣辱。"社会的混乱往往来自贫穷，贫穷就会造成流民，流民就想打家劫舍，因为无恒产者无恒心，一个没有固定收入的人就没有一个固定的生活姿态，他就会破坏社会，他看见别人过得好就不乐意。所以先要让老百姓富足起来，他才知道荣辱和礼节。我们现在搞改革开放，邓小平说的是让一部分人先富起来，也就是这个道理，这和管仲的想法是一脉相承的。当然全民富有更理想。

这么一个大名鼎鼎的人物，在成名之前，做了很多莫名其妙的事。他的好朋友鲍叔牙居然有那样的胸怀，觉得管仲做那些事情都很正常，都可以理解。管仲功成名就之后，回顾他和鲍叔牙的交谊，说了这段话：

"我潦倒的时候和鲍叔牙一起做过生意，赚了点钱我往往分多点给自己，鲍叔牙他没有怪我贪婪、不公平。他知道我比他更穷。

"我曾经替鲍叔牙做事，事情没办好，反而赔了钱。鲍叔牙没有说我这个人是笨蛋，他知道是时机不到。我曾经三次做官，三次被人炒了鱿鱼，鲍叔牙也没有认为我这个人不适合做官，而是认为我没有遇到贤君，没有遇到真正能够赏识我的人。我也曾经去打过仗，三次打仗我三次逃走，别人在冲锋我往后走，鲍叔牙没有认为我是个胆小鬼，他知道我家里还有老母亲，我死了老母亲没法活（古人以孝为先）。

"我还参加过一场政变，跟着公子纠。但是公子纠失败了。跟随他的人，很多都以死相殉。而我呢，第一个做了俘虏，被关起来，受了侮辱，也要活下来。鲍叔牙没认为我是个背信弃义的小人。他知道我'不羞小节，而耻功名不显于天下也'，他知道我不以这个小节为耻，我最大的羞耻是已经满头白发了，却没有对天下做出贡献，所以我要为天下人保存自己的才华。"

鲍叔牙这样深层地理解他，于是管仲发出了这样的感慨："生我者父母，知我者鲍子也。"

鲍叔牙向齐桓公推荐了管仲。管仲最后做了宰相，是一代贤相，让齐国成了春秋五霸之一，一度最强大的诸侯国。在管仲临终的时候，齐桓公要他推荐宰相人选。这应该是报恩的时机了，而齐桓公也欣赏鲍叔牙，觉得他是一个堂堂君子。结果管仲说了这么一句话：鲍叔牙的确是君子，但是不能做宰相，因为他善恶过于分明了，他见人一恶，便终生不忘。他嫉恶如仇，没有丞相应有的调和能力，他可以做一个独善其身的君子，很难做一个达济天下的贤相。

这就奇怪了，鲍叔牙见人一恶，终生不忘，前面见到管仲那么多的"恶"，他全部给原谅了，而且理解了他，支持了他，这份友谊经历了如此之多的考验，也没有动摇。这是怎么回事？管鲍之交，开始的重点落在鲍叔牙这边，因为理解才宽容，因为懂得才慷慨。人有急难之时，有朋友在身边，大幸。

管仲的不推荐，可见两人相交之深，互相有非常深刻的理解。因为管仲的知人任事，鲍叔牙没有接替相位。这样的朋友，就是君子之交啊，一方面是宽容大度，一方面是公私分明，彼此坦荡荡，肝胆相照，毫无隐瞒，彻底信任。

说到底，我们是和一个人的优点交朋友，所以要宽容。

生死之交

真正的好朋友可以相交到生死相托的地步。在古人眼中，朋友或许可以分为两类，一类是在一起衔觞醉笑三千场的，是生友；一类却是可以以性命相托的，是死友。这样的信念，在今天的人们身上，已经完全看不到了。

荀巨伯去看望一个生病的朋友，正好碰到胡人围城，朋友跟他说："我快要死了，你走吧。快点离开，这里不能待了。"

荀巨伯说：我远道而来看望你，你叫我走，让我败坏朋友之道而独自求生，"败义以求生"，这我是做不到的。这个"义"，就是朋友之间的情义，民间所说的义气，"义"气用事，不是意气用事。那种联系，是两心相契的约定。不需要言语不需要理论。愿意用自己的性命换朋友的性命，他就留下来了。胡人攻进城，见整个城里的青壮年都逃走了，还有这么一个活人在这里，觉得很奇怪，问他：你怎么敢待在这里啊？他说："友人有疾，不忍委之，宁以我身代友人命。"这个人是不是有点痴、有点傻啊？说什么你杀我吧别杀我朋友。你说这种人，帮朋友帮到以生命相助的地步，古风之人是有点傻啊。那个胡人呢，更傻，说了这样的话："我辈无义之人，而入有义之国。"我们是一群不讲道义的人，来到这么一个崇尚道义的国家，我们撤退，不能打这种好人。此所谓"盗亦有道"。在实际利益之上，还有一个道义的召唤与约束。古代的人都很傻，是不是？但是傻得可爱，他们傻得有人味，像一群人，不像一群野兽。当后人习惯做兽性思考，遵循丛林法则，不遵循人性，就世风日下了。

另外一个故事，素车白马。说是两个同学，年轻的时候都在国家最高学府——太学读书。放假的时候，各自回家。一个家在山东，一个家在河南，临别相约，山东人要去看河南人，说：两年以后，我去你家拜访，探望你的父母和孩子。千里迢迢，两年之约，这两个条件大家想想看，时间漫长，很容易忘记；路途遥远，难以到达。古代的交通工具，最快的也就是骑马、赶车，在路上就要走几个月，谁愿意去干这种傻事。我们想起同学时连个电话也不愿意打，是不是啊？写一封信更不愿意了。千里赴约，非常难得。到了约定的日子，这个河南人就说："我的山东同学就要来了，老娘快准备好酒好肉，等他到来。"老娘不相信，怎么可能呢？已经是两年前的约定了，而且隔那么远，人家会来吗？肯定会来的，他是"信士"，很讲信用。到了那天他果然来了。

若干年以后，河南人要死了，他旁边一些朋友把他照顾得很好。他说：哎呀，我要等我一个死友，"恨不见吾死友"，遗憾是看不到我的死友啊。什么叫死友？他说：你们都是我的生友，而这个人是可以以死相托的，终生相守的一个朋友。粤语中有个词"死党"，就是此意，粤语是古汉语的活化石。人死了，托了一个梦给朋友，古人相信这个，心灵感应。山东人梦见河南同学说他死了，马上就要下葬了，然后呢，希望能赶在下葬之前，来送送他。这个山东人，范巨卿，正好在外地做官，就向长官请假，说梦见朋友死了，想去看看他。这个太守不相信，但他很宽容，准假了。范同学就又从很遥远的地方赶过去。死者张劭就要入葬了，棺材停在坟墓边上，无法下葬，移不动了。看来是在等某个人，他母亲也知道，于是就等着。果然见到远远的，"素车白马，号哭而来"，白色的车，白色的马，披丧的车，穿着丧服的人，号啕大哭，一路上奔来。范巨卿伏在朋友的棺材边上说了句话，"好朋友啊，死和活是两条路，从此以后我们永别了"，然后扶着他的灵柩，灵柩就动了，然后下葬。

这种朋友叫生死之交，人的交情是可以到这种地步的。

同道中人

君子之交：同道同心同命运。

宋朝的著名贤相范仲淹，做官太耿直了，被小人们挤压，被贬官了。他一被贬官，一个叫余靖的就向皇帝上疏，说范仲淹很好，不能随便被贬。皇上一怒之下，说你跟他是朋党，你们是一伙的，你也被贬官。另外一个叫尹洙的看不惯了，说：这个余靖怎么可能和范仲淹是好朋友呢，他们两个没太多交情，要说好朋友，当朝官员里面我跟范仲淹交情最好，要贬也该贬我啊。那好吧，你也一起被贬。于是也被贬了。第三个被贬的人是欧阳修，欧阳修当时只有二十几岁，在朝廷做个小文官，他说这种情况怎么容许发生呢，范仲淹是这么优秀的官员。欧阳修一气之下给负责向皇帝进言的官——司谏高若讷写了一封信,说你这个家伙,该说话的时候不说话,你在这个位置有什么用啊,尸位素餐,天下许多罪过就是因为你们这些人犯下的,虽然你们没有直接迫害范仲淹和他的朋友们,但是你默许了这种罪过的发生,也就成了君子之贼,君子的敌人。结果欧阳修也被贬官了。把这些人以"朋党"论罪,朝中大臣相交为友就认为你们结成朋党,就是小团伙、小帮派。对此,欧阳修有个定义:"君子以同道为朋,小人以同利为朋。小人无朋,惟君子则有之。"

这话是什么意思?君子是因为同道,大家有共同的志愿,才会结为朋友。而小人是因为共同的利益才结为团伙的,说到底,小人是没有朋友的,只有君子才有朋友。

跟它相通的一句俗话,叫:"君子之交淡如水,小人之交甘如醴。""醴"是酒,甜酒。君子之间清淡得像水一样,肝胆相照,彼此了解透彻,没有利益诉求。小人之间为什么"甘如醴",是因为有甜头,彼此有好处。

这个故事,说的是古人对朋友的基本定义。怎样才能结交真正的朋友?首先自己必须是一个君子。

神交之友

> 昔欲居南村,非为卜其宅。
> 闻多素心人,乐与数晨夕。
> 怀此颇有年,今日从兹役。
> 敝庐何必广,取足蔽床席。
> 邻曲时时来,抗言谈在昔。
> 奇文共欣赏,疑义相与析。
>
> ——【东晋】陶渊明《移居二首》

连陶渊明这种人,他也需要朋友啊。隐士,并非不与世人打交道,只是归隐山林,远离政治。无论隐居在多么偏僻幽静的地方,也依旧希望身边能有可以与自己交心的朋友。对于这样的朋友，陶潜造了一个词——素心人，心地未被污染的人。

他隐居田园，一心想搬到南村去住，原因是知道在那里有几个"素心人"——心地很纯洁的人，我可以和他们一起谈诗论道。你别以为陶渊明一辈子光顾喝酒、吟诗，像他这样的一个隐士，他也需要和朋友在一起，与几个素心人一起，谈诗论道，看日升月落，赏东篱菊花，何其妙哉？

中国文学史上有一些著名的文人之间的友谊，那些终身相守的朋友——柳宗元和刘禹锡，他们好到"死友"的境界。白居易和元稹，他们好到"基友"的地步。有诗为证：

> 远信入门先有泪，妻惊女哭问何如？
> 寻常不省曾如此，应是江州司马书。
> ——【唐】元稹《得乐天书》

两人之间日思夜想，白居易因为担心元稹，经常半夜惊醒，元稹得到白居易的来信了，一路读着一路哭着回家，有点吓人。

还有一些不平等的友谊，比如说李白和杜甫，他们两个人的友情被世人夸大了。两人年龄相差十几岁，李白年长，出名更早，而当时杜甫尚未在诗坛扬名立万。两人的个性也不同，李白豪迈，倜傥不羁，杜甫有点内敛，宅心仁厚。杜甫完全是一种仰慕的姿势跟在李白身边，在我们所能见到的两人的诗集里面，只看到杜甫不断地在想念这个飘逸的哥哥，李十二，如何潇洒，如何能喝酒，如何会写诗，如何放达人间。李白写给杜甫的诗，只有寥寥几首，其中一首还被怀疑是不是他写的，李白问杜甫你干吗那么瘦啊，是近来作诗作得太辛苦了吗？诗句带一点讽刺的意思。不过这种不平等的友谊也很可贵，我欣赏你可以与你无关。

爱情的单相思，非常辛苦；友情的"单相思"，叫"神交"。神交的朋友，可以是活着的人，可以是过去的人，可以是书本中的人。你跟他心灵相通，就是神交之友。没有生活在一起的两个人，甚至无缘见面的人，也可以产生友情。这样的友谊很值得玩味——现实生活中我们可能无缘结识你欣赏的人,但当你读某人的书,当你深入了解历史上某个人,你或许也愿意成为他的心灵之友。

袁枚是清朝的一代才子,误传他死了,著名书画家郑板桥于是跺脚痛哭。这事被袁枚知道了,二十年后他们相见,袁枚很感动,专门为此写了一首诗纪念这种友情。郑板桥从未见过袁枚,他哭个什么名堂?郑板桥说:"天下虽大,人才屈指不过数人。"为天下珍惜人才,为人才的凋零痛哭,自是不俗的举动。这是文气相通志趣相同的朋友,或许现在你的身边没有,但在书中,你一定可以找到。

我们即便做个凡人,也是可以神交一些有意思的人的,神交天下素心人。即便遇不到懂你的知音,我们可以去做别人的知音啊。那么,去读那些你喜欢的人的诗书吧。神交之友,多多益善。

人海茫茫,你是否能找到属于你的一生挚友,与你一同走过四季?

第十七讲　眉眼盈盈处：中国式美人

江南好

　　中国地大物博，可以非常奢侈地专门拿一块地方来安放我们对世界、对生命的全部柔情，这个地方，统称江南。江南，地理概念上，泛指长江以南，各时代的含义有所不同，但其人文意义早已超越了地理含义，长江以南的水乡田园、繁华市镇，风物山川以及盛行的生活方式，承载着我们对美好的向往。自古以来的赞美之词，浓缩为一个固定的词牌，言简意赅：江南好。

　　古人不约而同制造了一个鲜明的江南意象：美人儿。所有说到江南的诗词，都像在说一个令人销魂的美人儿。

　　水是眼波横，山是眉峰聚。欲问行人去那边，眉眼盈盈处。　　才始送春归，又送君归去。若到江南赶上春，千万和春住。

　　　　　　——【宋】王观《卜算子·送鲍浩然之浙东》

　　王观的送行词，夸赞江南，就像在夸耀自己心爱的一个美人，江南的温山软水，就是美人的眉峰秋波，你要去的那个地方，就是这样的秋波荡漾，让你把持不住心旌动摇。唉唉，"东南妩媚，雌了男儿"，人到江南，除了在春天和美人面前束手就擒，别无办法。

　　人人尽说江南好，游人只合江南老。春水碧于天，画船听雨眠。　　垆边人似月，皓腕凝霜雪。未老莫还乡，还乡须断肠。

　　　　　　——【唐】韦庄《菩萨蛮·人人尽说江南好》

　　人生青春欢畅的时光，就该沉迷留恋在江南，跟青春搭配的事物，江南都有。在那里，春天的江水，比蓝天还蓝，你可以躺在华丽的画船里，听着春雨缠缠绵绵的催眠曲入梦，如赤子婴儿，甜美无忧；在那里，酒肆中的美娇娘，容颜清丽如皓月凌空，肌肤如雪洁白无瑕，你眼见的，都是精致的美人儿。有了这些，你还要什么功名利禄？去江南吧，去了就别还乡，除非心老了，玩不动了。否则你一旦回到故乡，你想念江南会想到断肠。

这个广告，干脆利落，直击人心，俘虏了千千万万年轻人的心。韦庄一网打尽的审美判断，是江南最佳广告。康德说：赏美者善良。这是一个善的广告。想得更多一点的人，撰写了这样的广告词，人生最美妙的事情就是：腰缠十万贯，骑鹤下扬州。有了钱，想登仙，那么就去扬州吧，江南繁华销金窟。这个呢，不够美，只是一个消费广告。

比较而言，韦庄是软广告，柳永的《望海潮·东南形胜》就是硬广告。说什么"有三秋桂子，十里荷花""烟柳画桥，风帘翠幕，参差十万人家"，简直是一幅清明上河图的文字版解说词。如此繁华城市，让生活在草原上的游牧民族眼界大开，女真族的首领金国国主完颜亮觉得自己要"睁开眼睛看世界"，于是产生了"饮马江南"的冲动，驱赶着浩浩荡荡的大军下江南，立志要过上城里人的生活。结果，兵败，丧生在江南。其后，又有蒙古族、满族等游牧民族竞相渡过长江，跟汉族抢夺江南。

中国幅员辽阔，孕育了中国人丰富的心灵。而美景江南，文化江南，几乎沉淀了中华民族对美好生活的全部柔情，以及对诗意地栖居在大地上的深邃渴望。

中国，不可设想没有江南。而宋词，只能在江南繁盛。因为唐诗辽阔而宋词多情。

为什么是桃花

把女人比作鲜花，几乎举世通用，以至于巴尔扎克嘲讽道：第一个把女人比作鲜花的人是天才，第二个是庸才，第三个是蠢材。拾人牙慧，袭用陈语，的确笨拙。中华大地，花卉繁多，以至于我们的国花都有四种：春兰夏荷秋菊冬梅。你看我们对美多么贪婪。然而，为什么我们单单选中了桃花来形容美人？

虽然《诗经》里面就为桃花做了广告："桃之夭夭，灼灼其华。之子于归，宜其室家。"《桃夭》一诗中的桃花，主要用意还不在于形容女子的美丽，而是祝愿新婚的女子多子多福。满树桃花，果实累累的意象。要将一种鲜花变成专指美人与爱情的意象，还需要一个好故事。

这个故事发生在唐朝。话说新科进士崔护，帅哥一枚，考中进士以后，当时有"一日看尽长安花"的习俗。崔帅哥没去曲江宴饮，而是跑到长安城南，终南山脚下，清明这天，独自去春游。

博陵崔护，资质甚美，而孤洁寡合，举进士第。清明日，独游都城南，得居人庄。一亩之宫，花木丛萃，寂若无人。扣门久之，有女子自门隙窥之，问曰："谁耶？"护以姓字对，曰："寻春独行，酒渴求饮。"女入，以杯水至。开门，设床命坐。独倚小桃斜柯伫立，而意属殊厚，妖姿媚态，绰有余妍。崔以言挑之，不对，彼此目注者久之。崔辞去，送至门，如不胜情而入。崔亦眷盼而归，尔后绝不复至。

及来岁清明日，忽思之，情不可抑，径往寻之。门院如故，而已扃锁之。崔因题诗于左扉曰："去年今日此门中，人面桃花相映红。人面不知何处去，桃花依旧笑春风。"

——【唐】孟棨《本事诗·崔护》（节选）

崔护走得口渴，看见一个小村子，花木掩隐之中，有一户人家，敲门求水。注意女子的动作：第一，从门缝里看人，符合女子的特点，小心谨慎；第二，女子拿一杯水，开门出来，"设床命坐"。看见帅哥，就请人上床？没文化很可怕啊。呵呵，这个"床"不是今天的床，卧榻，在中古时代专指胡床——一种坐具，类似交椅，坐得比较舒服的那种。设床，搬来一把折叠椅，张开，请人坐下喝水，礼貌。第三，作者特意费了许多笔墨，写女子的状态：靠着桃树枝条站立，人面桃花，一时交相辉映；眼色递过来，既妖媚又含情，眼色与脸色，已经暴露了心底的好色，女孩动情了。崔护接收到了这个信息，开口调笑，女孩不回应，于是两人你送我两斤"菠菜"，我回你三斤"菠菜"，"彼此目注者久之"，眉目传情，暗送秋波，不，明送秋波。"崔以言挑之，不对。"女子"不对"也是对的，良家女孩，矜持是本色。眉来眼去是传情，情动而忍不住，开口应答调笑就有点过了。发乎情止乎礼。崔帅哥没办法，水也喝完了，"菠菜"也送够了，人家又不理你，继续调笑就变成性骚扰了，没理由待下去了，只好悻悻然惆怅而别。临别之际，彼此又忍不住互相扔了几把"菠菜"。

这样的事情，在世上经常发生，男儿女儿劈面撞见了，一见倾心了，然后，又擦肩而过了，人世间的花儿开了，却多是不结果的，这种状态，古人称之为邂逅。邂逅常有，动心也不少，"一见钟情"也就是一见的时候动情一下罢了，没有下文是常态，有了下文就算"变态"了。

崔护就是一个"变态"。第二年清明，一个念头涌上心头，"情不可抑，径往寻之"，控制不住的激情冲动，有了冲动马上就行动，这个，是否有点"变态"？崔护不仅帅，而且是深情之人也，才有这多情之举。故地重游，原本就"寂若无人"的屋舍干脆上锁了。于是，崔护从包袱里掏出笔墨——古代书生随身携带笔墨，这是吃饭家伙，然后，走到那里，都写上"到此一游"，不过文笔较好，用诗词格律，这叫题诗。唐代诗人眼中见不得雪白墙壁，忍不住冲动，要掏出笔墨，在上面题诗。唐代第一号题壁诗惯犯是白居易，这是他自己坦白的。

话说这崔护，在大门上随手写下一首七绝。这是一首白话诗，平白如话，鲜活如画，倾心之情也明白如话清晰如画。从此后，"人面桃花"就成了一个固定组合。说崔护是"变态"，一点也不冤枉他，又过了几天之后，崔护偶尔去到长安城南，特意又多走了几里地，去找那女子。这是第三回了。然后，看见老人在哭，说女子死了，是被你崔护杀死的，去年被你的帅杀死一回，今年被你的诗又杀死第二回，你就是个多情的杀人犯。崔护悲痛欲绝，抱着女孩摇晃，哭喊道：我来了，我在这里呀。一喊一晃的，女孩醒了，没死，前面藏了伏笔，"遂绝食数日而死",绝食之人,死得不彻底,还有可能复活。于是喜结良缘。

这当然是个传奇故事,细节上可能略有夸张。但是,这个故事是真的。《本事诗》是一本著名的纪实诗话,专门记载诗歌背后的故事。可见,这首诗在唐朝流行一时,而这个爱情故事也广为人知。这场邂逅始于桃花终于桃实。从此后,桃花就成了表示美人和艳情的第一意象。命犯桃花,走桃花运云云,桃花从此多事。

邂逅之美

"邂逅"是一个美丽的词,因为它说的是一个美妙的人生状态。人活在世上,就是由无数"邂逅"组建了人际关系,勾连了我们情感的网络、心灵的牵挂。在你的人生历程中,每一次邂逅带来的当然未必都是好事,但是没有邂逅就没有人生新的节点,无数的邂逅丰富了我们的人生,让我们走得更远,更丰富。

而情感上的邂逅,这是爱情发生的一个基本起点。可惜,路人皆知,偶遇佳人的结局多半是不美满的。人世间大量的邂逅是无疾而终,没有结果的。没有结果的邂逅依然是美丽的哀愁。比如下面这首词,我们读到的除了擦肩而过的惊艳,更多的是无法排解的惆怅。

凌波不过横塘路,但目送,芳尘去。锦瑟华年谁与度?月桥花院,琐窗朱户,只有春知处。　　飞云冉冉蘅皋暮,彩笔新题断肠句。若问闲情都几许?一川烟草,满城风絮,梅子黄时雨。

——【宋】贺铸《青玉案·凌波不过横塘路》

横塘,在苏州城外,东晋唐宋之时这里是繁华郊游之地。此地时常有美人出没,于是横塘也常在古诗词中出现。凌波,出自曹植《洛神赋》,"凌波微步,罗袜生尘",讲女孩子步态轻盈。唐朝的审美是"以肥胖为美",但宋人又倒过来了,以轻瘦为美。每个时代的人审美观不一样:《诗经》出现在原始农业时代,也是以肥胖为美,"硕人其颀",把壮硕高大的人当作美人;"环肥燕瘦",汉代赵飞燕瘦得可作掌中舞,而唐代杨玉环泡个温泉起身还要侍女扶着；明清女子缠小脚，自然不敢肥；而今天的流行是所谓健美、骨感。

"凌波不过横塘路。"她不走过来，不过这个横塘路，不到这条街上来，她偏偏拐弯走过去了，我只好眼睁睁盯着她，直到她的背影消失不见了，这个美人就像一缕香气一样消失在烟雨中。惊鸿一瞥，被美色一瞬间击中的作者，只有遥遥地目送她的倩影渐行渐远。然后，他就想啊，这么美丽的人儿，谁是那个幸运的家伙，能和她相守锦瑟年华？能够陪伴她的青春美貌呢？"锦瑟华年"，用李商隐"锦瑟无端五十弦，一弦一柱思华年"诗意。下句自问自答，基于这种可望而不可即的遗憾，作者展开丰富的想象，推测那位美妙的佳人是怎样生活的。

词人用无限惋惜的笔调揣测，陪伴美人度过锦绣韶华的，除了没有知觉的华丽住所，就是一年一度的春天了。这种跨越时空的想象，既属虚构，又合实情。我是没有机会了，但我想象，这个女孩一定住在一个银月桥边，花开院落，朱户深锁，小窗幽处，美人应该住在那样的地方，也就是说，把这么美丽的地方放在美人身上显然是个美好的愿望。虽然说，美人在的地方一定春光明媚，可是我无缘去探访啊。我不能像个小痞子一样跟着别人的马车走，去追踪人家，只好站在这里呆呆张望。她的香闺，只有春天知道，也只有春天配知晓。

张望之后呢，黄昏来了，说明发呆的时间很长，美人的身影不见了，但感伤的诗句呀却散落在我的心上。要说我当时的心情是怎样的，我告诉你：就像这"一川烟草，满城风絮，梅子黄时雨"。写美人走后的惆怅，可能没有人超过这几个铁画银钩的比喻了，是接连而来的三个物候定义：

我现在满怀惆怅，像"一川烟草"，像这满布乡野的、遍地的野草，这是我漫无边际的惆怅。"满城风絮"，春天的时候，春风一吹整个城里飘的都是杨柳絮花，这是我拂之不去的、赶都赶不开的忧伤。"梅子黄时雨"，梅子成熟的时节，春雨绵绵不断，雅称梅雨，绵绵不断，湿天湿地的，而且是整个世界全部被这种愁绪给笼罩、打湿了。这三个比喻一个比一个更强烈地推出来，显示这种邂逅之后的失落、惆怅，历历在目,这是博喻的修辞手法的妙处。

贺铸原本长相丑陋,外号"贺鬼头"。由于这首词名声大噪,人家给他取了个新外号:"贺梅子"。黄庭坚赞道:全中国最知道写江南让人肠断情诗的首推贺梅子。评价如此之高,是因为这首词写出了普遍的人性。

在闹市街头,忽然发现一个让你眼前一亮的人,然后呢,你的眼睛,就像蜘蛛网一样粘在别人身上。而人家偏偏不想被你的"蛛网"捕获,偏偏朝远处走去,最后,"蛛网"破了、视线断了,美人从你的眼中消失了,这种情景,怎么办?我们一般人叹息两声,然后转过头又去忙别的。贺铸呢,把这种"目光断了"之后的一点"闲愁"的情景给描摹出来了,让众多读者发生共鸣。

这样的惆怅,苏东坡同学也有过。

花褪残红青杏小。燕子飞时,绿水人家绕。枝上柳绵吹又少,天涯何处无芳草!　墙里秋千墙外道。墙外行人,墙里佳人笑。笑渐不闻声渐悄,多情却被无情恼。

——【宋】苏轼《蝶恋花·春景》

唐宋的风俗,每到清明前后,各家各户,几乎都在院落里面,树木之间挂着一个秋千,人们荡秋千玩。"荡秋千"的寓意是什么呢?男的可以高升,女孩子呢可以享受飞翔的梦想,有一个幸福的未来,雅称"飞仙之戏"。这种习俗流传至今。试想,院子里有人在荡秋千,然后有人从院墙外路过,如果正好是一个书生,书生又正年少,心又敏感,走过围墙外的道路,听见围墙内飘出清脆的笑声,一下,心就被触动了。由人的声音很容易想到人的样子,那么悦耳、轻灵的声音应该出自一个不寻常的女孩。所以就忍不住停下来,傻乎乎在墙外听那个声音,看不到,因为院墙太高。

他又不能爬墙,爬墙又变成别的故事的了。那么,站在墙外听,听了半天人家不玩了,走了。这下这个书生就傻了,还站在外面,"笑渐不闻声渐悄,多情却被无情恼"。你的多情人家不知道啊,人家无情是你的感受，你活该啊，谁要你那么敏感又多情？

　　这是没有见面的邂逅，也是同样的美丽。"墙外行人，墙里佳人笑"，这是一种邂逅。有时你读到某人的文字，或者是你听到某人的歌，看到某人的电影，也会有一种远距离的爱慕。为什么现在"追星族"那么多，就是这种情景，你只不过在墙外，听墙里的佳人笑而已。你的追星，你的心情，和苏东坡在这首词里所反映的心情相仿。也就是说，是被一种想象所刺激，而放大了那种邂逅的美。

　　有时候，因为没有见面反而更美。"天涯何处无芳草"，原意是大地上到处都是芳草萋萋，春光明媚。流传到后来，"芳草"有了"意中人"的意思，全句变成自我安慰之词：没关系，不要惆怅遗憾，走下去，天涯海角处处都有芳华绽放，你还可以继续邂逅。

　　贺梅子与苏东坡的惆怅，都是青春期的爱恋，没有特定的对象，没有发生爱情的爱情故事，纯然是有一颗温柔之心的年轻人对人世的眷恋，对美人、对爱情的单相思。

　　花儿常开蝶常来，落花流水也是美，荔枝树十花一果，人间情爱百花一果，难得修成正果，所以花开已然珍贵。相比之下，无花果显得有点性急。

中国情人节第二方案

　　一个美人，必定引发出一段爱情。一段爱情，少不了一场约会。在中国古代，约会的最好时间便是元宵节，以至于有人说元宵节才是中国的情人节。我觉得它可以排在七夕之后，作为第二方案备选。

　　东风夜放花千树。更吹落，星如雨。宝马雕车香满路。凤箫声动，玉壶光转，一夜鱼龙舞。　　蛾儿雪柳黄金缕，笑语盈盈暗香去。众里寻他千百度，蓦然回首，那人却在，灯火阑珊处。

　　　　　　　　　　——【宋】辛弃疾《青玉案·元夕》

　　"元宵节"这个名字似乎不够好听，让你只想到吃汤圆。古早不是这样的，正月十五日，一年中第一个月圆之夜，元宵，元夕，一元复始，大地回春的夜晚，最早称为上元节、灯节，主要的活动是赏灯。它可以说是中国的狂欢节，尤其在唐朝的时候，全国放灯十天啊，至少五天、三天，全国各地满城挂的都是灯。到了晚上男女老少都出来，平时不出来的大家闺秀们，以及皇上和嫔妃们都跑出来了，都来赏灯。这时候呢，百无禁忌，常常发生许多邂逅的故事。

欣赏中国古典诗词有一个基本的诀窍，上半截，诗的前半首，词的上阕，一般都是用来写景的、叙事的。下阕或者后半首才用来抒情达意的。

彼此心仪的两个人，约好在元宵节那天见面。上阕说的是，夜里多热闹啊，满大街，好像春风一吹，所有的树都开花了，树上挂了很多花灯，天上的星星都黯然失色了。然后，"宝马雕车香满路"，这话不是假的，古人喜欢用脂粉，配香囊，还会在头上插着花朵和柳枝，这是我们现代人见不到的。因为古人的头发都梳成发髻，发髻上面可以插花插柳，满头花花绿绿的，香气四溢的，走在街上，那种时尚的美，现在看不见了。插着雪柳在街上招摇，你想想看像京剧里面的武将戴的野鸡花翎冠似的。在这个时候，一拨女孩子走过去了，笑语盈盈的，又一拨杨柳队伍走过去了，对着众多走过的女子一一辨认，但没有一个是他所等待的意中人。转来转去，"众里寻他千百度"，上阕的写景在这里都落到了实处，是说那个心急的小伙子，老是在人堆里钻，找他的意中人。"蓦然回首，那人却在，灯火阑珊处"，突然间回头一看，却发现心上人站立在寂静的幽暗之处。

为什么她不去赶热闹，站在最光亮的地方，而要站在灯光稀少的地方呢？人少，容易突出自己，容易被对方找到，重要的是，他们是两个人相约，要约会，在人堆里钻算什么事呢，肯定要找个寂静的地方。整首词在最精彩的地方戛然而止，却给读者留下无比宽阔的想象空间。经过等待、寻找、焦灼、失望之后再突然发现自己的意中人原来就在身后，那种从天而降的惊喜谁也想象得出来。

"灯火阑珊处"的"那人"，不用说是一个青春妙龄的少女，她在词的最后才于模糊的昏暗之处露了一下脸。等她的人在明处，她在暗处，也许她早就发现他了，但她却不急着与他相见，先考验一下他的耐心，先看看他着急的样子，然后悄然无声地跟在他后头，直到最后才给他一份意外的惊喜。也有可能，是因为与男子的恋情还未征得家人同意，不便让别人知道，所以在暗处行走。进一步想，女孩儿含蓄矜持，两人可能是初识不久，还不到热恋的地步。

那个青年男子呢，假若寻不到自己心爱的人，那么整个元宵佳节将黯然失色，所有的热闹只会让他倍感失落倍感孤单。只有与他望眼欲穿的"那人"相见，整个欢乐的场面才会被激活，艳丽的元宵节才真正有了色彩。

不管怎么说，小伙子也太粗心了些，约会之前竟忘了说明地点。不过，也正是这小小的粗心，才留下了这浪漫的词话。

比起辛弃疾，欧阳修就聪明多了，他与佳人相约在黄昏之后河边的某一棵柳树下，所以不必在茫茫人海之中苦苦寻找。

去年元夜时，花市灯如昼。月上柳梢头，人约黄昏后。　今年元夜时，月与灯依旧。不见去年人，泪湿春衫袖。

——【宋】欧阳修《生查子·去年元夜时》

在欧阳修笔下的这个主角（可以是男主角，也可以是女主角）就比较尴尬，去年的今日，我们说好了，月亮上来的时候在小河边第几棵柳树下约会。今年又是元宵节了，我一个人站在这里，心上人却没有再来，出事了，一定是发生了情感的变故。邂逅，可能有美丽的结局，也会有不幸的结果，邂逅不果，所有的热闹都是别人的，而所有的痛苦只有自己一个人默默承受。

真的美人，在水一方

除了艳丽多姿的桃花，清丽自然的莲花也常常与美人相伴。

桃红莲清，女孩的两种品质。桃花取其娇艳华美，莲花取其清爽神秘。

《诗经》唱：所谓伊人，在水一方。真的美人，一般不会一览无余的，她与你之间，必须相隔一点什么，这点东西，古人常常用"水"来表达。水灵动，如美人，在水一方，有点距离，保持神秘感，也就是审美的距离感。

在南朝，江南一带，有一个美丽的女子叫作子夜。她善于唱歌，她留下江南女子口口传唱的歌谣，便被称为子夜歌。子夜四时歌，则是模仿少女的口吻，通过描述一年四季的风物来述说一段完整的爱情故事。

> 宿昔不梳头，丝发披两肩。婉伸郎膝上，何处不可怜。
> ——【南朝】民歌《子夜歌》

> 春林花多媚，春鸟意多哀。春风复多情，吹我罗裳开。
> 朝登凉台上，夕宿兰池里。乘月采芙蓉，夜夜得莲子。
> 仰头看桐树，桐花特可怜。愿天无霜雪，梧子解千年。
> 渊冰厚三尺，素雪覆千里。我心如松柏，君情复何似？
> ——【南朝】民歌《子夜四时歌》

《子夜歌》里的女孩儿所呈现的，完全是爱恋中的小儿女的春光旖旎之景，有宝贵的细节描写：女孩儿披散着头发，一整个晚上，腻在有情郎的膝上，柔婉可怜。

而《子夜四时歌》，歌唱了一段恋情的整个过程。毕竟是歌，若能用吴侬软语细细吟唱，想必更为美妙。春天来了，春花春鸟都惹人怜爱，女孩儿的春情也动了，却偏偏嗔怪春风调皮，吹动了我的衣裙。夏歌的莲子，谐音"怜子"，也就是"亲爱的你"的意思。夏天，热恋的季节，夜夜幽会，得见有情人。而梧子，即"吾子"，"我的心上人"。谐音，是民歌常用手法。秋天来临，霜雪无情，但是我们可以结缘千年。冬天来了，我心依旧青翠鲜活，你的心会不会和我一样呢？

> 采莲南塘秋，莲花过人头。低头弄莲子，莲子清如水。
> 置莲怀袖中，莲心彻底红……
> ——【南朝】民歌《西洲曲》

《西洲曲》是南朝乐府民歌中最长的抒情诗篇，写的是秋日的某个午后，女子对情人的怀恋。采莲，"莲子清如水"，我对你的思念清清爽爽，"明明白白我的心"；"莲心彻底红"，我对你的爱恋有如赤子之心，明艳可见。登楼远眺，玉手拍栏杆，所思在远方；我和你的深情如这大海之水，碧波荡漾，全是我俩的相爱之情。即便你是在大海的那一边，我也有办法与你相见——我可以在梦中去到你的身边。哀而不怨，一往情深，聪明伶俐，清清爽爽，所有这些，归结为一点，就是古典女子的优雅情怀。

　　莲花是跳出了桃花的一个种类，是另一种美人，清纯、不俗、不染、不妖，丰富了对女性的审美。

　　如果说，人面桃花的意象，指向的是少女之美，浓艳，绚丽，爱就是美。那么，清水莲花的意象，清新、神秘，暗示了女子不同于男性的特别之处，甚至不在香闺、不在人间的神秘之美、陌生之美，于是才有了：屈原笔下的山鬼湘夫人，唐宋笔记里的仙女侠女，蒲松龄笔下的狐狸精等游走人间的可爱的鬼精灵。

　　桃花的灿烂明艳，加上莲花的洁净雅致，山鬼女神的神秘魅惑，构成了古人眼中的中国式美人。

第十八讲　手提花篮把相思卖

爱情的食粮

邂逅之后是相知，相知之余是相思。相思，是爱情的食粮，不可一日无此君。

这玩意儿既痛苦又甜蜜，既恼人又迷人，你才抛下又自动捡回来，它若抛弃你你却舍不得它离开，它贯穿爱情的起始与终结，相思，几乎就是相爱的模样。

诗三百，始于一声鸟鸣，关关雎鸠，鸟儿叫唤的是：一个男人的相思。

《诗经·子衿》，说的是一个女子的相思。

> 青青子衿，悠悠我心。纵我不往，子宁不嗣音？
> 青青子佩，悠悠我思。纵我不往，子宁不来？
> 挑兮达兮，在城阙兮。一日不见，如三月兮。

相思，大约是一种无以言说的丰富情感。那些有才华的人，把这种无以言说的情感说出来了，就有机会让别人分享，因而诉说相思的诗歌都非常动人。相思无言，只可感动自己；相思有言，说出来了，还可以动人。

三千年前的一个女孩子，喜欢上一个穿校服的书生，"青青子衿"，青色的衣领，是学生服色。最近网上流传，深圳的中学生校服，蓝白相间的运动装，据说被大英博物馆收藏了。这么一来，不知有多少深圳的青青子衿，被人私下爱慕，各位同学有福了。这个学生哥，用"青青"来形容，青色，这种色彩是所有的植物在春天的颜色，生命的颜色，浓重、持久、生生不息。用青青来形容这个书生，就是想表明：第一，这个男子的清新俊美；第二，我对他的情感深厚，如同青草，绵绵不绝的思念；第三，谐音，卿卿，亲爱的，不敢直说的，是这份青涩的初恋。如此种种，在这个形容词里面都包含了。所以，这女孩子一害相思就"青青子衿，悠悠我心"。"青青""悠悠"，重叠得多美啊，回味无穷，相思无涯。

现在的问题是，我在城楼上，等着他，这傻小子居然没来，失约了，这一失约，就出麻烦了。女子埋怨："纵我不往，子宁不来？"相约城楼是古习俗，城楼是公共场所，中立地带，据女子说话的口吻推测，说不定，他们之间的关系还没有完全挑明，只是相互目成而已，对上眼罢了。那么这种情况下，女孩子就有了怨言：我不去找你，你为什么不来找我呢？来不了也罢，为什么连个音信也不传递？如今我站在城楼上是为了什么呢？当然是希望再次邂逅。

邂逅，不约而见，希望再次没有约定就能撞见，但是你没来，你没有接收到我心灵的呼唤、相思的密码，你没有感应，我只好独自在城楼上徘徊，走来又走去，"挑达"，类似跳舞动作，步态都乱了。等候的时间变得沉重，尤其是无望的等待。一日不见如三月兮，更可怕的是一日不见如三秋兮，多可怕啊，相思的分量如此沉重，让时间变形加厚。

不请自来叫不速之客。不约而见，企图撞运气邂逅的，就叫痴人儿。这痴情女子的相思明快又明朗，唱出来会更有风味。

我住长江头，君住长江尾。日日思君不见君，共饮长江水。　　此水几时休，此恨何时已。只愿君心似我心，定不负相思意。

——【宋】李之仪《卜算子·我住长江头》

这显然是一个可以没有爱情故事的关于爱情的纯粹的浪漫想象。作者是山东人，与苏东坡有交游。山东不在长江边上，他就设想啊，我可以有个爱情，就好像是一条长江，我在长江源头，你在长江入海口，我在青海，你在上海，我们两个相距如此之遥远，但是我们俩喝的是同一江水啊，没有联系的东西就这样被一江水给联系起来了。

本来不认识的两个人，因为喝了同一条江的水，就变得彼此有关联了，这是创造性想象。即便我跟你相距那么遥远，我对你的思念就像是滔滔长江，滚滚而来，没有尽头。关山万里也无法阻隔我们的心灵一脉遥通，单方面的相思变为双方的期许，无尽头的别恨便化为永恒的遥遥相爱，这是按照自己设定的逻辑展开联想。

相思可以这样的新奇、浩瀚，简直要充塞天地之间，人间无量数的相思，真的有这样的力量。这首词可以表现文学青年的一种自我满足，没有爱人，就虚构一个人来爱。这样的虚拟爱情也可以很美的。

相思的新鲜美学

如果我说：育才中学旁边的四海公园里的玫瑰开了。你可能一点也不稀罕，开就开呗，与我何干？如果我换个说法：马达加斯加的玫瑰开了。你感觉忽然被人一把揪住了，马达加斯加在哪儿？那儿的玫瑰有什么不一样？那玫瑰开了要出什么事了？

这就是审美的距离带来的陌生化效果，是文学创意的来源之一。这也是爱的美学，神秘的陌生的美感，增添了爱的魅力，让相爱的过程变得意味深长。

相思人人都有，你只会说：我好想好想好想你。这就是四海公园的玫瑰了。没人感兴趣。要说相思，就要说马达加斯加的玫瑰。李煜、李清照等人都是此中高手。

别来春半，触目愁肠断。砌下落梅如雪乱，拂了一身还满。　　雁来音信无凭，路遥归梦难成。离恨恰如春草，更行更远还生。

——【南唐】李煜《清平乐·别来春半》

南唐后主李煜是个舌灿莲花之人，惯写离愁别绪，他的遗恨呢，不只是对人的思念，还包括对故国的思念。这首词有三个意象很新鲜，是李煜的原创：

"砌下落梅如雪乱，拂了一身还满"。离别已经半个春天了，什么都让人悲伤，梅花飘落在我的身上，我把它拍掉了，它又落了一身，拍也拍不掉的，是愁绪，是对你的思念。"路遥归梦难成"。彼此相距太远，我的归家归国之梦走不了这么远的路，到不了你的身边，我们连梦中相见也没有可能。"离恨恰如春草，更行更远还生"。这个比喻也很美，而且音节上也很漂亮，一波三折，像走路的足音一样。你两字一顿地念，会有奇妙的效果。这离别的愁绪恰如春草，我走到哪儿跟到哪儿，走得越远呢，春草越茂密，无边无际，走不出去。这样的相思，既绝望又浩大，浩大的绝望。

红藕香残玉簟秋。轻解罗裳，独上兰舟。云中谁寄锦书来，雁字回时，月满西楼。　花自飘零水自流。一种相思，两处闲愁。此情无计可消除，才下眉头，却上心头。

——【宋】李清照《一剪梅·红藕香残玉簟秋》

在李清照这里，相思是一种温情。她充分享受过婚姻生活的幸福，她的相思不是苦恋，即便相思是一种苦药，有彼此忠贞的爱情打底，相思也可以是一种甜美的东西。这种甜美的相思，道人所未道，言人所难言，有新奇之效。

她说出了相思的美妙之处："一种相思，两处闲愁。"单相思是痛苦，双相思却是甜蜜，甜蜜的忧愁，就是闲愁，饱含回忆与希望。只有生活在爱里面的人才有此悟此语。离别，也是寻常，别后相思，也是正常，"此情无计可消除"，人们拿它没办法。然后，惊人的意象出现了，"才下眉头，又上心头"。刚刚安慰下自己，不要愁眉苦脸的。我脸上若无其事，不愿让别人发现、担心，但是，把这种愁绪郁积在心里，却是沉甸甸的难受啊。

那个换上便装，独自划着小船，荡漾在深秋荷塘的女子；那个遥望着天边，收到鸿雁传书，在月光盈盈的阁楼上读信的妻子；那个潇洒感慨一声"花自飘零水自流"，我的相思如落花，让流水带到你身边的才女。她行为上如此生活化、平民化，文字上却躲避平庸如躲避瘟疫，不断提炼出新意念，将不可见的可视化，一改前人的陈言俗语，将有爱的相思展示得栩栩如生。

纤云弄巧,飞星传恨,银汉迢迢暗度。金凤玉露一相逢,便胜却人间无数。　　柔情似水,佳期如梦,忍顾鹊桥归路。两情若是久长时,又岂在朝朝暮暮。

——【宋】秦观《鹊桥仙·纤云弄巧》

秦观眼界扩大,敢于营造天界银河的大氛围:七夕这个晚上,人间乞巧,天上牛郎织女相会;有云飘过,有流星划过,银河浩渺,牛郎织女渡河。开篇气势不凡,如梦如幻,牛郎织女,几乎就像两个宇航员在太空约会相爱,而那个鹊桥,就是宇宙空间站。

秦观是个通达之士,放在今天,他是个有现代意识的人。他是词人中最好的数学家,"金凤玉露一相逢,便胜却人间无数"。1大于X。他没见过爱因斯坦,却懂得时间相对论,"柔情似水,佳期如梦",柔情永存,如水不断,约会时间短暂,如南柯一梦,但是,幸福的人没有时间观念。于是,他顺势变成了词人中的哲学家:"两情若是久长时,又岂在朝朝暮暮。"久长是个什么概念?只要我们的爱情长过别离的时间,一年一会已经足矣,没必要像匹夫匹妇那样,整日里耳鬓厮磨。

说李煜、李清照、秦观等人是文字高手,是因为他们创造了新鲜意象,对汉语有贡献,让汉语呈现新鲜活泼的文雅之美。

而民歌,民间语言,永远是汉语生生不息、新意不绝的广袤土壤。

卖相思

相思铺,这几日翻腾重盖。大门外,挂一面卖相思的牌。有几等相思卖与人害:单相思背地里想,双相思两下里挨。鹘突的相思也,还得鹘突人来买。

从今不把相思害,猛然害起相思来。怕相思,偏偏入了相思寨。无奈何,手提花篮把相思卖。大街过去,小巷出来,叫了一声"卖相思",谁来把俺的相思买?这相思,卖与那有情的人儿把相思害。

——明清民歌《卖相思》二首

这种想象，还真是明清人才有。宋朝人卖别的，卖什么呢？卖懵懂，卖口吃。怎么卖口吃呢？这个有口吃的人，或者是不聪明、懵懂的人在五更天的时候，猛然叫一句："张三。"张三应一下："哎。""我把口吃卖给你！"哦，这么一说，好像人家就把口吃买走了。还有卖春困，春天很困，想把它卖掉；还有送穷，把贫穷送走。有很多这样的习俗。到了明朝，人们开始卖相思了。

卖相思，它是利己不损人的事，而卖口吃什么的有点嫁祸于人的意思，卖相思则没有。这个举动充满温情，把自己感染的那种爱传播出去。这种莫须有的买卖，被歌者卖得有型有款。有铺面，有招牌，有商品若干。单相思，如贺梅子那款；双相思，如李清照、秦观那款；糊涂的相思，如苏东坡那款；苦相思，如李煜、青青子衿中的女子那款；甜相思，如李之仪那款。都有货，包你满意。

谁是买主？普天下"有情的人儿"。无情的人、消费人生的人，他没有这个资格，没有这个能力购买。这世上有情的人才会害相思，因此，这种买卖，其实是在传播爱。让相思像货币一样在世间流通起来，结果就是：让世界充满爱。所以，这俏皮的生意经，其实是爱的赞歌呢。

另外，假如我有机会把相思卖出去，言下之意，我不再害相思了，就是实现了自己的爱，梦想成真，相思修成正果，相思变成了爱，这种想象是很美妙的。以己推人，相思可以卖与别人解脱自己，卖相思的人就不用相思了，已经得到了自己的心头所爱。若天下所有的相思都能找到合适的买主，那么，所有的爱情都能找到着落。天下有情人，皆成眷属。

明清时期的民歌已经趋向于白话文，读起来虽然不似唐诗宋词般风雅迷人，但也别有朴素清白的韵味。冯梦龙甚至认为，唐诗宋词元曲，明朝的代表文体就是民歌。这么说来，我们这个时代的新文体代表，岂不是手机段子？

    行行重行行，与君生别离。

    相去万余里，各在天一涯。

道路阻且长，会面安可知？
胡马依北风，越鸟巢南枝。
相去日已远，衣带日已缓。
浮云蔽白日，游子不顾反。
思君令人老，岁月忽已晚。
弃捐勿复道，努力加餐饭。

——【汉】无名氏《行行重行行》

"生别离"。楚辞云："悲莫悲兮生别离，乐莫乐兮新相知。"生别离，活生生的，眼睁睁的，无可奈何的别离。马儿、鸟儿都会恋故乡，你这游子却不回来。相思的两个细节很生动，"相去日已远，衣带日已缓"，很具体可见的变化，你离去的日子越长，越是想你，想得人清清楚楚地消瘦下去、憔悴起来；一边想着"思君令人老"，还是不想了吧，多吃两碗饭，"弃捐勿复道，努力加餐饭"。弃捐，放下，很健朗的语气。

然后，吃饱了，干什么呢？有了力气，再继续相思。逃也逃不掉，放也放不下。就是这样。

第十九讲　泥人儿：中国式爱情

乡村墙头与城市香闺

　　古典爱情故事，从邂逅、相识、相知、相思，进入到热恋阶段，热恋者的心态是一样的，想在一起，想合二为一，然而热恋的姿态却是各不相同的。这里有两个经典例子，说明在乡村与城市，热恋有不同情态。

　　中国古典爱情故事的发生地，多在墙头马上后花园。先看乡村的院墙上，发生了什么。

　　三千年前，有个小伙子，爱上了一位姑娘，但是，没有父母之命，媒妁之言，他们就私自幽会了，就想要在一起了。在这种状态下，按人之常情去推断，情急的人，一般都是男孩，自古以来多半是这样，男孩子要主动一些。这天晚上，你可以想象，是月明星稀，或者月黑风高，随你喜欢。小二哥呢就按捺不住寂寞，要见女孩，但女孩子家教很严，被关在家里不许出门。于是这小伙子就趴在女孩家的墙头上，他要跳墙了，他要翻墙进去，幽会心上人。这下怎么办？整个诗的情景就定格在此：小伙子趴在墙头，小姑娘站在墙里面，两个人隔着院墙对峙，一个要跳墙，一个在跳脚。

　　　　将仲子兮，无逾我里，无折我树杞。岂敢爱之？畏我父母。
　　　　仲可怀也，父母之言亦可畏也。
　　　　将仲子兮，无逾我墙，无折我树桑。岂敢爱之？畏我诸兄。
　　　　仲可怀也，诸兄之言亦可畏也。
　　　　将仲子兮，无逾我园，无折我树檀。岂敢爱之？畏人之多言。

仲可怀也，人之多言亦可畏也。

——【先秦】《诗经·郑风·将仲子》

全诗纯为内心独白式的情语构成。由于女主人公的述说，紧扣着自家院子的墙头树上展开，并用了向对方呼告、劝慰的口吻，使诗境带有了絮絮对语的独特韵致。字面上只见女主人公的告求和疑惧，诗行中却历历可见墙头树上"仲子"跃跃欲试的猴急模样。白居易的《井底引银瓶》与这首诗的情景有几分相似——墙头马上遥相顾，一见知君即断肠。

整首诗以小姑娘的口吻来述说，仲，在古代是"二"的意思，伯，仲，叔，季，老大老二老三老四，这样的排行。余冠英先生翻译成"小二哥"，很有民歌特色，我觉得这个翻译非常好。"将"，请求的意思。女孩儿一直在劝说："求求你啊小二哥，不要在我家墙头爬呀，别折断了院里的树枝啊，树断了不要紧，就怕惊动了我的父母兄长，惊动了他们我就倒霉了。"说完这话还不够，还特意补充了一句："仲可怀也，父母之言亦可畏也。"她说："小二哥啊，我心里也有你啊，也想见你呀，但是我怕父母骂呀。"这女孩子说话很有分寸，首先是先别急，别乱爬，别乱来，不是我要拒绝你，我也喜欢你的，但是不要让父母知道。接下来，同样的意思，重章叠句，句子不断重复，把这意思升华。

第二段："不要跳呀，跳了我的几个哥哥把你揍一顿，你可吃不消啊。"第三段："你千万别跳墙呀，被邻居看到了，我的名声就坏了啊。"这样一层层劝说，可见小姑娘很有耐心，而小二哥呢，可不太老实，他一直不依不饶，就是要爬树跳墙，我们可以想象小二哥的情态：试图翻墙幽会的鲁莽，被劝止引发的不快，唯恐惊动父母、兄弟、邻居的犹豫，面对女孩儿既爱又怕的情态……那么，故事的结局，到底跳了没跳呢？你们选择。

这是真实的古时乡村爱情生活的真情实景。这种情境延续了很多年。故事的结局，有多种可能：一、媒人说合，父母同意，两个成家了；二、父母根本不认可，嫌弃这小子穷得叮当响，不能把女儿嫁给他，然后，他们就有可能偃旗息鼓了。还有一种可能，就是陕西民歌中唱的："叫声哥哥你带我走"，两个人私奔了，这也是可能的一个结局。当然，你也可以选择，跳下去，跳下去就有事了，生米煮成熟饭了，那就是另一个故事了，不会在这个故事、这两人之间发生。

宋朝都城汴京，繁华如梦。汴京名妓李师师，让人魂牵梦绕。为她动心的人里面，有当朝皇帝、风流无双的书画大师宋徽宗，有一代词坛领袖周邦彦。

并刀如水，吴盐胜雪，纤指破新橙。锦幄初温，兽香不断，相对坐调笙。　　低声问，向谁行宿？城上已三更。马滑霜浓，不如休去，直是少人行。

——【宋】周邦彦《少年游·并刀如水》

这是周邦彦为李师师写的一首纪事词，也就是说，内容是真的。至于其中的男主角，一说是宋徽宗，一说是周邦彦。我取后者。这首词很香艳，但词人善于把色情写得美好而不觉淫秽。

并刀，是并州出产的刀，极为锋利，天下闻名。吴盐，吴国产的盐，晶莹洁白。古人吃橙子的时候习惯放点盐，中和一下酸味。纤细洁白的手指，用飞快的并刀切开新鲜的橙子，洒上一点雪白的吴盐，两人吃水果。吃完之后，在温暖的香闺里，锦幄挡住寒冷，麝香袅袅，才子佳人面对面弹琴吟诗。沉湎于温柔乡中，不可自拔，不觉时光流逝。然后，佳人轻问：今晚在哪儿过夜？不等对方回答，又忙不迭地补充几句：城上更鼓已经敲响三更了，霜下得浓，骑马归去容易滑倒，而且，街上已经杳无人迹了呢。言下之意：不如就在这里过夜吧。

这首词与《将仲子》正好形成鲜明对比。前者发生在暗夜的墙头，后者则是在温暖的香闺；前者是乡野少女情窦初开，后者是大家闺秀风流蕴藉；前者欲迎还拒，后者呢，简直是引狼入室。若因为李师师是名妓便看轻了她，那就该说你没常识了。虽是沦落风尘的女子，但她们却是古代女子中最有知识和才华的一个群体。

这两首诗词讲述过的故事，千百年来，一直在乡村荒野与市井人家中上演，至今不绝。

鸡鸣声中日月长

两个人相爱以后就进入了婚姻的殿堂，婚姻，是人生大事。只不过很可惜，愿意描写婚后柴米油盐生活的诗人并不多。下面这两首唐诗难得描写生动，有清晰的细节，透露了唐朝人的几个婚姻细节。

> 洞房昨夜停红烛，待晓堂前拜舅姑。
> 妆罢低声问夫婿，画眉深浅入时无？
> ——【唐】朱庆馀《闺意献张水部》

洞房花烛夜之后，新娘子第二天起来要做的第一件事就是去拜见自己的公公婆婆，一个细节，传达出新娘的娇羞和忐忑的心理，新娘子一大早起来化妆，画眉毛画了半天，还是不放心，于是低声问新郎：我的眉毛画得好不好？颜色深了还是浅了？符合现时流行的样式吗？新娘非常细心，却也多心了。一般而言，公婆会关心新妇的眉毛吗？新娘的心思，还是在向新郎撒娇吧。

注意此诗的标题：《闺意献张水部》。原来，诗人朱庆馀是来长安参加进士考试，水部郎中张籍是当朝名士，朱同学写这首诗的目的是询问张大佬：我的诗文是否合格呢？能否入你的法眼？"闺意"，是一种诗歌格式，借闺阁女子的口吻写诗，不是写实，用意在别处。这是一种委婉的诗歌表达方式，源头可以追溯到屈原。这种曲笔带来了一个恶俗：诗人以妻妾自居，自我贬低。这是后话。

> 三日入厨下，洗手作羹汤。
> 未谙姑食性，先遣小姑尝。
> ——【唐】王建《新嫁娘词》

新娘子嫁到新家，作为夫家的新人，从今开始的女主人，在婚后的第三天要下厨，展示当家的本领，尽到侍奉公婆的责任，其中，最要紧的当然是要合婆婆的口味。这个新娘子很聪明，"未谙姑食性"，不知道婆婆的口味该怎么办呢，"先遣小姑尝"，让小姑子先尝一下，小姑子了解婆婆的口味，而且年龄和新娘相近，容易沟通，所以先让她尝尝味道如何。

娇羞美丽的新娘，勤劳而又孝顺，想必日后的生活，有幸福在等着她。

  鸡既鸣矣，朝既盈矣。匪鸡则鸣，苍蝇之声。
  东方明矣，朝既昌矣。匪东方则明，月出之光。
  虫飞薨薨，甘与子同梦。会且归矣，无庶予子憎。
——【先秦】《诗经·齐风·鸡鸣》

古典家庭，男主外，女主内。妻子承担起打理家庭的责任，顺便还要打理丈夫，每天早上招呼丈夫起床，是许多家庭的日常故事。而一般的丈夫呢，听到鸡鸣就自觉起床。什么情况下，需要妻子一而再再而三地催促才起床呢？应该是夫妻感情深厚的家庭，丈夫才敢放胆赖床吧。这个丈夫是幸福的，他赖床的胡言乱语也很可爱：不是鸡在叫而是苍蝇闹，不是太阳光明明是月光。这位妻子又是多么体贴：是啊是啊，苍蝇闹嗡嗡，我也愿意和你一同做梦，只是你再不上朝，朝会都要散了，再不去别人可要骂你是懒汉啦。贪恋温床的丈夫，絮絮叨叨的妻子，一个幸福的人家，就是在这些琐琐碎碎的关怀中默默交换着爱意。鸡鸣声中日月长啊。

爱情生活的甜美一般人羞于启齿，过于私密了。苏东坡壮着胆子说了一回，却也是欲说还休。苏轼的结发之妻叫王弗，第二任妻子叫王闰之，是王弗的堂妹，在王弗逝世后第三年嫁给了苏轼。还有一名侍妾叫王朝云。这三个女子他都是真心爱着的，东坡一生用情之深催人泪下。下面这首词的内容，明明是自述纪事，却硬生生在前面加一个序言，说是演绎别人的春情。

【余七岁时，见眉州老尼，姓朱，忘其名，年九十岁。自言：尝随其师入蜀主孟昶宫中。一日大热，蜀主与花蕊夫人夜纳凉摩诃池上，作一词。朱具能记之。今四十年，朱已死久矣，人无知此词者，但记其首两句，暇日

寻味,岂《洞仙歌》令乎?乃为足之云。】

冰肌玉骨,自清凉无汗。水殿风来暗香满。绣帘开,一点明月窥人,人未寝,欹枕钗横鬓乱。　起来携素手,庭户无声,时见疏星渡河汉。试问夜如何,夜已三更,金波淡,玉绳低转。但屈指,西风几时来,又不道,流年暗中偷换。

——【宋】苏轼《洞仙歌·冰肌玉骨》

据说,七岁的苏轼曾遇见一位九十岁的老尼,这位老尼曾经入宫,听蜀国君主孟昶与花蕊夫人作了一首艳词,当即学唱铭记。后来,唱给七岁的苏轼听。四十年过去了,四十七岁的苏东坡只记得开篇第一句,觉得很有味道,忍不住续完全词,就是《洞仙歌》。

关于这个故事的真实性值得深究:一个九十岁的老尼姑会唱这么香艳的词吗?而且,为什么要唱给一个七岁的孩子听?宋人从词谱上考证:《洞仙歌》腔出近世,五代十国初未之有也。盖公以此叙自晦耳。自序说,作此词时四十七岁,那一年苏东坡谪居黄州,朋友资助他建了几间新屋,房屋建在江边。那么,词中的内容,或许是黄州生活的实录,更有可能是回忆年轻时任职杭州时的青春欢畅的时光。杭州的水榭楼阁,比较普遍,苏东坡将西湖比作西子,又刚刚纳了美如西子的聪明少女朝云为妾。《洞仙歌》,洞房中的神仙之歌,应该是苏东坡自己创曲填词,佳人演唱,牢记那一刻柔情蜜意的时光。因此,苏轼很有可能在撒谎,至于为什么要欲盖弥彰,只因为这首词太香艳了。

香艳得恰到好处,风流而不下流,古人所谓乐而不淫。开头一句写女子:"冰肌玉骨,自清凉无汗。"视觉加上触觉的描写,肌肤像冰雪身体像羊脂玉一样,白皙光滑,夏天摸上去也是凉凉的,不会出汗,这是美人体质。居所靠近水边,浸染了莲花香气的软风吹过,吹起了绣帘,一轮明月也来偷窥,这情景实在罕见:一个冰肌玉骨的美人,没有睡着,倚靠在枕头上,还特意交代一个细节,"欹枕钗横鬓乱"。头发散乱,发簪也没有收好,点到为止,却足以引人遐想。古代女子很重视发型,绝对不让外人看见披头散发的样子,如果你看电影古装戏,看见女子的头发披散下来,就是有事发生了。这里,也是有事发生了,联系到开篇对女人身体的描写，这个事情应该就是男女私情，男欢女爱的事情。所以风啊月啊也来凑趣。写这些，非常香艳，旷达的东坡也不好意思直白、坦白，所以要曲笔掩饰。

词的下阕显示了苏东坡的大家手笔。热闹之后，不忍沉睡，余兴未尽，两人起来，牵着手去到庭院，四下没有人声，抬头看天，只看见流星不断划过天际。现在是什么时辰了？已经是半夜三更；再往后数一下日子，眼看着秋天就快要到来。唉，似水流年，暗中偷换了人世间的一切，不知道，我们这样甜美的情爱，会不会也被偷换？人在幸福中，日子过得分外快。多希望时间停止，让这一刻变成永恒。

能写出这首词的人，一定是懂得体会生活中点滴的甜蜜与美好的人。这样的诗，别人写起来总是缺了几分韵味，唯有苏轼才能写出其中的深意。《鸡鸣》里匹夫匹妇没有说完的，书生东坡接着往下说：深爱之后陡然升起的悲感，生命的悲感，倾诉的是对爱与生命的悠远深情。

泥人儿

两情相悦是容易发生的故事，两情相守却是巨大的考验。相爱容易相处难，有两种流行说法：一是爱情有所谓保鲜期，据说一年二载之后，吸引人的荷尔蒙就会消散，然后相爱就变成了过日子的习惯；二是婚姻是爱情的坟墓，既然都已经进入坟墓了，还说什么爱呢？这两个未必是异端邪说，有局部的真实，却不是对爱情的正解。

男女之间一旦发生恋情，整个人生就变了，整个世界不一样了。对于他或者她来说，相当于是重新投胎做人，因为他或者她开始考虑到自己的人生要和另外一个人生重合在一起。这是一种非常庄严的状态，对于你的生命来说是一个巨大的考验。也有人会游戏情感，游戏爱情，这其实是不尊重自己的生命，真有自尊的人，明白爱情容不得游戏。

那么男人和女人到底应该是种什么样的关系？古往今来有许多的说法。流传甚广的，是《圣经·创世记》的说法：上帝按照自己的样子创造了一个人——亚当，让他待在伊甸园，发现他很孤独，就拆下他身上的一根肋骨，造了一个女人，叫夏娃；这两个人呢，自发相爱，后来偷吃了禁果被逐出乐园，被贬谪人间，成了人们的始祖。这个故事把男人和女人的关系说成是："你是我骨中的骨，肉中的肉"。这是一种血肉相连的关系，最亲密的男女关系，应该是这样。

这是西方文化的说法，东方文化当然也有很多的说法，按照我们中国的传说，是盘古的身躯化为天下的人，盘古开天地以后，他的身躯就化为天下的人类，这些人呢，有男有女，自由结合，这是种很现实，不够浪漫的说法。到了后代，人们显然不满足于这种原始的说法，又造了很多很多的形象来说男女结合这件事。其中，我觉得中国元明时期创造的一个意象非常美好，最能代表男女之间的相爱的最美的一种情景，这就是"泥人儿"，我给了它最高的赞赏。下面是明代的版本，出自冯梦龙编辑的民歌集《挂枝儿》。

泥人儿，好一似咱两个：捻一个你，塑一个我，看两下里如何？将它来揉和了重新做，重捻一个你，重塑一个我。我身上有你也，你身上有了我。

——【明】民歌《泥人儿》

泥人儿是一种儿童玩具，北京奥运会的吉祥物福娃，就是泥人儿。这是民间流传很广的一个游戏，小孩子用泥巴捏人。别忘记，这个联想可以延伸到远古的女娲用泥土造人的传说，用意深远。

这首民歌说的就是这样一种情景：一旦相爱相守，就是两个人再造了生命。本来我们是不同的两个人，你是一个泥人，我是一个泥人，就是因为我们相爱结合了，相当于把这两团泥巴揉捏在一起，然后，再重新塑造一个你，一个我。这就是真正获得了爱的人所可能达到的一个境界，这样的一个意象，它可以含有很多的理趣：

其一，我可以舍弃原来的我，融合到你的生命中去，也就是说，爱是一种奉献，属于一种献身的激情，想变成对方。我们说爱的一个理由是，因为有了你，我更热爱自己，我也更热爱生活了，我更爱这个世界。这是爱的增量。如果你因为爱情而讨厌自己了，这份爱情就需要检讨，可能是不对的，哪里出了问题。"保鲜期"的说法，就是这类问题。

其二，这种状态是彼此渗透的，我中有你，你中有我。两人一旦生活在一起，就不再是两个完全不相干的个体了，每个人都拿出了一部分世界跟对方的世界汇合在一起，有舍有得，你从此和对方息息相关了。这是一个复杂而奇妙的状态，爱的交融。美国诗人迪金森对爱的诠释，可作泥人儿的释义：灵魂追求自己的伴侣。如果生活在一起了，还彼此漠不关心，那你们建立的只是一个人生维持会。

其三，婚姻中，彼此渗透以后，各自却没有因为结合而消失个性，还是两个独立的我。我们有交融，但也有彼此的独立性，最后生活于世的是两个"新的泥人儿"。在婚姻中、爱情中，保持自我、保持独立，这是一个很重要的立场。不能因为爱而完全失去自我，变成他人的应声虫，这是爱的原则，尤其是女性，不能说爱你而失去自我。"坟墓说"，便是婚后失去自我的缘故。

最重要的是，因我们的结合而诞生的两个新的我，我不再是原来的我了，我是一个新的人了。求爱，一般是为了得到对方，很少有人想到把自己交出去，去掉旧我，诞生新我。彼此的影响清晰可见，我对生命、对人的看法和自己做人的方式也因此变得不同，真爱的状态下，是变得更好。鲁迅写给许广平的情书说：因为你，我要为中国多做点事。所谓爱情的坟墓，在这里，变成了爱的摇篮。

我觉得"泥人儿"这个形象，是古往今来关于爱情生活的最佳诠释，古人非常聪明地找到这样一个寓意良善、含义丰富的意象，来代表相爱最美好的状态。

第二十讲　问世间情是何物

失恋这件事

　　人生总是梦想太多，爱太多，美梦成真是稀罕的事情，事过春梦了无痕，却是常态。人的一生，喜欢的人会比较多，刻骨铭心相爱的人，却不会多，有幸遇上一个，要珍惜。

　　人与人相爱的原因千差万别，不爱的原因也是千差万别。据 BBC 报道，有科学家考证，人们相爱的一个理由可能是：人体的气味。那个跟你气味相差大的人，会特别吸引你，因为他的基因跟你相差比较大，气味相差大的两个人结合，会基因互补，产生优良的后代。所以，有时候，我们不知道为什么会被某人吸引，其缘由之一，可能就是因为气味。体味学的基因决定了人的深层选择，所以世上的人，无关相貌财富地位，大多可以得到配偶。因此有人调侃，把爱情说得天花乱坠，其实不过是一种化学反应。这是个玩笑，自然不是全部的真相。顺便推荐一部电影——《闻香识女人》，好看。

　　如果两人对上眼对上心还对上气味了，就是难得的真爱了。这样的真爱，却被人拆散，当事人就像跌落悬崖一样，摔得体无完肤。这样的倒霉事，让大诗人陆游碰上了。

　　陆游与表妹唐婉，从小青梅竹马，长大成婚，琴瑟和鸣，却不料婆媳关系不好，婆婆看不惯这个侄女兼儿媳，硬逼着两人离婚。母命难违，这是孝道的霸道一面。离婚后，两人各自成婚。十年之后的一个春天，陆游去到绍兴当地的风景区沈园春游。唐婉也在，立即让人送来一壶黄酒，绍兴出产中国最好的黄酒。陆游喝着酒，看着春光，想着往事，情不可抑，当即在沈园的墙壁上题词一首——《钗头凤》，唐婉看了,也依照词牌和词一首。

红酥手,黄縢酒。满城春色宫墙柳。东风恶,欢情薄。一怀愁绪,几年离索。错,错,错! 春如旧,人空瘦。泪痕红浥鲛绡透。桃花落,闲池阁。山盟虽在,锦书难托。莫,莫,莫!

——【宋】陆游《钗头凤·红酥手》

世情薄,人情恶。雨送黄昏花易落。晓风干,泪痕残。欲笺心事,独语斜阑。难,难,难! 人成各,今非昨。病魂常似秋千索。角声寒,夜阑珊。怕人寻问,咽泪装欢。瞒,瞒,瞒!

——【宋】唐婉《钗头凤·世情薄》

这两首词很有名,流传下来了,有几点值得注意:两个人在风景区公开发表哀叹爱情的诗词,不是情不自禁,不会如此唐突。其次,我觉得,唐婉的词比陆游的更好。

陆游在概略地陈述事实:美人赠美酒,美景当前,却是"东风"恶,桃花落——怨怪母亲,拆散因缘。离别数年,你消瘦了,你的眼泪打湿了手绢,我们之间的山盟海誓犹在耳,到如今却无法传递一封书信。所以,我干脆把这首词公开发表在沈园的粉墙上,让世人来围观吧。上下阕的尾句,是数声叹息:前事已错,后情难续,罢了罢了。

唐婉陈述自己这方面的事实,陈述中有细节描写,陡然生动起来,然后,夹带的一两句抒情,成为诗眼:世道人情太过险恶,桃花经不起风雨摧残,我整夜整夜地以泪洗面,让拂晓的风把眼泪吹干。你有心事总有办法说,而我却是有口难言,却还要咽泪装欢,我只能瞒瞒瞒,瞒他个天聋地哑。我的整个生态,就是这样一个意象:"病魂常似秋千索",风中的秋千,冷清凄凉,空荡荡不见欢快的身影,而我,命悬一线。有了细节,表情更为深切。唐婉是才女。

不久,唐婉就弃世而去。从此后,陆游"同心而离居,忧伤以终老"(古诗十九首),一生念念不忘这段感情,到了七八十岁还在写诗怀念唐婉。

天若有情天亦老

魏晋的志怪小说，神神怪怪的，到了唐宋变成传奇小说，转向人间故事，情节也更为曲折离奇，故称唐宋传奇。

古人认为，身体可以消失，灵魂不会消失。那么，有想象力的人就会假设：两人相爱，却不能相聚，可不可以，让不自由的人离开身体的羁绊，让灵魂自由行动，去追逐爱情？这个想象够大胆，于是，就有了《离魂记》的故事，这是唐朝人对爱情的礼赞。什么也束缚不了爱情，不要说门锁封闭、相距千里，就是自己的身体，也无法囚禁自己的灵魂。唐朝人真的敢想敢干，留下这倩女离魂的千古传奇。

故事不复述，注意几个细节：王宙与倩娘是表亲，小时候倩娘的父亲许诺过婚姻，长大后两人"常私感想于寤寐"，两人相互思念。这是小说家埋下的聪明的伏笔。等好事不成，王宙出走，倩娘赤脚追来——女孩子打着赤脚奔跑几里地，这个不合常情，即便是在唐朝。这是小说家有意为之，有所暗示。两人私奔五年，生下两个孩子，思念父母，又回来了，作者要揭开谜底了：倩娘一直生病在家卧床数年，怎么又跑出一个倩娘千里迢迢回娘家了？最后的结局是喜气洋洋的喜剧："室中女闻，喜而起，饰妆更衣，笑而不语，出与相迎，翕然而合为一体，其衣裳皆重。"两个倩娘合体，是灵魂回归身体，之前是灵魂出走在外，居然可以正常生活，还可以生孩子，作者也不解释，或者是灵魂在，身体就在？现在合体了，为了表示可信，特别说了一个细节："其衣裳皆重"，人是一个，衣服是两重。作者的意思是：信不信由你，反正我是信了。这是一个传奇，爱情需要传奇。

清朝有人又说了另一个传奇。水乡苏州，有女如玉，晨起梳妆，开帘倾倒洗脸水，猛然看见一个俊秀书生，泊舟楼下，她一时乱了方寸，失手将脸盆滑落河中。这个情节是否有点面熟？《金瓶梅》与《水浒传》里面，写潘金莲与西门庆的相遇，与此类似。从此以后，女子不离开窗户，男子不离开船舷，两人各自刺绣、看书，默默相守。作者特意交代，两人并不像俗世轻浮之人挤眉弄眼挑逗调情。这是一个没有发生的爱情故事，一切都藏在心里。之后，书生离开，战火之余，一片焦土，清理战场的士兵，发现一个拳头大的东西，不知何物，随手用刀劈开，高潮来了：这种东西上面，有一幅画，柳树中有小楼，楼下有小船，一个少年书生，趴在窗口向上眺望，眉眼清清楚楚。士兵好奇，连劈数刀，每一片上都是同样的画面。这是《心画》，刻骨铭心的相思。

爱人会消失，爱情却永恒

十年生死两茫茫，不思量，自难忘。千里孤坟，无处话凄凉。纵使相逢应不识，尘满面，鬓如霜。

夜来幽梦忽还乡，小轩窗，正梳妆。相顾无言，惟有泪千行。料得年年肠断处，明月夜，短松冈。

——【宋】苏轼《江城子·乙卯正月二十日夜记梦》

这是苏轼怀念结发妻子王弗的词。起因于一个梦：妻子死后十年，东坡忽然有梦，梦见妻子在故乡的小轩窗下，娴静梳头，是新婚时的美好样子。梦中相见，没有说话，我眼泪汹涌，把梦打湿了，打醒了。十年了，你走了这么久，我不需要特意想起，因为从来就没有忘记。倒是你见了我，怕要认不出了，因为这些年来，没有你的日子，我已经被俗尘改写了容颜，被时光染白了双鬓。我现在山东密州任上，而你呢，独自在千里之外的故乡四川眉州，短松冈上，月光底下，孤坟一座，你在里面，我在外面，我的思念，醒里梦里，年年会去到那儿，为之肠断。

中国书生的情感诗篇里面，悼亡诗词是一个杰作众多的大门类。其人活着时没留下青春欢畅的诗篇，人走了，却拼命追忆逝去的情爱。这也是国人看重葬礼的缘故吧。

【太和五年乙丑岁，赴试并州，道逢捕雁者，云：今日获一雁，杀之矣。其脱网者悲鸣不能去，竟自投于地而死。予因买得之，葬之汾水之上，累石为识，号曰雁丘。同行者多为赋诗，予亦有《雁丘词》。旧所作无宫商，

今改定之。】

问世间情是何物,直教生死相许?天南地北双飞客,老翅几回寒暑。欢乐趣,离别苦,就中更有痴儿女。君应有语,渺万里层云,千山暮雪,只影向谁去? 横汾路,寂寞当年箫鼓,荒烟依旧平楚。招魂楚些何嗟及,山鬼暗啼风雨。天也妒,未信与,莺儿燕子俱黄土。千秋万古,为留待骚人,狂歌痛饮,来访雁丘处。

——【金】元好问《迈陂塘·问世间情是何物》[①]

元好问是金国首屈一指的大诗人,鲜卑人的后裔,一个多情公子,在赶考路上,碰见猎雁者。猎雁者说杀了一只大雁,另外一只脱网飞了,却不走,再三悲鸣,最后竟然投地而死。诗人买下这只雁,葬在汾水河边,堆砌石头,号雁丘。同行的书生纷纷赋诗,元好问亦写下了这首词。

相爱到殉情的地步,是大雁的深情,这种深情触动了多情公子元好问,才会有购雁、葬雁、作词纪念这一连串举动。那个时刻,那样举动的元好问,展示了一个杰出诗人对天地万物、对人世的一往情深。那一年,诗人只有十六岁,跟你们同龄。古人觉得这个举动很自然,同行的人也被触动了,所以也竞相赋诗。元好问相信千秋万古之后的"骚人"们,会为此"狂歌痛饮"。想一想,千秋之后,今天的你,十六岁的你们,会有这样的触动和行动吗?为什么没有了呢?我们丢失了对爱的敏感力和行动力吗?我们读过书的人,似乎人人都会在某个时刻感慨一声:问世间情是何物?然后,又埋头去做作业了。

作为个人,爱人会消失,爱心会停滞,而爱情,却永存于世,作为人类这种有情生物,大浪淘尽,千古风流故事,一代代才子佳人,却是前赴后继,继续着爱的传奇。

[①] 又名《摸鱼儿·雁丘词》。——编者注

第二十一讲　那些花儿：灵魂的隐喻

听雨的学问

世界上的花草鸟兽，因为与人为伴，人类就赋予它不同的文化内涵。各民族对同一个东西的理解有可能完全不一样，经过一个民族漫长的生活积淀，形成各具特色的文化意象。我们现代中国人讨厌蜘蛛，但古人很喜欢蜘蛛，说它是"喜蛛"，喜从天降，每年七夕的时候，蜘蛛是乞巧的对象。英语课本里面，有一位苏格兰的英雄，在落难之时，看到蜘蛛结网，重新奋起勇气，继续战斗。像蜘蛛这一类本来很普通的生物，就因为在生活中，人们赋予它新的内涵，所以有不同的意味。更不用说天地万象，有一些特意被选中的物象，成为一个民族的重要的文化意象。

今天，我们集中说几个常见的文化意象的内涵。

"雨"这种意象，中国书生特别喜欢，这种感情可能和农民的感情有些相似，比如民间有说法，人生四大乐事之中就有"久旱逢甘霖"。文人则多了一种情调，不待"久旱逢甘霖"，平常没事的时候就喜欢赏雨。宋朝有位诗人为了赏雨，特意用竹子建了个房子，住在里面，就想听雨打在竹瓦上那种噼里啪啦的声音，把它当作大自然的音乐来欣赏，尽显闲情雅致。中国古代的庭院里习惯栽种芭蕉、梧桐，那么雨打芭蕉、雨打梧桐就常常让人坐不住，这是撩人心绪的一个情景。

> 西窗一雨无人见，
> 展尽芭蕉数尺心。

宋人汪藻的《即事》。一夜的雨水，悄悄滋润了芭蕉，一夜之间就长出了数尺长的新叶，诗人不为人知的心事，也仿佛这雨中的芭蕉，潜滋暗长。芭蕉在长，人的心思也在长，长了什么心思？外人不知道，只有诗人自己知道。古诗中为什么那么多风景？因为人活在大自然之中，人与天地信息相通。

留得枯荷听雨声。

李商隐的名句。历经磨难的诗人以"枯荷"自喻，凄凉、绝望，雨打枯荷，坦然承受命运的摧残，听雨声，执意听生命的哀鸣，有一股倔强之气。

少年听雨歌楼上，红烛昏罗帐。壮年听雨客舟中，江阔云低、断雁叫西风。　而今听雨僧庐下，鬓已星星也。悲欢离合总无情，一任阶前、点滴到天明。

——【宋】蒋捷《虞美人·听雨》

如果让"雨"来贯穿人的一生，就是蒋捷的这首词了。雨，成了人生的背景音乐，又是人心的节奏。三个经典时段，三个不同乐章。

少年时，在歌楼听雨，雨声和着歌伎的情歌，说的都是你侬我侬的情话，梦魂沉迷温柔乡，"红烛昏罗帐"，这是太平盛世公子哥儿的一般行径。

壮年时，漂泊四方，在客舟中听雨。这里的背景是：蒋捷是南宋末年的进士，在他正当壮年、意气风发的时候，元兵入侵中原，他可以选择投降，入朝做官，也可以选择隐居，逃避蒙古人的统治，他选择了后者，所以他一生漂泊不定。这是一种忠贞的气节，"壮年听雨客舟中"，指的是无国无家的状态，无根的状态，这种漂泊和我们旅游在外，故意在外流浪是两回事，它是一种没有根基没有依赖没有未来的这样一种漂泊。所以这个时候出现的是"江阔云低、断雁叫西风"。"雁"字前面用个"断"字。我们一般看到的大雁都是群雁，排成人字状的，在天空中飞过，引起人们的眺望。"断雁"是失群的孤雁，它已经脱离了队伍，脱离了那个时代，脱离了它生活的希望，"断雁叫西风"是一种凄凉、飘零的状态。

而今，垂垂老矣，鬓发已经星星点点的白了，人生酸楚，屈居在寺庙里，这个时候再听雨，有过大喜大悲之后，已经看破红尘，很多东西都无法触动他的心了。"悲欢离合总无情"，他无动于衷了，"一任阶前"的雨啊，点点滴滴到天明，像是听木鱼之声，一声声敲着空空空。雨声充满了蒋捷一生，这样的感悟，很有新意，这不一样的雨，也可以湿润我们的生命意识。

采菊的艺术

人生得一知己足矣，物象得一知己亦足矣。

前面提到过一本很有趣的小册子——《幽梦影》，清代作家张潮的书。喜欢中国文化的人，建议你们去读一下。林语堂把它翻译成英文，在西方流传，西方学者把这个当作是理解中国文人、中国审美的一本入门书，里面的话很有趣，其中有一句是："天下有一人知己，可以不恨。不独人也，物亦有之。"普天之下得到一个知己就够了，不光人是这样，物象也是这样。

菊的知己，当之无愧首推陶渊明。最早的菊花，本来是一种并不美观的花朵，朴素，常见于路边地头，跟其他的鲜艳花朵比较，显得一般。因为陶渊明做了菊花的形象代言人，后人对菊花倍加喜爱，就培植出了许多的品种，于是，菊花的形与色都变得非常美了。

陶渊明把菊花写进诗里，说的不过是：他偶尔低头，在篱笆边上采了一把菊花。就这么一个举动，从此后，菊花身价百倍，在诗歌意象的谱系中，从一个山野丫头变成一个诗意贵族——高贵的、洁身自爱的隐士。陶渊明没有特意为菊花做广告，他只是记录自己的生活方式，有时候会采菊东篱下，还直起腰来看看云雾飘渺的终南山。这有什么广告价值呢？

结庐在人境，而无车马喧。
问君何能尔，心远地自偏。

采菊东篱下，悠然见南山。

山气日夕佳，飞鸟相与还。

此中有真意，欲辨已忘言。

——【晋】陶渊明《饮酒（其五）》

　　生活在人堆里，却没有人世间的喧闹，你怎么才能做到这一点呢？答案是"心远地自偏"。"心远"，心灵自由，不受束缚。如果你的心飞越现实的藩篱，超越红尘，你生活在一个更高的境界，那么你居住的地方自然就显得偏僻了，这句话非常经典，请记住："心远地自偏。"这是超越凡尘的脱身术。当你不快乐的时候，当你遇到挫折的时候，想想这句话，或许能给你一点启示，帮助你超越当下的困境。

　　"采菊东篱下，悠然见南山。"就这么一句广告词，厉害在哪里？在自家的院子里采着菊花，采就采吧，为什么要抬头看南山啊？"南山"在中国文化里面也有特殊含义的，也是一个文化意象，有个成语叫"终南捷径"，在长安城外有座山叫终南山，简称南山，里面常常隐居着一些文人、道士、和尚之类的，如果名声传到皇帝那里，皇帝会招你入宫为官。结果，许多人借隐居为名，走求官的捷径，所谓"终南捷径"。

　　陶渊明看南山的姿态是"悠然"，他不是眼巴巴地、着急地去眺望南山，而是非常优哉游哉地看着南山，自己无意走捷径，看别人走也是淡然，这就是悠然。有了这一句的引申，采菊这个动作才有了深意：真的隐士是这样玩的，无意于终南捷径，而在自家篱笆下悠闲地采着菊花，于是，菊花的意象就被定义了：菊，花之隐逸者也。

　　陶渊明眼中的南山是这样的，"山气日夕佳，飞鸟相与还"。山很美，白天晚上都很美，鸟在上面飞来飞去也很美，什么意思呢？这"鸟"指的是人生百态，各种人生都各有其选择。"此中有真意"啊，人生的真谛就在这里：我想说清楚，却已经忘记该怎么说了。这个真意到底是什么呢？人活着要自由自在，不为物役，不委屈自己。

　　陶渊明是真的隐士，他用自己的生活方式来证明菊的高贵。菊花成了隐士的象征，真正的隐士。

薄雾浓云愁永昼，瑞脑销金兽。佳节又重阳，玉枕纱厨，半夜凉初透。　东篱把酒黄昏后，有暗香盈袖。莫道不消魂，帘卷西风，人比黄花瘦。

——【宋】李清照《醉花阴·薄雾浓云愁永昼》

男人可以做隐士，女人可不可以呢？李清照说：可以。女人也可以。人们在躲在山里面做隐士，生活在农村做隐士，如果生活在城市里，可不可以做隐士？照样可以，所谓"小隐隐于山，大隐隐于市"。有人还把它往上推，推到"中隐隐于市，大隐隐于朝"。我不太喜欢这种说法，既然在朝廷做官了，还做"大隐"，这种人肯定是尸位素餐，既然占着官位，干嘛要做"大隐"呢，你要不就不做官，做官就要干活嘛。"做官不为民做主，不如回家卖红薯"，这是一个七品芝麻官说的。李清照就是一个可以与男性比肩的一位有隐士情怀的人。

"昼"，白天；"永昼"，漫长的白天。这白天很漫长，就有很多种感觉了，觉得它漫长，我很享受；也可以是很难受，时间很长，过不完。作者却说"薄雾浓云愁永昼"，是"愁"，惆怅。一整天，从早到晚，愁得要死，"薄雾浓云"可以是说天气不清爽，同时也是两个比喻，这个愁绪既像是薄雾，又像是浓云，淡淡的，却化不开。怎么办？屋里点一支名香，还是消不了愁。这是重阳节啊，昨天一晚上，天气变凉了，晚上睡觉刚刚有了寒意，"半夜凉初透"。晚上的寒意，白天的愁绪，怎么消解它呢？李清照有"绝招"。

黄昏时分，花园里面，菊花丛中，小酒一杯，美人一个，对酒赏菊，口中喃喃有词，这种状态，放别人身上，又是想念心上人什么的，李清照不这样，她彻底自恋：菊花的香味围绕着身体，所谓"暗香盈袖"；酒的香味，灌醉了自我意识；在这种状态下，"莫道不消魂"，别说不销魂，到底谁销魂啊？是她觉得自己销魂了。一种非常强烈的自恋情趣，别说不销魂啦，我自己都感觉自己很动人啦。"帘卷西风，人比黄花瘦"，特意把自己比作菊花，这是为什么，而且专门用一个"瘦"字来比，抓住这两点来理解，你就有感觉了。

在这里拎出菊花，显然是把自己归为陶渊明一类的人物，重现一个古老意象。而偏用一个"瘦"字,想说什么?按你们现在的理解叫"骨感美人"。唐朝的审美观是"以肥为美",杨玉环为代表,宋朝是"以瘦为美",从宋人雕像和画像可以看得出来。但是重点不在这里,作者不是夸耀自己减肥成功,虽然外形有相似之处。大家想想看,一枝清瘦的菊花,立在那里,这个美人跟菊花在一种恍恍惚惚的、不知道是酒香还是花香的熏陶之下,她就感觉自己和菊花已经融为一体了。有一句俗话叫"人淡如菊",这个人清淡得跟一枝菊花一样,有一种超凡脱俗的美,是不是这样?连她自己都销魂了,别人见了岂能不动心?后人读了这首词不也觉得她楚楚可怜吗?那么李清照不光是对菊,也对自己做了一个很好的广告,这是高明的做法。所以,其实人人都可以做隐士的,不是身隐,而是心隐,李清照扩大了菊花的意象内涵,再造了这个古老意象:高贵自爱、高冷自恋的样子。

假设一下,如果这里把菊花换成别的:桃花、梅花、芭蕉、梧桐等等,情味则完全不同了。

唐朝末年,落第士子黄巢,做了农民起义领袖,他也喜欢菊花:

飒飒西风满院栽,蕊寒香冷蝶难来。
他年我若为青帝,报与桃花一处开。

——【唐】黄巢《题菊花》

这个手拿兵器的诗人,虽然是莽汉一个,但也爱这个菊花,是一种莽汉式的野蛮的爱:我如果做了春神的话,我要让菊花和桃花一起开。凭什么春天一来,春气一暖,桃花就开了,而菊花还毫无声息,一定要等到秋天,霜冷露冻的时候,在寒冷中开放呢,这多么不公平啊。你看这种温柔,非常的粗鲁,但毕竟还是一种温柔,温柔的粗鲁,或者叫粗鲁的温柔。在另一首诗里面,他还宣誓要占领长安,并让菊花开遍长安,"满城尽带黄金甲"。

咏梅的心情

大家知道中国的国花是什么吗？若干年前，评定国花的时候，我就有个预感，我知道绝对评不出来一种，因为中国人太喜欢花了，中国太博大了，各地人对花的欣赏不一样，中国历史文化太悠久了，对各种花都有美好的赞誉。最后，好像评出来四种花，每个季节一种——春兰、夏荷、秋菊、冬梅，而牡丹为主国花，一下冒出五种花。中国文化博大精深，清末曾以牡丹为国花，民国时曾以梅花为国花，现在的国花一直在牡丹和梅花之间争执不下。

给梅花作代言的人是林逋。林逋是个行为艺术家，用自己的生活方式来给梅花作广告，与陶渊明有点相似，却更为极端。他因为爱梅花爱得很过分，一生不出仕，不娶妻，隐居在杭州西湖的孤山上，他说：我要"以梅为妻，以鹤为子"。"梅妻鹤子"，这个广告下了血本，搭上了自己的人生。

疏影横斜水清浅，暗香浮动月黄昏。

林逋的《山园小梅》，其中最出色的颔联，却是"借"来的。原是南唐诗人江为的诗句："竹影横斜水清浅，桂香浮动月黄昏"，描摹的是竹影和桂香的情景，很准确生动。林逋拿过来，化用一下，古人写诗常常干这种不告而借的事情，认为这个不算偷、不算抄袭，而叫点化、化用，重新赋予新意的意思。大家去读宋词，就经常发现这种现象，唐诗里面有很多诗句，五言、七言，被宋朝的词人在中间切开一下，变成长短句，叫词，有些没有才华的人常常这样干的。而林逋这个拿来主义，人们却说拿得好，他把"竹影"和"桂香"这两个好处全都借过来说梅花了，将陈句激活，而表意更为丰盈，于是成了名句。

梅花的稀疏枝条投映在水面上，非常清澈，有意境，如美人临水照镜，是这样的淡雅如画，如宋代的文人画；梅花的香味含蓄，暗香动人，冷香，如暗箭伤人，尤其是在月亮刚刚升起的时候，黄昏氤氲之气弥漫，月光朦胧，梅香若有若无，是迷死人的氛围，朦胧之美。立体感觉：梅花的形、色、味、触，全在其中，此情此景，令人销魂。"幸有微吟可相狎，不须檀板共金樽。"只有心中喃喃自语的诗句可以相称，无法想象对着梅花举杯牛饮、拿着麦在梅树下唱卡拉OK。梅花这么高洁的物象，只可以诗作陪，不可喧哗为伴。如此，梅花不与众花同，与菊花并列，是隐逸高士的象征。

驿外断桥边，寂寞开无主。已是黄昏独自愁，更著风和雨。无意苦争春，一任群芳妒。零落成泥碾作尘，只有香如故。

——【宋】陆游《卜算子·咏梅》

陆游也很喜欢梅花，以至喜欢到什么地步呢？他希望自己有孙悟空的本事，"何方可化身千亿，一树梅前一放翁"，一树梅花前坐着一个陆放翁，坐享天下每一棵梅树，多么贪心啊，不肯放过每棵梅花的美丽。

而这首《咏梅》词，却完全是词人在咏叹自己的命运，知道这一点词意就显豁了。断桥边的野梅，独守黄昏，没人管，独自愁，如同作者，不被命运所青睐眷顾，风雨吹打着，凄苦一生。但它无意去和百花争奇斗艳，它让过春天，独守冬天，热闹的春天给你们好了，冰寒的冬天我独自开放，我不羡慕你们的喧闹，你们恐怕要忌妒我的孤傲。

这是一种气节，如果了解他的背景。陆游生活在南宋末年，一个动荡不安、家国凋零的时代，他的独守黄昏，实际上是保持一种自我的高洁，我宁愿保持一个真我，也不愿意去随世浮沉，所以才有最后这两句"零落成泥碾作尘，只有香如故"。这是一种非常强悍的个性，男子汉气概，我就不愿意随波逐流，宁愿粉身碎骨、碾作香泥，也要保持真我，依然故我。

当然，梅花说到这个地步呢，就越说越强硬了，梅花实际上还是一种温柔的形象。宋朝词人姜夔给它写了一首非常动情的词。

旧时月色，算几番照我，梅边吹笛。唤起玉人，不管清寒与攀摘。何逊而今渐老，都忘却、春风词笔。但怪得、竹外疏花，香冷入瑶席。江国，正寂寂。叹寄与路遥，夜雪初积。翠尊易泣，红萼无言耿相忆。长记曾携手处，千树压、西湖寒碧。又片片、吹尽也，几时见得。

——【宋】姜夔《暗香·旧时月色》

不知道大家看出了名堂没有，这实际上是一段非常美丽的情感生活的回忆。话说那一年，青年才俊姜夔，去拜访苏州的朋友、著名田园诗人范成大，两人一见如故，互相欣赏。词和诗不太一样的地方在于，你除了要写出词句来，还要为它谱曲，这才高明。姜夔很有才华，写词又谱曲，与柳永一样，是词人，又是音乐家。谱了曲以后呢，就让范成大的歌伎去唱，一唱就满堂皆欢。当时一共写了两首词，题名《暗香》《疏影》，取自前面林逋的诗句。这里说《暗香》。

"旧时月色，算几番照我，梅边吹笛"，一落笔，把月亮扯进来，月亮和梅花搭配是什么情景呢？太阳底下看梅花感觉没那么美，月光下看，朦胧而又玲珑剔透，一种冰清玉洁的美。月、梅这两者扯在一起真有意思，再加上一个我，自然也想和它们配对，合并同类项，我也是属于月下梅花那一类的，在月下梅边做什么？吹笛子。这样一个出场，是个浪漫的情景。

那么月下梅边吹笛的浪漫情景就自然引出了一个浪漫事情："唤起玉人"，一个冰清玉洁的美人出现了，她不畏寒冷，跑出屋来，也在院子里摘梅花，后面省略掉了词人和这玉人儿的爱情故事，不用细说了，毕竟不是小说，点到为止。偏偏有较真的学者考证，姜夔年轻时家住安徽，与一个善弹琵琶的邻家妹子相恋，由于家境贫寒而游食四方，留下锥心刺骨的遗憾，一生不断追悔，如同陆游一般。反正，追忆似水恋情，总是动人。

而今，我老了，已经写不动那些华丽的诗句了，心已沧桑也，可能再也不会发生这么浪漫的情事，但是，奇怪的是，梅花偏偏不放过我，我在这里好好喝酒、聊天，梅花的暗香偏偏要穿过竹林，飘到我的酒杯里来，在这个情景之下，我是不是又该动心了？唉，梅花不肯饶过我，让我喝出了眼泪。"翠尊易泣"。

遥想当年的美景，当年的故事，都已遥远，如今我即使摘下梅花，又能寄给谁呢？无处可寄，只剩下一场回忆。只是记得当年我们携手在梅林中畅游的情景，但那个情景随着时间的推移，也好像风吹梅花一样飘落，已经不可重复，只能叹息一声"几时见得"。

这首歌词太动人了，范成大的歌伎唱得也很美，事情的结果是范成大动情之下把他一个最钟爱的歌伎赏给姜夔了，那个女孩叫小红，姜夔还特意写了一首诗来纪念这件事："自作新词韵最娇，小红低唱我吹箫。曲终过尽松陵路，回首烟波十四桥。"

喜欢菊花梅花这些高洁的物象，不是男性诗人的专利吧？既然李清照可以爱菊花，别的女性也可以爱梅花吧。清朝有个女作家，她就写了一首很有趣的小诗，送给她的丈夫。

> 爱君笔底有烟霞，自拔金钗付酒家。
> 修到人间才子妇，不辞清瘦似梅花。
> ——【清】林佩环《赠外》

林佩环对丈夫说：我喜欢你笔底下有烟霞，才气纵横，我愿意像唐朝的元稹、宋朝的苏东坡他们的妻子一样，把自己头上的金钗摘下来给你换酒喝。接着这两句话有点惊人，她说：我花了几辈子才修到这个田地，有幸做了才子的老婆，这是我几生修来的福分啊，所以我不怕让自己瘦得像一枝梅花。在这里，"瘦"有两重含义：一个是生活的清贫，我甘愿清贫；第二个就跟李清照的"人比黄花瘦"的"瘦"是一样，也是自我期许的高洁，我就像梅花一样，高洁清白，经得起风霜。

梅花的意象，比菊花要丰富一些，或许与外形上可爱一些有关。南宋有一个书生，跟着文天祥打天下，文天祥是宋朝最后一根铁脊梁，却没办法支撑起大宋的天空，因为连皇上都投降了，他还不肯降，君降臣不降，这样做大臣的自古以来没有第二个。谢枋得呢，就跟着文天祥抵抗元军，失败之后，他隐居在山中。

> 十年无梦得还家，独立青峰野水涯。
> 天地寂寥山雨歇，几生修得到梅花？
> ——【宋】谢枋得《武夷山中》

我现在是无家无国的一个人，却不是浪子，不是游子，也不是和尚道士，独居深山，连做梦都不敢回家，我到底成了怎样的一个人呢？我只是时代的一个弃子啊，只能是像古代的伯夷叔齐一样，商朝灭亡了以后隐居在山里面，不吃周粟，但是又没办法不得不吃，这种情节很尴尬，毕竟不能自杀。那么还得活着，怎么样活着才是正确的呢？如何让自己心情宁静呢？"几生修得到梅花"，我要用几辈子的生命，多少次的轮回，我才能修成一树梅花，不怕任何风刀霜剑的袭击，自带芬芳地活着。铁骨冰心，凌寒留香。

菊花与梅花，这两个意象，已经成为中国书生的灵魂隐喻。

鸟鸣的心愿

古人能听懂鸟语。传说孔夫子有个弟子公冶长，深通鸟语，孔子还让他成了自己的女婿。有一些流传甚广的鸟语，似乎成为民间的通识与常识。

比如，在游子的耳中，鹧鸪声声，是呼唤游子归来："行不得也哥哥"！杜鹃哀鸣，是警告前程艰险："不如归去！不如归去！"游子这个群体，长期漂泊在外，听不得鹧鸪和杜鹃之类的鸟鸣，它们都带着家乡的口音，反反复复说一句："不如归去！"他们都相信鸟儿的呼唤，只因为游子都有一颗易感的心。

他乡未若还家乐，绿树年年叫杜鹃。

——【元】倪瓒《怀旧》

元代画家倪瓒，他想家的时候，也说听见了所有绿树上，每年每年的春天，杜鹃鸟不断地啼唤：回家吧回家吧。这是人人都懂的一个典故。

满地芦花和我老，旧家燕子傍谁飞？
从今别却江南路，化作啼鹃带血归。

——文天祥《金陵驿》

文天祥被俘，路过金陵驿站，就要过长江北上了，从此后，故国山河，再也不能活着回来，那么，我的灵魂，将化作啼血的杜鹃，声嘶力竭地叫着喊着，喊出血来，飞回故国山河。

绿树听鹈鴂，更那堪、鹧鸪声住，杜鹃声切。……啼鸟还知如许恨，料不啼清泪长啼血。谁共我，醉明月。

——【宋】辛弃疾《贺新郎·绿树听鹈鴂》

辛弃疾的心愿，是文天祥的预演。鹧鸪、杜鹃，天地间的那些鸟儿，它们懂得世间的伤心人、伤心事吗？春天的鸟鸣，月光下的鸟鸣，它们一年年啼鸣着，却不知几时，已换了人间。人的伤心，毕竟不干鸟事啊，谁能与我共醉，喝酒吧，与月亮干杯。

那些花儿——菊花、梅花、荷花等等，都是古代文人灵魂的隐喻。伴着雨声或鸟鸣，盛开在古典的日子里，诗意盎然。有的时候，古典文化意象，就是古人灵魂的碎片，搅拌着月光，在漫漫暗夜里熠熠生辉。

第二十二讲 明月心

古人厌日爱月

中国是个农业国家，按理说，应该对太阳的感情多过对月亮的感情，万物生长靠太阳，没有太阳，地球上就没有生命，然而中国古人似乎对太阳一直不够恭敬。比如说嫦娥的老公后羿，他干了件什么事？射日。天上有十个太阳出来了，大地上一片干枯，民不聊生。英雄后羿横空出世，用弓箭射太阳，射下来九个太阳，留了一个，每个掉下来的太阳都变成一只乌鸦。竟然是乌鸦，不祥之鸟。为什么中国人对太阳持这样一种感情？没有太阳庄稼长不好，农民肯定知道的，但是太阳过烈了，不下雨，闹旱灾，庄稼更长不好，可能颗粒无收。农民最怕的两个东西，一个旱灾一个水灾。因为旱灾，后羿射日；洪水泛滥也产生了故事，女娲补天。

古人为什么会舍太阳而取月亮？关键在哪里？我想至少有两点：

其一，一天的劳作，非常辛苦，古诗说的："锄禾日当午，汗滴禾下土。"白天忙完了以后到了晚上呢？明月当空，一家团聚，喝几杯老酒，这种状态，是享受生活的状态，这个时候才觉得自己活得挺有意思，如果没日没夜"汗滴禾下土"，会让人绝望吧。如此，月亮实际上成了人们享受生活的一个信号。

其二，关于大地万物的书写，主要还不是农民来做的，而是那些文人墨客，他们在什么时候最容易产生诗意呢？当然是在晚上。夜深人静，心思浮动，月光落在窗前，李白就说思故乡了；月亮挂在天上，李商隐就在想嫦娥大概也很寂寞吧……诸如此类的意思都是诗人们附加的，而歌咏太阳的诗词一直比较少见。那么，各位要晓得，中国的天上挂着的，是一轮文化的月亮。

在中国文化里有一种对明月的深情，这种情感很美，很悠远。这里面有中华文化的密码在：母性文化、阴性文化。

月光下的深情

平常日子里想月亮，看月亮，就是一种美好。在特殊的时候，比如说战乱，自己跟家人离别了，在战乱中离散，这时候的月亮就成了一个信使，可以寄托我对故乡的思念，或者，送来故乡对我的牵挂。

> 今夜鄜州月，闺中只独看。
> 遥怜小儿女，未解忆长安。
> 香雾云鬟湿，清辉玉臂寒。
> 何时倚虚幌，双照泪痕干。
>
> ——【唐】杜甫《月夜》

杜甫一生，命运多舛，性情受到压抑，几乎不写儿女情长的诗篇。但那天晚上的月亮实在太耀眼了，逼迫杜甫写下了这首罕见的情诗。时值安史之乱，杜甫被叛军抓了，押解到长安，妻儿留在鄜州。深秋之夜，朗月当头，自己生死未卜，想念妻儿，写下这首诗。

杜甫用的是主观视角，深情视角。先是移情换位，自己想念妻儿，却说妻儿想念自己。妻子独自望月，而儿女幼小，未经人事，还不懂得思念与牵挂流落长安的父亲，这又是所谓借叶衬花的写法。然后，颈联的描写，情意款款，是杜甫罕见的关于夫妻情爱的多情诗句："香雾云鬟湿，清辉玉臂寒。"在杜甫的想象里，妻子在鄜州的夜里，一个人站在月光底下，想念自己，站的时间太长了，恐怕会着凉了，说的是这个状态。这么美的情景如果说"感冒"俗不俗啊，实际上就有这个意思，天气渐凉，月光泠洌，头发也湿了，胳膊也凉了，恐怕快感冒了。而从用词来看，露湿的"云鬟"，香气从涂有发膏的云鬟中散发出来，令人怜爱；裸露的洁白的手臂——"玉臂"，在深夜的月光底下，由于伫立良久，已经生出寒意，寒凉清冷，等着人去温暖。这个有情色意味，但杜甫老实，这样写已经是极限了。最后他又想到，哪一天，动乱平定，一家团聚了，我们并肩坐在薄帷帐下，让月光把你我的眼泪给抹干。

这样一首诗写得通俗易懂，但是寄托了一种深情，这种深情，完全是由月亮引起的，整个诗意的源起，完全是因为月光当头，诗人想念妻儿，落笔时反过来，想象着妻儿怎么想念自己，他们的连接物就是一轮明月，想象着妻子望月怀人的样子，又想到团聚以后，月光擦干两人的眼泪。这个月亮似乎是很能够玩魔术的玩意，在这里，至少是相思的解药。

月亮和爱情老是分不开，在唐人的传说中，掌管人间姻缘的婚姻之神名叫"月老"。大唐宰相张九龄也写情诗，一点也不奇怪。写情诗的宰相，你会觉得他猥琐吗？不会，人家坦荡荡地抒发自己的感情。

> 海上生明月，天涯共此时。
> 情人怨遥夜，竟夕起相思。
> 灭烛怜光满，披衣觉露滋。
> 不堪盈手赠，还寝梦佳期。
>
> ——【唐】张九龄《望月怀远》

首联已经成为常见的广告词了，这两句好在哪里？"海上生明月"，想象一下这个意境，一轮巨大的月亮在广阔的海面上冉冉升起，是一个巨人诞生的样子，月亮是个新生儿。生，比升更有意味，更有气势，更有蓬勃生机。这是只有生活在海边的诗人才能写出的诗句。张九龄是广东人，看过海上生明月，一个内陆的、山沟里生活的人只能说深山出明月，所以这气势大不一样。"海上生明月"，然后立刻想到"天涯共此时"，无论天涯海角大地四野的人，都和我一样，都是在同一个时刻，头顶上同一个明月。怎么想得那么远呢？大唐诗人普遍心胸辽阔，胸怀天下，动不动想到天涯，天涯若比邻之类，所谓大唐气象。

颔联，"情人"出场了。注意，唐人笔下的情人，跟现在不同，现在专指亲密的男女关系，古代的含义更丰富，泛指有情之人。不光男女之间，男人之间也可以叫作情人，却不是同性恋关系。"情人怨遥夜，竟夕起相思"，普天下多情的人儿啊埋怨这晚上太漫长了，为什么漫长呢？是因为相思太深远了，明月一出来，人心里那块温柔的地方就开始松动了，就想起心上人了。月亮容易引起人的柔情，这是月亮特殊之处，我们很难说看到太阳想起情人，太阳太耀眼了，只会照花了眼睛。看到月亮，因为月亮是温情的、温柔的东西，悄悄地用它的柔光，用它洁白的手指抚摸你的心，让你心里最温柔的角落被触动，让你想起你最惦记的人、心上人。从明月想到情人，再想到人间的相思，还像是一般的抒情。然后，是想到自己，于是有了一个奇怪的举动："灭烛怜光满，披衣觉露滋。"

这么好的月光，把蜡烛给熄掉，让房间里充盈的全是月光，世界安静了，一点烛光，就破坏掉了月光的圆满与柔和。灭烛是因为珍惜月光，然后，自己也坐不住了，月光太美了，披上衣服出来，站在庭院中，"望月怀远"，这一望一怀，时间就悄悄流逝，夜深了，寒冷了，感觉露水打湿衣衫了。可是，多美的月光啊，我多想捧着月光，送给心上人。想象瑰奇，可惜做不到，"不堪盈手赠"。

古人经常送一些稀奇古怪的东西，南方人想念北方的朋友了，就寄一枝梅花给他，把春天送给他，快马传递，驿站送花；还有山上的和尚隐士，想念城里的朋友，我没什么好送给你，我送一朵云给你吧，然后用盒子装着一朵云送给朋友，收件人打开一看，云雾缭绕，多美啊。因为有这些习俗，诗人才会多情地痴想：送一捧月光给对方。可惜没办法，我握不住月光，还是回去睡吧，希望我在梦里面跟你相会。

这首诗有情有景有故事有创意想象，诗意曲折悠远。写这首诗的可是一大把胡子的宰相，如此多情。因为写诗，古代的官员比较有文化、有情趣，有些诗人一生心肠柔软，在治理国家的时候，也会多一份人情人性。

辛苦最怜天上月，一昔如环，昔昔都成玦。若似月轮终皎洁，不辞冰雪为卿热。　　无那尘缘容易绝，燕子依然，软踏帘钩说。唱罢秋坟愁未歇，春丛认取双栖蝶。

——【清】纳兰性德《蝶恋花·辛苦最怜天上月》

纳兰性德，大"情圣"，清朝最有名的词人，词集叫《饮水词》。"如人饮水，冷暖自知。"父亲是宰相明珠，满族人。他生活很优越，荣华富贵享尽了，却因为妻子太早亡故，一生从此困顿不堪，写了很多悼亡词，自己也英年早逝。词人多情多才又短命，不少人喜欢他的词。还有人考证，《红楼梦》的男主角可能就是纳兰性德，他可能就是贾宝玉的原型，聊备一说。

这首词就是怀念妻子的。他说，天上的月亮太辛苦了，只有一个晚上像个圆环，其余每个晚上都成了"玦"，玦，玉玦，指有缺口的、不完整的玉。月亮圆缺，比喻爱情与婚姻的圆缺，我们相爱的时间太短，离别的时间太漫长。悲莫悲兮生别离，然后发生狂想："若似月轮终皎洁，不辞冰雪为卿热。"假如，天上的月亮能够始终团圆皎洁的话，老天能够照顾人的意愿的话，那么，我情愿用自己的滚烫的身体与灵魂，去融化那像冰雪一样的明月，与你永远合而为一。强烈的思念，以至于生出想让妻子起死回生的愿望，"不辞冰雪为卿热"，这是惊人之语。这么痴人说梦的话，也只有贾宝玉宝哥哥是这种说话风格。

可惜啊，无可奈何，人世间的缘分轻易就断绝了。偏偏燕子多情，依然还在我家的屋梁上叽叽喳喳，成双成对在那里对话。我怎么办，"唱罢秋坟愁未歇"，我只有在你的坟上像鬼一样吟诵诗篇。吟完以后我的愁绪并没有减少一点，却又听见别人在唱流行歌曲"两只蝴蝶"，唉唉，我在春天的花丛中眼睁睁辨认那双栖双宿的蝴蝶。这句话不是一般的写景，暗含一个典故，墓中一对情人死后化身为双飞蝶，那是谁的故事？梁山伯与祝英台。词的最后寄托了一个这样的愿景：双双化蝶。

当年的杜甫，想的是比较实在一点：我们团聚了以后，"双照泪痕干"；张九龄有点浪漫，想送一捧月光送不了，只好在梦中相会；纳兰性德呢，有点别具一格，想用身体来融化一轮凉月，做不到就想化身为蝶，这个想象就更进一步了。再来看看豪放派的苏轼，他心里的月亮是怎样的。

苍茫的追问

【丙辰中秋，欢饮达旦，大醉，作此篇，兼怀子由。】

明月几时有，把酒问青天。不知天上宫阙，今夕是何年。我欲乘风归去，又恐琼楼玉宇，高处不胜寒。起舞弄清影，何似在人间。　　转朱阁，低绮户，照无眠。不应有恨，何事长向别时圆。人有悲欢离合，月有阴晴圆缺，此事古难全。但愿人长久，千里共婵娟。

——【宋】苏轼《水调歌头·明月几时有》

词有词牌，有词题，也有词序。这里词牌叫"水调歌头"，没有词题，有个小序，很重要，交代了他写这首词的情境。

那一年的中秋节，喝了一晚上的酒，一直喝到天亮，太高兴了，大醉之时，灵感也来了，写下这首词，兼带怀念自己的弟弟子由。苏东坡自己坦白，他和陶渊明不一样，陶渊明的酒量比较好，他的酒量不太好，但他喜欢喝，尤其喜欢看别人喝，更喜欢的是看别人喝醉，所以他很容易"欢饮达旦，大醉"，喜欢热闹嘛，三两个朋友在一起喝，自己喝不了两杯就醉倒，别人也醉了，大家醉眼蒙眬，好在醉眼蒙眬中也能够写词作画。很多人都是这样玩的，比如张旭，用头发蘸着墨汁写字，成了中国最有名的草书典故。苏东坡喝醉了以后，写了一首词，这首词很奇怪，大家看清楚，字里行间充满了酒气。

"明月几时有，把酒问青天"，开篇的呼唤，显然是喝得差不多了，举着杯子，啊，月亮，我们一起干一杯吧，是这种感觉。然后想：这么美的月亮，人世间什么时候开始有这轮明月的呢？发出这样的一种很天真的疑问，这种疑问不是从他开始的，自古以来，很多人就有这种奇怪的提问，"明月几时有？"是人类遥望星空时偶然升起的邈远的追问。不知道天上、天宫里面，"今夕是何年"，这句话不是真的在问，不是具体地问现在是什么时代啊、是什么年份啊、今天是什么日子这么老实的问题，而是古人常有的感慨，常常是因为喜悦，感慨一声：哎呀，今天是什么日子啊？"今夕何夕？见此良人"之类的感慨。我们现在也会有类似的感慨,太高兴或者太痛苦了,说:哇,老天,今天是什么日子啊。"今夕是何年",不知道天上怎么样,太高兴了,这么一高兴的话呢,酒意就比较容易散发出来。一散发就想到举起酒杯,跟明月碰杯。

然后呢,幻觉来了,感到两腋之下习习生风,好像长出翅膀要飞往月宫的感觉,"我欲乘风归去",我要乘风到哪里去呢?到月宫里去,到仙境里去。注意,他不是说我"要"去,而是说我"归"去,那么在他潜意识里面,觉得自己本来就是一个"谪仙人",如同李白,是文曲星下凡,所以我要乘风归去。一个归字,好像他真的在天宫呆过似的,自诩甚高。突然间,冷风一吹,有点酒醒了,月亮那么高,又是白玉做的楼阁,我在那里面会不会太凉快了?农历中秋,地上天气已然寒凉,何况那么高的月宫,"又恐琼楼玉宇,高处不胜寒",所以呢,还是不去吧,就在地上跳舞。如果是李白,这时刻肯定不这样想,他才不会"恐"呢,他不会这么老实,他会让自己在天上和仙女跳舞。东坡是举着酒杯在月光下跳舞,这种跳舞是真的跳,不是跳街舞。古人饮酒时,喜欢且歌且舞,这是中国文人的习俗。曹植、李白、苏轼,都愿意"举杯邀明月,对影成三人",在这种醉意朦胧的状态下跳着舞,影子在那里晃动,月亮也跟着他旋转。就这么一跳一转,身体飘忽,神志恍惚,觉得自己不像在人间,转身已经在月宫里了:"起舞弄清影,何似在人间。"

跳一跳,酒意就散发了,散发了以后就有点清醒了,抬头变低头,看着月光抚遍人间万千的屋顶,照进千万个人家,照着那些不眠的人。在这样的一个美好的日子里,为什么有人不眠呢?显然跟前面张九龄、杜甫各种各样的情怀都有关系。人是有各种原因在团圆的中秋节的时候不眠的,所以苏东坡开始劝解世界上的人:先是问月亮,月亮这东西应该没有什么灵魂的吧,它应该没有什么遗憾的吧,它为什么老是在人间离别的时候却在天上团团圆圆的呢?忽然想到,他最亲密的弟弟苏辙不在身边,他们哥俩感情非常之好,所以怪月亮,你没灵魂的东西为什么偏偏专找人分别的时候团圆,然后就劝告世人,"人有悲欢离合,月有阴晴圆缺",这东西啊自古以来就是这样,没办法,说到这里的时候就有哲理了，开始说理了，说明苏东坡的酒醒得差不多了。"但愿人长久，千里共婵娟"，人长久是什么意思？是情义长久呢？是财富长久呢？还是寿命长久？我觉得是寿命长久，只要一个人活得够长，长寿，那么总有相见的那一天的，我们虽然相隔千里，但是我们共有一轮明月，一点都不用怕，好好活着，不要伤心，喝完酒，睡一觉，第二天醒来又是一个大活人。东坡总是通情达理的，他最后想到的是安慰天下离人游子，浪漫情怀变成了现实关怀。

这首词，我觉得通篇酒气淋漓，的确是一个人喝醉酒以后写的。东坡是大喊大叫也能多情的，看他认认真真问天又问月，多情又可爱。然而这不是屈原的天问，也不是李白的仙问，东坡问的最终是现世安稳。在词中，苏东坡常常是个浪漫主义者；在诗与文中，他更多是一个现实主义者。豪迈的东坡，是因为认清了人世的真相，依旧非常热爱生活的人。他偶尔想过升天成仙，却始终留在人世间欢欣鼓舞。

中国写明月最好的一首诗是张若虚的《春江花月夜》，很奇怪，这个张若虚一辈子就写了两首诗，后人只见过他两首诗，但是就这么一首诗，就被闻一多先生评价为"诗中的诗，顶峰上的顶峰""在初唐的时候他展现一种博大的宇宙意识"，等等，评价非常之高。《春江花月夜》本来是江南一带的民歌，后来皇室把它收编进乐府，作为固定的曲子，可以根据它的曲子来填词。大家要知道唐朝的很多诗是可以唱的，古代的诗词曲啊，许多都是流行歌曲的歌词。张若虚是扬州人，写这个乐府旧题顺理成章，写出新意却是令人意外。

这首诗很长，结构却很清晰。前面：极度渲染风物，依次抒写"春""江""花""月""夜"。中间：忽然对月亮有了千古浩叹。后面：一个爱情故事。

先说一个常识：天地万物各具物象——寄托了人的情感的物象叫做意象——一组意象构成一个意境，意境包括作者情绪、故事背景、情节暗示等元素。春江花月夜构成了什么意境呢？我们来对比另一个意境：月黑风高夜——你联想到的，说书人习惯接的下句是：杀人放火天。那么，春江花月夜——自然是：谈情说爱天。理解了意象和意境，就牵住了牛鼻子，你可以顺手牵出一头牛来——提纲挈领地总体把握一首诗的内涵。

预留一个问题：猜一猜，写这首诗的张若虚，年龄多大？

"春江潮水连海平"，春天的江水连海平，春天涨潮了，视野辽阔，"海上明月共潮生"，这句话有气势，不知道跟张九龄的"海上生明月"谁抄谁的。这里加上了潮水，著名的浙江潮，潮生明月，气势磅礴，同样的巨人分娩，还带着"哭声"。江水流转千万里，"何处春江无月明"，千条江水千月明，每一条江里面都有一轮明月，这情景多美好啊。"江流宛转绕芳甸，月照花林皆似霰"，江水绕着树林、花林旋转，月光照在花上像梦一样，朦胧美。"空里流霜不觉飞，汀上白沙看不见"，整个春天是美好的，江水是柔和的，花是娇艳的，月亮把这些全部笼罩起来了，构成一幅朦胧的春艳图，天地间，一片温情脉脉。这是泼墨渲染，布置意境，接着写月亮，是工笔重彩：

江天一色无纤尘，皎皎空中孤月轮。
江畔何人初见月？江月何年初照人？
人生代代无穷已，江月年年只相似。
不知江月待何人，但见长江送流水。

——【唐】张若虚《春江花月夜》

这几句问月，非常漂亮大气，又非常天真动人，它直白地道出了人心中的渴望，这种疑问多有意思：是什么人在江边第一次看见月亮？而这江上的月亮又是哪一年开始第一次照在人身上？人生啊一代又一代没有穷尽，但是个人的生命却有限，江上的月亮年复一年都是相似的，月亮千古依旧，而人生只在恍惚悠忽之间。不知江月照亮过哪些人，这大地上哪些人被月光照耀过、抚摸过、爱抚过，我今天只看见长江送走了流水，送走了时间、青春、梦想。这样一种非常遥远的追问，天籁之问，追问洪荒时代、猿人时代的往事，一切的源起是怎样的？其中包含着沧桑之叹，天地玄黄，宇宙洪荒，而人类代谢，每个人的人生短暂，月亮的渡船，带来了什么，又带走了什么？

今夜，春在，江在，花在，月在，我也在啊。月在，我在，宇宙在，一切安好无恙。

我与月亮对视良久，然后低头沉思，月光美好，生命短暂，要赶紧活，人生该发生点什么才好？"不知江月待何人"，今夜的月亮，也在眷顾我吧？爱吧，赶紧恋爱吧。在月光底下，我要结结实实地活，我要明明白白地爱。一个少年的生命就这样被唤醒了。人生会有一些重要的时刻，你对生命有了新的感悟与冲动，尤其是青春期的人，这样的时刻非常宝贵，是所谓锻造人格的时刻，张若虚就抓住了这样的一个惊心动魄的时刻。

于是，诗人的思绪从天上落到地上，津津有味地讲了一个落俗套的爱情故事。我的猜想是，张若虚同学当时肯定很年轻，正值青春期，少年春心易感易发，所以呢，他能发出那么天真的追问，在如此美好的春江花月夜，不想点动情的事情似乎不搭调，于是自然就想到了一个爱情故事，即便是落俗套的爱情故事，也是令年轻人心向往之的。不过重要的是，他没有虚构一场自己的爱情故事，而是设想，在这样的月光底下，天下男女都会有的对爱的欲求和思念。思妇念游子，游子迷月光，两者构成奇妙的呼应，思妇游子，各自的眼里心里，全是一片月光融融，人与人的故事，人与宇宙的故事，在一个浩瀚的背景下，在一轮江月之间缓缓打开。人生天地间，爱在人间世。

张若虚的月亮是否有点特别？对宇宙充满好奇，对人间充满深情，对美丽的事物充满迷恋，这就是青春啊，其实，这就是大唐诗人青春期的月亮，青春中国的月亮。也可以是你的青春期的月亮。

这都是月亮惹的祸，月亮的魅力引发的玄想，中国的月亮似乎特别多情，月光总是轻轻巧巧就能拨动人的心弦。有机会，你也为月亮写点东西吧。再俗套的爱情毕竟是爱情啊，在明晃晃的月光底下，人世间能够发生的最美好的故事，大约也就是诗歌与爱情吧？

第二十三讲　解忧酒·清心茶

酒鬼：酒里乾坤大，壶中日月长

酒与茶，不是人类生存的必需品，却是让人类生活得有滋有味的调味品、增味剂。自从走过了茹毛饮血的时代，人类的生活消费品日益丰富，不再是果腹的问题，而是吃得好、吃得有意思、吃得有文化的问题。

须知，人的胃直通心灵。酒是点燃激情，让心热起来；茶是消除浮躁，让心静下来。两种相反的饮料，丰富了人类的胃口，调剂了人间的生活。

世人对嗜好饮酒与饮茶的人，分别叫作酒鬼与茶客。似乎饮酒容易俗，喝茶忽然就雅。这自然是有意思的偏见。

酒的发明，显然不是那个名叫杜康的人灵光一闪就造出来的，他应该只是一个有名的酿酒师傅。最初，应该是原始人无意中获得了发酵的果蔬稻麦，入口滋味异常，饮用后感觉迷幻，似乎可以通天通神，于是渐渐有人认真试验，酒水的品种才全球开花。

有一个常识不得不知。中国的白酒是在元朝才有的，因为蒸馏技术的使用，酒精提纯，才有了高度酒。所以李白斗酒诗百篇，李白喝的那个酒不过是米酒果酒葡萄酒之类低度酒，这句诗的重点不在于说他酒量好，而是说他酒后灵感来得快。还有那个竹林七贤之一的著名的酒鬼刘伶，嗜酒如命，走到哪喝到哪，让人扛着锄头跟在他后面，说什么：死便埋我。这也不过是行为艺术，表演成分多于现实成分，天天这样玩就成了酒疯子了。景阳冈下，武松喝的那个三碗不过冈，只是酒家的广告，小说作者施耐庵生活在元末明初，他喝过高度白酒，知道烈酒的厉害。活在宋朝的武松却没机会喝到高度酒，所以三碗不过岗这么厉害的酒，只是出于作者的想象夸张，从后世虚构前朝，这是小说家的特权。

酒是液体的兴奋剂，轻易就让人放松，然后兴奋，继而一醉陶然，让你从现实漂移，进入迷幻境界，由于这魔鬼般的致幻作用，世人乐此不疲，自古以来，倾情广告。武人曹操说："何以解忧？唯有杜康。"诗人陶渊明好酒，梁朝昭明太子在《陶渊明集序》中说出一个发现：陶诗"篇篇有酒"。白居易深有同感："篇篇劝我饮，此外无所云。"豪侠王翰甚至说什么"醉卧沙场君莫笑"。文人李白说："人生得意须尽欢，莫使金樽空对月。"最后发现："举杯浇愁愁更愁。"人们为之颠之倒之，忧之乐之，最后不约而同地叹一声：酒里乾坤大，壶中日月长。

于是有了许多关于酒的传说。北魏杨衒之的《洛阳伽蓝记》，写到洛阳城里有两个里坊，以酿酒闻名，其中最有名的一个酿酒师傅叫刘白堕，他酿的酒销量最好，那些黑道中人，特别爱喝，一喝就醉，一醉就是几十天，结果，被官府擒拿，然后有了流行广告，他们相互转告："不畏张弓拔刀，唯畏白堕春醪。"喝了刘白堕的酒，会误大事。

东晋小说家干宝，编撰了一部志怪玄幻小说集《搜神记》，其中说到一种酒，小饮一杯可以沉醉三年，叫"千日酒"。今天科技发达，如果想长寿，据说人可以冷冻起来，到了你喜欢的时代，再苏醒过来。这个多麻烦。不如拿这千日酒多喝两杯，又快活又便捷，你可以据此写一篇科幻小说。

清代大诗人袁枚，喜欢鬼故事。《论语》说：子不语怪力乱神。袁枚却特意撰写了一部志怪小说集，名字干脆就叫《子不语》，专收孔子不说的那些东西。其中《鬼差贪酒》一篇，非常有趣。

话说杭州有个袁生，是大龄未婚中年，跟邻居家的女子私相爱慕，因为穷，好事不成，女孩郁闷而终。时值月夜，袁生饮酒浇愁。朦胧之中，看见墙角有一个蓬头垢发的人，手中拿一根绳子，可能牵着什么，一直看着他，一脸讨好的笑。袁生以为是谁家的仆人，招呼人家喝一杯。有点奇怪的是，那人只用鼻子嗅闻，却不用嘴喝，红着脸，张着嘴。袁生看着不爽，直接拿起酒壶，将酒倒进他的嘴里。那人很快有了反应，脸在缩小，身体在缩小，一壶酒倒完了，那人缩成一个婴儿的样子，痴呆不动。袁生发现，他手里牵的，正是邻家女孩。于是，袁生将蓬首人封存在酒坛里，便与邻家女孩过上了夫妻生活。那女孩儿，晚上有身体，白天只有声音。就这么秘密过了一年。后来，邻村有女子新死，该女子借尸还魂。

古人相信人死魂在，人死，有黑白无常等鬼差来拘人魂魄。假如这个鬼差生前好酒，是个酒人，死后就是个酒鬼。因为好酒，可能演出多少人间悲喜剧。在这个故事里，酒鬼的形象非常逼真，甚至有点可爱，酒鬼，原本不是骂人的话啊。

酒落到民间，不是故事，是习俗，中国最美丽的酒风俗，发生在绍兴。绍兴黄酒天下第一，自古以来，有个诗意满满的习俗：绍兴人家在生下儿女之时，要酿酒，然后埋藏在地下，给女儿酿的叫"女儿红"，给儿子酿的叫"状元红"。待女儿出嫁或儿子中榜时才可掘出饮用，请客庆贺。这样的酒自然是上好的美酒，这样深情的祝福或许是天下父母共有的，这样长久期待的仪式却是人间罕见的。女儿红，那是对小女儿的无限爱怜和对未来幸福的深长祈祷；状元红，那是输送给男儿的一腔热血，是酿造一个书生的锦绣前程。这真是最美好的民间颜色，最正宗的中国滋味。我祈祷绍兴人家，保留这个动人风俗，不要让酒家的假酒，稀释了中国的人情人性。

诗酒风流

绿蚁新醅酒，红泥小火炉。
晚来天欲雪，能饮一杯无？

——【唐】白居易《问刘十九》

这是一封诗信，一张用诗句写成的便条。我们从收信人的角度来欣赏。庐山隐士刘轲，排行十九，这一年冬天的一个日子，天色晦暗，心情压抑，推门出去，漫山寒气逼人，眼看着老天又要下雪了。正在无可奈何之际，忽然来了一位猎人或者樵夫，他捎来了山下的江州城里的司马官白居易的来信。展信一读,鲜明的颜色跳跃而出:绿蚁,泛绿的米糟浮动在新酿出的酒面上,清香诱人;红泥小火炉,炉色火色,一色温暖,正在温酒,热酒,已然闻到新酒的清香。顿时心田一暖。"晚来天欲雪,能饮一杯无?"还用问吗?刘十九就这样一路上口水津津奔下山,与老友喝酒去也。

喝酒这么一件俗事,在什么情况下喝,以什么方式喝,有雅俗之分。像这回,酒还未喝,饮酒的请柬就先来了,而诗意友情也扑面而来。饮酒,跟谁喝,比喝什么重要。

> 君不见,黄河之水天上来,奔流到海不复回。
> 君不见,高堂明镜悲白发,朝如青丝暮成雪。
> 人生得意须尽欢,莫使金樽空对月。
> 天生我材必有用,千金散尽还复来。
> 烹羊宰牛且为乐,会须一饮三百杯。
> 岑夫子,丹丘生,将进酒,君莫停。
> 与君歌一曲,请君为我倾耳听。
> 钟鼎玉帛岂足贵,但愿长醉不复醒。
> 古来圣贤皆寂寞,惟有饮者留其名。
> 陈王昔时宴平乐,斗酒十千恣欢谑。
> 主人何为言少钱,径须沽取对君酌。
> 五花马,千金裘,
> 呼儿将出换美酒,与尔同销万古愁。
>
> ——【唐】李白《将进酒》

那一日,粉丝岑勋,从河南追到长安,终于找到了谪仙人李白的行迹,告诉他消息的是道士元丹丘,李白的老友。三人相约长安的酒肆,李白见粉丝,不会去花园,酒肆才对路。

大约喝了不少了,宾主尽欢。而李白尤其高兴。或许是,"云想衣裳花想容"的诗句博得了皇帝和贵妃的欢喜;或许是,粉丝的崇拜增添了酒兴,而老道人玄机缥缈的话又正好解酒。总之,李白忽生感慨,在席间舞蹈起来，时不时停下来，举起酒杯，频频劝酒。一边喝，一边即兴高歌：

将（qiāng）进酒，将，请。将进酒，请喝酒。干一杯的意思。本是汉代乐府古题，是"劝酒歌"。现存《敦煌诗集残卷》中，有三个手抄本此诗均题作"惜罇空"，可见从大汉到盛唐，中间五百年，世人已经很少听到这个古调，传抄者才会根据内容题作"惜罇空"——酒杯莫空，加油干的意思。君不见：是乐府诗开篇常用起句词，作提醒人语。《敦煌歌辞总编》中有《行路难》组诗，是道场劝善的歌曲，开头就是：君不见。呼唤听者，注意了。

一张嘴，杯中酒就化作黄河浪，从遥远的天际汹涌澎湃而来，又呼啸狂奔而去。整个酒席，酒席中的所有人，立即被带入滔滔不尽的时间的洪流。酒人们酒气翻腾，热血潮涌，人生易老天难老。唯一的解药就是：人生得意须尽欢；而尽欢最好的方式就是：莫使金樽空对月。杯中酒不空，不能让空杯盛满月光，留不住的青丝与青春，只能用美酒与快乐去填满。各位，撸起袖子加油干。遥想先贤，珍重当下，一曲高歌之余，忽然想到了酒钱的问题，满不在乎地一挥手：千金散尽还复来。金钱是拿来用的，不是拿来存银行的。况且，我辈岂是蓬蒿人，我可以假装自己不是谪仙人，即便是寻常男儿，也当纵横人间，做一个有用之才。不是老庄所谓无用之用，而是孟子所谓天降大任于斯人之材，总之，天生我材必有用。钱花光了还会来，人生不应受物役，要驱使金钱而不被金钱所驱使，要把钱踩在脚下（据说作家贾平凹习惯藏钱在鞋底），骑在金钱的脖子上（仿拜伦），扼住金钱的咽喉（仿贝多芬），放开喝吧，哥们。会须一饮三百杯。

兄弟们一边喝酒，一边听我唱一首祝酒歌：人世的财富算什么东西，富贵于我如浮云。自古以来的圣贤，生前苦难，死后寂寞，有史以来被人津津乐道的，反而是那些酒人饮者。所以啊，名和利，都是些什么玩意？我只愿沉醉酒乡不愿清醒。

什么，主人还在担心喝太多钱不够？没关系，做东的岑兄弟，不用慌，尽管喝。实在没钱了，酒店门外，拴着皇上赐予我的五花马，我身上穿的裘皮袍子也价值千金，让店小二拿去换钱，去换来美酒，今天，我要与兄弟们一醉方休，将那折磨世人的万古愁绪一笔勾销，嗯，一杯勾销。

这一回，李白应该是喝好了，不知道那两位是否尽兴。想来，做道士的元丹丘，应该念念不忘养生之道，有所节制吧？而热情做东的粉丝岑勋，脸上一定是一会儿红一会儿白，喝也不是不喝也不是，一会抬头看李白一会低头摸钱袋，估计也没喝好吧。不过他应该做了一件大善事：背囊里摸不出钱来，却可以摸出笔墨来，当场笔录下李白的即兴吟唱。否则，这首千古名篇又将与李白的众多即兴之作一样，消失在苍茫的时空之中。无论怎样，当时在场的人，一定会被这慷慨悲凉而又幽默滑稽的浩歌所打动，从而唤醒各自尽才使气活一回的豪情。这是所谓大唐气度、唐代人格。

中国是个国民性格温润敦厚的国家，可这样一个国家竟然发明出了最烈性的白酒。大概是因为古人日日风度翩翩儒雅温厚，却也需要一个释放的机会。所以酒，让国人豪迈，让国人狂放。至此，关于酒与酒人与酒文化，岂一个酒鬼了得？

茶客：可以清心也

我见过一个茶杯，环绕杯身题了一行字：可以清心也。把玩再三，发现这是一个回环句，从任何一个字起读，都是一句完整的话。妙哉。

当今世界的软饮料，中国人发明的茶、阿拉伯人发明的咖啡、美国人发明的可口可乐，三分天下。其中只有茶，不仅有益，而且有礼、有艺、有道。似乎什么东西到中国人手里，都会玩成艺术、雅文化。

古代茶很难得。唐代以前尚未普及民间，直到清朝，喝茶还主要是贵族之事，京城接待官员，只有七品以上的县令，才可以用茶招待。家家喝茶，是现代才有的事情，曾经王谢堂上茶，香在寻常百姓家。最早的茶几乎就是一种汤料，煮熟了喝汤吃茶，跟茶一同煮的有芝麻、食盐、瓜仁、桃仁等等，现在客家、土家族的擂茶，白族三道茶等，保留了古风。到了唐代陆羽开始，提出煮茶不加佐料，喝"真茶"，风俗变化，唐人开始喝到了茶的真味。最早的茶压制成饼，现在大部分是散茶。现在的普洱茶、黑茶的形制有茶饼茶砖茶沱，保留了古风。

饮茶成为雅文化的原因：唐代民间开始饮茶，风气是从寺庙发起的，僧人以此醒神，埋伏下茶禅一脉的种子。宋人喜欢玩花样，发明了"斗茶"（分茶、茶百戏）的游戏，品茶与下围棋、写草书一样成了一门流行艺术，一种诗意的行为。于是，围绕茶的各种东西开始讲究起来：茶饼、茶叶、茶具、用水、炭火、火候、烹制手法、游戏标准，以及品茶的环境、程序、礼节等等，越玩越讲究，传到日本，就演化为茶道。

清代下聘礼的时候，要用茶，取义是茶子一旦种下，就不能迁移。用意跟用大雁一样，都是讲信用。

食物的发明与发现，总有一些偶然性，每一种名茶的发现，几乎都有一个传奇故事。江南吴越，一直是茶叶胜地，著名的绿茶碧螺春，原名"吓杀人香"——吓死人的香。这是乡野口语。一种原本普通的野茶，被采茶人的体温闷出了奇香，从此发明了一种特别的采茶方法，又因为这种采茶法而诞生了一种名茶。

自从喝茶成了一门学问，附庸风雅的笑话随之而来。陆羽评定了天下好茶好水的排名榜，惠山泉排名第二。二胡名曲《二泉映月》那个二泉，不是两个泉，就是指天下排名第二的泉——惠山泉，在江苏无锡的惠山。宋徽宗时期，这个泉水还成为宫廷贡品。于是天下雅士趋之若鹜，千里迢迢去取泉水。故事中这个挑水的仆役是俗人，不堪其劳，途中把水倒了，回到家附近的河里，随便装了一担水。主人兴高采烈请客品鉴二泉煮茶，宾主一概觉得味道不一般，特别好。后来，仆人吵架，说出实情，喝过那水的人，无不愧叹。不过，我们可以得到一个启示：人的心理期待可以改变物质的特性。这就是心理暗示的作用，语言美化生活的作用。

"从来佳茗似佳人"，苏东坡认为好茶如美人，明代的张大复进一步推想，茶的确像佳人，有贞淫二种特性。茶能去除一切油腻烦躁，是贞；茶又好变，挨着什么就随之变味，是淫。品茶的艺术，既要懂得贞的实际功用，也要懂得欣赏淫的诸般变化：茶所呈现的千姿百态的色、香、味、形。喝茶只为解渴，是"牛饮"；只为养身，是"喝药"。凡是只追求茶的实际功用的，却是破坏了茶的神韵。要做一个善"淫"者，才能品味到大淫中包含的大贞。以此类推，看山看水、读书参禅、欣赏佳人，莫不如此。拥抱事物的丰富性，而通达不拘。

  梦破打门声，有客袖携团月。唤起玉川高兴，煮松檐晴雪。 蓬莱千古一清风，人境两超绝。觉我胸中黄卷，被春云香彻。

——【金】元德明《好事近·梦破打门声》

  古人有了一饼好茶，就有充分的理由去拜访老友，与人分享。即便是冬天，即便是冬天的夜晚，也敢于随意去敲门，敲破主人的美梦，因为以茶会友比做梦更美。煮茶的方式有很多，原本井水溪水也是不错的，如果恰好下雪了，松针上的带着松树芬芳的雪，扫下来煮茶，岂不更妙？明清时期，风雅生活的人家，都喜欢玩这个。面对着好茶好水好人儿，顿时平地登仙，不像在人间。一碗清茶下喉，感觉我腹中的诗文，都被茶水清洗了一遍，像被春天的香云熏染了一样，神清气爽，文质彬彬，才气纵横，天下太平。

  血性之人饮酒，风雅之士喝茶。不会玩的，埋怨什么"闲茶闷酒无聊烟"——一点雅事变作牛饮水、催眠药，兼带把自己熏成腊肉。各位同学，从小喝可乐，长大点又喝星巴克咖啡，什么时候，主动跟你的父母，分享一下茶吧，不要司空见惯浑然不觉，这可是纯正的中国味道。

第二十四讲　别样文字　游戏精神

正经文字之外,还有一些另类的文字,非常特别、有趣,今天我们来认识几种。

诗意禅

中国有一群特殊的和尚,他们躲在深山老林里面,悄悄地写诗。天下名山僧占多,不知道这些和尚是找了个偏僻的地方修行,还是专门找个安静的地方写诗,这些人,统称诗僧。中国诗僧之多,自唐朝以来,蔚为大观。诗言志,和尚也不例外,只是,和尚心中的"志"——他们的渴望与追求,却与凡人不同。

> 落雪临风不厌看,更多还恐蔽林峦。
> 愁人正在书窗下,一片飞来一片寒。
>
> ——【唐】清江《小雪》

冬天下雪了,唐僧清江有点担心:"愁人正在书窗下,一片飞来一片寒。"这和尚愁什么呢?前面说了:"落雪临风不厌看,更多还恐蔽林峦。"担心雪大了,遮蔽了森林。原来,他将自己的身体设想为一座森林,感应着雪花的飘落,担待着人间的寒冷,隐含着对人世的慈悲。须知,出家人不是弃世人。小乘佛教的修行,为的是自求解脱,做自了汉,而大乘佛教在中国是主流,自度之外,更要紧的是普度众生。中国的和尚都有慈悲心。

> 手把青秧插满田,低头便见水中天。

六根清净方为道，退步原来是向前。

——【五代】布袋和尚《插秧诗》

在许多寺庙的大殿里，端坐着一个大肚子和尚，是大肚弥勒佛的塑像，其化身之一，就是五代时期的布袋和尚。你看他深入民间，走到田间地头，去点化农民，用的是通俗易懂的白话诗，农民听得懂这样的诗，其中的哲理，来自生活，高于生活，让人听了，推动生活。"低头见天"，"退步向前"，谦恭，礼让，不争，退一步海阔天空，别有洞天，这是佛法，也是儒礼，更是道理，儒释道三家合一，最终是为了民生。

佛教传到中国，在唐朝诞生了独具中国特色的禅宗，僧人的修行方式出现了巨变：由之前的读经渐悟转变为禅定顿悟，不依文字，专注内心。大唐和尚甚至提出了"我心即佛"这样惊世骇俗的观点，肯定人性即佛性，一点也不亚于远古时期孟子所谓"人皆可以为尧舜"的观点，肯定凡人即圣贤，这些都是中国文化史上最大胆的革命观念。

天天专注内心的冥想、入静、禅定等等，很容易让人进入多维空间、产生狂想吧？这一位宋朝和尚士珪，就可能抵达了多维时空：

举手攀南斗，回身倚北辰，
出头天外看，谁是我般人。

——【宋】士珪《举手》

独自穿梭在星辰之间，随随便便在太空漫步，这是一位宋朝的宇航员，他看见了天外之天，当然有资格说：世间的芸芸众生，我跟你们不一样。这叫作降维打击，不，降维蔑视。

而这一位唐朝的尼姑，她在花花草草中感觉到禅机：

尽日寻春不见春，芒鞋踏遍陇头云。
归来笑捻梅花嗅，春在枝头已十分。

——【唐】佚名女尼《悟道诗》

这个"春"，是借自然之春，隐喻禅机。天天打坐问禅，天天思绪如野马狂奔去寻找禅，找来找去，最终发现，禅在心里，如同春天就在自家院子里，在梅树枝头，已经自在开放。这是形象表达"顿悟"的一刻，美好天然。

和尚的工作有点奇怪，你以为他整天无所事事？和尚其实很忙很苦，要念经，要做法事，早晚日课，过午不食。唐朝的农禅，僧人们不接受供养，一日不做，一日不食。那是一群修道的农民，却比一般的农民更认真对待生命。僧人最辛苦的，是求得生命的真相，证得佛法，修成正果。这不是通俗电影里，那些落难之人藏身寺庙，口口声声所谓四大皆空的假模假样可比的。修行最重要的是放下，放下红尘牵惹，一丝不挂，而"闲"，就是放下的样子。

> 万松岭上一间屋，老僧半间云半间。
> 三更云去作行雨，回头方羡老僧闲。
> ——【宋】显万《庵中自题》

宋僧显万，有才，写了一首好诗；有闲，才写得出这样的好诗。

老和尚我呀，栖身山峰之巅、茅屋之内，高山上的流云，是我的同居者，你看云在天上飘，以为它闲散无事，谁知道它也有公务，雷公雨师会驱赶它去上夜班，半夜三更去人间行云作雨，临出门时，云长叹一声：世人都说什么闲云野鹤，真是极大的误解，我哪里比得这头陀，他才是真的闲。真的闲，也不是无事，而是心闲，人生进入宁静的境界，心无挂碍，得大自在。话说，写下这么一首诗，《庵中自题》，题在小庙的墙上，算不算闲得无聊、闲来多事？不算，前面说过，闲，不是无所事事。

> 霜陨芦花泪湿衣，白头无复倚柴扉。
> 去年五月黄梅雨，曾典袈裟籴米归。
> ——【元】允恭《思母》

一个人住在庙里，就脱离了红尘？一个人皈依了佛门，就忽然间"四大皆空"，看透了一切？这个不过是痴人说梦。信佛者的一生都是在漫长地修炼自我，以期见证佛性。在此之前，佛门中人与常人无异，只是多了一个信仰。

这一日清早起来，只见霜花满地，芦花雪白，和尚允恭的心里，自然浮现出老娘的满头白发，她倚靠在柴门外，等着我典当了袈裟，换成一袋米背回家，那是去年五月的梅雨季节，也是青黄不接的时节。现如今，老娘不在了，她不再倚靠着柴门等我回家送粮了，满头白发的老娘，我再也看不见了，现在我满心满眼的，是雪白的芦花，冰冷的霜花，滚烫的血化作滚烫的泪。

  乌舍凌波肌似雪，亲持红叶索题诗。
  还卿一钵无情泪，恨不相逢未剃时。

  春雨楼头尺八箫，何时归看浙江潮。
  芒鞋破钵无人识，踏过樱花第几桥。
       ——【清】苏曼殊《本事诗十首》选二

和尚们如何处理爱情，是世人感兴趣的话题。这是一种偷窥的欲望，也是无可指摘的，因为其中的情节不同凡俗。爱情是人性最激烈的爆发，而出家人必须断绝情缘，这是释迦牟尼开的头，当他还是净饭国王子的时候，为了解脱，离家求道，于是，出家人必须割断俗缘，是一般的要求。也有例外，日本和尚可以娶妻生子。

苏曼殊，清末民初著名的诗僧、画僧、情僧，祖籍广东，生于日本，父亲是广东茶商，母亲是日本人，苏曼殊是中日混血儿，十二岁出家，十五岁去日本读书。少年时人性尚未唤醒，就落发为僧。青年时情欲萌动，结识弹筝女子百助眉史，两人一见如故，却无缘结合，这是怎样的煎熬和考验？苏曼殊写下《本事诗》十首消化这段恋情。

这是其中两首，分别有个典故。前一首明引化用唐诗。唐代张籍的《节妇吟》有句："还君明珠双泪垂，恨不相逢未嫁时。"那个女孩遗憾未嫁时，这个头陀遗憾未剃时，都是面对生机活泼的爱情，成了一个迟到者。面对命运的作弄，徒唤奈何。

后一首暗引宋人姜夔的《过垂虹》："自作新词韵最娇，小红低唱我吹箫。曲终过尽松陵路，回首烟波十四桥。"两相比较，苏曼殊知道自己没有姜夔那样的艳福，只是独自一人寂寞吹箫，孤独过桥，无人识，无人疼，无人怜。一首七绝，两个问句，虚虚实实，小心推敲。一个僧人的诗句多少有点不同凡俗的玄机，这里也不例外，"浙江潮"可以是实指浙江潮水，也暗喻时局变幻的故国，更进一步暗喻禅境。那么，后面一问的意图就是：踏过樱花第几桥——我修行到什么状态了？尺八，一种竹制乐器，近似箫，音色更为苍茫混沌。

一个认真活过的生命总是令人肃然起敬。苏曼殊是这样，许多怀着信仰修行的诗僧也是这样。

段子手的犀利与幽默

讽刺文字，源远流长，《史记》中专门列出一类：滑稽列传。有些话，不好直说，那么拐个弯说，曲径通幽。或者，指桑骂槐。曲言，常常比直言的效果更好，更显出作者的智慧。有人说钱钟书的《围城》就是一部智者小说，议论风生，明快犀利。天下聪明的脑袋不少，从古至今，从来不缺段子手，他们的讽刺、幽默乃至滑稽文字，带给人用针刺破气球的快感。

话说，天下好山好水，什么人才配得上享用？古人云，清风明月不用一钱买，唯有闲者得之。又有人说，天下名山僧占多，唯有隐者得之。

南朝梁代的文人孔稚珪看不惯了，都城建康（南京）北边的钟山上，住了许多所谓的隐士，大都是沽名钓誉之辈，让人心烦，令山水蒙羞，于是，一腔愤慨，化作一口雅谑，写下一篇《北山移文》，替钟山发出逐客令，驱逐假模假样的隐士。骈体文字，对仗工整，引经据典，文采斐然，用极致文雅的词句，表现刺人骨髓的讽刺，看他骂人：诱我松桂，欺我云壑……使我高霞孤映，明月独举，青松落阴，白云谁侣？涧户摧绝无与归，石径荒凉徒延伫……全是替山水代言，而不是亲自披挂上阵。假隐士，骗骗朝廷也就罢了，可是山林无辜，无端蒙受耻辱，天地间还剩什么干净的地方呢？

关于旅游这回事，明代的王思任有自己的看法，他给友人写信，这样说：

灵谷松妙，寺前涧亦可，约唐存忆同往则妙。若吕豫石，一脸旧选君气，足未行而肚先走，李玄素两裸摇断玉鱼，往来三山街，邀喝人下马是其本等，山水之间着不得也。

——【明】王思任《答李伯襄》

南京东郊灵谷寺旁，那一片松树林很妙，寺前的溪水也不错，这么优雅的地方，谁才配得上呢？如邀人同游，同事里面，唐某挺合适。吕某呢，一脸官老爷气色，脚还没动，肚子已经冲在前面。李某嘛，一身崭新制服，整整齐齐，走起路来总像在上主席台，假模假式。这号人只适宜在宾馆进出，拦住小汽车跟坐在里头的熟人打招呼，只可混迹于官场，若是放在山水之间，实在有点不协调。这种人眼里看不见山水之美，山水眼里也容不得这般俗物。

大地奇山异水，须配人间可人妙友，清高的古人有这样洁净的设计。愚人去不得，假人更是配不上，小人呢？想都别想。

郁离子曰：小人其犹膏乎。观其皎而泽，莹而媚，若可亲也。忽然染之，则腻，不可濯矣。故小人之未得志也，尾尾焉；一朝而得志也，岸岸焉。尾尾以求之，岸岸以居之，见于声，形于色，欲人之知也如弗及。是故君子疾夫尾尾者。

——【明】刘基《小人犹膏》

之前我们专门谈论过君子，现在来看看小人。明代刘基刘伯温，相当于明初的诸葛亮，一个智者。他认为，小人就像一团熟猪油，洁白妩媚，看起来可爱可亲，沾上手就甩不脱，洗不掉，让人腻歪。小人得意之前巧言令色，摇尾乞怜；得意之后，居高临下，喜形于色，四处广告，生怕人不知道。所以，凡是遇见向你摇尾乞怜的人，君子最好敬而远之，速速逃离，预防他"一阔脸就变"。小人是不可结交的。

夺泥燕口，削铁针头，刮金佛面细搜求：无中觅有！鹌鹑嗉里寻豌豆，鹭鸶腿上劈精肉，蚊子腹内刳脂油：亏老先生下手！

——【元】无名氏《正宫·醉太平·讥贪小利者》

世间贪图小便宜的人，总是一副猥琐的模样。一曲元代小令，极度夸张，矛盾修辞，描摹了这种人的行径，他们会在绝不可能的地方下手，完全出乎人们意料，读者一桩桩一件件细想一下，不由得佩服作者想象力之丰富，读起来朗朗上口，你不笑都不行。

古人在鸭子身上做文章，两则短文皆有新意。

清人蒲松龄的《骂鸭》，用的是小说笔法：偷鸭子的人会长一身鸭毛，被失主骂过之后才能去掉鸭毛，可是失主是个儒雅之士，从不骂人，然后，小偷告知实情，恳求失主开口，骂人治病。小说虚构的逻辑起点是：偷窃，是行魔；长鸭毛，是中了魔咒；骂人，是驱除魔咒。如此一来，不仅小偷要小心，而骂人会减轻人的罪过，骂人者更要小心，出口骂人，其实是帮了那个害人精。这就是民间的道德与智慧。

清初汪琬的《鸭媒》，是一则笔记。说的是一种诱捕野鸭的方式：秋天稻谷成熟的时节，野鸭成群飞来，村农就张网以待，用一只鸭子做诱饵，让它在网中叫唤，把成群的野鸭骗进网中。这个作诱饵的鸭子，就叫鸭媒。联想到作者正生活在明末清初，恰逢天地变色河山沦落的时代，这个鸭媒，应该是隐喻那些降清的叛臣。明清易代之时，这种叛徒内奸可真多。

清人俞樾有一则笔记《戴高帽》。民间俗语，拍马屁奉承人叫作戴高帽。有个京官外放，向座师（科考时的考官）告别，座师告诫他要谨慎为官。这个学生说：我准备了一百顶高帽，遇见重要的人就送一顶，应该万无一失了。老师大怒：这不是小人行径吗？学生说：天下像老师这样不喜欢戴高帽子的人，屈指可数啊。老师转怒为喜：这倒像是人话。学生出门，立即对人说：我准备的一百顶高帽，只剩下九十九顶了。

这是不是有点恐怖？俗话说：千穿万穿，马屁不穿。不亢不卑的人，扛得住批评，却很难扛得住表扬啊。从社会心理学来说，得到别人的认可，是普遍的人性的渴求。关键是，怎么保持警惕，区分真诚的赞赏与刻意的逢迎，这是一道难题。真个是高帽易戴，马屁难防啊。

古典玄幻文学

中国古典小说中有一脉，名叫志怪小说。这一类小说的出现，源于人类对现实的不满足，总希望有超越常情的人物与故事出现，人类永不止息的好奇心与游戏精神，造就了不同寻常的另类文字。后来洋洋大观，出现各种分支：神魔、玄幻、科幻、网游等等。

玄怪神鬼故事，一直是民间百姓喜闻乐见的。第一次为一个活人编撰一个传奇故事，恐怕始于唐朝。唐僧玄奘，凭着一人之力，历经千辛万苦，周游印度，取回真经。世人对他敬仰不已，然后，民间的说书人，这个中国最早的最大的职业作家群体，开始在寺庙道场讲经，演绎玄奘的故事，说着说着，现实故事就变成了传奇故事，人物不断增多，妖魔鬼怪纷纷出现，原本孤身一人的寂寞长旅，变成了热热闹闹的打怪闯关记。唐僧玄奘，活着的时候，就变成了一个传奇。这个传奇，唐末结集为《大唐三藏取经诗话》，明朝成为神魔小说《西游记》。可以说，《西游记》是一部中国民间历经数百年经过千万人之口流传下来的集体创作的小说，吴承恩，只是一个捉笔人。

喜欢写小说的同学，可以将两部书对比一下，会有很多有趣的发现。比如，在最早的唐朝的话本里，就出现了一个"猴行者"的形象。有学者考证，这是源自印度神猴的传说。而这个神猴，是以一位"白衣秀才"的形象出现，这应该是中国书生的胜利、大唐文化的胜利。一个白衣秀才，可以闯关斩妖，一路向西，不达目的不罢休，为了真理九死而无悔。或许，这个自称是"花果山紫云洞八万四千铜头铁额猕猴王"，自愿来帮助唐僧去西天取经的秀才，原本就是玄奘的另一个分身？

你读过《西游记》，回头再去读《大唐三藏取经诗话》，可以体会到一种发现与创造的快乐。学一学，一个故事，可以怎样越说越好玩。

东晋人干宝，是中国第一代志怪小说大师，他编撰的《搜神记》，是中国小说的鼻祖、志怪小说的经典，保存了许多古代民间传说，是一个洋洋大观的小说宝库。其中《干将莫邪》的故事，广为流传。吴楚兵刃，自古为天下利器，这个传说是关于楚国铸剑师夫妇干将莫邪的故事，故事神奇之处很多：其一，剑需人气，莫邪"断发、剪爪，投于炉中"，"烁（销，毁）身以成物"；其二，剑有雌雄；其三，干将爱剑甚于爱身，铸剑师的心事深不可测；其四，其子眉间尺为父报仇，路逢侠客，侠客要求"将你的头和剑给我"，眉间尺居然就给了；其五，报仇的方式骇人心魄。不剧透了，请看原文。

这样一个故事，有中国人失传已久的民心民气在。鲁迅先生将此故事新编为小说《铸剑》，莫言先生认为鲁迅的《铸剑》是中国最好的短篇白话小说。建议去图书馆找来鲁迅先生的《故事新编》比较阅读。

唐人张九龄刚刚遗憾过明亮的月光"不堪盈手赠"，宋人就立即编了一个故事：有人懂得收藏月光。月光如水，可以舀取收藏，随取随用。奇人异士很多种，这一种叫方士。这是《宋稗类钞》里的一个故事。

《水浒传》里，有个十字坡上卖人肉包子的孙二娘；唐朝传奇小说《河东记》里，有个"板桥三娘子"，她会将人变成驴子。两个不同寻常的老板娘，大概都长着电影《新龙门客栈》里面的张曼玉的风骚模样，功力却远在后人之上。这一类的故事，估计都是那些"古道西风瘦马"的断肠游子狂想瞎编出来的，目的呢，不是说美人凶险，不是说馒头难吃驴子辛苦，只是胡说八道以解除旅途寂寞罢了。而同路之人，却喜欢这样的胡说八道，就听了，就记下来了，于是你不小心就读到了，你们开心就好。

有趣，也是小说存在于世的一个坚实理由。

两个关于人头的故事。

随便做个梦，就被人换了头去。醒来，我还是我，却是面目全非，成了丑八怪。然后，有了特异功能……还应该有很多事情发生的，你可以接着往下编。

走向刑场的路上，死囚对一名刽子手说："听说你的刀很锋利，请你杀我好吗？"杀谁不是杀，刽子手答应了。一刀下去，人头落地，砍下的脑袋一边旋转一边大声赞叹一句："好快刀！你的刀真的很快啊。"

这么个故事有什么用意？这里真的有。故事的前面说了这是明末的事情，那会儿，"强盗"很多，这个死囚强盗，就是抗清义士啊。那一声赞叹，是视死如归，是英雄气概。

游戏文字，有时候，暗藏深意。这就更好玩了，是不是？

古典的幽默文字，流传了古人的游戏精神，在中国人的民族性格里面，这是一种日益稀缺的资源，请你好好珍藏，有能耐的，把它继承下去，发扬光大。

第二十五讲　中国文化溯源：原儒

孔子是个好老师

德国哲学家雅斯贝尔斯提出一个文化命题：公元前 600 至前 300 年间，在北纬 30 度上下的区域，精神巨人相伴而生，这是人类文明的"轴心时代"。人类似乎猛然醒来，各个文明都出现了伟大的精神导师——古希腊有苏格拉底、柏拉图、亚里士多德，以色列有犹太教的先知们，古印度有释迦牟尼，中国有老子、孔子……他们都生于乱世，以惊人的个人精神突破求道，他们的思想塑造了人类几种主要的文化传统，对后世人类影响深远。他们都是原创性思想家。

孔夫子是个觉醒的人。

他在晚年自述觉醒的过程：

子曰：吾十有五而志于学，三十而立，四十而不惑，五十而知天命，六十而耳顺，七十而从心所欲，不逾矩。

孔夫子自白：十五岁，我懂得了学习的方向，立下奋斗的志向与理想。十五年后，我三十岁了，这个人生志向得以成型，形成了自己的学说。再过十年，四十岁了，我的学说经过现实的检验和磨炼，已经不存在什么难题，我可以解释和指导这个世界了。又过十年，我五十岁，我明白了自己的使命的边界所在。六十岁，我能够宽容和接纳别人的学说和观点了。七十岁之后，我的内心自由自在，想说什么就说，想做什么就做，却不触犯周礼，也不触怒世俗。

这就是一个儒者的一生。孔夫子是个自由人。

他一生努力是想做什么？

在求学的岁月，他先做了正名的工作。名不正言不顺则事不对，社会混乱人间失序。

对自身的思考：召唤儒者。儒者应该是两种人：传统儒者局限于殿堂礼仪与祭祀，做的是小事，这种儒者是小人儒；今天的儒者应该做大事，以天下兴亡为己任，传承道义，教化天下，这是从我开始，包括我的每一位弟子应该成为的人——君子儒。这是对中国知识分子的崭新认定与倾情召唤。

对人类的思考，打破固有的阶层，重新划分阶级：定义君子。抛开血统、财富、贵贱的等级，专以人的品德为标准，把人类分成两种阶级：君子与小人。号召儒者领头，率领社会公众齐做君子。这是革命性的观念，打破了自古沿袭的社会结构，是对社会改造的理想追求，在当时是独步全球的创举，在今天仍然别具深意。

礼教天下。当时周天子名存实亡，礼崩乐坏，他希望恢复周礼，从"克己复礼"做起。对外，这是注定无望的努力；对内，似乎也只有像颜回这样的少数学生可以做到。

子曰：贤哉回也，一箪食，一瓢饮，在陋巷，人不堪其忧，回也不改其乐。贤哉回也。

因为不容易，赞赏了两遍。

诸侯纷争的时代，他想给各国从政者画一道底线：仁政。结果周游列国，主张卖不出去。连自己的弟子做官时，也有人做不到，比如冉求，就惹得夫子勃然大怒，情急之下呼喊道：非吾徒也，小子鸣鼓而攻之可也。

他一生在试图把自己"贾"出去，却一直没有成功。然而，他一生保持着强大的内心自由。在不自由的环境中守住自我，这是一个大写的人。卖不出去，回来做自己，做自己能够把握的事情：当老师，教学生。

最后，他把自己的学生们都"贾"出去了。然后，在他之后的中国，他的学说卖得最好，影响了中国人的三观，并积淀为民族性格。他改造了中华民族的文化基因。所以，无论从时间次序上，还是文化贡献上，孔夫子都是当之无愧的中国第一教师。

孔夫子的面相很丰富，但本色是个老师。他要教化的不止弟子三千贤人七十二，他要教化天下，教化后代千秋万世。这是一个野心最大的教师。跟他同一级别的教师是佛陀、老子、苏格拉底、耶稣等寥寥几位。

学生赞美老师总是不吝词句。子贡言："生民未有。"孟子接着说："出于其类，拔乎其萃，自生民以来，未有盛于孔子也。"他当之无愧。

他是怎样做一个老师的？

他自己开坛设教，开设中国第一间民办学校。中国第一私塾的建立，改变了人间的权力结构，打破了固化的阶级阶层，形成以品德与才华为标准的人才流动。后世的科举制、文官统治制度等等，皆滥觞于此。

他试图改造一种新人类：君子。君子的顶级标配是两种样子：仁者与智者。试想，普天之下，人人为君子，不正是人类发展的终极理想境界？人以此区别于动物，企及至真至善至美的内心和谐的生存状态。科技的日新月异，物质财富的极大丰富，人人平等，这些都是通往君子世界的路标，而不是目的地。民主自由公平正义等人间珍贵的理想，都只有当人类普遍成为君子的时候，才可能完美实现。

儒家的核心是五常——仁义礼智信。"仁"为统率，孔子讲"礼""义"必坚持"仁"的精神。认定人性本善，仁，是人性善的种子，每个人的本性都具备仁的禀赋，如此，人人成为君子就是自然发育的结果，是天赋使命。仁的表现就是泛爱众。将大道理落到做人的实处，形成简洁易懂的为人之方：己欲立而立人，己欲达而达人；己所不欲，勿施于人。以己推人，将心比心，从不强加于人。从君王到庶民，人不可独活，人人必须坚持礼义，守住仁心，这是孔子的初衷，儒学的初衷。

作为教师的孔夫子，他的许多遗产不容磨灭。

他倡导有教无类、因材施教——前者是教育公平，后者是人尽其才,这仍然是现代教育者需要面对的课题。孔夫子收弟子,来者不拒,本国的青年、外国的留学生,官宦子弟、平民子弟,一视同仁。只要交一束干肉作学费,所谓束脩,这更像是一个拜师仪式,而不是办学收益。在弟子的记忆里,夫子多次令学子"各言尔志",气氛生动活泼,学生的个性栩栩如生,是两千年前孔夫子授课的课堂实录。夫子多次回答弟子关于君子的提问,因人设教,各不相同,十几条回答,无一重复,这些都是因材施教的佳例。今天的师生不妨按图索骥,检取自己的答案。

他建构理想社会的模型,起点在个人:仁者自爱,修身。仁者爱人:以己推人,施予家族亲人,这是人生伦理的起点,这个基础现实而牢靠,合情合理,这是人间的概念(相对而言,平等是天上掉下来的概念,上天的意志,凭空而来的天赋人权),由人及家,由家及国乃至于天下,一个人的自身成长,可大可小,停在哪一个阶段都是人畜无害的。有智慧有机会然后推恩于人,修身齐家治国平天下,天高任鸟飞。

读孔子的言行实录,最让我动容的一句话是:"始作俑者,其无后乎!"俑,是古代陪伴死者下葬的木偶或土偶,如秦始皇兵马俑。孔子认为,最早开始用人俑陪葬的人,定会断子绝孙吧!这是我们第一次也是唯一一次听见孔夫子骂人,而且骂得咬牙切齿不留余地。孔子是预见到有了用人俑殉葬的先例,之后定会出现用活人殉葬的反人类兽行。土偶尚且不忍,何况人殉?孔夫子是有一颗敏感之心啊,他真是人世间第一号文人。孔子这个原话出自孟子的记忆,孟子是孔子的孙子子思的学生,可见这句话,在孔家孔门记忆犹新,孟子听见了,认真复述了,其实这就是儒家的精髓啊,"仁"的精髓:尊重人,尊重所有的生命,尊重曾经在世间走过一遭的一切生灵,无论是生者还是死者。

在《论语》里,孔学精髓,夫子回答弟子,是一字诀:恕。"子贡问曰:有一言而可以终身行之者乎?子曰:其恕乎!己所不欲,勿施于人。"这是儒者的底线。五四新青年胡适,在晚年接过话头,说:容忍比自由更重要。这是"恕"的最新复活。

孟子是个五四青年

孟子有个虎妈。

孟母三迁,为了找一个合适的学区房。

断机杼,塑造孩子的坚强意志。

在虎妈的严格教育下,孟轲同学长成了一个热血青年。

虎妈启蒙教育的结果,让孟轲认定:"天将降大任于斯人也,必先苦其心志,劳其筋骨……"长大了,坚持爱自我:"我善养吾浩然之气。"浩然之气的根基在于仁义。仁义礼智信,不是外加的要求,而是人心本身具有的。养气,就是保护自己的善端。

学成,气足,仿效先师孔夫子,周游列国游说王侯。

曰:"五百年必有王者兴,其间必有名世者。夫天,未欲平治天下也;如欲平治天下,当今之世,舍我其谁也?吾何为不豫哉?"

孔子之后,孟子自觉接过儒家的中军大旗。身为圣人的道统传人,自我期许是天选之人,是"王者师",他对待君王的态度是:"说大人而藐之。"不是平视王侯,而是藐视。这个心理优势其来有自。当年子贡问道:"今之从政者何如?"子曰:"噫,斗筲之人,何足算。"蔑视的缘由,是儒家有更高更理想的境界。儒者相信性善论,天道为仁,构筑起一个圣人道统,建立了独立于现实王权的新的精神系列。以完美的理想对抗不完美的现实。人间的君王,离儒者的理想,离士人君子的理想人格,差得太远了。所以,儒者的使命,不是自己称王,而是让士人阶层成为王者师,教导君王治理天下。

孟子提高了中国人的精神境界。说"食色,性也",这是承认人的生理天性;在人性沦丧的时代极力鼓吹人"性善",这是人异于禽兽的道德天性;呐喊一声"人皆可为尧舜",宣示众生与圣贤在本质上是平等的。人的尊贵是内在的,是修身立命,追求光大仁义,在生活中找到自己的位置。尊重本性,高标人性,孟子的主张不迂阔,在儒生身上具备可操作性，然而，在战国时期的诸侯国是否有可操作性呢？

用孟子和弟子记录的几个例子，看孟子如何教化君王。

孟子见梁惠王。

王曰："叟！不远千里而来，亦将有以利吾国乎？"

对曰："王何必曰利？亦有仁义而已矣。"

——孟子遇到的最大问题就是：君王只问利益，孟子却回复仁义，然后要教导君王，仁义才是最大的利益。

曰："庖有肥肉，厩有肥马，民有饥色，野有饿莩，此率兽而食人也。兽相食，且人恶之。为民父母，行政不免于率兽而食人，恶在其为民父母也？仲尼曰：'始作俑者，其无后乎！'为其象人而用之也。如之何其使斯民饥而死也？"

——君侯贵族鲜衣肥马，而百姓水深火热，这样的执政者是"率兽而食人"，与野兽为伍，吃人。

"仁者无敌。王请勿疑！"

——孟子铁口直断，君王们一般是不信的，好一点的也只是将信将疑。

说齐宣王。

齐宣王曰："寡人有疾，寡人好色。"我有个毛病，我喜爱女色。语气有点羞愧。孟子回道：这个不算是毛病。从前周的祖先太王也喜欢女色，还上了诗经的。大王你如果真喜爱女色，人同此心，就让老百姓也得以满足，"王如好色，与百姓同之"，如此，"内无怨女，外无旷夫"。再将这种同情心、同理心推而广之，你好财富，也让百姓有机会富裕；你尊老爱幼，那么，"老吾老，以及人之老；幼吾幼，以及人之幼。天下可运于掌"。这就是仁政的力量。

无论是战争还是和平，对于执政者而言，最重要的是人心。曰："天时不如地利，地利不如人和。"

要让百姓拥有私有财产，足够养亲抚幼，曰：无恒产者无恒心。

君王与百姓到底是一种什么关系呢？孟子设下"陷阱"。

孟子谓齐宣王曰："王之臣有托其妻子于其友，而之楚游者。比其反也，则冻馁其妻子，则如之何？"王曰："弃之。"

曰："士师不能治士，则如之何？"王曰："已之。"

曰："四境之内不治，则如之何？"王顾左右而言他。

——国与君之间，民与君之间，是一种托付关系。孟子的逻辑推理章法分明，百姓将天下托付给国君治理，让他们代表自己来治理国家。后世儒者把这一点点破了，曰：天下者，天下人之天下也，非一家一姓之天下也。欲以天下奉一人之身，非是天子，乃是独夫。

齐宣王问曰："汤放桀，武王伐纣，有诸？"孟子对曰："于传有之。"

曰："臣弑其君，可乎？"

曰："贼仁者谓之贼，贼义者谓之残，残贼之人谓之一夫。闻诛一夫纣矣，未闻弑君也。"

——独夫民贼人人得而诛之。这是大张旗鼓的鼓动革命了。

孟子曰："民为贵，社稷次之，君为轻。是故得乎丘民而为天子，得乎天子为诸侯，得乎诸侯为大夫。诸侯危社稷，则变置。牺牲既成，粢盛既洁，祭祀以时，然而旱干水溢，则变置社稷。"

孟子说：人民最为重要，国家其次，君王为轻。所以，得到民心的做天子，得到天子欢心的做诸侯，得到诸侯欢心的做大夫。诸侯危害到国家，就改立诸侯。祭品丰盛，祭品洁净，祭扫按时举行，但仍然遭受旱灾水灾，那就改立土神谷神。

孟子振聋发聩地提出一个革命观点：民为贵，社稷次之，君为轻。民为邦本，仁德厚生。悠悠千载之下，依旧是黄钟大吕之音。

换成白话文来说：君王啊，神啊，不是高高在上受人供养的，他们都是为人民服务的。不得人心，就换掉它。

可惜的是，孟子与孔子一样，生于春秋战国的乱世，抵达人性至善和尧舜王道的仁政，在乱世中卖不出去。仁政是和平时代的政治学说，不适用于战争年代。志在为万世开太平的儒家治世学说，在乱世不好用，无法像法家、兵家、纵横家那样立竿见影。

司马迁看明白了这点，在《史记》中点评道："孟轲，驺人也，受业子思之门人。道既通，游事齐宣王，宣王不能用。适梁，梁惠王不果所言，则见以为迂远而阔于事情。当是之时，秦用商鞅……楚魏用吴起……齐用孙子、田忌……天下方务于合纵连衡，以攻伐为贤。而孟轲乃述唐、虞、三代之德，是以所如者不合。退而与万章之徒序诗书，述仲尼之意，作孟子七篇。"

游说诸侯到七十岁了，说不动了，率弟子回邹国。著书立说。

如果说，孔子是那个温柔敦厚、幽默睿智的人间启蒙老师，那么，孟子就是那个活着的颜回、子路、子贡的合体。他比颜回更聪明，颜回举一反三，还是在孔子的思想中转圈，无所建树。孟子却能发扬光大，孔子说仁，孟子说仁义；孔子说君子，孟子说大丈夫，说浩然之气；孔子客客气气游说君王，孟子居高临下教育君王：民贵君轻；孟子是绝对自信的、手握真理的样子，人生态度仿佛有了子路式的刚猛精进，从不回头，又兼有子贡的善辩和处事游刃有余。如此，孟子是孔门最杰出的学生，孔子是圣人，孟子是亚圣。

关于读书人，孟子不说君子，他喜欢说大丈夫。这是君子的升级版。

景春曰："公孙衍、张仪岂不诚大丈夫哉？一怒而诸侯惧，安居而天下熄。"

孟子曰："是焉得为大丈夫乎？子未学礼乎？丈夫之冠也，父命之；女子之嫁也，母命之，往送之门，戒之曰：'往之女家，必敬必戒，无违夫子！'以顺为正者，妾妇之道也。居天下之广居，立天下之正位，行天下之大道。得志与民由之，不得志独行其道。富贵不能淫，贫贱不能移，威武不能屈。此之谓大丈夫。"

做一个顺民,想方设法只是为君王服务,这是妾妇之道啊。而大丈夫,富贵不能淫,贫贱不能移,威武不能屈。藐视权贵,漠视贫贱,平视王侯,坚信在世俗的权力之上,更有一种神圣的道统,而一个真儒者,在任何时候任何生存状态下,都能够担当人间道义。

说孟子是个五四青年,这话应该反过来说:五四青年都像当年的孟夫子。遥想民国初年,五四一代青年:托举德赛二先生,科学与民主。胸怀理想主义深情,激烈刚猛的行事风格,广场文人的做派,启蒙大众的使命……与孟子在气质上一脉相承。

今天的书生们,如何将孟子和五四青年的话头,接着说下去?

今天的书生们,切记,在一介书生的前头,是君子和大丈夫。

万物皆备于我矣。

无问前程,虽千万人,吾往矣。

英气迫人,中国书生的青春模样。

取义成仁,中国书生的人格辉煌。

屈原与司马迁:两个儒者急先锋

等到儒者遍地生长,屈原与司马迁,各自在自己的朝代,做了原儒的急先锋。

屈原很累。被愿景所累,累了一生。

《橘颂》中的屈原,英姿勃发,目光清澈,芬芳自喜,"苏世独立,横而不流",以修身扬德为己任,而人世的一切都是美好的,都是自我成长的滋养。

《九歌》中的屈原,梦幻迷人,真诚率性,热恋人生和大地,以及大地上的女巫与爱情,沉迷于楚文化的民间活力,相信诗词歌舞,是天地通的媒介,做一个诗人歌者,可以通神,于是,他在收集、改写,或者是当场赋诗的行动中,写下了自己的名字,成为中国第一个署名诗人,这是远古诗歌从祭祀神灵的实用价值中跳跃而出,打上了诗人个性化的标志。

高冠切云的屈原,书生干政,雄心万丈,时事跌宕,意气不改,君臣失和，九死未悔。面对一个不合作的君王和一群只求实利的同僚，他受尽心理折磨，却痴心不改，然后，君子儒大丈夫的形象渐渐开始变形，《离骚》中的倾诉采用了女子向男性自证忠贞的口吻，不幸被孟子所预言的状态出现了：原儒高蹈自许的人格降格为俗儒的妾妇之道，而且心甘情愿。

沧浪之水清兮的屈原，国破家亡，生死之际，行吟泽畔，形容憔悴，最终选择投水而去，让故国的清溪明河，还自己一个洁净的人生。

屈原以一人之力揭开南方文化的神秘面纱，南国的楚辞与北国为主的诗经，得以双峰并立。屈原还奠定了将花鸟动物人格化的审美习惯，这一点既拓展了也限制了中国人的审美观。

司马迁理想太高。

太史公曰：先人有言，自周公卒五百岁而有孔子。孔子卒后至于今五百岁，有能绍明世，正《易传》，继《春秋》，本《诗》、《书》、《礼》、《乐》之际？意在斯乎！意在斯乎！小子何敢让焉！

五百年出一个，多么熟悉的声音，像年轻的孟夫子一样的语气，一样自觉为天选之人，然后，将自身奉献于世界。

他奉献的不只是一部分肢体，而是将中华民族整个精神世界的历史，镌刻在竹简、墨写于木简之上。"司马氏世典周史"，自从周朝以来，司马这一姓一族就是中华文明历史的记录者。为天下立传，本来就是我司马的家事。后来，杜甫也跟儿子说：诗是吾家事。书香门第，文化自信，不是随便胡说得来。

让人钦佩的是，司马迁说到做到了。他以一人之力，追溯远古到汉武帝的历史，写成中国通史的开山之作。

司马迁是严谨的史学家，他行走天下，实地勘察，广罗史料，通天人之际，成一家之言。司马迁又是机智的小说家，许多人物传记的关键细节，他敢于合理推演，贴近人物去想象，刻画史实，栩栩如生，让后世读者可以亲临历史的现场。《史记》一书，是历史巨著，也是文学巨著。中文世界里面文史不分家的传统，司马迁开了先河。

第二十六讲　中国文化溯源：原道

老子是个大智者

老子，人类的先知，这个悲观主义者，发现了宇宙对生命的无知觉，他以人类可能达到的最大的悲悯，告知世人，这种无知觉就是大残酷："天地不仁，以万物为刍狗。"落到人间，他发现权力的残暴，绝对的权力导致绝对的残暴，权力的拥有者是人，人本该有知觉，残暴起来却一样无知无觉，于是发出绝望的呐喊："圣人不仁，以百姓为刍狗。""圣人"，掌握国人命运的人，帝王将相。

天地不仁，以万物为刍狗。

圣人不仁，以百姓为刍狗。

这简直就是国际歌的原始版本，他否定了两个权威：从来就没有什么救世主——天地不仁；也不靠神仙皇帝——圣人不仁。

天地不仁，不仁，不是否定句，而是陈述句，意思是没有仁心，也没有不仁之心，宇宙天地之间根本没有人类希望的所谓仁心。仁心是人类自己的相处方式，不是沟通天地的正确方式，天地神灵，没有私心和偏见，根本没有所谓的"心"，不会搭理人类的祷告。人类与天地神灵沟通，采用的祭品，有三牢三牲等等，最低级的祭品是刍狗，稻草狗，人类的祈求声音在上天听来，不过是祭品的告白，而且是没有生命的"刍狗"，稻草狗的呼唤。神灵何必理睬一群稻草狗的诉求？所以，麻木不仁，这就是世界残酷的真相。人类没有依靠，没有退路，一切要靠我们自己。他就差直言相告了：人类不过是宇宙的游子，"要创造人类的幸福，全靠我们自己"。

老子的三大核心理念用了大俗大雅的三大比喻来表达：
宇宙观——天地刍狗；
政治观——治国小鲜；
人生观——为人若水。

治大国若烹小鲜。以道莅天下，其鬼不神。非其鬼不神，其神不伤人；非其神不伤人，圣人亦不伤人。夫两不相伤，故德交归焉。

——煎小鱼，忍耐不住时常翻动，小鱼就成了杂碎，不成菜了。治理国家，朝令夕改，政出多门，或者不断出新政、新口号等等，都是将国家弄成杂碎的举动，让百姓不得安宁。老子主张政治上要"无为而治"，让百姓休养生息，自然选择。他提醒统治者：

爱民治国，能无为乎？

——如果你真的以爱民为前提来治国，你能不能少一点折腾？无为不是袖手不干，而是不要花样百出地干。

比如，不要轻言打仗，更不要好战。战胜者美滋滋地自觉了不起，这是以杀人为乐：

兵者，不祥之器，非君子之器。不得已而用之，恬淡为上，胜而不美。而美之者，是乐杀人。

民不畏死，奈何以死惧之！

统治者不把人当人，百姓低贱如蝼蚁，贱命一条，就不会珍惜生命，连死都不怕的人，还怕你的严刑峻法威胁压迫吗？

比如，"食税"者太多，百姓就饿肚子了：

民之饥，以其上食税之多，是以饥。民之难治，以其上之有为，是以难治。

统治集团动不动就要建功立业，要"有为"，要政绩，这是集体瞎折腾。于是，"食税"者多了，他们会刻意制造出许多事情来，以邀功显能，证明自己有存在的必要，"刷存在感"的结果，是无止境地消耗民力，损伤民心。

圣人无常心，以百姓心为心。

功成事遂，百姓皆谓我自然。

——统治者以百姓的梦想作为自己的梦想，而不是将自己的私欲梦想强加在百姓头上，如此，上下一心，国泰民安，老百姓就会这样"叹世界"：我们原本就是这样的，这就是我需要的活着的样子。

人生态度方面，老子想到了水：

上善若水。水善利万物而不争，处众人之所恶，故几于道。

天下之至柔，驰骋天下之至坚。

弱胜强，柔胜刚，天下莫不知，莫能行。

怎样做人，就会怎样治国，为人处世都是相通的。水的意象，流动不居，滴水穿石，柔弱胜刚强；海纳百川，身处下游而成其广大。人生若水，本色自然；做事治国，水到渠成。水的生存状态是谦逊的，结果却是自然而然的。老子说：这些都是常识，可是没谁愿意这样做。一个个争强好胜，鸡蛋碰石头。

我有三宝，持而宝之：一曰慈，二曰俭，三曰不敢为天下先。

老子的护身三宝：宽容，善待世间一切；节俭，不浪费天下物力；不敢把个人放在天下人的前面、上面。

道大，天大，地大，人亦大。域中有四大，而人居其一焉。人法地，地法天，天法道，道法自然。

大道废，有仁义；智慧出，有大伪；六亲不和，有孝慈；国家昏乱，有忠臣。

失道而后德，失德而后仁，失仁而后义，失义而后礼。夫礼者，忠信之薄而乱之首。

仁义礼智信，是儒家的核心价值体系，是人与人之间、人与家国政治之间，需要遵循的基本准则。老子认为，除了这些人事之外，还有更高的"天事"，就是道与德，是人可以触摸到的宇宙至高律令，是人与天地通的大门。老子的著作因此标榜为《道德经》，道家，在哲学意义上，比儒家有了更高远的思想世界。

抛开道德，奢谈仁义，是退而求其次的努力，而有关人事这一套价值体系，是依次递降，不断撤退的近乎绝望的伦理：天道养育心德；心中无德，才需要人与人之间的友好契约，就是仁义；契约不容易坚守，所以需要一整套人人遵循的日常行为的礼乐，用以保护仁义的契约；等到礼崩乐坏，上下都不再忠于信条，不忠于内心，做人底线的忠信被人抛弃，于是，人间就乱了。

那么，道是什么呢？

道出言，淡无味。

道可道，非常道；名可名，非常名。

有物混成，先天地生。寂兮寥兮，独立不改，周行而不殆，可以为天下母。

道生一，一生二，二生三，三生万物。万物负阴而抱阳，冲气以为和。

如果要解释什么是道，人们可以说出来的话，都是淡而无味的，甚至辞不达意的。勉强要说，反正不是我们常说的常见的事物，硬要说，就算是宇宙运行规律吧。

老子思想中有个比较奇怪的地方，不主张开发民智，不主张人际交往，他主张将百姓当成婴孩：

圣人之治，虚其心，实其腹；弱其志，强其骨。常使民无知无欲，使夫智者不敢为也。为无为，则无不治。

甘其食，美其服，安其居，乐其俗。邻国相望，鸡犬之声相闻，民至老死不相往来。

吃饱了喝足了健健康康的，穿着漂亮衣服安居乐业，其他的别多想，也不要出国旅游，一出门，就有比较，一比较，心就乱了。这种观点被人称作愚民政策。其实，老子的用意不在愚民，而在不让百姓产生竞争之心。

联想到犹太人的先贤留下的《圣经》：上帝不许亚当夏娃吃智慧之树的果子，苹果，智慧果，不许吃，因为吃了能像神一样分辨善恶。巴比伦通天塔不许建，不听，变乱语言，让塔倒掉。

先哲的用心，似乎异曲同工，不谋而合，为什么？

我们站在人文主义立场，审视历史，除了张扬人的个性，也要明白人的局限，警惕人的自大。

伊甸园里的那个苹果，乔布斯等人咬了一口，带来了信息时代。现代人天天吃"苹果"，尼采说：我们把上帝吃死了。

圣人之道，为而不争。

以正治国，以奇用兵，以无事取天下。天下多忌讳，而民弥贫；民多利器，国家滋昏；人多伎巧，奇物滋起；法令滋彰，盗贼多有。故圣人云："我无为而民自化，我好静而民自正，我无事而民自富，我无欲而民自朴。"

倡导无为，是希望统治者不要胡乱作为。对于世人，他常常是鼓励人有所作为的：

圣人常善救人，故无弃人；常善救物，故无弃物。

知人者智，自知者明。胜人者有力，自胜者强。知足者富，强行者有志，不失其所者久，死而不亡者寿。

老子生活的时代，天下蒙昧，个别人的觉醒堪称奇迹。老子的极致思维，把任何问题都推到极致去思考，极端的洞察力，看明白了人们不明白的许多真相。世人普遍依赖的靠山全都靠不住了，怎么办？老子提醒世人：不要抗争，不主动受伤，自然而然地活，就是弱者的活法，水的活法，以最大的可能性求活，这也是大自然的法则。人道、天道，终究不过一个顺其自然。

对人性的绝望，源自对人类的深爱。他不怕说出真相，让世人有所警惕，不要做了权力的奴隶。不可盲目，不可轻信。

老子的语调是悲怆而深邃的，仿佛来自天外的警示，全然没有人间的脉脉温情和嬉笑幽默，《道德经》不是消闲的文字，适合绝望的人阅读。至少，是心智强悍的人才可打开。

作为一个先于世人而醒悟的智者，他的内心的景观是怎样的？老子很坦白做了交代：

绝学无忧。唯之与阿，相去几何？善之与恶，相去若何？人之所畏，不可不畏。荒兮其未央哉！众人熙熙，如享太牢，如春登台。我独泊兮其未兆，如婴儿之未孩。儽儽兮若无所归。众人皆有余，而我独若遗。我愚人之心也哉！沌沌兮！俗人昭昭，我独昏昏；俗人察察，我独闷闷。澹兮其若海，飂兮若无止。众人皆有以，而我独顽似鄙。我独异于人，而贵食母。

大智慧应该没有烦恼。人间的是与非，善与恶，我可以从众。天地洪荒，没有尽头。众人活蹦乱跳，把生命当作赴宴、当作春游，我却像个婴儿，还没有睁开眼，又像个无家可归的游子，形单影孤。众人活着，一生忙着收获，我却总在丢失什么，一颗愚人之心呀，混沌未开。俗人精明，我糊涂。俗人明白一切事物，我却闭塞找不到答案。我的内心，大海翻涌风暴肆虐，众人似乎都有所作为，我却固守在卑微之中。我不是别人，我要回归万物的本源，去探求生命的真相，我是谁？

老子的孤独，遗世而独立。

面对世界，他没有孔子那样肯定。他的一生都在探求，并将探求的轨迹转告世人。

老子的后裔不是犬儒，不是阿Q，而是陶渊明、梭罗、托尔斯泰、甘地。他们都相信水的哲学：不争，柔弱胜刚强。

无神论可不可以是宗教？后世的道教如何借用了道家学说？这是另一个话题了。

老子带我们飞翔在天上，看人间：螺蛳壳里做道场，蜗牛角上论刀兵，何其渺小而徒劳。一种思维，他的宇宙观、人生观，全然脱离现实的计较，就有了宗教的意味。

庄子是个小说家

庄子是游戏人间的，他的所有文字都是小说。

他用小说笔法戏说人间，由于他智慧绝顶、聪明盖世，外加想象力丰富得要从心里溢出来，于是，一张嘴就是天马行空、呼风唤雨，指点江山、针砭人物，把活在他前面的名人全部调戏了一遍——用小说笔法，让他们开口说话，这些话却都是庄子虚拟的，是庄子想让他们说的话。并且，随手杜撰了若干人物，让他们演绎各种故事。这就是那个有趣有才的庄子。

庄子这样做，目的何在？解放人的思想，解放后人的心胸。

我们来欣赏他的"小说"。

"小说"这个词的发明权归属庄子："饰小说以干县令，其与大达亦远矣。"这里的小说指的是街谈巷语琐屑之词。古代指称小说这种文体的专用词汇有笔记、传奇、志怪、志异、话本等等，直到民国时期，大家才习惯将故事称作小说。

庄子一生的文字，自己归类：寓言十九——都是小说笔法；重言十七——前人的传言和民间的故事；卮言日出——酒后狂想激辩，比如与惠施的口角斗嘴。

老子让中国人有了宇宙概念，不再局限于现时现世。而庄子，落实了人在宇宙中可以怎样生存。相比之下，儒墨法农兵诸家，都是人间的活法，而道家，想象着悠游人世乃至超越人间的活法。

《逍遥游》，一篇狂放的小说，庄子的自由宣言。小说开篇，鱼变为鸟，鲲化为鹏，庞然大物也，上天入海，穷极天地，够玄幻吧？回到地面，麻雀与寒蝉开始发言，代表世间的庸人发言，它们对于自己不了解的事物总是怀疑和嘲笑，这是"小知不及大知，小年不及大年"。人间其实活着两种人：一种是普通世人，多是心智上的盲人聋人，苟且于眼前鼻尖的一点琐事，多在蜗牛角上争胜负，另一种人，不做麻雀，跳出井底之蛙的肉身世界，精神纵身大化，自我变身如鲲如鹏如大海，时空的放大，打破局限看世界、看人生，境界大不一样。除了现时现世，他还拥有一个宇宙。人生，就应该是在宇宙之中，做一场自由自在的逍遥游。

《秋水》篇，继续这个话题，河伯见了海神，望洋兴叹。井蛙不可语海，夏虫不可语冰，曲士不可语道。由于空间、时间和胸襟的局限，在红尘中摸爬滚打的各色人等活得很累，大儒孔子也不例外。

庄子同情孔子太劳累，是受天罚。一本《庄子》，近半本在拿孔子说事，在庄子笔下，孔子的一般形象是一个努力进取的学生，在道者的敲打之下，最终接近成为天道的觉悟者。比如某人教育孔子，说圣人求功名是不对的，应该将功名还给大众，然后孔子的反应是：

孔子曰："善哉！"辞其交游，去其弟子，逃于大泽，衣裘褐，食杼栗，入兽不乱群，入鸟不乱行。鸟兽不恶，而况人乎！

庄子真敢编故事。在《盗跖》篇，编排孔子触虎头、捋虎须，要感化大盗，却反而被盗跖教训得张口结舌、面如死灰，失魂落魄，差点掉入虎口。奇怪的是，当时和后世的儒家居然没控告他毁谤圣贤。

《齐物论》开篇，是一个高人，仰天而叹："今者吾丧我。"今儿个，我把自己弄丢了。如此魔幻的小说开头，能不吸引读者读下去？然后，有了"天地与我并生，而万物与我为一"的惊人思维。结尾，作者又把自己放进故事里去：

昔者庄周梦为胡蝶，栩栩然胡蝶也。自喻适志与！不知周也。俄然觉，则蘧蘧然周也。不知周之梦为胡蝶与？胡蝶之梦为周与？周与胡蝶，则必有分矣。此之谓物化。

寥寥数句，就是一篇美妙的奇幻小说：

有一天，我做了一个轻盈的可以飞起来的梦，我飞着飞着就变成了一只蝴蝶。飘飘然，翩翩然，沉浸于做一只蝴蝶的奇妙快乐，全然忘记了自己是庄周。忽然醒了，天上飞的蝴蝶不见了，只有一个庄周躺在床上，一大堆肉，手足笨拙，心神惊慌。一时之间，不知道是庄周在梦中化成了那只蝴蝶，还是蝴蝶做了个梦，它在梦里变成了这个庄周？且慢，庄周跟蝴蝶，原本是两种东西，什么情况下可以突破彼此的界限，互换身份？那就是物化的境界——消除了物我的界限，万物融为一体。毫无疑问，梦中的那一刻，我，或者蝴蝶，物化了。

《秋水》的结尾，讲了一个关于鱼之乐的故事：

庄子与惠子游于濠梁之上。庄子曰："鲦鱼出游从容，是鱼之乐也。"惠子曰："子非鱼，安知鱼之乐？"庄子曰："子非我，安知我不知鱼之乐？"惠子曰："我非子，固不知子矣；子固非鱼也，子之不知鱼之乐，全矣！"庄子曰："请循其本。子曰'汝安知鱼乐'云者，既已知吾知之而问我。我知之濠上也。"

庄周已然物化，那一刻，他化身水中游鱼，从容闲适，而惠子人在桥上，身在地上，他不会移情，更不懂物化，他是名家，逻辑学派，只知辨名，逞口舌之利，玩语言游戏，做智力体操。不得已，庄周知道无法说服对方，只好用惠子的名家一套做法，偷换概念，以巧智取。庄子与惠子的关系：人间唯一的对手。惠子满怀辩者的机智，是中国逻辑学的开山祖师。其命题：飞鸟之影未尝动也；一尺之捶，日取其半，万世不竭；目不见，指不至；鸡三足；白狗黑；等等，基本都是非人间正常思维，所以两人可以相互砥砺。惠子的著作在魏晋战乱之后遗失，幸赖庄子保留其二三命题。

物化，解脱大法，解脱人身，解放人的感官，从而获得整个新世界。物化，秒杀一切作家的想象力，所谓想象，还只是人在地上想天上，由此及彼，而庄子本身就可以天马行空，化身万物，如此，庄子是个天才小说家。

惠子与庄子，日常斗嘴为乐，区别在于：庄子是个精神的富翁，物质的穷汉。庄子编织麻鞋维生，是刘备的前辈。短时间做过漆园吏。而惠子在当世时如鱼得水，曾做梁国宰相，内政外交皆有成就。而且，是学富五车这个典故的占有者。这两个生死冤家的故事也很有趣，而庄子有能力将现实生活演化成小说。

惠子相梁,庄子往见之。或谓惠子曰:"庄子来,欲代子相。"于是惠子恐,搜于国中三日三夜。庄子往见之,曰:"南方有鸟,其名为鹓鶵,子知之乎?夫鹓鶵发于南海而飞于北海,非梧桐不止,非练实不食,非醴泉不饮。于是鸱得腐鼠,鹓鶵过之,仰而视之曰:'吓!'今子欲以子之梁国而吓我邪?"

庄子钓于濮水。楚王使大夫二人往先焉,曰:"愿以境内累矣!"庄子持竿不顾,曰:"吾闻楚有神龟,死已三千岁矣。王以巾笥而藏之庙堂之上。此龟者,宁其死为留骨而贵乎?宁其生而曳尾于涂中乎?"二大夫曰:"宁生而曳尾涂中。"庄子曰:"往矣!吾将曳尾于涂中。"

惠子不够自信,因为他知道庄子的实力。在权力仕途面前,惠子不免失态,所以搜捕庄子。而庄子又说故事了:以凤凰一类的鸟儿(鹓鶵)自比,拣尽寒枝不肯栖,而鹞鹰(鸱)却害怕它来抢自己的死老鼠,发出恐吓之声。庄子说:哥们,你这是想用你的梁国来吓我吗?你的梁国,在我眼里,不过是一只死老鼠而已,你激动什么?当时惠子的表情,请自行脑补。

庄子不是没有机会从政,但他放弃了。因为从内心拒绝受制于人。楚王请他出山,他正持竿钓鱼,头也不回,给楚王使者说故事:楚国庙堂上,那个死了三千年的老乌龟,请你们站在它的立场想想,它是愿意死了供骨骸于庙堂呢,还是宁愿活着,即便是在泥巴中爬行?使者答:无论如何,还是活着好。庄子说:那么,你们可以走了,我还是愿意拖着尾巴在泥地里爬。庄子的言下之意,是一句西方名言:不自由,毋宁死。

庄子行文,每每感觉说理太多时,自己就会觉得不好玩了,于是来点好玩的,寓言就源源不断冒出来了。设想,当时的人,有机会跟他聊天,一定是趣味无穷吧。今人读庄子,不妨用买椟还珠法,取寓言小说,道理存而不论可也。

吾生也有涯,而知也无涯。以有涯随无涯,殆已!

人生有限，而智慧无穷，用有限的生命去追逐无限的智慧，这是自寻烦恼。看来，庄子也同意，后人好好听他说故事就行了。而不必斤斤计较他写的是否小说体的哲学论文。寓言者，小说也。故事可多解，哲思多固执。自从伊索寓言以来，盖莫例外。读寓言入庄，口衔肉骨头入哲境，有滋有味。

庄子最惊人的小说，是看透死，肆意活。

庄子妻死，惠子吊之，庄子则方箕踞鼓盆而歌。惠子曰："与人居，长子老身，死不哭亦足矣，又鼓盆而歌，不亦甚乎！"庄子曰："不然。……杂乎芒芴之间，变而有气，气变而有形，形变而有生。今又变而之死。是相与为春秋冬夏四时行也。人且偃然寝于巨室，而我嗷嗷然随而哭之，自以为不通乎命，故止也。"

庄子之楚，见空髑髅，髐然有形。撽以马捶，因而问之，曰："夫子贪生失理而为此乎？将子有亡国之事、斧钺之诛而为此乎？将子有不善之行，愧遗父母妻子之丑而为此乎？将子有冻馁之患而为此乎？将子之春秋故及此乎？"于是语卒，援髑髅，枕而卧。夜半，髑髅见梦曰："子之谈者似辩士，诸子所言，皆生人之累也，死则无此矣。子欲闻死之说乎？"庄子曰："然。"髑髅曰："死，无君于上，无臣于下，亦无四时之事，从然以天地为春秋，虽南面王乐，不能过也。"庄子不信，曰："吾使司命复生子形，为子骨肉肌肤，反子父母、妻子、闾里、知识，子欲之乎？"髑髅深矉蹙頞曰："吾安能弃南面王乐而复为人间之劳乎！"

这两个故事，一个纪实，一个玄幻。

妻子死了，庄子敲着瓦盆打节奏，口中放歌：原本无生，如今也无死，人生不过是气的聚散，天命如此，何必哭。生命，是上天借给你的，如今又拿回去罢了。死生如昼夜交替，如四季轮转，生命降生不能推辞，生命消失不能停止，人只能顺应自然。贪生怕死，忧生怨死，岂不是颠倒昼夜，逆转四季？

人在旅途，庄子用马鞭拷问骷髅，饶舌调皮，是哈姆莱特的先驱。更顽皮的是，枕着骷髅睡觉，这个造型太吓人了，尤其在泛神论的远古时代。骷髅振振有词宣讲死亡的快乐，无忧无虑得大解脱，这个观念真要惊天地泣鬼神了。

泉涸，鱼相与处于陆，相呴以湿，相濡以沫，不如相忘于江湖。

孔子曰："鱼相造乎水，人相造乎道。相造乎水者，穿池而养给；相造乎道者，无事而生定。故曰：鱼相忘乎江湖，人相忘乎道术。"

生为负累，相忘以生，无所终穷，这是活着的境界。死生一如，临尸而歌，不知俗礼为何物，这是觉悟者的生死观。相濡以沫，只能让彼此苟延残喘片刻，不如有个活水洋洋的江湖，让我们自得其乐，彼此自在，那就是道的境界。鱼活水中，人活道中。相忘于江湖，是因为都活在大道之中。

庄子将死，弟子欲厚葬之。庄子曰："吾以天地为棺椁，以日月为连璧，星辰为珠玑，万物为赍送。吾葬具岂不备邪？何以加此！"弟子曰："吾恐乌鸢之食夫子也。"庄子曰："在上为乌鸢食，在下为蝼蚁食，夺彼与此，何其偏也。"

夫大块载我以形，劳我以生，佚我以老，息我以死。故善吾生者，乃所以善吾死也。

遗体被乌鸦吃掉，与被蝼蚁吃掉，有什么区别？人体化为鼠肝虫臂，也是自然造化。我纵身于大化，厚葬有什么必要？

宇宙无极，凡人无所逃于天地之间。人生不过一场大梦，我是一个梦，你也是一个梦，生活里面的惊慌失措，都是梦中的计较，何必定要争个高下胜负。终生役役，吾生何待？与人为徒，只能尽人臣之礼；与古为徒，最好的结果也是效仿古人；而与天为徒，人皆天子。心斋坐忘，虚以待物，是童子，是真人。

天下有两个大法，是人生的两个大诫：内在的天命，外在的道义，都不可逃避。庄子反复申述的"无用之用"，我理解为一种乱世的生存哲学。毕竟，庄子著书立说，也是一种用。他也曾自嘲，庄子笑曰："周将处乎材与不材之间。"现实之中，也只能走中庸之道了。撤去乱世的背景，在一般的境况中，如何在遵循世间的游戏规则时，不伤害自己与他人？庄子其实很有心得：庖丁解牛大法，不为外物所滞，在各种牵绊之中游刃有余。即便世道让人绝望，一腔悲情劲气，也要化作逍遥境界，这是道者的无为。

一个人活着的责任就是自由。这是哲学，也是宗教。人间学问到尽头，不过参透生死罢了。

庄子的迷人之处，还在于新造汉语，数千年之下，让读书人眼睛生亮，心里生光，笔下生辉，比如：

木匠会梦见树木说话：我只求无用，不要让我成为有用之材。

铁匠会听见青铜生铁跳起来喊道：我要做莫邪宝剑。

风波之民——随波逐流的人们；

横目之民——普通庶民，人区别于动物，脸上横目。

老农评论子贡：独弦哀歌以卖名声于天下者乎？

名，公器也，不可多取。仁义，先王之蘧庐（旅舍）也，止可以一宿而不可久处。

——执政者，说教者，要懂得适可而止。

悦夫哼哼（喋喋不休的说教）之意，哼哼已乱天下矣！

——你没日没夜宣讲教化，就是搞乱天下的人心啊。

今汝饰知以惊愚，修身以明污，昭昭乎若揭日月而行也。

——你装扮得很聪明的样子惊吓愚民百姓，修身高洁的模样让别人发现自己的污垢，你这是明晃晃举着日月行走天下啊。你只顾自己高自标举，还让不让人活呢？你把所有的好处都占有了，一点也不给别人留有余地吗？至人无己。统治者不要汲汲于青史留名。

吾闻中国之君子，明乎礼义而陋于知人心，吾不欲见也。

庄子借温伯雪子的口，表达了楚国士人对齐鲁中原士人的看法，这应该就是身为楚人的庄子本人的看法。并借孔子的口来赞叹：这人目击道存，不用开口明示。此中消息：北儒南道，最早的春秋战国的学术界，存在南北各异的面貌，并对南北民风影响深远。

圣人不死，大盗不止。

儒家子弟听了这话会打哆嗦吗？

今吾朝受命而夕饮冰，我其内热与？

话中有人，小说讲究细节动人。

与物为春；洗我以善。

都是好词，洗尽我的颓废厌世与陈词滥调。

君子之交淡若水，小人之交甘若醴。君子淡以亲，小人甘以绝。

我喜欢深圳蛇口工业区创始人袁庚先生的解释：你看得见我的肝，我看得见你的胆，肝胆相照，就是君子之交。

忘足，履之适也；忘要（腰），带之适也；忘是非，心之适也。

——另一种意义上的适者生存，身体与心境的舒适自在。

从容无为而万物炊累。

——从容自如顺应自然，天地万物人间万事都像炊烟游尘那样袅娜自在。

汝身非汝有也，是天地之委形。

——天地间原本没有你，是大自然给了你形体，让你这样子的一个人活在世间。沐猴而冠，不见真我；数米而炊，困于琐屑，失去真我；身心抱一，呆若木鸡，反而一击必中。

天地有大美而不言。

——人生一世，澡雪精神，尽力去探寻天地之美，跟世间美好的事物发生"驯养"关系，乐在其中，不枉此生。

道在屎溺。

——道不可见，道不可言，道不可名，却无处不在。

大思维、新口吻、大格局、新汉语，信手拈来的类比法、对比法、讽刺法、褒贬法、移情法、变形记……庄子之前，仿佛没人这样开口说过话，这是天籁之音。

庄子认为，人世沉浊，不可与庄语。天下污浊，不能庄重说话，只能用寓言聊天说故事，于是虚构夸张，嬉笑怒骂，心如泉涌，意如飘风，编故事，造人物，思维上天入地，语言恣肆汪洋，"独与天地精神往来而不傲睨于万物……上与造物者游，而下与外死生无终始者为友"。故事、思维、言辞无不奇异活泼，但凡认真听过的，没有不脑洞大开的。

我推许庄子为古今中国第一小说家。

庄子编排世人，世人也定然会编排庄子吧。现存《说剑》一篇，学者认为绝非庄子学派的作品，因为其中的庄子很像战国时代的策士形象，这应该是别人在替庄子写小说了，所谓以其人之道还治其人之身。

庄子与孟子同时活在世上，却没有见面，也没有在文字中提及对方。这是一大遗憾，两个顶尖高手一决雌雄，定然令河山增色，汉语添彩。

清人胡文英说：庄子最多情。我同意。这不是世俗的滥情，而是不滞于物的多情，是悦纳于万物却游戏于智慧，认清人间的真相仍坚守自由的精神。庄子的一生，都在完成一场仿佛自虐的放逐，他是弃了整个人世，也要忠于自己内心的人。

自古以来，文人诗人对庄子情有独钟，庄子是艺术人生的教科书，是天地间大孤独者的艺术示范。

中国幸好有庄子，在儒法进攻战术之外，有个撤退的战术，让历代书生不易受伤。

那么，读庄子吧，砸开你的心锁，解放你的思维，窥见你的神明，清洗你的汉语。

第二十七讲　李白家的月亮

——对一个文化意象的经典个案考察

一、大家的月亮

月亮本是天下人的月亮，如何变成了李白家的月亮？他是如何做到的？

先看众人的月亮，以大唐名人名句为例：

杜甫的月亮是常人眼中的感应物，随主人变化。月亮走，我也走。想妻子时：清辉玉臂寒。心有豪情的时候：月涌大江流。杜甫的月亮是家常的，亲切的，我们都懂。

王维的月亮高冷：明月松间照，清泉石上流。月是月，人是人，互不干扰，各自自在。这是禅境，我们一般人进不去。

李贺的月亮有鬼：月漉漉，烟波玉。他到南朝名妓苏小小的墓前吟叹这样的诗句，以月喻人，让清朝名妓董小宛爱不绝口，董小宛是月痴，把这几句诗当作口头禅，一边赏月一边吟诵，仿佛苏小小的身影和命运就在眼前复活重现了。

李商隐的月亮有神：嫦娥应悔偷灵药，碧海青天夜夜心。他理解嫦娥的寂寞，那种无边无际的无人告诉的空旷的寂寞。

张九龄的月亮气度非凡：海上生明月，天涯共此时。这种包容万物的气度，叫作大唐气象。

张若虚的月亮是天问：江畔何人初见月，江月何时初照人。邈远深邃，具有科幻色彩，那个画面就是一个美妙的电影镜头：万古洪荒，日月归位，地球上第一次出现了智人，智人的眼睛里第一次涌动着月光。

二、李白家的月亮

老实人杜甫曾经大言:诗是吾家事。写诗这回事,是我们杜家家传的事情。这是对儿子的告诫与希望。

从不老实的李白,虽没说过:月亮是我家的。但是我们看出来了。

现存的李白第一首诗,是十五岁所作,诗题《初月》。应该不是处女作,却是作者自己保存下来的、世人又流传下来的李白第一首诗歌,说的是月亮。

玉蟾离海上,白露湿花时。
——《初月》

鹦鹉学舌,艺术性一般,如同一般的学生作文,暂时看不出天才的样子。然而,少年落笔就是月亮,此后,诗人的眼睛里一直月光盈盈。

小时不识月,呼作白玉盘。
又疑瑶台镜,飞在青云端。
仙人垂两足,桂树何团团。
——《古朗月行》

小时候惯用白玉盘,才会有这样的联想,李白生于富商之家。从小有异常的知识结构与想象力,才会以月亮为通道口,进入仙人世界。当他看见了仙人,从此拥有了一个异于常人的世界。这个世界不是凡俗红尘,是红尘之上的仙界,美丽、飘逸、辽阔、神奇魅人。

见过李白的人,第一眼就会被他的大眼睛魅惑。崔宗之说他"双眸光照人",如月光。魏万说得更形象:"眸子炯然,哆(张开)如饿虎。"这样一对精光洋溢、光彩照人的双眸,熔铸着"十步杀一人,千里不留名"的侠客豪迈、"闲与仙人扫落花"的仙风道骨、"为君谈笑静胡沙"的书生意气、"唯愿当歌对酒时,月光常照金樽里"的酒徒顽皮、"相看两不厌,只有敬亭山"的触物深情,以及"我寄愁心与明月"的浩瀚迷思。

李白一生做了一些非凡的大事，留下一些非凡的传说，而又大多与月亮有关，这就超乎寻常了：

他的长子取名伯禽，小名却叫"明月奴"——月亮的仆人，那么，言下之意，自己就是月亮的友人，而且至少是密友。孩子的小名就是爱称，天天呼叫着"明月奴""明月奴"的李白，真把月亮带回了家，成为自己的宠儿。

当时和后世的人们都喜欢他，所以替他编造神话：

李白从四川到长安，一露面，就被文坛大佬贺知章称作"谪仙人"，说是太白金星投胎人间。生是仙人下凡，死呢，也不平凡，是醉酒赴水，人们却说他是水中捉月，骑鲸而去。

李白一生，将自己的生命、名声、孩子、追求，如此彻底地与月亮捆绑在一起，普天之下，中外诗坛，再无二人。

三、天下人与天上人

天下人都喜欢月亮，而李白为最，诗人都爱对月抒情，而李白更喜欢，并且有能耐喜欢得与众不同。

李白是个授过符箓的道人，如同削发剃度的僧人，属于专业修道者。修道者的世界不在人间，在天上。以和尚写的一首诗为旁证：

举手攀南斗，翻身倚北辰。
出头天外看，谁是我般人？

——【宋】士珪和尚《禅诗》

在星空中穿梭纵横，在南极星和北斗星之间翻筋斗的和尚士珪，是活着的孙悟空，是宋代的宇航员，这是修道者疯狂的样子，叫作狂禅。李白似乎也到了这个境界。

危楼高百尺，手可摘星辰。
不敢高声语，恐惊天上人。

——《夜宿山寺》

你看这个习惯动作：登上高楼，不是苏东坡似的感觉高处不胜寒，而是手痒痒地要做摘星人，并且知道天上的仙人正在看着自己。这就是修道与不修道的差别。

李白时常会有幻觉：神游仙界。写了大量的幻想色彩的游仙诗。

> 我昔东海上，劳山餐紫霞。
> 亲见安期公，食枣大如瓜……
> 愿随夫子天坛上，闲与仙人扫落花。
> ——《寄王屋山人孟大融》

> 我本楚狂人，凤歌笑孔丘。
> 遥见仙人彩云里，手把芙蓉朝玉京。
> ——《庐山谣寄卢侍御虚舟》

在李白眼里，孔丘也是凡人，而他的伙伴是仙人。"闲与仙人扫落花。"

> 西上莲花山，迢迢见明星。
> 素手把芙蓉，虚步蹑太清。
> 霓裳曳广带，飘拂升天行。
> ——《古风·西上莲花山》

凡人登山而已，他却是与神仙约会。我们游山玩水，他是游仙玩世。

> 我欲因之梦吴越，一夜飞度镜湖月。
> 湖月照我影，送我至剡溪。
> 青冥浩荡不见底，日月照耀金银台。
> 霓为衣兮风为马，云之君兮纷纷而来下。
> 虎鼓瑟兮鸾回车，仙之人兮列如麻。
> ——《梦游天姥吟留别》

梦乡有月，梦境也一片光明，然后看见仙人如麻，满天飞舞。常常有这么玄幻的梦境，可见李白有个什么脑子，反正结构与我等不同。这就是区别：我们是天下人，天下人从地面仰望月亮，遥不可及。而李白是"天上人"：天上人与月亮为伍为伴，心在太空，人与月亮的关系，不再是敬仰，而是可戏谑、可玩赏、可友爱、可亲昵、可驱使。他理应梦游、卧游、幻游天界仙境。

> 长安一片月，万户捣衣声。
> 秋风吹不尽，总是玉关情。
> 何日平胡虏，良人罢远征。
>
> ——《子夜吴歌·秋歌》

一个思妇一边捣衣一边思念良人，本是寻常光景。而到了李白这里，他思路撒开，起句却是一片月光下，千家万户的女子，都在捣衣，都在思念丈夫。意境开阔，随便就肩负起一个时代。

我们站在窗前、阳台看月亮，李白是飞到空中看月亮。空间的视野辽阔，自然源于心胸辽阔。时间的视野辽阔，则是源于深远的历史感。

> 只今惟有西江月，曾照吴王宫里人。
>
> ——《苏台览古》

西施的寂寞身影，已经消失不见了。李白的月亮看见了。

> 箫声咽，秦娥梦断秦楼月。
> 秦楼月，年年柳色，灞陵伤别。
>
> ——《忆秦娥·箫声咽》

秦娥：《列仙传》记载，箫史善吹箫，得到秦穆公女儿弄玉的热爱，箫史作凤鸣召来凤凰，夫妻随凤凰飞去。李白考证：这个神仙故事应该发生在一个有月亮的晚上。仙人艳遇，有月为证。柳色+月色，这个重叠的意境后来被柳永化作：今宵酒醒何处？杨柳岸，晓风残月。

在天上看月亮，所以可以看见仙人。

在天上看月亮，比常人看得多，看得远，看得不一样。

四、月亮是李白的宠物

更有甚者，月亮仿佛是李白家养的宠物，无论喝酒、送友、怀人、思乡，招之即来，挥之即去。

> 长留一片月，挂在东溪松。
> ——《送杨山人归嵩山》

> 狂风吹我心，西挂咸阳树。
> ——《金乡送韦八之西京》

> 我寄愁心与明月，随君直到夜郎西。
> ——《闻王昌龄左迁龙标遥有此寄》

诗心如明月，可以挂在树上，可以远送故人，自然也可以拥抱人世，光耀人间。

> 白马金羁辽海东，罗帷绣被卧春风。
> 落月低轩窥烛尽，飞花入户笑床空。
> ——《春怨》

人家的春怨总是扯不断的相思，李白的却是对性爱的玩笑，月亮也调皮得像个顽童。

> 田家秋作苦，邻女夜舂寒。
> 跪进雕胡饭，月光明素盘。
> ——《宿五松山下荀媪家》

他也曾落魄乞食，田家奉上用菰米煮成的饭食，他居然看到粗糙的米饭上有月光明亮。不奇怪，青精饭与月光是道家口粮。李白习惯性地愿意化凡俗为神奇。

> 夜来月下卧醒，花影零乱，满人衿袖，疑如濯魄于冰壶也。
> ——《杂题》

一觉醒来，月光如水，心魄如同在月光中洗过一样，清洁、纯净、自由，这些月亮的特性与诗人的心灵秉性吻合。

我心如明月，从天上到地下，从人间到内心，一轮月亮总在手边，什么时候用起来都很顺手。真是不可一日无此君也。

有歌唱道：月亮代表我的心。李白说起来最合适。因为普天之下，只有他，把月亮当成了自家的宠物。

我们不跟李白抢月亮，还因为我们没有他的好酒量。

五、月亮是李白的酒杯

李白与酒，一对冤家，加上明月，何其热闹。饮酒容易产生幻觉，而月亮引发飞升的联想，因为酒和月的助力，李白很方便触摸仙境：李白＋酒＋明月＋道人惯性思维＝仙境。

李白的仙境，除了真真假假的遇仙，更有实实在在的现实追求：张扬自我，抵达人生的自由境界与文字的飘逸境界。所以，李白的仙境＝自由的人生＋飘逸的文字。

> 今人不见古时月，今月曾经照古人……
> 唯愿当歌对酒时，月光长照金樽里。
> ——《把酒问月·故人贾淳令予问之》

前朝废墟上，月照沧桑，今人的头顶，是古代的月亮。从张若虚的意境出发，最后抵达的还是李白的月亮：金杯盛酒。当歌对酒，人生得意，还要有月光照在酒杯里，这才完美。月光与酒，是李白打通天地的工具。如果是空杯盛满月光，那是不对的。

> 人生得意须尽欢，莫使金樽空对月……
> 天生我材必有用，千金散尽还复来。
> ——《将进酒》

酒杯里没酒，是羞对月光的。空杯，就像人生无所作为，是虚度人生。酒杯不可空杯，如同人生不可虚生浪死。这就是李白的人生哲学，矜才使气，热热闹闹活一场，这也是大唐人向往追求的人生气度与生命气象。

> 南湖秋水夜无烟，耐可乘流直上天。
> 且就洞庭赊月色，将船买酒白云边。
> ——《游洞庭湖》其二

秋夜的洞庭湖水澄澈无垢，几乎可以让人乘流上天呢。羽化登仙的办法就在眼前：舀取一湖月色，勾兑一天白云，如此美酒如此仙境，不待痛饮，已然成仙。对于李白这种想象力冒烟的诗人，人生何处没有美酒？什么样的美酒不可醉人？

> 花间一壶酒，独酌无相亲。
> 举杯邀明月，对影成三人。
> 月既不解饮，影徒随我身。
> 暂伴月将影，行乐须及春。
> 我歌月徘徊，我舞影零乱。
> 醒时相交欢，醉后各分散。
> 永结无情游，相期邈云汉。
> ——《月下独酌》其一

拒绝孤独，拒绝自怜，独自饮酒，他有本事喝成三个人：一个太白，一个明月，一个孤影，一个人就化作三人。幻化出友人，美化出自己的世界。这是李白的人生魔术。一个边地的儒生，一个尘世的仙人，一个江湖的侠客，一身兼有三个身份，他是盛唐才可以有的魔术师，新鲜诞生的中国士。

他有分身术，更有拥抱宇宙的狂野的心。

与无情之物，结有情之游，人皆可为，但是止于闲花艳草，凄风苦雨，偶尔感应而已。对生命一腔深情，却敢做无情之想，这需要怎样的胸怀？是道家思维，是认识到天地不仁、圣人不仁之后，依旧热烈拥抱这个苍凉的人世与冰冷的宇宙，是强者思维，是超人作为。人、影、月三者暂时的缱绻缠绵，是人间难得的际遇，彼此互不厌弃，倾心交欢，尽情地享受这一刻吧，让我们清醒地欢乐，醉倒以后就各自分散，各自自在。与无情之物接有情之游，岂止是诗人的浪漫想象就可以得到？人与月与影，没有任何世俗目的，物我两忘而相亲相爱，这是遥远的太空和仙境中才有的情感，这是一个人可以祈望的最高的友爱境界。这样的"无情游"，实在是深情游。

在山野最浓黑的深夜里，在灵魂最寂静的状态中，这个时节，这种情境，怎能少得了月亮？酒是通仙的媒介，而月亮，是诗文，是诗人之心，是李白拥抱宇宙仙境的通道。

月光，也是世界为诗人奉上的一杯美酒吧，长啸一醉，天地一白，于是粉白新墙上，月光诗意一起浮动飘飞。

六、月亮盛满李白对宇宙的深情

蓬莱文章建安骨，中间小谢又清发。

俱怀逸兴壮思飞，欲上青天览明月。

——《宣州谢朓楼饯别校书叔云》

蓬莱，海中神山，东汉时藏书之东观名，幽经秘籍并皆在也。前辈大家：三曹和建安七子的风骨；谢朓的清秀俊爽。生在我前的诗人中，李白认可的同道中人，只有这些。"月下沉吟久不归，古来相接眼中希。"这是他许可的人间奇人，加上渴慕的蓬莱观的求仙秘籍。览，通揽。

李白点赞前辈的用语非常特别：人间奇人最好的文字都有飞翔太空摘取明月的渴望。他认为一个杰出的诗人，不可没有伸手摘星揽月的冲动，都该是摘星揽月手，像他一样。

日本晁卿辞帝都，征帆一片绕蓬壶。

明月不归沉碧海，白云愁色满苍梧。

——《哭晁卿衡》

明月是李白挚爱之物，一般用来比喻自己、自己的内心，罕见的一回用来喻人，是给日本遣唐使阿倍仲麻吕，唐玄宗赐名晁衡，或者朝衡，误传回国遇海难而亡，李白慷慨拿出月亮，将他比作明月沉海，不只是应景，更多的是深沉悲情。

所有的美好与追求，最后都化作文字，水晶诗句，碎玉文章，月光凝结的太白诗集，光照后人。

> 清风朗月不用一钱买，
> 玉山自倒非人推。
>
> ——《襄阳歌》

世上真正的好东西都是不花钱的。玉山倾倒是不需要外力作用的，完全自觉自愿的。玉山，用的是嵇康醉酒的典故。时人点评他：平时好像高峻独立的青松，喝醉了酒的时候，就像一座玉山摇摇欲倒。关于倾倒，我更愿意用波德莱尔的文意：人生需要沉醉，这才是真的活着的样子。李白定然会同意吧。人生在世，要学会沉醉，可以醉于美酒，醉于美人，也可以醉于山水，醉于诗歌，醉于书籍。总之，不要苟活一生，你要醉于人间之美、生命之美。

苏轼表示同意。他说：江山本无主人，唯有闲者得之。然后在赤壁深夜爬山，月光底下看见白鹤飞过，也产生羽化成仙的渴望。或者，月光亮得人心火烧火燎，一定要邀朋友在月光如水的庭院散步才得到解脱，不是五石散，是月光散。

有闲，游仙，有诗有酒有好友，月光包裹中，安放一颗有趣的灵魂，如此，才深谙沉醉的妙趣。

> 罗帏舒卷，似有人开。
> 明月直入，无心可猜。
>
> ——《独漉篇》

世界（人或者神仙）想要偷看我？我襟怀磊落，光明澄澈，明明白白我的心，一片冰心在玉壶。我与世界，皆无隐藏，赤诚相见，两不相厌。

在天上人李白的眼里，天地辽阔，那一轮明月，也是见人所未见。

明月出天山，苍茫云海间。
长风几万里，吹度玉门关。

——《关山月》

常人眼中的月亮温柔、朦胧、美丽、多情，关键是小巧；而李白眼中的月亮，可以苍茫、苍凉、雄浑、悲壮。"明月出天山"，如此大气磅礴，唯有"海上生明月"可媲美。李白祖籍陇西成纪（今甘肃省天水县），张九龄是广东人。他们见过无遮无拦的月亮。学者胡晓明认为，这首诗中的明月，是李白的自我象征，从故乡来到中原大地，身负神圣使命，为人间带来光明与美。这是圣贤降临人间的英雄颂。

轻言什么诗酒风流？胡说什么文人习性？我只是"明月直入，无心可猜"，我明白"清风朗月不用一钱买"，我留给人间"清水出芙蓉"的水晶绝句，你偏记得我"我且为君捶碎黄鹤楼，君亦为我捣却鹦鹉洲"的酒后狂言。让力士脱靴、贵妃研墨，那不过是小意思，偏让世人传得沸沸扬扬。皇宫岂不也是一个酒家，让我以诗换酒？

我的疆域比唐明皇的宽广。

爱酒，所以水遁；

爱月，所以水中捉月；

人生太短，所以寻仙；

世界太小，所以活在传说里。

李白以一个"欲上青天览明月"的姿势，伸手摘星辰，放胆著诗文。向世人昭告着天地之大，心灵辽阔。中国需要这样一根透彻浪漫的诗骨，支撑起文人的梦幻天空。

因为太白、因为太白的月亮，解放大地的美、解放人心的美。

李白，中国的摘星揽月手。

七、中国人的月亮

床前明月光，疑是地上霜。
举头望明月，低头思故乡。

——《静夜思》

李白之后，多少中国孩子，在牙牙学语的年纪，就会背诵这首诗。两个知识点：床是井栏，古人围井而居，流浪则是背井离乡。空旷处才可举头。所以不是窗前望月，而是庭院中望月。

一曲《静夜思》四海流传，李白一举头，世人尽思乡。这首诗通俗如儿歌，却的确变成了中国孩子的童谣，在幼小的心灵里，建立了月亮与家的联想，这种思维定势和审美定势，成为中国人灵魂的一部分。

这是最好的游子诗，流传最广的关于月亮的诗。

这一回，李白的月亮是亲切迷人的，是柔情万丈的，是窃窃私语的，是直照人心的，是"我们大家的"。

李白通过诗歌，把月亮还给大家了。因为有了诗人敏感的灵魂和天籁之音的诗句，李白家的月亮，成了中国人的月亮，天下所有懂得汉语的人的月亮。

中国的月亮照亮每一个中国人，也将照亮世界吧。

感谢李白，告知苦海无涯的百姓，万丈红尘之上，还有一轮明晃晃的月亮。举头就可望见，远望即可当归，伸手似可摘取。

李白的月亮诗篇，让中国人的心灵世界里，生出一个宇宙意识，这个宇宙是看得见的，也是友好的，如月光澄澈。

第二十八讲　凤鸣中国：杜甫的祈祷

凤凰，杜甫的图腾

凤凰，传说之鸟。是中国人想象出来的百鸟之王。就像龙是人们想象出来的国家图腾，大鹏是求道者渴慕的逍遥游的化身。龙、大鹏、凤凰，这些虚构的动物成为一国、一人、一种文化的图腾，有强烈的心理暗示作用，会变成强大的内驱力，改变人的一生，左右一个国家的命运。中国人觉得自己是龙的传人，是大国之民。李白选择了大鹏，人间不够他住，他要飞身天外羽化成仙。而杜甫，选择了凤凰。

杜甫（712—770）说自己七岁时开口吟诗，张嘴就吐出一只凤凰："七龄思即壮，开口咏凤凰。"成年的杜甫给幼年的自己做广告，也是稀罕，他迫切需要世人相信，自己从来不是凡人。这种人中凤凰的自我期许，贯穿了他的一生。

他哪来的底气呢？家族遗传。杜甫的家族先人，有两个是他的楷模。一个是远祖，晋代名将杜预，文武全才，文能注《左传》，武则善战，民间歌谣赞他"以计代战一当万"，人称"杜武库"，是被刻碑记功的人物。杜预是京兆杜陵人，所以杜甫追宗慎远，自称"京兆杜甫"。杜甫的出生地是河南巩县，属于襄阳杜氏一脉。杜甫的另一个偶像是祖父杜审言，初唐大诗人，五言律诗形式的奠定者之一，尤其擅长写排律。一般人写律诗多是六韵八韵，杜审言的律诗可以长到四十韵，扬才使气，且好为大言，曾说："吾文章当得屈宋作衙官，吾笔当得王羲之北面。"自诩诗文书法，独步千古的意思。于是，排律成为杜甫的家学渊源。杜甫接着写，写得超过先人；接着吹："吾祖诗冠古"，"诗是吾家事"。

有这样出色的先人，杜甫的心变大了。治国平天下，也是家传祖业，所以他立志高远，自比稷契："致君尧舜上，再使风俗淳"。要辅助君王成为古代尧舜那样的圣明君主，使政治清明，风俗淳朴。如此大愿，动不动就上升到顶级追求，这是孔夫子传下的儒家习惯。在文字上的自信、矜诞不让先祖，"气劘屈贾垒，目短曹刘墙"，屈原、贾谊、曹植、刘桢等皆不入其法眼。

考虑到大唐盛世的诗人，大多头角峥嵘目高于顶，杜甫这种以天下为己任的政治抱负，扫荡汉魏六朝奢靡之音的文化豪气，也是初唐与盛唐文人的普遍人格。杜甫不过是尤其拔尖而已。

凤凰人格，很容易变成一种牺牲人格。这也是儒家的传统。孔夫子晚年长叹："凤鸟不至，河不出图，吾已矣夫。"凤凰，象征祥瑞。凤鸟至，河出图，乃圣人受命、王者兴之兆。凤凰出现，天下太平。上古传说，凤凰面世两次：舜帝和周文王见过。孔夫子没见到凤凰，一生绝望。杜甫的心里，总是活着一只凤凰。有时候是代表君王，有时候是代表自己。

唐乾元二年（759），安史之乱正酣之时，杜甫从秦州（甘肃天水）流浪到同谷县（甘肃成县），停留在凤凰台下的凤凰村。凤凰台这个名字勾起了他内心的豪情，他狂放地想象到，凤凰台上，恐怕有一只幼小的凤凰，失去了母亲，正嗷嗷待哺。我要攀上高山，我甘愿剖心沥血，作为供养凤雏的竹实与醴泉。杜鹃啼血的意象联想，转化为自我牺牲的惨烈寓言，如此，我与凤凰，有了活生生的血肉联系；我与新君王（肃宗）、与新国运也搭上了关系，我可以舍生忘死，保护国家祥瑞，辅佐君王，令天下太平。

> 亭亭凤凰台，北对西康州。
> 西伯今寂寞，凤声亦悠悠。
> 山峻路绝踪，石林气高浮。
> 安得万丈梯，为君上上头。
> 恐有无母雏，饥寒日啾啾。
> 我能剖心出，饮啄慰孤愁。
> 心以当竹实，炯然无外求。

血以当醴泉，岂徒比清流。
所贵王者瑞，敢辞微命休。
坐看彩翮长，举意八极周。
自天衔瑞图，飞下十二楼。
图以奉至尊，凤以垂鸿猷。
再光中兴业，一洗苍生忧。
深衷正为此，群盗何淹留。

——《凤凰台》

平定胡虏的大愿，李白高适等人都有，但是这种剖心沥血自我牺牲的姿态，只有杜甫一人所有。自身难保，却不惜微命，要将自己的生命寄托于凤凰，凤凰再生，我将永恒，国运昌盛，我得永生。

凤随其皇去，篱雀暮喧繁。
安得覆八溟，为君洗乾坤。
儒生老无成，臣子忧四番。
箧中有旧笔，情至时复援。

——《客居》

客居四川的宁静岁月，来之不易，他的心却难得安宁：我还有诗笔在手，我可以为君王、为凤凰一洗乾坤。

杜甫去世前数月，战乱不息，一船漂流到湘江，人在绝望中流浪，人生晚境、国家危境中，他又想起了凤凰：

君不见潇湘之山衡山高，山巅朱凤声嗷嗷。
侧身长顾求其群，翅垂口噤心甚劳。
下愍百鸟在罗网，黄雀最小犹难逃。
愿分竹实及蝼蚁，尽使鸱枭相怒号。

——《朱凤行》

就像李白的绝笔是献给大鹏，晚年修改少作《大鹏赋》以流传人间，不屈不挠要飞翔。杜甫一生最后一口豪气，吐出一首凄绝的《朱凤行》。凤凰哀鸣，身心劳顿，身边没有同伴，天罗地网，百鸟深陷，无人可逃，无处可逃，所有的生命贱如蝼蚁，只有鸱枭恶禽在放肆横行。凤凰原本非圣世不生，非竹实不食，非梧桐不鸣。到如今，圣世不再，圣君不在，祥瑞不在，然而凤凰犹在，诗人自己化身为凤凰，哀哀长鸣。凤凰之心，悲悯之心，自己尚且饥饿无依，最后一点心愿，却是要将竹米分食天下苍生。这是杜甫热爱人世的初心，也是他一生最后的祈祷。

凤凰，与其说是杜甫的图腾，不如说是中国儒生极致人格的象征。

杜甫一生不吝赞美别人，但是用凤凰来赞人，唯一一次，是说诸葛亮："三分割据纡筹策，万里云霄一羽毛。"这个羽毛，典指凤凰。威凤高翔，在众人之上。遗憾的是：即便有如此大才，也不能力挽狂澜，转变国运。

因而，凤凰的内心，是无边的寂寞和深邃的悲哀。

盛唐诗坛三王：李白想成仙，王维要成佛，只有杜甫想成人，做一个真人。他对人世用情之深超越前二者。诗圣，诗坛的圣人素王，岂是偶然得之？

理想的世界与美好的人生，往往求而不易得，那么，只剩下不断地祈祷了。

最初的祈祷

由于杜甫忧世叹老的诗篇太醒目了，一般读者会忘记他曾经有过身心健朗的青春。

杜甫幼年丧母，寄养在洛阳二姑家，少小多病，曾染上时疫，二姑全力救活了他，自己的儿子却夭亡了。六岁时，在郾城的街上看过公孙大娘的剑器浑脱舞，终生难忘。九岁时学写大字，临摹虞世南的书法，养成良好的艺术修养。然而，少年时期，他与一般孩子一样顽皮，甚至童心更甚，每天爬树摘果子："忆年十五心尚孩，健如黄犊走复来。庭前八月梨枣熟，一日上树能千回。"（《百忧集行》）一日"千回"，那是嘴馋孩子的滑稽模样。爬下树来，拍拍身上的尘土，顽童变身一个书生，出入社交场合，洛阳名士崔尚、魏启心等人推许他少年文风似班固、扬雄，他勉强接受："往昔十四五，出游翰墨场。斯文崔魏徒，以我似班扬。"也曾入出歧王宅、登上崔九堂，听过李龟年歌唱。而且，爱上喝酒了，酒风豪爽，喝开以后，指点江山，嫉恶如仇："性豪业嗜酒，嫉恶怀刚肠。"喝高之后，自我膨胀，目无余子："饮酣视八极，俗物都茫茫。"少年时期喜欢跟年龄大的成名人物交往，"脱略小时辈，结交皆老苍"（《壮游》），这对他的人格养成应该有良好的引导。

既是出身名门，祖父杜审言的诗名尚在人耳，自身又诗书满腹，才华不俗，自信到了自负的境界，在盛唐的名利场上，这样的少年杜甫是一个受欢迎的人。

甫昔少年日，早充观国宾。
读书破万卷，下笔如有神。
赋料扬雄敌，诗看子建亲。
李邕求识面，王翰愿卜邻。
自谓颇挺出，立登要路津。
致君尧舜上，再使风俗淳。

——《奉赠韦左丞丈二十二韵》

观国宾，典出易经"观国之光，利用宾于王"，是所谓明习国之礼仪，能够朝见至尊，看到国家之荣光的人。朝见至尊这个事情不是发生在少年日，而是若干年以后人在长安的成年之日，杜甫提前了时间，是吹牛，却不是撒谎。诗赋的对手只认可博学的扬雄与俊爽的曹植，这个无可厚非，每个读书人都会有自己私许的前辈，往往是与自己的禀性与审美契合之人。李邕是一代名士首领，"独步四十年，风听九皋唳"的风流人物，杜甫与他私交深厚，漫游的岁月曾专门去山东拜访李邕。少年王翰是个恃才豪健、倜傥不羁之人，少年杜甫同样意气豪迈，两人相约做伴，也是可能发生的事情。至于要站在高处，站在转圜国运的紧要处，影响君王和世道人心，这只是儒生杜甫的大梦。

李白有言："大丈夫必有四方之志，乃仗剑去国，辞亲远游。"大唐士子的青春期，读罢万卷书，再行万里路。许多人远游的目的地是东西两京，目的是求出路，带着诗文行卷，干谒权贵，求得大佬推荐，在科考中博取功名。

杜甫似乎只是为了长见识，甚至是纯粹旅游，他从东京洛阳出发，漫游江南与山东，前后浪游了十年。二十岁到二十九岁的黄金年华，他在路上。没有明确的目的，也没有清晰的目的地，甚至没留下多少诗篇。

那时候的杜甫，有点公子哥儿的意思。"放荡齐赵间，裘马颇清狂。"父亲做县令，家境尚殷实，更重要的，他的青春期正活在一个伟大的时代：开元盛世。

> 忆昔开元全盛日，小邑犹藏万家室。
> 稻米流脂粟米白，公私仓廪俱丰实。
> 九州道路无豺虎，远行不劳吉日出。
> 齐纨鲁缟车班班，男耕女桑不相失。
> ——《忆昔》

盛世少年，元气淋漓，眉目生动，一个个天下在握的样子，多豪言，多侠气，多诗歌，前程无忧，未来可期。二十四岁，杜甫从江南浪游归来，参加了一次科考，落第了，也不以为意，反正后面有大把的好日子在等着自己。于是，继续出发，漫游齐赵之间。某日，遥望泰山，写下了生平第一首名篇：

> 岱宗夫如何？齐鲁青未了。
> 造化钟神秀，阴阳割昏晓。
> 荡胸生层云，决眦入归鸟。
> 会当凌绝顶，一览众山小。
> ——《望岳》

诗题是《望岳》，不是岳望，说明根本没登上泰山之顶，可能只是爬到半山腰吧，然后往远处望去，青青一脉；往上望去，云飞鸟翔，云顶在眼，生发感慨："会当凌绝顶"，我会登上去的，如孔夫子说的，登泰山，小天下。

会当，这是祈祷，杜甫一生中第一次明明白白的登顶祈祷：我将立身时代之巅，俯瞰天下。

青春期的杜甫，豪气干云，出言磅礴。他眼中的老鹰是"何当击凡鸟，毛血洒平芜？"（《画鹰》），他心中的骏马是"所向无空阔，真堪托死生"（《房兵曹胡马》），这是青春，这是热血，盛唐的青春，盛唐的青春之歌。

开元二十九年（741），杜甫回到洛阳，在洛阳郊外的首阳山下尸乡亭土娄庄，开辟了几间窑洞，这就是家了，附近，有先祖杜预和祖父杜审言的坟墓；家里，有新婚的妻子杨氏，司农少卿杨怡的女儿。杜甫要安定下来了，时代却要开始动荡不安。这一年，杜甫正好到了而立之年。

朋友们

杜甫三十五岁的时候（746年，天宝五载），终于来到长安。一直环抱着做大事的愿景，却忘记了谋生这件小事。于是，他一直延宕着耗费了青春。如今，作为成年人，他需要谋一个官职，以养家糊口，兼安身立命。恰好，朝廷正要开恩科取士。

京城长安贵族的风流佳话，还在市井流传，杜甫没赶上现场，却听饱了坊间的各种传闻。他信了，怀着钦慕的心情，给刚刚散去的一代风流人物立传，一首诗中集合群体八人合传，这种诗篇以前没人写过。

> 知章骑马似乘船，眼花落井水底眠。
> 汝阳三斗始朝天，道逢麴车口流涎，恨不移封向酒泉。
> 左相日兴费万钱，饮如长鲸吸百川，衔杯乐圣称避贤。
> 宗之潇洒美少年，举觞白眼望青天，皎如玉树临风前。
> 苏晋长斋绣佛前，醉中往往爱逃禅。
> 李白一斗诗百篇，长安市上酒家眠。

天子呼来不上船，自称臣是酒中仙。

张旭三杯草圣传，脱帽露顶王公前，挥毫落纸如云烟。

焦遂五斗方卓然，高谈雄辩惊四筵。

——《饮中八仙歌》

贺知章，开元年间文坛领袖，两年前请度为道士还乡。汝阳王李琎，唐玄宗大哥之子，因姿质明莹、肌发光细，被称为"花奴"，以好酒被称为"酿王"。左相李适之，天宝五载罢相，杜甫的诗引用了他的罢相诗句"避贤初罢相，乐圣且衔杯"。崔宗之，朝官。苏晋，开元二十二年已经过世，诗中写的是传说。李白，已在两年前出宫，离开长安。张旭，草圣。焦遂，布衣。

这是一篇精彩洋溢、妙趣横生的人物合传，寥寥三两句，刻画出一个人物的特征，高度概括凝练，放肆夸张漫画，每个人都活了。他们的共同特征是开元人物的集体面相：旷达、自由、弃绝尘俗，藐视威权，与其说活在酒中，不如说活在自由人格之中。杜甫赶上时髦的尾巴，揪住刚刚逝去的开元风流一唱三叹，是对另一种圣贤的渴望——治国平天下之外，人还得有滋有味地活着。

杜甫渴慕长安的风华，却成了赶来见证长安衰落的人。

这时候的京都，经常不见皇帝唐玄宗的人影，他和杨贵妃每年秋冬都在华清池泡温泉。朝政委交李林甫把持。李林甫是个干吏，擅长敛财，讨厌文士，认为他们百无一用，只会多嘴多舌批评时政。为了打消天下士子科考仕进的念想，747年，他假模假式地开恩科，诏征文学艺术有一技之长者进京备选。然后，史无前例的，无一人及第入选。他向皇帝上表祝贺："野无遗贤。"有用的人都已经在朝堂中了。这一回落选者中，正有杜甫，还有现实主义诗人元结。权臣舞弊，以国家的名义欺骗士子，这种羞辱让人有冤无处申诉。不久，名士李邕也被李林甫借故扑杀。

此后的日子，杜甫就陷入困顿了。做县令的父亲又去世了。杜甫忽然成了长安的流浪者。"冠盖满京华，斯人独憔悴。"这句写李白的诗，正是杜甫的自画像。这是一段辛酸的岁月，长达十年的京漂。他做了贵族的宾客，相当于高级乞丐。名义上是"卖药都市，寄食友朋"。这些"友朋"中最重要的是汝阳王李琎和驸马郑潜曜。采药种药，换取一点"药价"，让乞讨变得体面一些。其间，他肯定受到过人情冷暖的折磨，感受过"翻手作云覆手雨"势利之交的屈辱。

> 骑驴三十载，旅食京华春。
> 朝扣富儿门，暮随肥马尘。
> 残杯与冷炙，到处潜悲辛。
> ——《奉赠韦左丞丈二十二韵》

这个时候，他强烈地思念李白。之前在洛阳，两人初识，后来两度结伴漫游齐越，此后再没见面。如今的长安，没有了李白的身影。在现实中，两人年龄相差11岁，情感交流应该不算深入，李白是盛唐诗坛头号名人，而杜甫诗名未显，李白并未见识到杜甫的真才，别后也没怎么想念过杜甫，而杜甫一生心心念念不断想起李白。李白，甚至成为杜甫一生最重要的灵魂之交。

杜甫一眼认出了李白新鲜的风度，被他身上自己所没有的气息所吸引。杜甫跟着李白，在另一个世界的门口张望了一眼，然后就退缩回来。李白身上，迷人的异域情调，陌生的语言表达和奇异的想象力，全新的文字，潇洒的人生态度，瑰丽的美学世界，迷倒了长安的诗人与君王，而杜甫中毒最深。因为两人个性差异最大，内心景观全然两样，就像孔夫子遇见了苏格拉底，一个确信一切的人遇见了一个质疑一切的人，异样的思维碰撞，让杜甫重新审视人生，二十几岁正在养成人格的年纪，杜甫被李白彻底魅惑。他的怀旧诗篇，就是这种魅惑与审视的延伸。

伴游之初，杜甫觉得李白每天就知道喝酒，这辈子岂不是虚度了："痛饮狂歌空度日，飞扬跋扈为谁雄？"雄心万丈的杜甫对此不解，这是少年老成的杜甫对老哥李白身上的少年张狂之气感觉遗憾。杜甫对李白的诗歌也感触不深："李侯有佳句，往往似阴铿。"这个评价隔靴搔痒。如今在长安，杜甫不断思念李白，越想越感觉到他的文字精彩："白也诗无敌，飘然思不群。清新庾开府，俊逸鲍参军。"杜甫终于认识到李白的独特：飘然思不群。他的世界不是俗人的名利世界，他生活在别处，这个别处，是如此豪爽、健朗、无所羁绊、自由自在。这是杜甫渴望的，与他的乞食京华相反的人生状态。

杜甫对李白的思念，几乎延续了一生，随着自己的成熟，阅历的增加，他对李白的理解越来越深，几乎成为李白唯一的知己。在秦州时，说李白"笔落惊风雨，诗成泣鬼神"，这是由衷的敬慕了。文字通灵，不是巫术，是天下诗人追求的最高境界。在成都时，说他"敏捷诗千首，飘零酒一杯"，这是朋友之间的点评了。李白被流放夜郎，"世人皆欲杀，吾意独怜才"，人间降生这样一个大才子容易吗？我为天下珍惜人才。身边再也没有这样豪迈的朋友了，杜甫的心胸不得开张，李白生死未卜，没有一点消息传来，于是，李白频繁侵入杜甫的梦境，"三夜频梦君，情亲见君意"。梦境凄惨恐怖："魂来枫叶青，魂返关塞黑。"梦醒怅然无尽："落月满屋梁，犹疑照颜色。"

杜甫与李白的友谊，交往短暂，互不平等，从杜甫这边来说，感情异常真诚炙热，评价异常深刻独到，李白对杜甫的诗风与人生态度的影响，润物细无声。邂逅李白、怀念李白，也是杜甫在逆境中吸收一口真气，令自己心胸阔达，诗心健朗，所以说，李白是杜甫的灵魂之友。

杜甫在长安时期，经常与他"厮混"在一起的人是郑虔，国子监广文馆博士，总领辞藻学士。

> 诸公衮衮登台省，广文先生官独冷。
> 甲第纷纷厌梁肉，广文先生饭不足。
> 杜陵野客人更嗤，被褐短窄鬓如丝。
> 日籴太仓五升米，时赴郑老同襟期。
> 得钱即相觅，沽酒不复疑。
> 忘形到尔汝，痛饮真吾师。
> 清夜沈沈动春酌，灯前细雨檐花落。
> 但觉高歌有鬼神，焉知饿死填沟壑。
>
> ——《醉时歌（赠广文馆博士郑虔）》

两人是亦师亦友的关系。郑虔曾被唐玄宗评为诗书画三绝，风头一时无两，又被贬谪若干年，回京任广文博士，地位虽高，却是个清水官衔，以至于"饭不足"，吃不饱。而杜甫常常要吃政府的救济粮，每每到太仓廉价买了五升米，却立即换成廉价的酒，去跟郑虔痛饮。喝到得意忘形，不分尊卑，夜复一夜，痛饮醉歌，鬼神来听，只要神明可鉴我等清白不屈之心，也不管他明天是否饿死沟壑了。醉意朦胧中，杜甫明明白白说了一句"反动"的话："儒术于我何有哉，孔丘盗跖俱尘埃。"孔丘圣德，盗跖恶行，都同样化作了尘埃，那么，我一生习儒业，求功名，又有什么必要？又能带给我什么？他要把自己立身的根基一脚踢开。这一刻的杜甫，失魂落魄，伤心激愤，要否定人生了。

《醉时歌》，一曲寒士悲歌。两人在一起，不只是相濡以沫，互相灌酒，还有彼此欣赏，郑虔应该是小心呵护着杜甫的锐气，并以博学多识和通达智慧给了杜甫心灵按摩，让他放松下来，增添了自嘲的幽默感。甚至，杜甫对药草的知识也是学自郑虔，以后成了他谋生的手段。郑虔可是写过《救荒本草》的通人。

人生不相见，动如参与商。
今夕复何夕，共此灯烛光。
少壮能几时，鬓发各已苍。
访旧半为鬼，惊呼热中肠。
焉知二十载，重上君子堂。
昔别君未婚，儿女忽成行。
怡然敬父执，问我来何方。
问答乃未已，儿女罗酒浆。
夜雨翦春韭，新炊间黄粱。
主称会面难，一举累十觞。
十觞亦不醉，感子故意长。
明日隔山岳，世事两茫茫。

——《赠卫八处士》

卫老八是个读书人，没能进入仕途，所以称"处士"，呆在家里的读书人。与杜甫应该不算深交，在安史之乱的旅途上，某个夜晚，杜甫走进了卫老八的家，老卫非常热情，杜甫异常感动，即席赋诗，记录一段寻常友谊、人间真情。由于情绪的流畅，又是即席赋诗，口语晓畅，用词平易，友情被热情点燃，诗意被酒意浸泡，泪水被墨水替代，意境浑然一体，情绪一波三折——从天上的星宿到案头的烛光，从少年的记忆到中年的沧桑，儿女成行，福气满堂，礼敬父执，暖老温贫，"夜雨剪春韭，新炊间黄粱"。寻常的饮食，在一家人不寻常的忙碌中，特别有味，家的味道，亲情的味道，"夜雨"的情景，"新炊"的喷香，遣词造句平中见奇，简陋的菜食，有了诗意的味道。乱世幸存，感慨万千，友情下酒，十觞不醉，明天，又将天各一方，今夜，我们一醉方休。今天的邂逅重逢，主人的深厚"故意"，客人的深情诗意，将在此后的岁月中，温暖彼此的心肠。

杜甫待人真诚，不藏人善，不吝美言，所以总有机会结识朋友。比如在宴席上初识薛华，这人习惯写杂乱无章的散文化诗句，杜甫称赞他："坐中薛华善醉歌，歌辞自作风格老。近来海内为长句，汝与山东李白好。"既然是醉歌，又是自作，不追求格律也是可以的。这种长句，好到跟李白的《蜀道难》一样，就是夸张了。杜甫晚年泊舟于湘江边，结识了一生中最后一位诗友，是一个曾经的强盗，擅长用弩，在巴蜀一带干剪径的营生，后来浪子回头，折节读书中进士做官吏，这人叫苏涣。苏涣听过杜甫的名头，赶到船上来拜访，杜甫被他的豪情与关注民生的诗歌打动，相谈甚欢，甚至为之倾倒，写了好几首诗。

杜甫一生好友，除了李邕、郑虔、苏源明（早年游伴，后任国子司业，也是《醉时歌》这类场景中的人物），还有高适、岑参等人。

杜甫与岑参，在长安时惺惺相惜，下雨天不能相会，杜甫还会将遗憾变成诗句。后来自己入朝做了短时间的小官，也没忘记举荐边关归来的岑参入朝。两人实际在一起的时间不多，但一直有诗句往来："故人得佳句，独赠白头翁。"

杜甫与高适,早年山东三人行,"忆与高李辈,论交入酒垆",高适尚是寒士,后来官运亨通,做到封疆大吏,曾在四川做过彭州刺史和剑南东川节度使。杜甫避难四川,直接向这位老朋友伸手求援:"百年已过半,秋至转饥寒。为问彭州牧,何时救急难。"翻阅杜甫诗集,杜甫写给友人的诗,写得最多的,不是钦慕的李白,不是亲密的郑虔,居然是高适。当时,李白被流放夜郎,郑虔被贬谪台州,苏源明亡故,岑参在边关,高适来到了四川,是唯一的救命稻草。"当代论才子,如公复几人。骅骝开道路,鹰隼出风尘。行色秋将晚,交情老更亲。天涯喜相见,披豁对吾真。"(《奉简高三十五使君》)老友的升迁,自然是欣喜的。高适有《人日题诗寄草堂》:"一卧东山三十春,岂知书剑老风尘。龙钟还忝二千石,愧尔东西南北人。"地位虽有差异,生命悲戚与共,也是通达之言。

四川一带的官吏诗友,待杜甫都不错。搭建草堂的时候,表弟王十五司马给他送来建筑费,他写诗向所有的熟人或者不太熟的人索要物资:向萧实讨要一百根桃树秧,向韦续索取绵竹县的绵竹,向何邕求取三年便能成荫的桤树秧,他亲自去果园向徐卿索求果木秧,绿李黄梅都想要,他还向韦班要松树秧和大邑县的瓷碗。朋友们一一应命慷慨送上资助。

在四川,给杜甫关照最多、帮助最切实的是两度出任剑南节度使的严武。将杜甫引入幕府为官,多次到草堂拜访。杜甫对他是感激的,好话说得更重:"公来雪山重,公去雪山轻。"他总是不吝笔墨赞美他人,在严武幕府,一般的晚辈却并没有意识到这位老同事是一代英豪,还总是在背后取笑他:又喝高了,醉得从马上摔下来了,还喜欢大言不惭战事谋略与治国方略云云。

> 男儿生无所成头皓白,牙齿欲落真可惜。
> 忆献三赋蓬莱宫,自怪一日声辉赫。
> 集贤学士如堵墙,观我落笔中书堂。
> 往时文彩动人主,此日饥寒趋路旁。
> 晚将末契托年少,当面输心背面笑。

寄谢悠悠世上儿，不争好恶莫相疑。

——《莫相疑行》

最后落到要为自己的才华辩解，如此晚景，呜呼哀哉。

女人们

  天下诗人都多情，古今中外的诗篇大约有一半是写女人、写爱情，杜甫似乎是个例外。

  他在青春勃发的年纪漫游江南与齐赵，没有发生过一件风花雪月的事情，甚至没有写美女的诗篇，最多来一句客观报道："越女天下白，鉴湖五月凉。"十年浪游佳丽地，居然没有一次艳遇，没有发生过一次恋爱。是否可以说，杜甫三十岁之前，没有为任何一个女子动过心？至少，没有留下文字记录。

  十年漂泊长安城，他看女人的眼光是没有男性温度的，唯一写京城美女的诗篇，字里行间却没有荷尔蒙，没有怜爱。

    三月三日天气新，长安水边多丽人。
    态浓意远淑且真，肌理细腻骨肉匀。
    绣罗衣裳照暮春，蹙金孔雀银麒麟。
    头上何所有？翠微盍叶垂鬓唇。
    背后何所见？珠压腰衱稳称身。

——《丽人行》

  你以为他要赞美世界繁华大都市长安城的丽人，却没承想他是在讽刺时局。诗歌的前半部分，似乎有一点欣赏美女如云的意思，还提到了盛唐佳丽细皮嫩肉，丰润匀称，并不是痴肥为美。美人的姿态优雅而不做作，神情高远，引人遐思。这似乎是男人的眼光了，然后，还想起了乐府民歌中歌咏罗敷的内容以及花木兰自问自答的句式，美人看头，再看背影，是审美的行家里手。正待渐入佳境之时，诗人笔锋一转，读者诸君别想歪了，我不是在向美女流口水，而是向她们掷出投枪呢。唉，原来你不是普通的男性诗人,而是个时评家,大张旗鼓弄了半天,只是为了讽刺杨贵妃一家子如何骄奢淫逸、气焰嚣张的。"炙手可热势绝伦,慎莫近前丞相嗔。"好吧。我们收起下巴,转身走开。没想到你是这样的杜老夫子。

安史之乱中,杜甫再次悄悄去到曲江边,"少陵野老吞声哭,春日潜行曲江曲。"繁华将逝,美人何在?"明眸皓齿今何在,血污游魂归不得。"(《哀江头》)此时,杨贵妃已然命丧马嵬驿。杜甫对杨贵妃是有偏见的,后来在《北征》中,将她比作史上著名的妖姬褒姒与妲己,"不闻夏殷衰,中自诛褒妲"。女人祸水,妖姬误国,这是儒家祖传的愚蠢偏见。杜甫也坠入其中,可惜了。杜甫视贵妃非我族类。写"云想衣裳花想容"的李白,与写"夜半无人私语时"的白居易,定然不同意。

杜甫写女人的诗很少,却引来了两桩文坛公案。第一桩比较简单。

> 虢国夫人承主恩,平明骑马入宫门。
> 却嫌脂粉污颜色,淡扫蛾眉朝至尊。

这首诗同时出现在杜甫与唐人张祜的诗集中,杜甫诗集中题作《虢国夫人》,张祜诗集中题作《灵台二首之一》,作者打架,归属存疑。其实,从诗的语气判断,这绝对不是杜甫会说的话。这样子的赞美是真的欣赏,素面朝天是真的自信,外戚堂皇入宫也是稀松平常,这些,都不可能符合杜甫的个性与审美心理。专门作诗去赞赏绯闻不断的虢国夫人,况且是赞美她素面朝天,这种事情,杜甫打死也干不出来。结论:杜甫不是作者。

> 绝代有佳人,幽居在空谷。
> 自云良家子,零落依草木。
> 关中昔丧乱,兄弟遭杀戮。
> 官高何足论,不得收骨肉。
> 世情恶衰歇,万事随转烛。
> 夫婿轻薄儿,新人美如玉。

> 合昏尚知时，鸳鸯不独宿。
> 但见新人笑，那闻旧人哭。
> 在山泉水清，出山泉水浊。
> 侍婢卖珠回，牵萝补茅屋。
> 摘花不插发，采柏动盈掬。
> 天寒翠袖薄，日暮倚修竹。
>
> ——《佳人》

杜甫写女人与爱情的诗篇，几乎全都是写给妻子杨氏的。《佳人》是杜甫绝无仅有的赞美妻子之外的女人的一首诗。就是这首诗，引得后世读者议论纷纷。大致有三种说法：

其一，虚构寓言。如此浓墨重彩书写一个陌生的佳人，不符合杜甫的价值观。这是传统做法，照屈原的老路子，虚构一个佳人形象，借美人自喻，托弃妇比逐臣，伤新进者猖狂，叹息自己老成凋谢而作。这个似乎有事实依据：杜甫因为替唐玄宗朝的老臣房琯辩解，被唐肃宗贬黜，外放华州司功参军。疑点在于：细节太多太真实，诗人不可能向壁虚构。

其二，纯粹写实。安史之乱，贵族四散，应该是实有其人。就像杜甫哀王孙一样，杜甫这回真心赞美了一位零落乱世但保持高洁自我的高贵女子。疑点在于：一个幽居的女子为什么会对一个过客坦白无遗，甚至述说夫妻恩怨感情变故，甚至说什么独宿合欢的话，目的何在？难道是诱惑过客？在山出山的议论，用意又何在？

其三，写实并代入自我。这个形象当然是真的。杜甫一生老老实实地活着、写着，怎么活，怎么写，因此他的个人诗篇拥有了诗史的价值。杜甫不玩虚的，尤其是屈原那套香草美人，不尽兴不达意。唐玄宗逃跑西蜀，王孙公子飘零满地，官家贵族星散四处，这样的女子，在家破人亡的乱世之中，偏又所托非人，被喜新厌旧的轻薄子弟抛弃，自身逃到深山独居，身边只有一个侍女和一点细软。卖去宝珠，是为换回衣食所需。这样的事情这样的人，完全可能有的，何必虚构？杜甫惯于行脚，生平动荡不定，有这样的邂逅一点也不意外。

我觉得这是真的。同时，作者把自己加进去了，也是真的。在赞人的同时自赞。

先说事实：大唐女子落落大方，尤其贵族女子，常常女扮男装，骑马打猎，没有后世男女授受不亲的束缚。诗中的佳人毫不拘束，不回避陌生人，在过客面前，只要谈得来，就畅谈无忌，包括家庭隐私，甚至自己被抛弃的细节：新人美如玉，夫婿轻薄，见到新人就睡在一起了。合欢树的叶子，日出展为羽，片片张开，夜合收为伞，叶叶相拥，"合昏尚知时"，你却饥不择食，还戏谑于我"鸳鸯不独宿"，于是新人笑旧人哭。这就是独宿合欢这个话头的由来。这是大唐女子才敢有的说话语气语调。

再说代入：开篇就是古歌的调子，说明他不甘老实纪实记事，他要变调，把个体命运写成普遍的命运。汉乐府古歌："北方有佳人，绝世而独立。"起笔化作"绝代有佳人，幽居在空谷"。这是高调的赞美：惊为天人。汉古诗"上山采蘼芜"中，有新人旧人的话头，多用来谴责负心郎，此处沿袭古意。在山出山的话头，用的是民歌重叠比兴手法，却是杜甫为佳人代言：乱世归去来，隐逸高洁，在山泉水清；红尘浊世，鱼目混珠，何必去趟这浑水？出山泉水浊。从古调演绎到挺身代言，杜甫是真的动情了。

杜甫邂逅佳人，聊了多久？聊了什么？聊了身世遭遇等许多细节，聊到侍女从集市上卖珠购物回家了，然后动手修补茅屋，两人还在聊。这个一坐下来，至少大半天吧。

佳人长什么样？不着一字，尽得风流。"摘花不插发，采柏动盈掬"，这不是写实。试想，如果佳人是在杜甫面前做这么些事情：先是摘花，后是采柏，你以为佳人是村姑呢，一边干活一边聊天。摘花不插发，却是做什么？采柏动盈掬，表面看是动态，实际上往往是不动，说明不是现在进行时。这两句不是写实，却是诗人代入之后的想象之词：眼前的佳人鬓边无花，而山谷中野花遍地，佳人爱美之心一定还在，只是值得为之簪花的人不在了，女为悦己者容，人间已无悦己者，与谁为容？如今的日子洗尽铅华，朴素清洁。然而，"摘花"这个动作却是实在的，花不插发，可以用来做什么呢？插花。唐人爱花，牡丹开时，长安疯狂，全城赏花。盆花最先用于供佛，瓶花见于贵族之家。在这里，摘花与牵萝衔接，侍女牵萝是修补茅屋，佳人摘花是装饰茅屋，摘花不插发，却可以插在门楣上、窗台上。如此说来，这一句又可以是写实了。

采柏动盈掬，常常采来柏枝满捧。有人说是以松柏的籽实做食物。但是，这里没说松子，柏树籽不是松子，松子可食用，柏树籽不能直接吃，只能做药，不能疗饥。柏树，古典语境中的寓意是经霜犹茂，不凋之质。诗人是借此意象赞赏佳人，屡经变故，却本质苍翠，芬芳依旧。

天色已晚，杜甫依依不舍告别，走在路上，回头望去，佳人正倚靠着修竹，目送我远去，而在我的眼中，佳人最后的身影是一个定格镜头：

"天寒翠袖薄，日暮倚修竹。"

天晚寒凉，佳人还只是穿着单薄的纱衣，单薄却不憔悴；薄暮笼罩中，是佳人的剪影，倚靠着不屈有节挺拔指天的翠竹，寂寞却不哀怨，绝世而独立。杜甫是在佳人身上看见了自己落魄却不屈的孤高样子，才会直接取题为《佳人》吧。佳人与诗人，同是天涯沦落人，诗人这回头一望，佳人的意态尽出，彼此之间，怅然不舍，美好无言。

有一类女子，社交场合的，歌伎舞姬酒家女，别人，如李白、杜牧等，常在笔下津津乐道。杜甫这里，常常兴味索然，《陪诸贵公子丈八沟携妓纳凉，晚际遇雨二首》："越女红裙湿，燕姬翠黛愁。"陈词滥调。《数陪李梓州泛江，有女乐在诸舫，戏为艳曲二首赠李》："江清歌扇底，野旷舞衣前。……竞将明媚色，偷眼艳阳天。"这个有点意思了，是诗的意思，不是艳情的意思，于是接下来："使君自有妇，莫学野鸳鸯。"这是故意给主人扫兴。甚至明白说，我写这首诗就是故意恼人的，如《春日戏题恼郝使君兄》："愿携王赵两红颜，再骋肌肤如素练。舞处重看花满面，尊前还有锦缠头。"对于陪酒女郎，实在没有兴趣。《曲江对雨》："何时诏此金钱会，暂醉佳人锦瑟傍？"什么时候皇帝才能下诏重现宫中撒钱游戏的盛况？即便短暂，也让我重拾沉醉于锦瑟丽音的好时光。这里，没有艳情，只有太平，对太平的向往。

杜甫不解风情吗？他参与这类场合的机会固然不多，经常被现实锤打，人生境遇艰难，或许冲淡了游冶的心思，最主要的，杜甫是个纯粹儒者，性情内敛、专情。从流传的诗文来看，李白除了妻子一字不着，别的女人一个不落。杜甫相反，专写妻子，别的女人几乎不着一字。女性，在杜甫的人生中，是个单数，除了妻子，他没有跟任何别的女人有亲密关系。于是，口口声声是"老妻"。

妻子杨氏，是杜甫诗史中的专属女主角。关于妻子的诗篇，是有人间烟火的，又大多是凄惨生活中的刻骨记忆。

遗憾的是，这个女主角，从来没有扮演过青春的形象，她一出场，就是"老妻"。他们新婚之后住在洛阳郊外的窑洞里，杜甫二十九岁，杨氏十九岁，没有入诗。天宝年间流浪长安，杜甫没有带家眷，大约在751年之后，杜甫在长安城南一带荒凉之地定居下来，自称为"少陵野老""杜陵野客""杜陵布衣"，妻子才从洛阳迁到长安，也没有入诗。这几年水旱相继，关中大饥，秋天的长安霖雨数月，衣食无着，杜甫将家眷送往奉先（陕西蒲城）寄居，奉先县令姓杨，或许是杨氏的同族。杜甫本人回到长安。

杨氏第一次出场，是在755年，天宝十四载。杜甫四十三岁，杨氏三十三岁。杜甫终于得到了一个小小的官职——右卫率府兵曹参军，兵器库的管理员，正八品下。杜甫去奉先探家。写下长诗《自京赴奉先县咏怀五百字》，自述生平坎坷，目睹民生凋敝，生发"朱门酒肉臭，路有冻死骨"的怒号，然后，杨氏第一次出现在杜甫的诗里："老妻寄异县，十口隔风雪。入门闻号咷，幼子饥已卒。"是一个幼子饿死，号啕大哭的母亲。一个悲剧形象。

就在这时候，安史之乱爆发，杜甫京漂十年困顿长安的岁月伴随着大唐盛世一同结束了。无尽头的流亡岁月开始了。杜甫携家眷北上逃难，将家暂时安置在鄜州（陕西富县）城北的羌村。唐玄宗逃亡四川，唐肃宗在灵武即位。杜甫要去奔赴行在，途中被叛军抓到长安。

> 今夜鄜州月，闺中只独看。
> 遥怜小儿女，未解忆长安。
> 香雾云鬟湿，清辉玉臂寒。
> 何时倚虚幌，双照泪痕干。
>
> ——《月夜》

月儿弯弯照九州，这天晚上的月亮啊，因为一个诗人的泪水，变得异常温情。头顶的月亮，怎么这么明晃晃的呢，没来由的又大又圆，清清楚楚地照着人间的离乱。鄜州的妻子，独自在庭院里，痴痴地望着月亮吧，孩子们还不晓事，苦与难也不会分担，只有我知道，你一定又在静静地望月，默默地思念。夜深了，雾气弥漫，悄悄湿润了你的双鬟，我能闻到你头发的香味。月光沁入你的玉臂，皎洁无垢的朗月，玉凉冰清的手臂，我能抚摸到你手臂的清寒。我想你了，老妻。也不知要到什么时候，我才可以搂着你的香肩，陪着你，两人一同倚帷望月，让月光把我们思念的泪水擦干。

这一回，三十三岁的"老妻"，终于有了一点年轻的模样。唯一的一次，美丽性感的模样。这也是杜甫一生中唯一一首携带荷尔蒙的诗篇。

杜甫趁乱从长安逃出来，历尽磨难去投奔新皇帝，"自贼中窜归凤翔"，"麻鞋见天子，衣袖露两肘"。或许是狼狈不堪的忠诚样子打动了肃宗，杜甫被任命为左拾遗，谏官，从八品上。谏官品低位重，杜甫认真履职，很快，就因为替迁阔的房琯开脱，差点获罪。上任三月余，唐肃宗让他回去探亲。"青袍朝士最困者，白头拾遗徒步归。"四十六岁了，终究一事无成，只是苟全性命于乱世。

> 峥嵘赤云西，日脚下平地。
> 柴门鸟雀噪，归客千里至。
> 妻孥怪我在，惊定还拭泪。
> 世乱遭飘荡，生还偶然遂。

邻人满墙头，感叹亦歔欷。
夜阑更秉烛，相对如梦寐。

——《羌村》

诗人黄昏踏入家门，妻子惊讶，眼泪夺眶而出，只是哭。只是哭，人还活着，还活着啊。夜深了，乡野都睡了，周围一片寂静，烛光下，重逢的两人脉脉对视，仿佛看着对方，就够了，语言都变得多余，无限的思念，无限的夫妻深情，都在这里了。见面了，还不敢相信是真的，如同梦中的两个人。这是对之前《月夜》中的期盼到来后的实景交代。

乡亲们带着薄酒，前来问候，说明妻子平时与邻里相处和睦。

然后，杜甫静下心来，观察家人的样子，《月夜》中杜甫的幻象是"香雾云鬟湿，清辉玉臂寒"，实景却是这样的：

经年至茅屋，妻子衣百结。
恸哭松声回，悲泉共幽咽。
平生所娇儿，颜色白胜雪。
见耶背面啼，垢腻脚不袜。……
老夫情怀恶，呕泄卧数日。
那无囊中帛，救汝寒凛栗。
粉黛亦解苞，衾裯稍罗列。
瘦妻面复光，痴女头自栉。
学母无不为，晓妆随手抹。
移时施朱铅，狼藉画眉阔。

——《北征》

妻子的衣裳打满补丁，见面唯有以哭代言，孩儿们破衣烂衫，连袜子也没有。我的行囊中这回有了一点俸禄，正可解救全家饥寒——说这话的杜甫似乎有点底气了——我还带了你想不到的东西，给妻子化妆用的粉黛。铺好被褥床帐，家庭生活又回来了。瘦弱的妻子脸上重现光泽，小女儿模仿母亲化妆，满脸花红像猴子屁股。一家人在一起，正常的生活，就是美好。

长安收复，杜甫做左拾遗一年，又被贬谪为华州（陕西渭南）司功参军，负责文教工作。因为灾荒与战乱，一年不到就弃官不做了。从756年至759年，杜甫历任右卫率府兵曹参军、左拾遗、华州司功参军，一生实际从政断续加起来不过两年半，皆无所建树。做官期间，应该是没有带家眷，也没留下任何家庭幸福生活的记录。

战事频仍，洛阳的老家回不去，长安米贵又住不起。哪儿不打仗、哪儿有熟人、哪儿有微弱的活下去的机会，就往哪儿走吧，从此，全家踏上流亡求生之路。先是秦州，然而吐蕃入侵，再到同谷，却没有生计，最后只好起程入蜀，《发秦州》："我衰更懒拙，生事不自谋。无食问乐土，无衣思南州。"

759年年底，杜甫一家到达成都。杜甫四十八岁，杨氏三十八岁。远离战火，亲友资助，在西郊浣花溪畔修建草堂，费时两年。然后过了两年安宁的田园生活。

清江一曲抱村流，长夏江村事事幽。
自去自来堂上燕，相亲相近水中鸥。
老妻画纸为棋局，稚子敲针作钓钩。
多病所须唯药物，微躯此外更何求。
——《江村》

昼引老妻乘小艇，晴看稚子浴清江。
——《进艇》

偶携老妻去，惨淡凌风烟。
——《寄题江外草堂》

骥子好男儿，前年学语时。
问知人客姓，诵得老夫诗。
世乱怜渠小，家贫仰母慈。
——《遣兴》

这样的诗句朴实中有温暖，寻常中见亲切，只是正常的家庭情趣，对于杜甫夫妇,却是异常难得。杜甫的诗笔轻快起来,画棋盘,下棋,出游,教孩子读父亲的诗……衣食之外,活着的趣味渐渐出来了,这时候的杨氏,想必愁容消散,脸上应该有光芒吧。

然而,日子总是寒苦,杜甫一生只有采药种药卖药这一项谋生本领,又没有名头,不能替人写碑铭赚钱(也曾偶一为之,给唐兴县令王潜作《唐兴县客馆记》),而诗文无价,只能博得一点虚名,而且,这点虚名,在杜甫生前,也是罕见的。只有不断靠人接济了,杜甫的求助诗也变得结结巴巴。五年的四川生活,安宁却未必自在,闲适却未必轻松。自立谋生这一点,杜甫比陶渊明差远了。中国儒生的老毛病,在孔夫子时代就被人诟病:四体不勤,五谷不分,孰为夫子?在文化与才华只有皇室一个买家,还没有普及为市场商品的时代,杜甫的痛苦逃无可逃。

> 入门依旧四壁空,老妻睹我颜色同。
> 痴儿未知父子礼,叫怒索饭啼门东。
>
> ——《百忧集行》

> 老妻忧坐痹,幼女问头风。
>
> ——《遣闷奉呈严公二十韵》

> 老妻书数纸,应悉未归情。
>
> ——《客夜》

> 何日干戈尽,飘飘愧老妻。
>
> ——《自阆州领妻子却赴蜀山行》

家徒四壁,妻子每次看见我进门,会是个什么"颜色"呢?杜甫小心翼翼察言观色,可怜见的,他的心里惭愧呢。妻子郁闷愁苦是少不了的,责备与白眼却不会有。孩子不是不懂事,实在是人子之礼压不住饿肚子的痛苦。这时候只好靠慈母变出一点什么来哄一哄嘴巴了。四十岁之后,杜甫的身体毛病不断:疟疾、风痹、肺病、糖尿病、齿落、耳聋,到了最后,与客对谈,客人要把话写在纸上,右臂偏枯,写信须儿子代书。生存的意志很容易被消磨掉吧，然而没有，除了儒家信仰的支撑，妻子的宽容应该是他底气的来源。家贫思贤妻啊。

杨氏出身官宦之家，本是大家闺秀，却陪着杜甫历经磨难，一生没过上几天好日子，却不离不弃，长时间独自抚养儿女，乱世之中一个幼子夭折，她顽强养活带大了四个儿女，这已经很不容易；她有文化，经常给杜甫写信，让杜甫感觉"家书抵万金"，她教孩子读书背诗；她有情趣，会自画棋盘，懂得下棋消遣，烹茶养花，等等，自然不在话下。"药许邻人剧，书从稚子擎。"虽然一直贫寒，但邻里关系一直处得不错。

当她在杜甫的诗中沉默的时候，她其实是默默陪伴他承受着一切苦难。

人类对婚姻的祈祷：无论贫富、疾病，永远在一起，无怨无悔。杨氏做到了。

对于杨氏的好，杜甫是清楚的。对于老妻的爱，也是明明白白的。中国古典诗人，往往是在妻子亡故后，写什么悼亡诗，妻子生前，他们不着一字。这等儒生劣习，被杜甫打破了，前无古人。此后的中国古典诗史上，也没有第二个人，写得这么多。他是心疼她，所以口口声声"老妻"啊。惭愧、怜爱、信任、坦然，都在其中了。杨氏，是杜甫苦难人生中的一抹暖色。

自从760年春建筑草堂到离开，总共五年半，减去避乱梓州阆州近两年，杜甫在草堂的居留还不满四年，然而，后世之人总算找到了一个固定的地方，寄托对伟大诗人和伟大诗歌的纪念，成都浣花溪畔的草堂，成为中国书生的朝圣之地。

    剑外忽传收蓟北，初闻涕泪满衣裳。
    却看妻子愁何在，漫卷诗书喜欲狂！
    白日放歌须纵酒，青春作伴好还乡。
    即从巴峡穿巫峡，便下襄阳向洛阳。

        ——《闻官军收河南河北》

一家人的命运与情绪变化，总是与国运紧密纠缠，杜甫从来没有在草堂终老的打算，多少次起念东归，多少次又被打断。在严武幕府的短暂官员生活让这个诗人老人病人感觉窒息，五十三岁，满头白发，穿着紧身的军装，这个形象甚是滑稽。最终请求回归草堂。765年，四川内乱又起，老友高适、故旧严武相继辞世，杜甫买船东下，准备回故乡洛阳。

沿着长江顺流而东，经过嘉州（四川乐山）、戎州（四川宜宾）、渝州（重庆）、忠州（四川忠县）、云安县（四川云阳），一路贫病乞食。在夔州都督柏茂琳的资助下，在夔州（四川奉节）居住近二年，有公田、柑林、草屋和若干彝族仆人，相对安定，无温饱之忧。然而，此地无友无趣，气候恶劣，768年早春，从白帝城放船出峡，来到荆州。北边还在打仗，洛阳归不得，继续东下，经公安（湖北）、岳州（岳阳）、衡州（衡阳）、潭州（长沙），见不到亲友，无法安定下来，这位病人老人诗人，以船为家，有时在渔市上摆摊卖药维持生活。一路上还惦记着民生，"去年米贵阙军食，今年米贱大伤农"。（《岁晏行》）云云。潭州兵乱。复归衡州，溯郴水入耒阳县，江水大涨，停泊在方田驿，五天得不到食物。耒阳县令聂某得到消息，给他送来酒肉。水退，县令找不见杜甫的踪迹，以为已经淹死，特意给他建了一座空坟。

  已衰病方入，四海一涂炭，
  乾坤万里内，莫见容身畔。
  妻孥复随我，回首共悲叹。
  故国莽丘墟，邻里各分散，
  归路从此迷，涕尽湘江岸。

——《逃难》

走投无路的诗人，还想着北归长安，但是，他的小船没能游出湘江。770年冬天（代宗大历五年），一代诗圣病死在船上，享年59岁。灵柩寄放在岳州。

杨氏呢？她消失在一行文字里："夫人弘农杨氏女，父曰司农少卿怡，四十九年而终。"这是元稹为杜甫撰写的墓志铭中的一句。以年龄推断，杨氏与杜甫，是在同一年去世，就在杜甫走后不久，夫人随之而去。

杜甫故去四十三年后，813年（元和八年），宗武之子杜嗣业将祖父母的遗体运到偃师，移葬在首阳山下，陪伴着杜预和杜审言。

杨氏，与杜甫合葬一处。生同衾，死同穴，相伴终老。

麻鞋走天下：用脚走出来的诗史

为什么只有杜甫的诗歌成了诗史和图经？别人也偶尔为之《秦妇吟》《卖炭翁》什么的，然后转过头去又过自己的生活。而他是生活在历史中，有敏锐的历史感觉，纪事名篇就有了现场感觉，有时候像新闻报道，他也诚实记录自己的生活，身处漩涡，个人史贴合国史，自身遭遇与家国命运成为互文，相互补充完成，也就构成了当代史的一部分，诗写的历史。

祖辈家传的排律，利于长篇纪事。

自身诗歌风格集大成，百般兵器，皆为我用。铺排叙事，慷慨抒怀，长篇议论，继往开来，是盛唐之音中的洪钟巨响。

杜甫对自己的诗歌风格自评道："沉郁顿挫。"文思深沉凝重，声调抑扬有致，忧思内结，苍凉蕴藉，发声慷慨，风神流溢。

他的情怀不在风花雪月，而是国计民生。

他一生生活在底层，身居茅屋，麻鞋踏着大地流浪，对民众的疾苦有切身体会。

儒生治国平天下的理想，在他这里尤其真实而沉重，他没法进入朝堂做个贤臣，他可以选择做个贤人，用持续不断的密集的诗篇，一肩而担天下忧，古圣人之心在诗歌中复活，将一颗心投向世间，"我认出风暴而激动如大海"，站在历史的潮头，不做旁观者，而是畅游其中，呛水也罢，力竭也罢，从不停止诗笔。

他在用诗歌实践治国平天下的理想。

诗圣，诗史，舍我其谁？

四十岁时，他写下《兵车行》，新题乐府，开始时事报道式的写作，从此一发不可收，他俯瞰现实的时候，他的诗歌疆域无限扩大了。四十岁以前，他的诗篇不过五十余首，而此后十九年，他奉献人间的诗篇是一千四百多首。

> 车辚辚，马萧萧，行人弓箭各在腰。
> 耶娘妻子走相送，尘埃不见咸阳桥。
> 边亭流血成海水，武皇开边意未已。

——《兵车行》

一个诗人从此发现了现实叙事的诗意。之前的诗人，基本上是写抒情诗，个人咏怀兼风花雪月。杜甫写叙事诗，内容是自己的生活和人间的事件。他找到了一种可以尽情发挥自己诗才的写法，语言准确，细节丰富，观察敏锐，叙事流利，而议论之言，由于真诚而不陈腐，由于秉持儒家理想而不狭隘。

他直接对皇上有意见："君已富土境，开边一何多。"他质疑主动发起战争的正义："杀人亦有限，列国自有疆。苟能制侵陵，岂在多杀伤。"(《前出塞》)。他祈祷被动的战争早日结束，安史之乱中写下大量哀婉悲愤的诗篇，归结为一个主要意思："安得壮士挽天河，净洗甲兵长不用。"这不是迂阔，是认清了战争的丑恶本质。"焉得铸甲作农器，一寸荒田牛得耕。"战争使国家动荡不安，与民生息、铸剑为犁、平安的农耕生活才是国家的常态。

至于名篇《三吏》《三别》皆是苦战事也，是大叙事。而小叙事，更能彰显杜甫的人格。

> 堂前扑枣任西邻，无食无儿一妇人。
> 不为困穷宁有此，只缘恐惧转须亲。
> 即防远客虽多事，便插疏篱却甚真。
> 已诉征求贫到骨，正思戎马泪盈巾。

——《又呈吴郎》

对于杜甫而言，忧国忧民不是口头禅，而是切实的日常行动，这首诗就是一个绝佳的证明。杜甫在夔州时迁居，草屋让给亲戚吴生居住，吴生整治草屋时，顺便扎了一圈篱笆，整出一个院子，把屋前的几棵枣树也围起来了。杜甫知道后非常着急，他想到了每年枣子成熟的时节，邻居一位孤寡老妇必定来打枣充饥，赶紧写了一封诗信给吴生：让邻居在屋前打枣子吧，她原本是没有儿女没有食物来源的一个孤苦老人。不是因为穷极了哪会做这事？正因为她怕换了屋主你更应该对她亲近。老人家提防新主人未免多虑，你用稀疏的篱笆将院子围起来却是事实。老人家为应付官府的苛捐杂税已经穷到了骨头，我想到战乱频繁民不聊生不禁老泪长流。

这是穿着麻鞋的脚绊倒在石头上的真实的痛。言行如一，诗行合一，真诗人。正因为如此，他在自己家的茅屋被风掀破的时候，才会自然想到与他同命运的天下寒士，他呼吁"安得广厦千万间，大庇天下寒士俱欢颜。"一点也不虚伪矫情。这是悲悯情怀。

他描画自己的生活尤其生动。比如，好不容易当了个小官，琐事繁杂，天气炎热，更让人烦躁，你看他的样子：

七月六日苦炎蒸，对食暂餐还不能。
常愁夜来皆是蝎，况乃秋后转多蝇。
束带发狂欲大叫，簿书何急来相仍。
南望青松架短壑，安得赤脚踏层冰。
——《早秋苦热，堆案相仍（时任华州司功）》

天热得像把人放在火上烤笼里蒸，你已经没有了饥饿的感觉，对着饭菜也难以下咽。每天提心吊胆担心毒蝎子爬上床来，更不用提一旦入秋到处乱哄哄的都是苍蝇。这样的时候还要束紧衣带把自己裹个严实去上班，燥热的天气狂躁的心情谁能忍得住不发狂尖叫，而公文却是一件接一件加急地送来，堆满了办公桌，压得人喘不过气来。望着南山沟里生长的长青松，我如何才能够沿着青松攀上雪山，我多想光着脚，踏在冰层上凉快凉快。据说，这首诗的英文版，出现在美国的公交车上，真是环球同此凉热。

落魄的时候,杜甫敢于仔细描绘自画像,并不以为丑,这也是大唐人的坦荡心胸。

> 有客有客字子美,白头乱发垂过耳。
> 岁拾橡栗随狙公,天寒日暮山谷里。
> ——《乾元中寓居同谷县,作歌七首》

> 痴女饥咬我,啼畏虎狼闻。
> 怀中掩其口,反侧声愈嗔。
> 小儿强解事,故索苦李餐。
> ——《彭衙行》

真的,就是美的,残酷的真,艺术的美。不矫饰,不扭曲,正视现实,就是诗歌之美。

杜甫诗歌最有长远价值的是描绘出人类普遍情感的诗篇,不限时代,无需背景,只是人类心中的私语:

> 家书抵万金。
> 月是故乡明。

等等。脍炙人口,流传千古。

弃人的自我认同:独立苍茫自咏诗

杜甫是个大器晚成的人,也是大器晚成的诗人。最初,他"许身一何愚,窃比稷与契",后来发现理想太高,够不着,于是以诗歌为安身立命的本钱,诗成了,人也成了。

这个转折发生在四十岁。这一年他在弟弟杜位家守岁,吟诗:"四十明朝过,飞腾暮景斜。谁能更拘束,烂醉是生涯。"(《杜位宅守岁》)还打算混日子来着,谁知道,现实推了他一把,动乱开始了,到处是征兵、打仗、流民,他忽然找到了灵魂的出口,诗才的发声法,在身份悬置的状态下，专注于现实的诗篇，靠着这个抓手，开始了一生的对命运的抵抗。

> 朝回日日典春衣，每日江头尽醉归。
> 酒债寻常行处有，人生七十古来稀。
> ——《曲江二首》

刚做了一个小官，就每天不醉不归，丝毫看不出从政的野心啊。仕途不顺也是性格使然。

> 人生反覆看亦丑。
> 死为星辰终不灭，致君尧舜焉肯朽。
> ——《写怀二首》

"世乱如蚊虱"，"致君尧舜"也只能在嘴上说说，一是没有机会，二者，杜甫恐怕如李白一样，并没有多少行政能力。那些伟大诗人的伟大才华都只是在文字之中。认命吧。

> 吾独胡为在泥滓，青鞋布袜从此始。
> ——《奉先刘少府新画山水障歌》

豪情的衰竭与身体的衰朽几乎是同步的："春复加肺气，此病盖有因。早岁与苏郑，痛饮情相亲""我多长卿病，日夕思朝廷""羸瘠且如何，魄夺针灸屡"。肺病，糖尿病，贫穷，一拳一拳打来，俊郎豪爽的杜子美渐渐变形，在权贵面前自称"贱子"，"自觉成老丑"了，"苦摇求食尾，常曝报恩腮""常恐性坦率，失身为杯酒。昔如纵壑鱼，今如丧家狗"。

稷契之志的理想，丧家狗的现实，落差太大了。不过，这也是孔子之徒自古就有的落差。

在草堂时期，获得短暂的安宁，却再没有了崛起的心力，即便有机会在严武幕府为官，却是不耐烦了："白头趋幕府，深觉负平生。"执意回归草堂，疏懒度日。

失学从儿懒，长贫任妇愁；
百年浑得醉，一月不梳头。

——《屏迹》之三

厚禄故人书断绝，恒饥稚子色凄凉。
欲填沟壑唯疏放，自笑狂夫老更狂。

——《狂夫》

如此无可奈何地活着，很是颓唐吧。其中却有得意呢，从青鞋布袜到处流浪的丧家犬到有家有茅屋草堂的狂夫，三杯淡酒之后，居然自得其乐了。然而，病情与贫穷加倍地袭来："此身飘泊苦西东，右臂偏枯半耳聋""齿落未是无心人，舌存耻作穷途哭""囊空恐羞涩，留得一钱看"。

是什么让杜甫挺下来，一点心火不肯熄灭呢？酒与诗，没有酒的时候，也依旧有诗。

种药扶衰病，吟诗解叹嗟。

——《远游》

药裹关心诗总废，花枝照眼句还成。

——《酬郭十五受判官》

眼前无俗物，多病也身轻。

——《漫成二首》

宽心应是酒，遣兴莫过诗。

——《可惜》

醉里从为客，诗成觉有神。

——《独酌成诗》

酒解放身体，诗歌解放灵魂，身心都得解放，就成自由人。诗酒之外无所求，陶渊明如此，我也如此。有酒无诗是俗人，有酒有诗是诗人，有诗无酒是穷诗人，有诗无酒却有病的是穷困诗人，是我杜子美。但是我欣然而充实，我穷困却不匮乏，因为我知道，大自然一草一木，一整个世界，都在等着我，为我疗伤，为我注入生机，为我传递活着的能量。

  江山如有待，花柳更无私。

——《后游》

  为人性僻耽佳句，语不惊人死不休。
  老去诗篇浑漫兴，春来花鸟莫深愁。

——《江上值水如海势，聊短述》

  岂有文章惊海内，漫劳车马驻江干。

——《宾至》

  这个世界如此无私无我，不因为你的贫富贵贱，而向你呈现不同的面貌，相反，江山对于诗人，却像是等待情人，等待你去发现、发掘、发布她的美好与壮丽。我，就是那个受到召唤的人。年轻时，为写出一个妙句死磕到底，到底是纸上功夫；年老了，诗兴四起，到处是诗歌是妙句，只要春天花鸟抛一个媚眼，就在我的笔下变成妙句。在大唐的诗坛，我的诗名还没有惊动天下，却有慧眼识珠者前来探询。

  四十岁之前，忙于功名；四十岁之后，忙于诗名。理想被尘埋，才华仍自持。

  他纵论天下诗人，立意收拾一个时代，自我作古为大宗师。

  《戏为六绝句》《解闷十二首》《咏怀古迹五首》等等，是有计划的主题写作。眼光扫过前辈诗人，不再是年轻时的轻狂，重估盛唐诗坛摘星手，力排众议，又能心平气和。最后落到自己的追求。

  "摇落深知宋玉悲，风流儒雅亦吾师。"杜甫想起了自己青春年华的风流儒雅，更懂得宋玉悲天悯人的深邃。

  "李陵苏武是吾师，孟子论文更不疑。"这是肯定人生苦难可以结晶为杰作。赞赏当时诗人孟云卿的诗格，独能力追西汉。

"庾信文章老更成，凌云健笔意纵横。""庾信平生最萧瑟，暮年诗赋动江关。"好的文章需要时间的淘洗，需要生命的历练，诗歌并非年轻的艺术，并非单纯抒情的艺术，厚重与博大的境界，有赖于随时间而来的智慧。而萧瑟是诗歌的蒸馏术，提纯出语言的烈度，变绮艳为沧桑。

"陶冶性灵存底物，新诗改罢自长吟。熟知二谢将能事，颇学阴何苦用心。"谢灵运、谢朓，大小二谢，诗通性灵；阴铿、何逊，推敲炼字苦用心。将诗歌作为日常功课，只可陶冶性灵，远离俗物。

"杨王卢骆当时体，轻薄为文哂未休。尔曹身与名俱灭，不废江河万古流。"为初唐四杰辩护，铁口直断，至今铿锵不移。

杜甫鉴定了前辈，肯定了几个我辈中人。他想念李白，也想念诗友孟浩然和王维，"清诗句句尽堪传"，"最传秀句寰区满"。一派惺惺相惜之情。

他的遗憾是："或看翡翠兰苕上，未掣鲸鱼碧海中。"当今诗坛，翠鸟成群，不过在兰苕之上叽叽喳喳，不知道"凡今谁是出群雄"，可以踏浪碧海之中掣取鲸鱼，浓丽纤巧可以休矣，雄浑深厚值得期待，那人是谁呢？舍我其谁？

"不薄今人爱古人，清词丽句必为邻。""别裁伪体亲风雅，转益多师是汝师。"这些，既是对世人的警告，也是宣示自己的美学方向。到了晚年，杜甫一方面有能力对自然随时感应、出口成章；另一方面，却潜心诗律，"晚节渐于诗律细"，巧妙、创新的遣词造句，花样翻新，"永夜角声悲自语，中天月色好谁看？""香稻啄余鹦鹉粒，碧梧栖老凤凰枝"。这一类句法，让读者惊叹不已。这还是在"语不惊人死不休"啊。

他从来知道自己要干什么，现在，知道自己能干什么了。一个集前代大成开后世新风的诗坛巨匠日渐成型。

他还寄希望于儿子：我们家没有财富作遗产，家传只有千卷诗。

诗是吾家事，人传世上情。

> 熟精文选理，休觅彩衣轻。
>
> ——《宗武生日》

> 觅句新知律，摊书解满床。
> 试吟青玉案，莫羡紫罗囊。
>
> ——《又示宗武》

> 汝曹催我老，回首泪纵横。
>
> ——《熟食日示宗文、宗武》

年轻时，以"吾祖诗冠古"自傲；年老了，以"诗是吾家事"做儿子宗武的生日祝福。宗武啊，别学老莱子彩衣娱亲，熟读精通文选，才是我老杜家的忠孝家风；不用艳羡求索俗世的富贵，饱读诗书学会吟诗才是十五岁的男儿应该追求的大志，如同孔门弟子三千，却是年幼的曾参与子游子夏，以通文学登堂入室，以传文学留名于世。宗文宗武，好小子们啊，你们一直不能独立行世，这种深刻的忧伤令我衰老得更快呀。然而，直到杜甫离世时，儿女应该也成人了，似乎并无诗才，也没有诗篇传世。杜甫的遗憾，与陶渊明相同，殷殷其怀，终究失望。"诗是吾家事"终究轮空。

"文章千古事，得失寸心知。"杜甫一生，深知文章，然而人生呢？知也不知？

想想同代人，大多是"同学少年多不贱，五陵衣马自轻肥"。我却是"关塞极天唯鸟道，江湖满地一渔翁"（《秋兴八首》），"吴楚东南坼，乾坤日夜浮"（《登岳阳楼》），看得见的世界很大，看不见的世界更大："日月笼中鸟，乾坤水上萍。"（《衡州送李大夫七丈勉赴广州》）日月也只是笼中鸟，无所逃于宇宙之间，在这大千世界，一个人间的诗人算什么呢？

> 细草微风岸，危樯独夜舟。
> 星垂平野阔，月涌大江流。

名岂文章著，官应老病休。
飘飘何所似，天地一沙鸥。

——《旅夜书怀》

一条孤独的小船，在漆黑的水面漂流，原野辽阔，托起星光满天，大江奔流，推送一江月色。我努力了一辈子，咬文嚼字，尚且没有博得一点诗名；我向往了一辈子，临到有机会做官了，却是又老又病，不堪重负。就这样飘荡一生，在这无涯的天地间，做一只独自飞翔的沙鸥。这孤独的飞翔啊，什么时候是个尽头？

天地辽阔，乾坤混沌，生在大时代，沉沦在下层，时时仰望星空，说大乞求，念大孤独。沙鸥，人在宇宙中漂泊的形象，宇宙宏大，星垂月涌，平野大江，而自我渺小如沙鸥，一生漂泊无行踪。他不是俯视人间的诗圣。他有普通书生的忠厚善良、耿直热诚乃至天真迂腐。由于悲天悯人、关怀人间，所以祈祷，所以伟大。

江汉思归客，乾坤一腐儒。
片云天共远，永夜月同孤。
落日心犹壮，秋风病欲疏。
古来存老马，不必取长途。

——《江汉》

说来说去，什么稷契呀，狂夫呀，酒徒呀，丧家犬呀，渔翁呀，沙鸥呀，最终，在这茫无涯际的乾坤之中，我只是一个儒生，从小被修身齐家治国平天下这个路径所约束，最终一事无成，成了汉高祖所鄙弃的那种"腐儒"，那个利刃般的声音切割着我的心："为天下安用腐儒？"渺小，无用，彻底的弃人。我的命运如孤云随风飘逝，我的人生如月亮孤悬夜空，但是我的心呀，我的心呀，像那苍茫天宇的落日，壮丽宏伟，要将最后的余霞洒满人间大地……我不争气的身体也将在秋天里复苏，天地可鉴，请相信一匹老马的智慧，他不堪跑千里，却堪托死生，因为他有识途寻路的智慧。

写作《江汉》一年之后，杜甫离世。

时代抛弃了他,他用诗歌捕获了一个时代。

世界还在,诗人还在,诗人杜甫不在了。

凤凰还活在传说里,凤凰的鸣声响在后世学子的朗朗书声里。

中国,还需要诗圣,人间,还需要杜甫。

他可以列入,孔门的第七十三位贤人。

第二十九讲 吃货苏东坡

——喜欢苏东坡的三个理由

中国文人似乎没有一个不喜欢苏东坡的,虽然有些人只是喜欢吃东坡肉而已,也有些人喜欢他别的东西,似乎每个读书人都能找到一个喜欢东坡的理由。

先思考一个问题:谁是中国最可爱的诗人?

中国可爱的诗人很多,作为一个文化大国,我们的著名诗人几乎都有世界级影响,而且很多人喜欢的诗人各自不同。李白,我们从小就学他的"床前明月光",成年以后则会迷恋李白不食人间烟火的境界。学李太白很不容易,要腾云驾雾,要求仙访道,还要酒量好,才能亲近李太白的境界。杜甫,茅屋破了,还要想着天下寒士,一般人能达到吗?一个圣者的境界,常人很难达到。王维,是韩国人最喜欢的中国诗人,王维是进入禅静的思维,他太安静了,我们一般人静不下来,不容易进入他那种境界。白居易,日本人最喜欢的诗人,日本翻译最多的诗是白居易的,而不是李白、杜甫的,日本第一部长篇小说《源氏物语》就引用了白居易很多的诗。白居易的诗在唐朝也是最流行的,比李白、杜甫都牛,在许多驿站、酒肆的墙壁上,都题满了白居易的诗。最牛的是有些唐朝的泼皮,身上刺满白居易的诗,唤作"白舍人行诗图"。

白居易的诗歌立场是一种官僚的、贵族化的,虽然也为民生疾苦写过东西,但和杜甫完全是两个概念。杜甫是自己亲历了苦难写出来,白居易作为一个贵族旁观者的角度写,这两者完全不同。陶渊明,几乎所有文人都喜欢陶渊明,都把陶渊明奉为自己的老师,就连李白这种谁都看不上的人也欣赏陶渊明,他不是欣赏陶渊明的为人,而是欣赏陶渊明能够虚构一个桃花源给后人想象,桃花源带有仙境性质。可是,我们进不了桃花源,因为做不了隐士。

而比较容易亲近的、没有太多障碍的、很多人都可以接受的,大概就是苏东坡。杜甫在落难时也不会自己下厨做东西,是老婆和仆人做。苏东坡是亲自耕地,亲自下厨,动手做东西吃,任何时候都不屈不挠。陶渊明做官时种了两百亩地,就想着一百亩要拿来酿酒,一百亩用来做家里的粮食,不知道他老婆和儿女是怎么想的?苏东坡自己也种地,种的地主要拿来吃,不是用来酿酒。所以陶渊明的骨子里有贵族情怀,毕竟是东晋大将陶侃的后人,爷爷做过太守。

苏东坡是平民化的。他的才气最让人钦佩,诗、词、书、画,这些成就尽人皆知,而他的人生情怀却是人间烟火浓厚,跟我们常人相似,所以他更容易被普通人接受,他最重要的特色是真实可爱,不作伪,在他人生中,得意和失意都很真实,他没有得意忘形,也不会落魄沉沦,一直本色为人。这个人可爱的地方在于活得真实,有独立人格,他不玩虚的假的,不摆架子,这样一个真实的人是我们可以亲近的。

我选择三个角度来说说读苏东坡的感受:

一、十分吃货:尝尽人世滋味

> 竹外桃花三两枝,春江水暖鸭先知。
> 蒌蒿满地芦芽短,正是河豚欲上时。
> ——《惠崇春江晚景》

朋友惠崇画了一幅很美的山水画,苏东坡一题诗就变成一个食谱。"竹外桃花"是画面的情景,"春江水暖鸭先知"是很生活化的体验,也是他的一个发现,"水暖""鸭知",诗人想象的东西开始进入了画面。越往后就越走样:"蒌蒿满地芦芽短,正是河豚欲上时。"这些应该是画面中没出现的景物,尤其是河豚,纯粹是诗人添加的想象之物。蒌蒿、芦芽,都是春天的新鲜蔬菜,河豚是人间美味,可是有剧毒,许多人号称"拼死吃河豚",河豚的肝有剧毒,一旦误吃了就会死人。到了明清时,据说有人会在饭桌边准备一桶粪清,随时预备解毒。稍微推敲一下这首诗,完全是个吃货在自话自说,写着写着就口水津津了。

深圳育才中学曾经有国际部,他们的语文课就是"青春读书课",这些同学是预备要出国的,我给他们上课时说,你们出国后肯定会想家,很多时候是因为你的胃先想家了,然后你的心就开始不安宁。这是一个人的基本生存状态,生理反应影响到心理反应。任何一个离国的孩子,首先怀念母亲每天餐桌上提供的饮食,即便是学校食堂那些难吃的东西,回想起来也是美味无穷,然后,才动了相思之情,怀念故乡。

对吃的态度,其实就是一种人生态度,尤其是当你不是鼎炊玉食,而要自己觅食的时候。作为一个人,先要安稳胃,才能安稳心。苏东坡就是榜样,任何时候他先把胃安稳好了,心就安宁下来了。不是他有什么特别的绝招,不是念佛、参禅、修道,修到什么境界才这样,而是很巧妙、很聪明地安稳了自己的胃,而且是自己动手安稳自己的胃。这是一种值得学习的生活态度,是强者的生存姿态。

吃货的概念非常现代,很多人在微信里晒每天吃过的好玩意儿,号称是吃货,这是一般人,只能叫三分吃货,只是个好吃的家伙,喜欢吃好吃的东西而已。吃了以后会欣赏,能说出点道道来,这个东西为什么好吃,有什么不一样,这就达到五分了。再进一步,不光能吃,还会学着做,不光能安慰自己,还能抚慰家人和朋友,生活发展到今天,请朋友到外面吃稀松平常,请朋友到家里吃是最高礼遇,原因是自己在做,这份情谊是不一样的。做到这里算八分吃货,而我给东坡先生十分吃货的尊号。

做个吃货也不简单:三分吃,五分看,八分做,十分品。

东坡做密州太守的时候,他说:"我今号为二千石,岁酿百石何以醉宾客。"太少了,不够招待朋友,可想而知,他酒的消费有多大,不是自己酒量大,而是他喜欢呼朋唤友,看别人喝醉他很高兴。他写了这样几句话:我做太守做得没劲,曾经在桌上看不到一杯酒,所以要偷偷采草木来骗自己的嘴,对着这个桌案就不断皱眉头,举起筷子难以下咽。这个口里淡出鸟来的密州太守,就想了一个办法,每天和副官去密州古城的废园找枸杞、杞菊来生吃,吃完后感到很舒服,很高兴。

　　日与通守刘君廷式循古城废圃,求杞菊食之,扪腹而笑……曾杯酒之不设,揽草木以诳口,对案颦蹙,举箸噎呕,斋厨索然。
　　　　　　　　　　　　　　　　——《后杞菊赋》

　　一个太守这么馋,馋到这种地步,是他的欲求特别高吗?他不像孔夫子那样,肉不方不食,肉如果割得不正就不吃,孔夫子是贵族之后,太讲究了。苏东坡在密州时写了一首词,很难得地表现了自己的武功,中国古代的文官表现自己的才能一般是文字。他偏偏写了自己的武功。

　　老夫聊发少年狂。左牵黄,右擎苍。锦帽貂裘,千骑卷平冈。为报倾城随太守,亲射虎,看孙郎。　酒酣胸胆尚开张。鬓微霜,又何妨!持节云中,何日遣冯唐?会挽雕弓如满月,西北望,射天狼。
　　　　　　　　　　　　　　——《江城子·密州出猎》

　　那时他只有三十多岁,牵着大黄狗,肩膀上架着一个苍鹰,身后跟着大队人马呼啸而去射虎狼,还以为自己是三国里的英雄好汉,为什么有这样的豪情?在词的下阕漏了底牌,是因为"酒酣胸胆尚开张",因为喝了酒,顿时觉得世界变小了。

　　这首词无意中改变了词这种文体的审美特征,在苏东坡之前最流行的词是柳永的卿卿我我、风花雪月的风格。苏东坡认为自己这首词写得豪气干云,于是"令壮士抵掌顿足歌之,吹笛击鼓以为节,颇壮观也。虽无柳七郎风味,亦自是一家",这个"自是一家",呈现的是词这种文体的新境界,豪放派词就从这里开篇。喝点酒,就老夫聊发少年狂,然后一不小心就创造了一种词的新风格。

　　苏东坡在密州还写了著名的《水调歌头·明月几时有》:

　　【丙辰中秋,欢饮达旦,大醉,作此篇,兼怀子由。】
　　明月几时有?把酒问青天。不知天上宫阙,今夕是何年。我欲乘风归去,又恐琼楼玉宇,高处不胜寒。起舞弄清影,何似在人间。　转朱阁,低绮户，照无眠。不应有恨，何事长向别时圆？人有悲欢离合，月有阴晴圆缺，此事古难全。但愿人长久，千里共婵娟。

——《水调歌头·明月几时有》

  这首词写得如此之美妙而有趣，也跟酒脱不了干系，几乎就是一首酒后狂想曲。在什么情况下忽然觉得自己飘飘然要飞上九天，还想着要到月亮上去，又忽然感觉月亮上面太冷，然后乖乖回到地上来。都是因为喝酒了，序言里面说了：中秋节这天，喝酒喝了一通宵，然后起了诗意，写下这首词。开篇就是："明月几时有？把酒问青天。"大概喝得差不多了，七八分醉时，举着酒杯邀月亮来干杯。问青天，不知道天上今天是什么日子？古人说，喝了七碗茶后就会羽化成仙，飘飘然长翅膀，酒喝了三五杯也就有这种感觉。东坡同学就是这样，喝到这个时候就感觉自己想飞到月亮上去了。注意一个词"归去"，我想乘风归去。这个潜台词是：我原本是天上的星宿，文曲星下凡，谪仙人一类的人，现在，我要回到天上去，所以是归去。这么大的口气，一般人不敢有，喝醉了也不敢有。古人把月亮叫作广寒宫，看上去非常寒冷，然后东坡低头一想：算了，还是不去了，"高处不胜寒"，太冷了受不了，还是老老实实在地上呆着吧。

  古人喝酒有个特点，中古以前的文人不光只是举着杯子喝，喝到高兴时还唱还跳，男人有时还头上插个花翩翩起舞。我们看到的古装剧里全是女孩子在宴席间表演舞蹈，这是不对的，古代文人是自己跳舞，喝了后就起舞，大家对歌对舞，那种情怀现在已经没有了。"起舞弄清影"指的不是旁边有歌女舞姬，是他自己在月光底下舞蹈，觉得自己已经不在人间了，是在仙境中舞蹈，这个仙境就是酒精的作用，头有点晕了，月光又那么明亮，身体在舞动，一时间，只觉得在云里雾里飘。因为跳舞一发散，慢慢酒醒了，词下阕完全开始写人间的事情，最重要的是加入了理性的思考，已经不带醉意了。

  苏东坡又开了一个先河，因为他写的诗太多了，太有名了，大家都在传抄他的诗，以至于朝堂中有人想整他，就从他的诗句里找碴，欲加之罪，何患无辞，本来没有这个意思，这些政敌要找出这个意思来。他怎么会有政敌呢？因为王安石搞变法。王安石曾经做过县官，县里推行变法很成功，做到宰相后在全国推广就有问题了。苏东坡比较现实，他说这样做是不妥当的，拿一套统一的标准衡量天下是不对的。苏东坡和王安石两个人在文才上都是一流人物，而且两个人惺惺相惜。但是政见的原因，王安石手下的那帮人看不惯他，从他的诗句里找罪证，把苏东坡弄到牢里去了。这是"乌台诗案"。

这下完了，宋朝号称中国历史上对文人最友善的朝代，因为宋太祖立国时就说了，不能够杀士大夫，也不能够杀上书言事的人，民间的文人也好，官员也好，向皇上进谏，无论说什么，就是不能杀人。士大夫绝对不允许杀，但是皇帝轮了几辈之后，祖训就变了。苏东坡到牢里被刑讯拷打，一个神采飞扬的才子，被人家想出最下流的皮肉之苦折磨，很难受。每天由儿子送牢饭，他就跟儿子约好一个暗号：送肉菜吉，送鱼凶。如果你送的饭里面是肉，说明这天就混过去了，说明朝中的消息是不会杀我，我还能活下来，如果送鱼就说明我要被杀头了。

有一天他的儿子有事不能来送饭，委托他的一个亲戚送，他的亲戚看到每天送肉，就换一种口味送鱼，这一顿把苏东坡吓个半死，当场写下绝命诗准备去死。死到临头，还用吃的东西做暗号，这是不是一个十分吃货？

当时皇帝宋仁宗挺开明，虽然朝中大臣一个个找诗里的句子说苏东坡诽谤朝廷。宋仁宗很聪明，说：这是诗人的想法，跟我有什么关系？怎么可能动不动就在反皇上、反天下？好在皇上宽容，苏东坡被贬官，从杭州到黄州，一个太守级干部，相当于现在的市长突然间被贬到一个小县黄州，挂一个闲职——团练副史，县公安局副局长，没有兵权，没有看公文的权力，就是挂一个名，说明你还是官的身份，但是几乎没有官的俸禄，就这样把你弄到一个偏僻的地方去了。

苏东坡的心态如何？刚到黄州，写了第一首诗：

  自笑平生为口忙，老来事业转荒唐。

  长江绕郭知鱼美，好竹连山觉笋香。

         ——《初到黄州》

"自笑平生为口忙",我们只是说填饱肚子活下来,他还真的想吃点好吃的,他的胃口跟我们不一样。"老来事业转荒唐",感慨了一句,然后,亮点来了:"长江绕郭知鱼美",有长江就好了,有好吃的鱼类,"好竹连山觉笋香",山上长满了竹子,竹笋也是美味。苏东坡真是一个不屈不挠的乐天派。他被贬官到黄州,有一点点微薄的官方待遇,每月会给一点食物,没有薪俸。住所附近有一块荒地,他向政府申请开垦这块荒地。中国古代人少地多,谁愿意开垦就开垦。他是自己亲自下地开垦,这件事情,中国历史上的著名文人里只有陶渊明做过,只有陶渊明真的披星戴月地去耕田,现在加上了苏东坡。因为这片荒地在住所的东边山坡上,所以苏轼有了一个新的名号:东坡居士。

家里钱少怎么办?苏东坡想了一个办法,把铜钱一串一串地悬挂在屋梁上,一串150文,每天取下一串来,一天的用度不能超过个数额,多出来的放在一个罐子里招待客人用。一个放达的人到这种地步,每天要掐着手指头过日子,但是他活下来了,而且活得很自在。当地有很多老百姓很喜欢他,读书人喜欢他,就来跟他讨教学问,甚至有人千里迢迢来拜访他。"河东狮吼"的陈季常在附近隐居,是个贵族之后,家里有钱,经常给他送酒送肉。

他问农民怎么种地,怎么浇灌,全部事情都是自己亲手做,他在荒地里建了一个小房子叫雪堂,听起来很有诗情画意,其实就是两间茅屋。因为他的家人住在驿馆里,他自己一个人住在雪堂里,劳动完后写写诗,读读书,他几乎没有抱怨过生活,这就是他的可爱之处。他还特意写了一篇文章来说这个事。

> 早晚饮食不过一爵一肉。有尊客则三之,可损不可增。
> ——《节饮食说》

一天吃两顿,早晚饮食不过一碗饭,一个肉菜,有贵客来了才多买几个,也只三个菜而已,只可减少,不可增加。

苏东坡的觅食能力比一般人强大,先是到野地里找野菜,他这辈子几乎没有消停过,满世界找吃的,有好吃的,吃了还记下来,写诗。

在黄州：煮蔓菁、芦菔、苦荠而食之，萝卜、野菜多自然之味。

在惠州：日啖荔枝三百颗，不辞长作岭南人。

在儋州：日啖薯芋只觉香。

在黄州时感慨萝卜、蔓菁、芦笋、苦荠菜等等，多有自然新鲜之味。他被贬官到了广东，喜欢吃荔枝，"日啖荔枝三百颗"，千万别信这个，吃这么多会吃出毛病，三颗荔枝一把火，三百颗变成火星人了。他最后被贬官到了海南岛，煮芋头吃，并把这种找食吃的本性传给了他的儿子苏过，然后苏过在海南岛找的芋头特别好吃。

东坡在耕田时，肚子还没吃饱就想着怎么去消食，就跟一个和尚要茶树的种子栽在东坡上，还写了诗为证：

不令寸土闲，更乞茶子艺。

饥寒未知免，已作大饱计。

——《问大冶长老乞桃花茶栽东坡》

不要令一寸土地闲下来，求长老给我茶叶种子，并将种茶树的技术也教给我。饥寒都还没有解决就想着吃饱了怎么办，怎么消化。有时候一个人的乐观精神可以超越饥饿困境。

到黄州，有个最著名的发明："东坡肉"。我们根据这首诗的描写来复原一下"东坡肉"的做法：

黄州好猪肉，价贱如泥土。

贵者不肯吃，贫者不解煮。

慢着火，少着水，柴头罨烟焰不起。

待他自熟莫催他，火候足时他自美。

早晨起来打两碗，饱得自家君莫管。

——《食猪肉诗》

把锅洗干净，先放肉，加一点点水，柴头要保证火力，用木炭的火焖，火焰不要起来，不要用大火而要用小火焖，小火熬熟，别用大火催。火候足是最重要的，里面还应该有调料，诗里没写，但是肯定有。

现在看到满天下的东坡肉都是红红亮亮的，已经改良过了。最重要的是用小火焖猪肉，出来的味道才香美。

诗歌透露了一个信息：黄州的猪肉价贱如泥土，宋朝人不吃猪肉吃什么肉？牛肉？自古以来就是牛不允许吃，因为牛是耕田的田力，所以很少吃牛肉，一般是吃家禽鸡鸭鹅，还有羊肉，以及大量野味。古代的城市都在森林中，不像我们到处是水泥，所以野味很容易打到，唐朝人吃鹿肉跟我们现在吃猪肉一样常见。

一个严重的问题：为什么是苏东坡发现了猪肉的价值？为什么是他发明了红烧猪肉的吃法？因为他来自吃货之乡：四川眉州。而湖北黄州当时饮食文化不够发达，于是，来自吃货之乡的苏东坡，以其原生态的生活经验，加上一个吃货天生的敏感和灵性，重新挖掘出这道名菜。我的意思是，所谓东坡肉，可能是四川乡亲的发明，而东坡只是最著名的形象代言人。大方的东坡把此秘方公布于天下，清晨起来打两碗，这种食欲很了不得，早上就吃红烧肉，还吃两碗。今天的养生说早餐要像皇帝，难道也是东坡开了先河？

高兴的时候可能还要喝两杯，酒从哪里来？宋朝时酒是官卖品，官卖专酿，在城里不允许卖私酒，在乡村，老百姓可以自己家酿酒，但不许售卖。苏东坡自己酿酒，走到哪里酿到哪里。当时酒的税收占到国家税收20%—30%，今天中国的烟草可以跟它比，广东的烟草也占到30%。

城中禁酒如禁盗，乡邻才可自酿自饮，他不光自己喜欢喝酒，还喜欢用酒来招待朋友，因为他是个好热闹的家伙，总喜欢呼朋唤友，所以必须要有酒，但他酒量很小。所有人在回忆的文字里都说他酒量很小，酒瘾很大，他自己也说，喝不了太多，五分醉的时候感觉最好，"我饮不尽器，半酣味尤长"，还说，"万斛羁愁都似雪，一壶春酒若为汤"，一旦愁绪像大雪一样要把我淹没掉，一杯好酒就像热开水一样能把雪融化。"清诗独吟还自和，白酒已尽谁能借"，作诗可以自创自和，不断循环，但是酒喝完了向谁借呢？这个白酒不是现在的蒸馏酒，是指比较好一点的酒。村民酿的酒叫浊酒，白酒又叫清酒，今天日本人的清酒有点像中国古代的清酒，是酿制得比较纯净的米酒。

穿花踏月饮村酒，免使醉归官长骂。

——《次韵前篇》

偷偷地酿酒，偷偷地喝，还不想让长官看到，长官看到要骂，但是长官对他睁只眼闭只眼，从来没有骂过，对他很好。他酿酒经常有失败的经历：

州酿既少，官酤又恶而贵，遂不免闭户自酝。麴既不佳，手诀亦疏谬，不甜而败，则苦硬不可向口。然甜酸甘苦，忽然过口，何足追计，取能醉人，则吾酒何以佳为？

——《饮酒说》

酿酒的酒糟不好，酿酒的步骤也没记牢，所以酿的酒不甜，味道是酸的，有点类似醋，苦得没办法喝下去。酿酒失败了不喝就行了，他自己转念一想，所谓的酸甜甘苦，就是一下子过了自己的嘴而已，管它好酒坏酒，只要能醉人就行，就自己喝，这差不多是将醋当酒喝了。据说他发明的酒有六七种之多。

关于饮酒，这段文字很有名：

余饮酒终日，不过五合，天下之不能饮，无在余下者。然喜人饮酒，见客举杯徐引，则予胸中为之浩浩焉，落落焉，酣适之味，乃过于客。闲居未尝一日无客，客至未尝不置酒。天下之好饮，亦无在余上者。或曰："子无病而多蓄药，不饮而多酿酒，劳己以为人，何也？"余笑曰："病者得药，吾为之体轻；饮者困于酒，吾为之酣适，盖专以自为也。"

——《书东皋子传后》

我喝酒终日不过五合，大概一两斤米酒。但喜欢看人喝酒，凡是看到客人举杯徐饮，我的心里就为之浩浩焉、落落焉，忽然间就觉得醉意盎然，快活陶然，比酒客还过瘾。张公吃酒李公醉，我闲居时没有一天没有客人来，客人来了就必须要喝酒，天下好喝酒的酒徒也没有比我更厉害的了。我的酒量最小但是酒瘾最大。没有病存那么多药干什么？苏东坡还有个特长，他懂得开药方看病，经常给村民治病，所以无病而多储药，不饮而多酿酒，劳己以为人，何也？身边的人得到我的药，我都为他感觉到身体舒畅，喝酒的人想喝酒没有酒，我能够给他酒喝，多好。

就因为这种性情才能结交那么多的天下好友，无论落难到哪里，都有那么多人跟他交朋友。被贬到海南岛前，在黄州呆了五年，一生最杰出的作品基本上都在黄州写的，前后"赤壁赋"，那是他四五十岁的时候，是生命中创造力最强的时候。后来召回京师，王安石那派被人赶下来，司马光一派上来了。王安石是个很执拗的人，硬着脖子一定要把事情干成。而司马光是大学者，很书呆子气，要把王安石那套全部推翻。苏东坡到了朝廷一看，这也不对，王安石的做法里有些是可以保留的，又把司马光这派得罪了，在朝中没呆两年就被赶到南方。一路又有人要陷害他，最后被贬到海南岛，这应该是他人生的最低谷，人生近六十岁的时候，准备死在那个地方。古代把广东叫作蛮烟瘴雨之地，森林里冒出来的毒气会毒死人，流放到这里就意味着九死一生。

然而，即便是被贬到海南岛天之涯海之角的儋州，他依旧活得很自在：

　　寂寂东坡一病翁，白须萧散满霜风。
　　小儿误喜朱颜在，一笑那知是酒红。

——《纵笔》

一个病老头，头发白了，脸色也不太好。某一天，孩子们跟他说，老爷子你的脸色不错，还透着红润之色呢。"朱颜在"，东坡偷偷一笑，他们不知道这是喝了酒的缘故。乃是酡颜，非朱颜也。

　　宁可食无肉，不可居无竹。
　　无肉令人瘦，无竹令人俗。
　　人瘦尚可肥，士俗不可医。

——《于潜僧绿筠轩》

这是一首著名的广告诗，为竹子做广告。世界上最爱竹子的人是王羲之的二儿子王凝之，他走在哪里都要把竹子栽种到哪里，不可一日无此君。"宁可食无肉，不可居无竹"，这是苏东坡做得到的事情吗？肯定做不到，但是也要有这种情怀，一俗一雅心里都有才对，这话还不能深究，深究的话就是撒谎——除了画竹，他想到竹，多半是想到有竹笋可以吃吧。

苏东坡为什么是十分吃货？首先，他可以到处觅食，觅食不得时，自己创造食物。不管是自己酿酒，还是自己创制焖红烧肉。其次，更重要的，他有一种雅致的情怀看待人间食物。他能够发现食物的美，能成就美食家的境界。我们再努力得个八分吃货就不错了，苏东坡却能给看似很寻常的食物投上一层诗意的光辉，这就是他的特长。

后人记录他谈饮食，他表达了对吃的终极境界，有记载云：

苏东坡与客论食次，取纸一幅以示客云："烂蒸同州羊羔，灌以杏酪香粳，荐以蒸子鹅，吴兴庖人斫松江鲙；既饱，以庐山玉帘泉，烹曾坑斗品茶。少焉解衣仰卧，使人诵东坡先生《赤壁前后赋》，亦足以一笑也。"

——【南宋】朱弁《曲洧旧闻》

大吃八方，解衣仰卧，因为写了《前/后赤壁赋》，才有极大的满足，关键是饭后酒后，要有这个赤壁前后赋。你写不出来，听人诵读也好。如此看来，要做一个十分吃货，还要有文化才是。

吃货苏东坡，正是一个读书人热爱生活热爱生命的好样子。

二、一流人物：是大才子真风流

关于才子的一面，我们从一个小视角来看，只说说他跟几个妻妾的关系。第一个妻子，去世十年后，东坡写了一首著名的词：

十年生死两茫茫，不思量，自难忘。千里孤坟，无处话凄凉。纵使相逢应不识，尘满面，鬓如霜。　　夜来幽梦忽还乡，小轩窗，正梳妆。相顾无言，惟有泪千行。料得年年肠断处，明月夜，短松冈。

——《江城子·记梦》

这首词之所以感人，是因为在妻子王弗死后十年，东坡梦见她年轻时的样子，梦中的妻子在故乡新房的窗户边梳头，那应该是新婚不久的镜头。他站在她身边，却是"尘满面，鬓如霜"，你青春依旧，我已经白发苍苍，你大概已经认不出现在的我来了。我的衰老反衬记忆中妻子的娇美样子，新婚妻子美娇娘在窗户下梳头的样子，跟一个沧桑的老头面对，这个对比很强烈。"相顾无言，唯有泪千行。"语言丢失了，眼泪是此刻的语言，彼此用眼泪传情达意。每年，我都会记起你所在的那个地方，我能看得见一轮明月照在你的坟墓上，孤独而清冷。

夫妻情深。结发妻子王弗的特点是非常聪明，看人比苏东坡更准。在他的文集里有记载，他说我的心绪比较粗放，漫不经心，别人来拜访我时，老婆就很聪明，说这家伙不行，一直说好话，肯定是有求于你，那个家伙前言不搭后语，看起来就是不真实的人。一直在背后提醒他，让他在官场上减少一些波折。

第二个妻子，是王弗的表妹王闰之，形象也在诗文里出现过，最初是在赤壁赋里：

是岁十月之望，步自雪堂，将归于临皋。二客从予，过黄泥之坂。霜露既降，木叶尽脱。人影在地，仰见明月。顾而乐之，行歌相答。已而叹曰："有客无酒，有酒无肴，月白风清，如此良夜何！"客曰："今者薄暮，举网得鱼，巨口细鳞，状如松江之鲈。顾安所得酒乎？"归而谋诸妇。妇曰："我有斗酒，藏之久矣，以待子不时之需。"于是携酒与鱼，复游于赤壁之下。

——《后赤壁赋》

这里面有王闰之体贴周到的身影："有客无酒，有酒无肴，月白风清，如此良夜何！"每逢好景致，吃货苏东坡就想到要有酒菜消遣才完美。客人就说正好抓了几条鱼，可哪来酒呢？苏东坡回去问老婆，老婆说藏了一罐酒，一直没给你喝，就是以备你的不时之需。这么一小罐酒，深藏不露，就是为了你兴致大发的时候预备的。于是有酒有肉，才有了《后赤壁赋》。可以想象，假如没有酒，夜游就不能成行，没有夜游，赤壁赋也就可能无缘诞生。别小看了吃货，更别小看了吃货要有个好老婆这回事。

他给朝中友人写信，调侃道："勿谓仆谪居之后，一向便作村舍翁。老妻犹解接黑牡丹也。"黑牡丹是母牛，妻子王闰之会给母牛接生。动手能力强，这真是一对相当匹配的夫妻。

苏东坡写过好些情诗，这首很俏皮，而且是人之常情的：

花褪残红青杏小。燕子飞时，绿水人家绕。枝上柳绵吹又少。天涯何处无芳草。　墙里秋千墙外道。墙外行人，墙里佳人笑。笑渐不闻声渐悄。多情却被无情恼。

——《蝶恋花·春景》

人世间的情爱经常发生于莫名的邂逅。但是，如果还没对上眼，只是隔墙听到人家笑声就心乱了，这才是苏东坡这样的情痴干的事。上阕写景，下阕就开始说情了：春天，民间有荡秋千的习俗。这一天，一个书生走过一个院落，院墙外面有一条路，书生走着，听见墙内有女孩儿在笑，是姑娘们在荡秋千，笑得肯定很可爱，把书生的脚步拴住了，"笑渐不闻声渐悄"，可见，墙外的行人肯定在那里傻呆呆地站了很久，一直等着荡秋千的姑娘笑完、闹完，走了，自己才满心惆怅地离开。"多情却被无情恼"，我如此之多情，满怀惆怅，别人却是没心没肺地在快乐着，这是人世间常见的情景，流水有意落花无情。无需见面，只要笑声就会把人迷倒，充满戏剧性，这是东坡的发现。

宋词是歌词，都是可以唱的。这首词，王朝云很喜欢唱。朝云当时是钱塘名妓，只有十三岁，很是聪明伶俐，东坡收其做小妾。他被贬到惠州时只有朝云伴随他身边，前面两个妻子都已经死了，他身边曾经有四五个妾，全跑了，只有朝云伴随他到惠州。她说：我已经不敢唱"枝上柳绵吹又少"，每次唱就要哭，"天涯何处无芳草"，也只能安慰别人了。朝云不能歌，苏东坡从此以后再也不听这首歌了。

下面有一首比较有意思的词，《洞仙歌》：

【仆七岁时，见眉州老尼，姓朱，忘其名，年九十岁。自言尝随其师入蜀主孟昶宫中，一日大热，蜀主与花蕊夫人夜纳凉摩诃池上，作一词，朱具

能记之。今四十年，朱已死久矣，人无知此词者，但记其首两句，暇日寻味，岂《洞仙歌》令乎？乃为足之云。】

冰肌玉骨，自清凉无汗。水殿风来暗香满。绣帘开，一点明月窥人，人未寝，欹枕钗横鬓乱。　起来携素手，庭户无声，时见疏星渡河汉。试问夜如何，夜已三更，金波淡，玉绳低转。但屈指，西风几时来，又不道流年暗中偷换。

——《洞仙歌·冰肌玉骨》

中国文学里，很少有诗文写到进了洞房后的生活，真正的夫妻生活几乎没人写。苏东坡是罕见的一个，之后的李清照也写过。这首词在第十九讲中有讲过，不再赘述。

他赠给朝云的情诗，也是难得一见。古代诗人喜欢写什么悼亡诗，潘安啊、元稹啊，都是以悼亡诗闻名诗坛，为什么妻子活着的时候不好好写几首赠诗呢？苏东坡这样做了。

白发苍颜，正是维摩境界。空方丈、散花何碍。朱唇箸点，更髻鬟生彩。这些个，千生万生只在。　好事心肠，著人情态。闲窗下、敛云凝黛。明朝端午，待学纫兰为佩。寻一首好诗，要书裙带。

——《殢人娇·赠朝云》

想当初在西湖初遇朝云，才子佳人的天作邂逅，东坡对朝云的印象不知不觉落在笔下：

若把西湖比西子，淡妆浓抹总相宜。

——《饮湖上初晴后雨》

从西湖想到佳人，应该是眼前有个活生生的样本，还有，喝口好茶也联想到佳人的清新之美：

从来佳茗似佳人

——《次韵曹辅寄壑源试焙新芽》

这就是所谓，是大才子方可真风流。

三、一等真人：一蓑烟雨任平生

许多中国书生身上都有三种文化基因：儒释道。苏东坡是个典型。他自己的感叹是：一生习儒业，庄子得吾心，前生是僧人。人心的丰厚可以如此。

儒家，从修身养性到治国平天下，苏东坡几度沉浮，脱不开一个普通儒者的生涯。

僧道方面，有点特别。苏东坡七岁读《庄子》很有心得，《庄子》是有悟性的人才读得懂，东坡是早慧之人。成年后，他经常说自己前生是僧人，还煞有介事写成文字。初到杭州西湖寿星寺，他说记得这个庙，从院门到经堂有九十二级台阶。别人一数果然如此。看见和尚庙就觉得自己好像在那里住过。他还煞有介事地吟诗："前生我已到杭州，到处长如到旧游。"

他的人性很丰厚，因为儒家所倡导的永远是进攻战术，道家是撤退的战术，佛教是撤得没影了，一个人有进攻和撤退的方法就不会被打败，就会不屈不挠。他有句出名的话："吾上可陪玉皇大帝，下可以陪卑田院乞儿。"我上可陪玉皇大帝，下可以陪贫民收容处的乞丐。这个样子是中国书生最美好的风骨，后面跟着一句话很惊人："眼前见天下，无一不好人。"我们扪心自问一下，是否敢于认同这种观点？心中没有一点怨恨的人，天底下大概只有苏东坡了。

他二十六岁就写出看破红尘的诗：

> 人生到处知何似，应似飞鸿踏雪泥。
> 泥上偶然留指爪，鸿飞那复计东西。
> ——《和子由渑池怀旧》

人生就好像一只鸿雁在泥巴里偶尔留下一点爪子的印痕，但是生命飞过去后印痕也会消失，很有点佛空的意思。这样的姿态他在青年时期就具备了：要努力，却不执着。

四十五岁，他初到黄州，又写了孤鸿：

缺月挂疏桐，漏断人初静。谁见幽人独往来，缥缈孤鸿影。　　惊起却回头，有恨无人省。拣尽寒枝不肯栖，寂寞沙洲冷。

——《卜算子·黄州定慧院寓居作》

良禽择木而栖，好的鸟儿会选择树来做窝，不是什么树都愿意停息。庄子笔下的凤凰，非梧桐不止，"拣尽寒枝不肯栖"，这是有选择的人生，有选择才有内心的自由。保持独立的人格和自我的高洁心态，无论把我贬到哪里，无论怎么寂寞，怎么难受，我都不会屈服，不会被打败。"谁见幽人独往来，缥缈孤鸿影"，这个孤鸿再三出现，在《赤壁赋》里变成了一个道士的形象。

四十六岁时，他还在黄州，写了晚归的沉思：

夜饮东坡醒复醉，归来仿佛三更。家童鼻息已雷鸣。敲门都不应，倚杖听江声。　　长恨此身非我有，何时忘却营营。夜阑风静縠纹平。小舟从此逝，江海寄余生。

——《临江仙·夜归临皋》

晚上在外面喝酒，酒醒后回来，已是半夜三更，被关在家门外。长江的波浪轻轻地抚摸着堤岸，水流岸不流，总是有这样的念头：我的身体似乎不归我所有，总是忙忙碌碌，被什么牵着走；多想摆脱这沉重的肉身，让灵魂的小舟，在江海上自由飘荡。他是在渴望极度的自由。每个人最终极的追求就是自由，不愿心为物役，不为外面的东西所奴役的人，才得真自由。

四十七岁，一次远行遇雨，他忽生感慨：

【三月七日，沙湖道中遇雨。雨具先去，同行皆狼狈，余独不觉。已而遂晴，故作此词。】

莫听穿林打叶声，何妨吟啸且徐行。竹杖芒鞋轻胜马，谁怕？一蓑烟雨任平生。　　料峭春风吹酒醒，微冷，山头斜照却相迎。回首向来萧瑟处，归去，也无风雨也无晴。

——《定风波·莫听穿林打叶声》

不要听穿林打叶的雨声，伞不在身边，同行的人都很狼狈，我何妨放慢脚步，拄着竹杖，就在泥泞中冒雨前行吧，而且可以边走边长啸，道教修仙者常在山林里吹口哨，就是啸，可以长啸，也可以吟诗。草鞋很轻快，比马还轻快，"谁怕？"怕什么？不用怕，"一蓑烟雨任平生"。穿风过雨，无所畏惧，一往无前，这就是真实的人生。这个形象代表了苏东坡的基本人生态度，风雨打在身上还是无所畏惧，还是不变形、不狼狈，坦然面对迎接，毫无抱怨，从不垂头丧气，只管往前走去。

风雨过后，夕阳穿云而出，回首夕阳，看看刚刚走过的泥泞路，也无风雨也无晴，一切都可以战胜，可以过去，不会有什么过不去的坎，这就是一个活得圆融的人。

六十六岁，临死之前，他在金山寺里题了一首诗：

心似已灰之木，身如不系之舟。
问汝平生功业，黄州惠州儋州。

——《自题金山画像》

他说，我的心就好像已经枯朽的木头，身体就好像水面上飘荡的船。这不是彻底的悲观，而指的是我再也不会被什么东西击败了，不会随便伤心了，人生也没有什么特别的目的了，四处飘荡也罢，我心安处即故乡。心已灰，不是心如死灰的意思，而是到了修佛修道的境界：物我两忘，弃智无为。

平生做了什么？不说在杭州、密州、湖州、徐州做过太守，不说任何功业，而是说了三个落难的地方：黄州、惠州、儋州，越流放越远，一直到天涯海角。他觉得没事，我做官不值一提，我在人生最低谷时还活下来了，活得还有滋有味。这是一个彻底的强者。

据说东坡临死时跟高僧有一段对话。他说：我平生没有做过什么恶，一定不会掉到地狱。和尚说：不要忘记有西方这回事。暗示可以成佛的意思。东坡回答：西方也不是没有，但不要老想着成佛，一心想着要升西天也不行。旁边有朋友插嘴说：先生平时就已经到了这个地步了，再加把劲说不定就成佛了。苏东坡生命中最后一句话就是"着力即差"，用力过猛就错了。这是一种松弛的人生态度，不屈服，不认输，同时不强求，不做自己执念的奴隶，顺其自然，各安天命。不是像西西弗斯那样，迫不及待要把石头推上山去，然后又滚下来，不玩这样重复的苦差事的游戏。谋事在人，成事在天，我尽力了，但是，不将自己逼入绝境，给自己留一点自在。

尾声：人的痕迹

雁过留声，人过留痕，我们看看苏东坡在中国大地上留下的痕迹。

他鉴定了西湖，西湖的广告就是他做出来的："欲把西湖比西子，淡妆浓抹总相宜。"东坡在杭州邂逅了朝云，这个西子既是古典，也是今典。

他动过卜居宜兴的念头："买田阳羡吾将老，从来只为溪山好。"宜兴，出紫砂壶的地方。

他在杭州当太守时，建立了中国第一所面向民众的官办医院——"安乐坊"。被贬到惠州时劝说广州太守建了个广州医药院。

广东惠州、梅州一带的妇女多戴斗笠。竹笠周边一圈加缀绸帛薄纱，绸帛有淡红、淡绿、淡青、白各种颜色，垂下来，可以遮风蔽日，深受女性欢迎，今天还能见到，名字叫苏公笠，也是东坡的一个发明。后来回京城又做了官，又发明了一种帽子，人称子瞻帽，高筒短檐乌纱帽，京师的人因为倾慕他的才华都来戴这种帽子。有人写了一首很好玩的对联，讽刺这种模仿之风：

伏其几而袭其裳，岂为孔子？
学其书而戴其帽，未是苏公。

你穿着那个儒服趴在书案上就是孔子了吗？你学东坡的书法，戴着子瞻帽，未必就真能成了苏东坡。

东坡的诗词书法，是我们的民族瑰宝。那无形的文化遗产，正是东坡的人生趣味，那个修炼成十分吃货的读书人的生命状态。

后人学苏东坡，读苏东坡，爱苏东坡，每个人都有自己的理由，这里说的是我的三个理由。

如果我们自己做不成苏东坡，至少，我们希望自己的朋友里面有苏东坡式的人物，如果没有活的苏东坡，那就去找文字中的读东坡。反正，有趣有味的人生，不能没有苏东坡。

第三十讲　李清照的文字美学

少女：眼波才动被人猜

在北宋的承平岁月里，一个书香门第的小女子，在院子里荡秋千。荡秋千是飞仙之戏，一旦玩起来很容易无所顾忌，深度投入。女孩儿的身体与笑声波飞浪涌，飘荡在春日的软风中，空气里都是笑声与花香。倘若这一刻，有多情的才子正好从院墙外走过，比如年轻的苏东坡，他会被这清水般的笑声淹没了，像被施了定身法，呆立不动，耳中是笑声，心中是倩影，幻想着：能够发出如此清灵笑声的女孩儿必定是个美人儿吧。也不知道傻站了多久呢，然后，"笑渐不闻声渐悄，多情却被无情恼"，怅然离去，回到家里还念念不忘，于是作词纪事，把一腔深情留在纸上。多情的岁月多情的男女，这就是青春啊。

蹴罢秋千，起来慵整纤纤手。露浓花瘦，薄汗轻衣透。　　见客入来，袜刬金钗溜，和羞走。倚门回首，却把青梅嗅。

——《点绛唇·蹴罢秋千》

如果荡秋千的少女名叫李清照呢，她比别的少女多了一层自我观照的才华，别人只在梳妆的时候照镜子，她却无时无刻不在"照镜子"，她习惯于时时反观自己，女孩儿的自矜、敏感、娇贵，让她自觉成为众人注目的中心："眼波才动被人猜"，她觉得，只要自己眼波一转，旁边的人——比如一个叫赵明诚的太学生，就会绞尽脑汁去猜谜，猜测她的心思。

自我观照之下，荡秋千这件寻常事，有了画面，有了细节，然后，有了少女的动态情感：春天，少女，春情；秋千，青春，自画像。慵整纤手，是玩得尽兴，手把秋千索，已然酸痛，自己随便揉揉；露浓花瘦，也是袭用陈词，汗水潺潺，身形清瘦；薄汗轻衣透，这就写实了。写实的细节给词带来新生，源源不断的新生，因为从此词中有了人——作者自己。今天这个客人，没在院墙外傻站，而是敲门而入，于是，小女子来不及穿好鞋子，来不及扶好滑落的金钗。袜划，划袜，只穿着袜子，因为秋千架可坐可站，站上去前会脱鞋，之后坐下才干净，因为男女礼防要回避，由于不速之客而情急，下了秋千，来不及穿鞋就溜走了；金钗溜，金钗歪斜，也要掉了，蓬松着头发，羞羞怯怯的，急脚乱步的，往闺房里躲。没事也弄得有很大事情的样子，正是少女的情态。走到门边，好奇心泛滥，忍不住回头看看，来客是谁呢？又不想让人看出来，为了掩盖羞涩，乘势躲在梅树后面，假装手把青梅嗅闻芬芳。眼神流波，回眸再流波，眼波在青梅后面流转，让你无从猜测。

这个少女，是天下少女该有的样子，古典时代的少女美丽的样子，曹雪芹笔下的大观园里的女孩儿们的样子。

昨夜雨疏风骤，浓睡不消残酒，试问卷帘人，却道海棠依旧。知否，知否，应是绿肥红瘦。

——《如梦令·昨夜雨疏风骤》

人与风物同感共情，须得有一颗才子的敏感之心，而才女，可能更善移情。在雨声与醉意中，一夜浓睡，清晨起来，惦记着园中的海棠花是否安好。卷帘侍女漫不经心，随嘴应答：花儿还那样。词人嗔怪道：经过一夜风刷雨洗，海棠花儿已然不一样了，你知道吗，你仔细看了吗，应该是枝叶健壮而花儿却憔悴了。"绿肥红瘦"，用词大胆，吓煞后世词人。言下之意，岂止是花儿，还有花儿一样娇艳的青春啊！那像海棠花儿一样明艳脆弱的女孩儿，新娘子，娇贵，不是骄矜；娇羞，不是霸道。只堪怜惜，不堪风刀剑霜。

少妇：多情自是多沾惹

　　十八岁，李清照出嫁，新郎赵明诚，博学好古，当时还是国家最高学府的学生——太学生。赵李两家都是官宦人家，也都是书香门第。李清照的父亲李格非，归入苏轼门下。赵明诚的父亲赵挺之官至宰辅。

　　多情者善感，多才者善情。李清照多情复多才，善感又善情，于是乎，"多情自是多沾惹"，在她心里，总是有纤细的线索与世界发生隐秘的联系，多沾惹，是龚自珍所谓"之美一人，乐亦过人，哀亦过人"；多沾惹则多诗情，诗词是从生活的触动中流出，不是从纸面上获得，于是，诗意词境不事依傍，可以别开生面。

　　初为人妻，初通人事。人间的情词，大多止步于婚前，止步于从此王子与公主过着幸福的生活，如何幸福的样子，都是空白，都是只可意会不可言传。只有性情通达过人者，才敢于言传，有宋一代，男有苏东坡，女有李清照、朱淑贞。

　　卖花担上，买得一枝春欲放。泪染轻匀，犹带彤霞晓露痕。　　怕郎猜道，奴面不如花面好。云鬓斜簪，徒要教郎比并看。

　　　　　　　　　　——《减字木兰花·卖花担上》

　　"小楼一夜听春雨，明朝深巷卖杏花。"城市生活里，此情此景，陆游也是颇为动心的。孟元老的《东京梦华录》为此专列一条，称卖花"歌叫之声，清奇可听"。卖花买花，美人如花，云鬓斜簪，鲜花带露水，美人面含笑，一般的娇滴滴惹人怜，新娘问新郎：花美还是人美？男子的回答一般没有悬念：人美。也有更机智的：解语花。

　　晚来一阵风兼雨，洗尽炎光。理罢笙簧，却对菱花淡淡妆。　　绛绡缕薄冰肌莹，雪腻酥香。笑语檀郎，今夜纱厨枕簟凉。

　　　　　　　　　　——《丑奴儿·晚来一阵风兼雨》

　　时值初秋，黄昏时分的一阵骤雨，把炎热一扫而光。晚餐后，奏乐饮茶，今夜良宵，也不读书了，却对着青铜镜化起妆来，大红绸纱，薄光轻滑，透出冰肌玉肤，细腻酥香，晚间化淡妆。"笑语檀郎"，笑应羞涩，语应耳语；檀郎，夫君？美男子？此刻应是情郎哥哥也。含羞耳语：哥哥，今夜的枕席好凉爽哦。薄如蝉翼的衣衫，红衣透出的冰肌，让人心痒的耳语，让人心醉的笑颜，这一切构成了一张罗网。隐秘的热情，含蓄的邀请，新婚的甜美日常，古典东方式的佳话。

这当然是艳词，连柳七、温飞卿也不敢这么直白，这么真切的场景白描，引得某些读者的想象力刹不住车，觉得这是"夸张笔墨，无所羞畏"。持这个立场的是宋人王灼，一个行家里手，他是识货的，在《碧鸡漫志》里点评李清照："自少年便有诗名，才力华赡，逼近前辈，在士大夫中已不多得。若本朝妇人，当推词采第一。"这是同代人的基本判断，推许为宋代词坛排行榜首。然后，又有骨鲠在喉，"作长短句，能曲折尽人意，轻巧尖新，姿态百出，闾巷荒淫之语，肆意落笔，自古缙绅之家能文妇女，未见如此无顾忌也。"自古以来，淑女之辈，不敢如此下笔，你写得太有画面感了，把男女情态和盘托出，简直前无古人。唉，南宋学者多被道学所害，偏偏又压抑不住自己的联想能力。

薄雾浓云愁永昼，瑞脑消金兽。佳节又重阳，玉枕纱厨，半夜凉初透。　　东篱把酒黄昏后，有暗香盈袖。莫道不销魂，帘卷西风，人比黄花瘦。

——《醉花阴·薄雾浓云愁永昼》

又是玉枕初凉，对清清爽爽的床榻念念不忘，可见睡个好觉多么重要。

此前的软词，花间樽前，一派男人眼色，只是赏玩女子的娇艳。而李清照揽镜自照，无不真切自赏，楚楚动人处，自己知道。陶渊明"采菊东篱下，悠然见南山"，是隐逸自喜；李清照加上酒，加上花香酒香，画面丰富了；加上黄昏与凉风，气氛上来了；最后，放进去一个我，"人比黄花瘦"——不是"绿肥红瘦"的瘦，那个瘦是憔悴，惹人怜惜；这个瘦，形神兼备，形指清隽之姿，神是超凡脱俗。大隐隐于市，心境一变,城市就是南山;酒杯一端,才女变身雅士;凉风中菊花摇曳,衣袂飘飘,别人见了销魂,自己也产生幻觉:化身为一枝菊花,清瘦高贵,楚楚可人。酒香盈唇,花香袭人,分不清是酒香醉我,还是我的芬芳醉了花儿,我清清楚楚知道的是,我一直是那个汉语文化语境中的俏人儿。即便是渊明兄在场,也可以对菊把酒,言笑晏晏。

古典女性的经典诗生活

李清照与赵明诚一家,有现代家庭的特征:男女平等,文友夫妻。两个人的小日子,几乎是宋人精致优雅生活的典范,那个状态,是经典的诗生活。

宋人周辉的《清波杂志》载:"顷见易安族人,言明诚在建康日,易安每值天大雪,即顶笠披蓑,循城远览以寻诗。得句必邀其夫赓和,明诚每苦之也。"

雪中觅诗,风雅迫人。那顶笠披蓑循城搜寻的样子,历历在目呢。诗酒度日,是古典书香门第的日常状态。赏雪赏花,不是到此一游便转身走人,而是缠着一树花儿,席地而坐,一边饮酒一边赏花,还有,一边吟诗。"年年雪里,常插梅花醉。"这样的隆重,才对得起一树梅花,以及,丛丛菊花:"不如随分尊前醉,莫负东篱菊蕊黄。"或者,数枝芍药:"待得群花过后,一番风露晓妆新。"此中有雅趣,有诗心。

词有别才,李清照独得其妙,安居此中可以一生无憾,因此自号易安居士。赵明诚志在金石学问,独抒性灵之时,常常捉襟见肘,却也尽力唱和。一对佳偶,闲散风流诗生活,羡煞后人。

李清照是个文字痴人,虽然没到苦吟派郊寒岛瘦的地步,在女子诗痴中,恐怕也不做第二人想。听她自白:"险韵诗成,扶头酒醒,别是闲滋味""诗情如夜鹊,三绕未能安""当年曾胜赏,生香熏袖,活火分茶。尽如龙骄马,流水轻车。不怕风狂雨骤,恰才称煮酒残花"。

雅事七件,琴棋书画诗酒花,一律擅长;俗事七桩,柴米油盐酱醋茶,只斗茶煎茶分茶,当年是雅事,此外,似乎十指不沾阳春水。然后，时不时地出游：

  常记溪亭日暮，沉醉不知归路，兴尽晚回舟，误入藕花深处。争渡，争渡，惊起一滩鸥鹭。

——《如梦令·常记溪亭日暮》

  这是夫妻同游。野游到夜游，野餐到沉醉，恣情纵意，无所顾忌，她知道，身边的人儿待她好，身外的世界也待她好，藕花、鸥鹭，都是亲人。亲人面前，还需要小心翼翼么？误入、惊起，受宠的人儿自然可以肆意而为。

  红藕香残玉簟秋，轻解罗裳，独上兰舟。云中谁寄锦书来？雁字回时，月满西楼。　　花自飘零水自流。一种相思，两处闲愁。此情无计可消除。才下眉头，却上心头。

——《一剪梅·红藕香残玉簟秋》

  这是独游。丈夫赴任在他乡，或者独自外出寻访古碑书帖去也，词人独自漫游不安宁，抬头望天，大雁飞过，候鸟准时南迁，贞心守信的亲人，也该准时寄来家书了。同是秋凉时分，今日的枕席却是别样的冷清。读罢家书，勾起相思，你的思念如流水，我的思念如落花，好日子就这么白白流淌而去。明月盈盈，光照楼台，我们仿佛能听见彼此的心跳，你的深情让我稍感安慰，我的深情却饱满得没有着落，这一往情深的时刻，眉头刚刚舒展，心头却又沉沉甸甸。这是闲愁，甜蜜的忧愁，不肯安宁不能恬淡。

  此后陪伴丈夫出守青州、莱州、江宁等地，寻常日子的诗意，都在文字里留下了痕迹，饮茶、品酒、读书、编书、赏画、抚琴、打马、出游，时不时吟诗填词，怡然自得。

  赵明诚痴迷金石碑刻，一生收集遗落人间的古文奇字，编撰一部《金石录》，洋洋大观，前无古人。《金石录》三十卷，李清照是合作者。"金石录"，金指钟鼎，石指碑碣，录是研究、校勘文字，编撰成书，以考订文字源流，纠正史书的讹缺，这是一门艰深的兼有考古学、文献学、文字学、史学的学问。他们利用各种渠道收集钟鼎铭文、碑铭石刻，夫妇两人一同校勘、整理。晚年的李清照，不断上奏，拼尽全力促成丈夫的心血留存人间。她为这部大书撰写了后记：《〈金石录〉后序》。回顾当年书香熏染的日子，让后人看见一个大家闺秀的家庭生活画面。

几处细节很是动人：没钱的时候，典当衣服买碑文，回家后一边吃着水果，一边展玩碑帖，自称是快乐自由的上古时代的人："赵、李族寒，素贫俭，每朔望谒告出，质衣取半千钱，步入相国寺，市碑文、果实归，相对展玩咀嚼，自谓葛天氏之民也。"有钱的时候，坐拥书城，夜静烛明，清茶两盏，夫妇相对而坐，每晚的功课以点完一支蜡烛为准，有时候也变工作为娱乐，猜书赌茶。这时节，往往是狡慧的清照获胜居多，看她欢喜得把茶杯都碰翻了："余性偶强记，每饭罢，坐归来堂，烹茶，指堆积书史，言某事在某书某卷第几叶第几行，以中否角胜负，为饮茶先后。中即举杯大笑，至茶倾覆怀中，反不得饮而起。甘心老是乡矣！"即便做郡守，收入毕竟有限，而愿望宏大无涯："穷遐方绝域，尽天下古文奇字之志。"于是，全家节衣缩食："食去重肉，衣去重彩；首无明珠翡翠之饰，室无涂金刺绣之具。"然后，"几案罗列，枕席枕藉，意会心谋，目往神授，乐在声色狗马之上"。

李清照觉得，沉浸在书乡、智慧之乡，比沉浸在世俗富贵之乡、凡人温柔之乡更为快乐、也更为长久。这是一个传统知识女性的优雅生活体验。易安居士李清照，在诗文书籍中安放一颗美丽的心灵。

才人迟暮不易安

金兵入据中原，赵明诚病亡，李清照流寓南方，逃难路上，珍贵的古器字画散落殆尽，生活陷入困顿，境遇孤苦。时年四十六岁。唯一带来安慰的，依旧是自己的文字。

风住尘香花已尽，日晚倦梳头。物是人非事事休，欲语泪先流。　闻说双溪春尚好，也拟泛轻舟。只恐双溪舴艋舟，载不动许多愁。

——《武陵春·春晚》

这个习惯于揽镜自照的人儿,如今每晚都不再梳头化妆了,因为无人赏看。出游的念头也打消了,忧愁太重船太轻,载不动了。"酒从别后疏,泪向愁中尽。"酒意也阑珊,因为独酌更寂寞。"试灯无意思,踏雪没心情。"不再观灯,不再特意去踏雪觅诗,而苦情诗意逼人而来。"旧时天气旧时衣,只有情怀,不似旧家时。"世界还是那个世界,只是活在其中的原来那个我,不见了。"雨打梨花深闭门",不敢看不敢想,不敢多情,闭门不看,闭上心门不想。可是,"那堪永夜,明月空床。闻砧声捣,蛩声细,漏声长"。捣寒衣的人儿有所牵挂,我无衣可捣,无人牵挂,蟋蟀空鸣床下,床上空空荡荡,没人陪伴,只有白白的月光洒满床榻。打更的声音,高一声低一声,把时间敲碎,把梦魂敲碎。曾经是"水晶山枕象牙床","被翻红浪",到如今"闲愁也似月明多","直送凄凉到画屏"。

情怀换了,文字也日益大胆,俗语、叠词,水到渠成,信手拈来,不是要别出心裁,只是我手写我心,不如此不足以说得清爽,谁承想却不小心惊世骇俗了。

寻寻觅觅,冷冷清清,凄凄惨惨戚戚。乍暖还寒时候,最难将息。三杯两盏淡酒,怎敌他、晚来风急?雁过也,正伤心,却是旧时相识。　　满地黄花堆积,憔悴损,如今有谁堪摘?守着窗儿,独自怎生得黑?梧桐更兼细雨,到黄昏,点点滴滴。这次第,怎一个、愁字了得?

——《声声慢·寻寻觅觅》

十四个叠字,像敲木鱼,一声追一声,步步惊心,刹那间,一种空无所依的绝望情绪笼罩全篇。寻寻觅觅的,是前尘往事,寻寻觅觅的结果,是冷冷清清,冷冷清清到极点,只是满心愁苦,凄凄惨惨戚戚,凄凉无底,惨痛无尽,悲戚无涯。

天气冷暖不定,夜间乱梦扰人,唯一的依赖是酒,用几杯淡酒抵抗失眠,却敌不过疾风穿窗,压不住身外与心底的寒气。天上飞过的鸟儿,是那群熟悉的大雁,老相识老朋友,曾经替我密传情信,而今却无人传信来也无人堪寄信去;那一丛丛熟悉的菊花,曾伴我暗香盈袖,把酒销魂,而今落英缤纷,青春抛人去,人如黄花憔悴,有花堪折直须折,一丛落花,如今有谁堪折?依旧是那样熟悉的黄昏,雨打梧桐,"梧子"(我的心上人)已然凋落,那曾经逗弄得绿肥红瘦的多情雨点,偏偏点点滴滴(呼应开篇的叠字)一刻不停地敲打着空无一物的梧桐树叶,徒然令人心乱如麻。这种时候呀,天不得黑,人不得安,柔肠千转,岂止一个愁字了得?一个彻底孤独的人,怎能消磨得了如此黄昏,况且,后面还紧跟着空洞无物的漫漫长夜?

"可怜春似人将老"。需要有个伴儿,老来伴。这时候,一个名叫张汝舟的小官吏,定是施了什么殷勤之术,打动了词人。词人对于再婚,有过美好愿望:

风韵雍容未甚都,尊前甘橘可为奴。谁怜流落江湖上,玉骨冰肌未肯枯。　　谁教并蒂连枝摘,醉后明皇倚太真。居士擘开真有意,要吟风味两家新。

——《瑞鹧鸪·双银杏》

这应该是即席唱和的咏物词,吟咏的是宴席上的并蒂银杏。银杏,俗名白果,柑橘别称木奴。这银杏果的样子,看起来风韵并不优雅,仪态也不算姣好,但是柑橘在它面前也只配称奴。虽然流落江湖,依旧冰肌玉骨,本色不变,不肯枯朽。它们并蒂连枝的样子,就像是唐明皇宿酒初醒,扶着杨太真的香肩,同看木芍药,同嗅其艳。东坡居士有云:"莲子劈开须见薏"。薏,莲子之心,莲子在中国民歌中谐音怜子,亲爱的。新,又谐音心。居士擘开连理果,定然是得见相亲相爱的真心;两人共享此中风味,也该是醇香清新,惺惺相惜。仔细听,她是在祈祷:真有意,两家新。

四十九岁,李清照再嫁张汝舟。一百天之后,李清照一纸诉状告夫家暴,并检举他涉嫌学历履历造假得官,要求离婚。当时,守寡女子再嫁,合情合法;女子休夫,却是惊世骇俗。宋律规定:妻告夫,虽得实，也要"徒二年"。李清照是宁肯坐牢，受世人唾骂，也要摆脱恶夫。由于朝中父辈故旧的援救，李清照免于刑罚，只在监狱里关了九天。张汝舟获罪下狱。两人最终离婚。

在给故旧的感谢信中，李清照说："忍以桑榆之晚节，配兹驵侩之下才。"驵侩：市场上交易牲畜的掮客。我怎忍将自己的晚年，托付给一个牲口贩子？时人口耳相传此语，据说："传者无不笑之。"

那个骄傲的人儿，一生冰清玉洁，怎堪忍受俗物的殴打和羞辱，落差实在太大了。诉讼一事，果敢坚毅，有大丈夫之风。

落日熔金，暮云合璧，人在何处。染柳烟浓，吹梅笛怨，春意知几许。元宵佳节，融和天气，次第岂无风雨。来相召，香车宝马，谢他酒朋诗侣。　　中州盛日，闺门多暇，记得偏重三五。铺翠冠儿，捻金雪柳，簇带争济楚。如今憔悴，风鬟霜鬓，怕见夜间出去。不如向，帘儿底下，听人笑语。

——《永遇乐·落日熔金》

晚年的易安居士，并非凄凉无助，却是自甘寂寞，以至于自我封闭，香车宝马来相召，她却是"谢他酒朋诗侣"。逢年过节，插柳戴花，观灯赏月，多少风流事，如今全歇息，丝毫没有了享受繁华的冲动，只是躲在门后，"帘儿底下，听人笑语"。对这首词，宋人刘辰翁"为之涕下"。宋人张炎却说："以俚词歌于坐花醉月之际，似乎击缶韶外，良可叹也。"痛与不痛，截然两分，痛者被触到痛处，不痛者隔靴搔痒也。

病起萧萧两鬓华，卧看残月上窗纱。豆蔻连梢煎熟水，莫分茶。　　枕上诗书闲处好，门前风景雨来佳。终日向人多酝藉，木犀花。

——《摊破浣溪沙·病起萧萧两鬓华》

劫难过后，病痛缠身，一向酷嗜的分茶这种日常雅戏也停了，只能喝"熟水"，类似广式凉茶，草药煮水，豆蔻熟水可行气消滞。残月照着病容与白发，如果说这世界还值得人活下去，活到老，活不厌，是因为枕上有诗书，这是人的心跳。门前有风景，还有那些深情酝藉、生生不息的花儿朵儿，这是大自然的呼吸。雨后桂花香，有点甜，甜而不腻，恰好。

扫眉才子，文字藏身

在人格上，李清照从没把自己当成弱女子，而是一个完全的人。

凡是美的，皆可习得，并且高尚其事，做到极致。凡有不美，则嫉恶如仇。

作为女才子，她像男人一样给自己取号。在心智上，她平视男性，在填词一事上，她甚至俯视天下。

天下兴亡，匹夫有责。匹妇呢？"商女不知亡国恨"？南渡流亡的李清照，走到乌江，口占一绝：

生当作人杰，死亦为鬼雄。
至今思项羽，不肯过江东。

——《夏日绝句》

此刻的易安居士李清照，自觉是士人，担当国运的士人，心忧天下的士大夫。细心的学者在她的诗词中读出了许多影射时政的微言大义。比如："甚霎儿晴，霎儿雨，霎儿风"是暗喻元祐党人的命运变幻，"莫直待，西楼数声羌管"是明喻国事危急，金兵将南下也。易安居士，何曾自视为闺阁中人？她的视野与心胸远在闺阁之外，菩萨低眉一变而为金刚怒目，作诗直刺南渡君臣："南来尚怯吴江冷，北狩应知易水寒""南渡衣冠少王导，北来消息欠刘琨""欲将血泪寄山河，去洒东山一抔土"。绍兴二年，朝廷下诏：从泉州故相赵挺之家取《国史实录》。当时，赵明诚父子皆亡，是李清照进奉了《哲宗皇帝实录》。一身而系家国的女子，能不心大？

宋绍兴四年十月，避乱金华，夜过严滩，她顺嘴讽喻世人且自嘲："巨舰只缘因利往，扁舟亦是为名来。往来有愧先生德，特地通宵过钓台。"这是一个士大夫在发言。这一年,李清照五十一岁,写了两篇重要的文章:一篇是《〈金石录〉后序》,为丈夫一生的功业做广告。一篇是《〈打马图经〉序》:

予性喜博,凡所谓博者皆耽之,昼夜每忘寝食。……今年冬十月朔,闻淮上警报。江浙之人,自东走西,自南走北,居山林者谋入城市,居城市者谋入山林,旁午络绎,莫卜所之。易安居士亦自临安溯流,涉严滩之险,抵金华,卜居陈氏第。乍释舟楫而见轩窗,意颇适然。更长烛明,奈此良夜乎。于是乎博弈之事讲矣。

乱世之中,逃难路上,长夜漫漫,如何消遣?只有博弈之事了。不是找人打牌,而是独自撰写一本打牌经。令人意外的是,易安居士大声宣告自己是个好赌之人,精通博弈之道,历数天下数十种游戏之事,完全一副资深玩家的口吻,而独钟打马,推许为闺阁游戏首选。令儿辈画图,自己亲手下笔,条分缕析,撰写打马的游戏规则;郑重其事地作序,告知世间:给打马一事命辞释文的著作权和发明权在我,是我对中国的游戏事业做出了小小的贡献:"不独施之博徒,实足贻诸好事。使千万世后,知命辞打马,始自易安居士也。"意犹未尽,还洋洋洒洒地撰赋,意气豪荡地讴歌打马一事的快意恩仇。《打马图经》一卷,有序有赋、有图有例有命词。李清照文章传世很少,寥寥数篇之中,打马游戏占了三篇。

女子爱玩游戏,不奇怪;才女爱玩游戏,也不奇怪。有点怪的是:为某种游戏写一本书。作者自白:"慧即通,通即无所不达;专即精,精即无所不妙。"聪慧者通达,专精者懂得妙趣。文学界的才女,于是成了游戏界的高手,多么顺理成章。

一代高手,女高手,用曾经惊艳海内的文字一本正经书写某种游戏的玩法。假如当今有个名头最响的作家,且为女性,特意出版一本《麻将的玩法与技巧大全》,再郑重其事洋洋洒洒大书特书一篇《麻将礼赞》,世人仍会称许为雅事么?

天接云涛连晓雾，星河欲转千帆舞。仿佛梦魂归帝所。闻天语，殷勤问我归何处。　　我报路长嗟日暮，学诗谩有惊人句。九万里风鹏正举。风休住，蓬舟吹取三山去！

——《渔家傲·天接云涛连晓雾》

晚年的李清照经常做求仙的梦，然后记录下来，变成纸上求仙。在上面这个梦里，自己是凭着什么得以飞升天上，得到天帝的接见呢？她非常自觉、坦然，理由只有一个："学诗谩有惊人句。"在我一生漫长的写作生涯中，企图达到杜甫那种"语不惊人死不休"的境界，也有幸写过一些让世人刮目相看的句子，惊人句。一生的心血，也就留下几行徒劳的佳句，这些句子虽然惊世骇俗，但不知是否可以成为进入天上的入门券？我的心愿是，至少，惊人句，可以帮助我鹏飞万里逍遥游。

李清照的求仙不是李白的求仙。李白是玩真的，修道、访仙、授符箓、登仙籍，亲身修炼，梦境宏大神仙如麻。李清照也梦见神仙，梦里面其乐融融的，却是与仙人斗嘴辩舌。

晓梦随疏钟，飘然蹑云霞……
翩翩坐上客，意妙语亦佳。
嘲辞斗诡辩，活火分新茶。
虽非助帝功，其乐莫可涯……

——《晓梦》

李清照的仙境是李白的微缩版，李清照能想到的神仙之乐，也不过是"嘲辞斗诡辩"，"意妙语亦佳"。最让她心动的，从来都是、一直都是语言文字的美妙。她求仙，不是像李白真个要成仙，她想来想去的仙境，即便在梦中，也是谈诗说词，美妙的文字，才是她的仙境。她写诗赠别弟弟李迒，还是心系奇句："相逢各自伤迟暮，犹把新诗诵奇句。盐絮家风人所许。"不说珍重，不问前程，只是叮嘱弟弟，别忘记我们的"盐絮家风"，就像杜甫念念不忘告诫儿子"诗是吾家事"。

玲珑才女琉璃心。李清照一生托命于词，自然忍不住对同行多有看法。关键在于，不是仰视，不是平视，而是俯视，俯瞰世间才子。《词论》一文，句句在行，令无才之士有被掌刮耳批之痛，被骂痛的人，就说她："'蚍蜉撼大树，可笑不自量'，正为此辈发也。"胡仔如此引韩愈诗句骂人，风度尽失。

如果说，有唐一代，上官婉儿是天下诗判官；

那么，有宋一代，李清照就是天下词判官。

……有柳屯田永者，变旧声作新声，出《乐章集》，大得声称于世；虽协音律，而词语尘下。又有张子野、宋子京兄弟，沈唐、元绛、晁次膺辈继出，虽时时有妙语，而破碎何足名家！至晏元献、欧阳永叔、苏子瞻，学际天人，作为小歌词，直如酌蠡水于大海，然皆句读不葺之诗尔，又往往不协音律……则不可歌矣。王介甫、曾子固，文章似西汉，若作一小歌词，则人必绝倒，不可读也。乃知词别是一家，知之者少。后晏叔原、贺方回、秦少游、黄鲁直出，始能知之。又晏苦无铺叙，贺苦少典重。秦即专主情致，而少故实，譬如贫家美女，虽极妍丽丰逸，而终乏富贵态。黄即尚故实而多疵病，譬如良玉有瑕，价自减半矣。

——《词论》

"词别是一家"，相对于诗，词是一种新文体，两者的审美不同，欣赏方式也不同，词是用来唱的，韵律曲调上有特殊要求。《词论》一文，月旦人物，词坛大佬十六人，一网打尽。虽然惹恼了不少人，却并没有颠倒黑白，因为作者是真行家。

从作文的动机来猜测，用心应该不在否定前辈，而是自觉审美、自我警醒。就像是一个好学生写的读书笔记，对世间公认的词坛大家，大胆无忌点评缺点，目的在规范自己的写作。如果是这样，通篇所有的批评其实都是在"举反例"，用以警醒自己。

词别是一家（反例晏殊、欧阳修、苏轼、王安石、曾巩）

协乐（反例晏殊、欧阳修、苏轼）；

高雅（反例柳永）；

浑成（反例张先、宋祁等）；

典重（反例贺铸）；

铺叙（反例晏几道）；

故实（反例秦观）；

晓畅（反例黄庭坚）。

只是她压抑不住的聪慧与才华，轻描淡写地触到了诸位大家的痛处，留下一个蜂巢一般的话题，至今让人觉得酸爽不休。

当代学者缪钺评价："评骘诸家，持论甚高，此非好为大言，以自矜重，盖易安孤秀奇芬，卓有见地，故掎摭利病，不假稍借，虽生诸人之后，不肯模拟任何一家。"对读《漱玉词》，的确是不肯依傍，独树一帜，铸语生造，自出心裁。

李清照在《孤雁儿·世人作梅词》中坦白："世人作梅词，下笔便俗。予试作一篇，乃知前言不妄耳。"这是一个诚实的词人对自己的文字要求，对自己也从来不客气。她因为酷爱欧阳修的"庭院深深深几许"一句，便借用这句，连写了数阕词，这是被前辈的文词撼动的时刻，她并不吝啬自己的赞美。

关于《词论》的写作动机，我还有另一个猜想。李清照晚年为了生计，多次担任"家教"，教授士绅之家的女子读书作文，或许，这只是一篇"教案"。

李清照生前，文名已然卓著，出任家教，也是市场需求。宋人赵彦卫的《云麓漫钞》说："李氏自号易安居士，有才思，文章落纸，人争传之。小词多脍炙人口，已版行于世。"

陆游曾经为苏琰的妻子孙氏写了墓志铭，提到一个很有意味的细节：

夫人幼有淑质，故赵建康明诚之配李氏，以文辞名家，欲以其学传夫人，时夫人始十余岁，谢不可，曰：才藻非女子事也。宣义奇之，乃手书古列女事数十授夫人。

——《夫人孙氏墓志铭》

孙小姐不要做才女，要做烈女。陆游替人写碑文，特意实录此事，不表态，却有态度在：别忘记唐婉是个才女。

　　李清照活到七十三岁，这是她一生最后一则在场的消息。

　　后世女子，莫非多怀抱孙氏心思？从此后，人间不见李清照。

第三十一讲　活在书中的古典女子

深圳读书月，市妇联提出口号："读书的女人最美。"罗湖区女子素质学校邀请我开讲座，聊一聊这个话题。我借此机会梳理了一下《古典的中国》里面的女性文字，试图揭开中国淑女古典审美的一角面纱。

"读书的女人最美。"这是一个响亮的口号，我很认同。但是，读什么书才美？怎样理解女性的美？中国女性有没有自己独特的美？人是文化的产物，从中国文化中追寻一个个女性美的倩影，或许有助于现代女性的思考。

传统文化对女性压迫的酷烈是不言而喻的，从思想上的"三从四德"（中国最早的古籍之一《礼记》中提出"三从"：在家从父，出嫁从夫，夫死从子。汉朝的班昭作《女诫》，提出"四德"：妇德、妇容、妇言、妇工）、"女子无才便是德"，到身体上的"缠小脚"，全面摧残女性，不把女子当作与男子一样的人，所以争取女权首先是争取人权。但是，我们可否换个角度想想，中国传统的女性形象是否如此单一？中国文化得以绵延数千年而不绝，其中是否有女性的贡献？如果有，传统女性文化是否应该全面否定？我们进一步追问，有许多问题会觉得奇怪。比如，为什么没有"人权"的中国女性偏偏是伟大的"母亲"？中国的"淑女"传统是如何延续下来的？当今天的中国女性越来越男性化、中性化，社会为什么又在渴望女性的柔美与贤良？

看惯了口若悬河、大步如飞的现代女性，人们会觉得传统女子那种含蓄内敛、温存体贴、善解人意、高贵高雅的品性难能可贵。

女性的集体品行是受文化熏陶出来的，今天的中国女性大多接受西方的女权主义观念，争取妇女的地位与男性平等，在工作、家庭等诸多方面为妇女的解放而努力，这当然应该肯定。但是，采用与男性对立的方式来争女权，也是女权运动常常受挫的一个原因。

现时代的女性完全按西方模式铸造，眼见出炉的都不是中国气质的女子了。我们是否可以借鉴西方女权主义的"人权"部分，同时又不舍弃中国传统的"淑女"文化，争取做到中西合璧。毕竟，我们是中国的女子，我们生活在中国。

清代文人张潮《幽梦影》语录："昔人云：若无花月美人，不愿生此世界。予益一语云：若无翰墨棋酒，不必定作人身""天下无书则已，有则必当读"。——（男）人活着的两个理由：女人与书籍，这是世界上最美丽的组合。

中国文化的女性特质

中国文化具备母性文化特质：包容造就博大；安宁养成礼仪；善意追求和平。

女娲补天造人——盘古化身世界，而人是女人所造，跟西方的上帝（天父，应该是男性吧）造人说不同。补天的想象是惊人的：为了维护人间的安宁，女人的力量可以与天地抗衡。

女神——观音：大慈大悲救苦救难观世音，在印度是男神扮相，传到中国转身变成女神；妈祖：一个宋代民女，民女也可封神。中国女神，是无所不能慈爱祥和的女性。

嫦娥奔月——当男人面朝黄土背朝天一味在地球上垦荒的时候，跳出人间看世界的是女人；人类的"第一个宇航员"是一个名叫嫦娥的中国女人。不甘忍受生活的单调和平庸，渴望超越现实的敢于做梦的人，最早的形象是女性。

一勾新月女儿节——一年中，有一个夜晚，以及这个夜晚的月亮，专属于我们的女孩儿，这就是七夕。乞巧、拜月、通灵，这种每年一度的美丽仪式，陶冶着女性的万千柔情。七月七，天上牛郎会织女，人间女儿对月穿针，向织女求得巧手，兼寄春心，这真是一个深情的怜惜和祝福。

> 迢迢牵牛星，皎皎河汉女。
> 纤纤擢素手，札札弄机杼。
> 终日不成章，泣涕零如雨。
> 河汉清且浅，相去复几许？
> 盈盈一水间，脉脉不得语。
>
> ——【汉】佚名《古诗十九首》

织女手巧，她和牛郎的爱情引人遐想和感叹。蜘蛛结网，简直是艺术家，女子织布如果学得蜘蛛样，也是仿生学吧。

乞巧的风俗由来已久，《西京杂记》说："汉彩女（宫女）常以七月七日穿七孔针于开襟楼，俱以习之。"三国故事中也有貂蝉拜月。

唐风最可爱，不分老幼，女人拜新月、祈团圆、许心愿兼比美，成为流行时尚。"……昔年拜月逞容辉，如今拜月双泪垂。回看众女拜新月，却忆红闺年少时。"（吉中孚妻张氏《拜新月》）女儿们在新月下的心思是怎么纤细绵密呢？

> 开帘见新月，便即下阶拜。
> 细语人不闻，北风吹裙带。
>
> ——【唐】李端《拜新月》

这位"有所思"的女子，她对新月倾诉的悄悄话，想必不愿让人听去吧？

> 红烛秋光冷画屏，轻罗小扇扑流萤。
> 天阶夜色凉如水，坐看牵牛织女星。
>
> ——【唐】杜牧《秋夕》

那个深居宫中的少女，她虽然默不作声，可是仰头望月的情影，已经泄漏了幽远的心思——她正"坐看牵牛织女星"呢。还有这一个小女孩儿，也学着大人的模样拜新月：

> 幼女才六岁，未知巧与拙。
> 向夜在堂前，学人拜新月。
>
> ——【唐】施肩吾《幼女词》

但愿上天赐给她一个幸福的未来。

如果中国要有一个情人节，七夕是首选（备选是元宵节，同样有诗词为证，有风俗为证）。

知识女性是诗意生活的创造者

（一）写诗的女子

伟大的中国古人发明了一种伟大的生活方式："诗生活。"说它伟大，是因为这种生活方式极大地提升了人类生活的品质，让寻常的日子拥有了诗意的光辉。全民写诗，母亲教育儿童从小背诗吟诗，女性自己也是诗人，这种境况举世无双。诗生活表现形式非常简单，不外乎写诗、读诗。可是它呈现的精神家园却是春色无边，风雅无限。

诗生活的妙处令人流连忘返。其一，它的成本极低，获益却无价。追求生活幸福是人之大欲，而幸福从来只是一种自我感觉。诗句，精美的文字，非常方便、非常廉价、非常大方地源源不断给你精神的满足。其二，它容易获得。聪明的古人发明了简短的诗歌形式，更聪明更古老的古人发明了简洁的汉字，所以，中国人独享一大方便法门，从有韵的童年到诗意的成年，中国人可以每天、每时、每处，张嘴即来诗句，不亦快哉。其三，它让生活变得风雅有味。美妙的诗句可以给人愉悦，也可以净化自己的内心。古代参与创造这种诗生活的人数众多，使用范围广泛，提高了民族整体素质，给平凡的日子注入高雅的诗意。其四，它是无害的喜悦、无痛苦的幸福、无副作用的精神能量，它是健康社会的最好选择、人性真善美的最美丽的表现形式。

比拼诗句与比拼财富，智慧竞争与经济竞争，心灵发育与科技发达，中西方走的是不同的道路，西方文明带给我们日新月异的物质享受与满足，却让人性之恶无止境地膨胀；中国古典文明贡献了诗生活这种无害竞争的人类生存方式，带给人们历久弥新的精神活力、审美感知、美丽心情以及社会风俗的美好选择。

1. 诗歌也是女人的日常功课，用诗句写的书信最能表达温婉情怀

> 夫戍边关妾在吴，西风吹妾妾忧夫。
> 一行书信千行泪，寒到君边衣到无？
>
> ——【唐】陈玉兰《寄外征衣》

以诗代信，这种出口成章的魅力，是中国人才有的豪华而奢侈的行为。中国格律诗的发明，使得诗歌普及民间，这种简短精巧的诗歌形式，便于流传和学习，广大民间有机会将诗歌作为学习文化的入门课和必修课。加上诗赋取士的科举制度推波助澜，全国儿童的启蒙教育就是诗，这样的高起点教育举世绝伦。这是中国人独有的幸福，只要接受初等教育，一生就能享受并有资格参与传播一种精致高贵的文化，建设一种内心丰盈的生活。寻常白话怎样也达不到这么深情的倾诉和问候，更别提现在的网络流行语了——交流的方便并没有带来交流的深度。

2. 吟诗并以诗意的态度对待生活

> 打叠行装一月迟，今朝真是送行时。
> 风花有句凭谁赏，寒暖无人要自知。
> 情重料应非久别，名成翻恐误归期。
> 养亲课子君休念，若寄家书只寄诗。
>
> ——【清】席佩兰《送外入都》

女性渴望的"诗生活"。清朝一户人家的女主人席佩兰，替许多知识女性表达出丈夫赶考这种特定时刻特有的软语温存："为你打点行装已经一月有余（细心，也是心理准备），今天真到了送别的日子（留恋）；良辰美景我有诗念给谁听（知音），嘘寒问暖无人照料你可要自己小心（体贴）；突然间依依不舍不是因为长久别离，怕只怕你金榜题名后耽误了归期（担心、提醒、敲警钟）；敬奉双亲教子读书我自会把家安排妥当（贤惠），夫君如果寄家书回来千万请寄诗章（要用心写几句，平常话儿哪比得上诗）。"一首精心构思的诗作，与今人的一句"哈罗你好吗"，所能达到的情感深度是多么不同？"若寄家书只寄诗"，这里有一个女子的灵心巧慧，高智商层面的"驭夫术"，让离别的日子用诗意来填满。

如此，诗生活是一种虔诚的认真的生活，是对感情生活的极致追求。

3. 男女互相赠诗表达对感情质量的高度需求

> 爱君笔底有烟霞，自拔金钗付酒家。
> 修到人间才子妇，不辞清瘦似梅花。
> ——【清】林佩环《赠外》

女子赠诗是中国特有的风尚。这是一种爱的审美升华。既然男性诗人开始说梅花如美人了（在中国，不知有哪一种花逃得过被比作美人的宿命？）那么，女性诗人将自己比作梅花有何不可？既然李清照可以自恋成"人比黄花瘦"，林佩环为了爱人为什么不可以"不辞清瘦似梅花"？作者认为，有幸成为人间才子的妻子，是前世修来的福分，乃福慧双修，值得像元稹和苏东坡的妻子一样，甘愿过清贫的生活，"自拔金钗付酒家"也在所不惜，于是，将自己爱成一枝清瘦的梅花。这样痴的爱法，对才子这样的倾心——也就是对感情质量的高度需求，或许也是中国的特产？

林佩环的丈夫张问陶，诗书画皆有盛名，张有《七夕忆内》云："人间风露遥相忆，天上星河共此情。"可见伉俪情深。

4. 女性提高了爱的境界

泥人儿,好一似咱两个:捻一个你,塑一个我,看两下里如何?将它来揉和了重新做,重捻一个你,重塑一个我。我身上有你也,你身上有了我。

——【明】民歌《泥人儿》

民歌《泥人儿》——无名氏、民间、女性所倾诉的最美的爱情诗,这是女娲的后人才能写出的诗篇。古今中外所有关于男女结合的诗歌意象,我以为属"泥人儿"最绝。一对相爱的男女生活在一起,不是1+1那么泾渭分明的汇合,不是大陆漂移的简单撞击重合,也不是日月辉映那么清高得不可捉摸,更不是拆下一根肋骨那么笨拙……这些都有局部的理趣,但是拥有全面理趣的,还属"泥人儿"。生理与精神,俗与雅,都被这两团重新揉和的泥巴涵盖了。那种化身为对方的献身的热忱,那种彼此渗透的溺爱,那种因为结合而诞生两个新我的喜悦,都落在这空前绝后的小小的"泥人儿"身上。它是匹夫匹妇,又是神仙眷属;它是日常的玩具,又是中国的民俗,绝对的中国式的爱情。

这首民歌还有另一个版本,可以对读,是更直白的纯然女性口吻:

傻俊角,我的哥!和块黄泥捏咱两个。捏一个儿你,捏一个儿我,捏得来一似活托,捏得来同床上歇卧。将泥人儿摔碎,着水儿重和过。再捏一个你,再捏一个我,哥哥身上也有妹妹,妹妹身上也有哥哥。

——【明】无名氏《锁南枝》

5. 家庭生活琴瑟和鸣,女性维护了人类感情的美好

"鸡既鸣矣,朝既盈矣。""匪鸡则鸣,苍蝇之声。"
"东方明矣,朝既昌矣。""匪东方则明,月出之光。"
"虫飞薨薨,甘与子同梦。会且归矣,无庶予子憎。"

——【先秦】《诗经·齐风·鸡鸣》

余冠英译文:"听见鸡叫唤啦,朝里人该满啦""不是鸡儿叫,那是苍蝇闹""瞅见东方亮啦,人儿该满堂啦""不是东方亮,那是明月光""苍蝇嗡嗡招瞌睡儿,我愿和你多躺会儿。可是会朝都要散啦,别叫人骂你懒汉啦"。

民歌见民风。人间的一天,总是从鸡鸣声中开始,首先醒来的又总是女子。"女曰鸡鸣,士曰昧旦。子兴视夜,明星有烂。"(《诗经·郑风·女曰鸡鸣》)黎明时分,鸡鸣声里,人家床头的对话,总是余味无穷。妻子深情款款地报晓,把鸡鸣声体贴地传到丈夫耳边;丈夫呢,一味地赖床,还狡辩:不是鸡叫是苍蝇闹,不是天亮是明月光。只有幸福的人,才有赖床的权利呀。夫妻两人的深厚真情毕露无遗,才有"甘与子同梦"的亲昵愿望。

南朝民歌《西乌夜飞》这样说:"日从东方出,团团鸡子黄。夫妇恩情重,怜欢故在旁。"两相厮守的日子,过得心里踏实。而作为妻子,就是在这些琐琐碎碎的关怀中默默表达着爱意。早上,一而再、再而三地唤人起床;而夜深时分,是否又要一而再、再而三地唤人上床?

> 夜深衣薄露华凝,屡欲催眠恐未应。
> 恰有天风解人意,窗前吹灭读书灯。
> ——【清】席佩兰《夏夜示外》

看来,直说不如默祷有效,是吗?

6. 现代女性的古典情怀

现代女子可以接受西方文化,又不抛弃中国情怀,所谓"洋装虽然穿在身,可是依然有一颗中国心",比如台湾女作家张晓风所言"土气的爱情":

> 忽然发现自己的爱情观很土气……对我而言,爱一个人就是满心满意要跟他一起"过日子"……
> 爱一个人原来就只是在冰箱里为他留一只苹果,并且等他归来。
> 爱一个人就是在寒冷的夜里不断在他杯子里斟上刚沸的热水。
> 爱一个人就是喜欢两人一起收尽桌上的残肴,并且听他在水槽里刷碗

的音乐——事后再偷偷地把他不曾洗干净的地方重洗一遍。

爱一个人就是一本正经地催他去工作，却又忍不住躲在他身后想捣几次小小的蛋。

爱一个人就是在他的头衔、地位、学历、经历、善行、劣迹之外，看出真正的他不过是个孩子——好孩子或坏孩子——所以疼了他。

爱一个人常是一串奇怪的矛盾，你会依他如父，却又怜他如子；尊他如兄，又复宠他如弟；想师事他，跟他学，却又想教导他把他俘虏成自己的徒弟；亲他如友，又复气他如仇；希望成为他的女皇，他唯一的女主人，却又甘心做他的小丫鬟小女奴。

爱一个人会使人变得俗气，你不断地想：晚餐该吃牛舌好呢，还是猪舌？蔬菜该买大白菜，还是小白菜？房子该买在三张犁呢，还是六张犁？而终于在这份世俗里，你了解了众生，你参与了自古以来匹夫匹妇的微不足道的喜悦与悲辛，然后你发觉这世上有超乎雅俗之上的情境，正如日光超越调色盘上的一样。

爱一个人就是横下心来，把自己小小的赌本跟他合起来，向生命的大轮盘去下一番赌注。

——张晓风《一个女人的爱情观》

（二）诗意的日常生活——细节举例

古典爱情诗文千姿百态，后世读者不禁想知道，海誓山盟之后，婚后的家庭生活如何呢？当爱情进入了婚姻，婚姻中的爱情如何延续？两相吸引的时候似乎将所有的甜言蜜语都说完了，两相厮守的日子还可以那么千姿百态吗？有几位古人勇敢地站出来说：可以。明清时期，世俗生活蓬勃兴盛，人们在经国济世之外，更多地关注日常情绪，夫妇唱和的家庭生活也纷纷形诸笔墨，其中以专写夫妇情感闻名于世的就是沈复及其《浮生六记》。

【清】沈复：《浮生六记·闺房记乐》——婚姻的乐趣

沈复（1763—？），清代平民书生。字三白，号梅逸。长洲（今江苏苏州）人。一生走南闯北，以经商、卖画、作幕僚为生，日子过得坎坷，没有什么风光的功名，感情生活却细腻丰富，一本自传小册子《浮生六记》，大胆记述自己的婚姻生活，引来世人喝彩。

沈复十三岁，与同庚但大他十个月的表姊陈芸订婚，十八岁结婚。陈芸是个富有艺术气质的知识女性，时人评价她"颖慧能诗文，才思隽秀"。林语堂赞美她是"中国文学上最可爱的女人"。一对佳偶，伉俪情深，他们对生活的见解，别具一格，不断主动创造机会，充分享受感情生活，在清心恬淡的日子里，构建着两人怡然自得的"小世界"。

陈芸把苦日子过出了甜滋味，为平凡的生活加分。

【清】蒋坦：《秋灯琐忆》——生活的雅趣

文化修养相近的一对组合在一起，私生活就成了"诗生活"。蒋坦，钱塘人，平民书生。蒋坦与秋芙，一对才子佳人，从新婚之夜的联句，到戏题芭蕉、携手出行，无不琴瑟和鸣，仿佛生活在图画中人。秋芙染纸、护燕，巧手仁心；蒋坦为妻子温汤、画衣，情深意长。文章为秋芙离开人世后所作，无边风月，处处倩影；深深忆念，淡淡哀愁。作者的清水词笔，不愿过多记录自己的伤痛，却一意补画夫妻生活的甜美，令后世读者替他伤痛。

秋芙一生坚持对精神生活的不懈追求，不断为内心生活加持。

【清】冒襄：《影梅庵忆语》——化俗为雅的灵性

董小宛（1624—1651），本是秦淮河边的红粉佳人。名白，字小宛，因仰慕李白，又字青莲，别号青莲女史。南京人。因生活贫困，沦为青楼歌伎，与柳如是、李香君等名列"秦淮八艳"。明崇祯十六年（1643）托身于才子冒襄为妾。一般古代女子接受教育的机会少，歌伎等娱乐服务行业的女子由于从小接受培训，是相对文化修养较高的女性群体。董小宛的琴棋书画诗酒花，无不出色当行，为一代名姝。嫁给冒襄以后，其聪慧和贤良尤其令人刮目。凡俗琐碎的日子被她调理得浪漫美丽，在自然平实的日常生活中探求精微雅致的文化趣味，在卑微的生命中企慕超脱和清澄的诗意人生。董小宛调理生活雅趣的才华，在中国文学中找不出第二个。

她学过书画，博览群书，编撰了古代才女事迹汇编的《奁艳》一书。小宛烹茶可入诗，赏菊可入画，爱月逐月玩月如仙境中人，琴棋书画本来是雅事，小宛做得别具匠心；油盐柴米原是俗事，小宛也能化俗为雅，这是陈芸、秋芙也自叹不如的。小宛自己的饮食简单，却巧于美食，仅用鲜花瓜果酿制的香露，就有数十种，其他闻所未闻的食品，令人垂涎，这里有巧慧，有江南文化的精致对日常生活的渗融，更有对丈夫的深爱。（小宛制作的酥糖被后人称为"董糖"，现在的扬州名点灌香董糖、卷酥董糖和如皋水明楼董糖都是名扬海内外的土特产）

清兵南下期间，冒氏举家南逃避难，家中被杀掠的佣人有二十余口。小宛胆识智谋过人，逃难途中看前护后，意在"宁使兵得我则释君"；冒襄几度生重病，小宛精心护理到生死以之的境地，这样一种生死之爱，令冒襄长叹：自己一生的清福都在和小宛共同生活的九年中享尽。小宛绝对不是人间的平凡女子啊！顺治七年（1650）正月初二，年仅二十七岁的董小宛因肺病不治而逝。所谓"影梅庵"者，后人考证不过是冒辟疆虚拟的一个所在。也许由于董小宛太令人怀恋了，好事者编排：顺治皇帝夺走董小宛为妃，董妃去世，顺治因此出家云云。

董小宛一直在创造自己的命运：跳出青楼，托身名士；进入冒家，脱胎换骨；把寻常日子过成一种审美生活。我命由我不由天。董小宛是自己命运的主宰者，也是美化生活为生活添色的大才女。

【宋】苏轼：《江城子·记梦》——智慧的贤妻

十年生死两茫茫。不思量，自难忘。千里孤坟，无处话凄凉。纵使相逢应不识，尘满面，鬓如霜。　夜来幽梦忽还乡。小轩窗，正梳妆。相顾无言，惟有泪千行。料得年年肠断处，明月夜，短松冈。

苏轼与妻子王弗是一对佳偶。据苏轼《亡妻王氏墓志铭》：王弗十六岁出嫁，侍奉公婆，恭谨庄肃；苏轼读书，她静立一旁，苏忘记的地方，她却能记住；宦游他乡，相濡以沫，不时叮嘱丈夫处处小心；凡客人来，她特别留心观察，事后判断各人的特点，无不言中。比如："某人也，言辄持两端，惟子意之所向，子何用与是人言？"一眼看出其人的圆滑；再如：有来客急于与苏轼亲近，她认为"恐不能久。其与人锐，其去人也必速"。如此洞察人情世故，弥补了苏轼的粗疏放达，减少了人际麻烦和宦海风波，也颇值得后人借鉴。遗憾的是，这样一位贤妻，只活了二十七岁。在她离去后十年，苏轼仍然梦见她，写下这首情深意长的词。

（三）易安居士李清照：在诗文书籍中安放一颗美丽的心灵

中国古典文化长河中那些杰出的女性，大多只是闪过片帆孤影，令人玄想。南宋女词人李清照，可能是留下文字资料最多的一位，但她的最终身世依然是一桩悬案。

李清照兰质蕙心，才智卓越，诗、词、散文都出手不凡，兼工书画，通晓音律，尤以词名家，被后世推许为婉约之宗。李清照早期生活优裕，养成她自信的心态。她十八岁嫁给赵明诚，伉俪情深，共同致力于书画金石的搜集整理。金兵入据中原，流寓南方，明诚病死，境遇孤苦，不知所终。

李清照与一般的才女、贤妻有所不同，虽然作为封建时代的女性，她的社会地位无法与男性抗衡，但是，在心智上，李清照却采取完全与男性平视乃至俯视的态度，这是她的特殊之处。作为女才子，她像男人一样给自己取号，自号易安居士。

【宋】李清照：《醉花阴·薄雾浓云愁永昼》——安宁恬淡的深情

薄雾浓云愁永昼，瑞脑消金兽。佳节又重阳，玉枕纱厨，半夜凉初透。　东篱把酒黄昏后，有暗香盈袖。莫道不销魂，帘卷西风，人比黄花瘦。

李清照能够享受繁华，并将繁华变得高贵、脱俗。

自陶渊明之后，菊花成为清新脱俗的象征。生活在京城贵族之家的女词人李清照，在百无聊赖的重阳节，在遍栽菊花庭院中饮酒，景象已经不俗。又是惹人惆怅的黄昏，酒香盈唇，花香袭人，这次第，岂一个雅字了得？别人见了销魂，自己也产生幻觉：化身为一枝菊花，清瘦高贵，楚楚可人。

据《娜环记》记载，李清照的丈夫赵明诚被这首词迷倒了，想要超过她，三天三夜废寝忘食，写了十五首《醉花阴》，和这一首混在一起，给朋友陆德夫鉴赏。陆赏玩再三，评说："只有莫道不销魂三句绝佳。"诗有别才，词有别肠，岂是人人道得？

她写作《词论》，提出词"别是一家"，放胆点评词坛名家，批评苏东坡等人的词，不过是参差不齐的诗句而已。河山沦落，她写诗讽刺南宋统治者的软弱无能："生当作人杰，死亦为鬼雄。至今思项羽，不肯过江东。"（《夏日绝句》）

【宋】李清照：《声声慢·寻寻觅觅》——作为知识女性的优雅生活

晚年的李清照，丈夫亡故，流落飘零，居无定所，家国破碎，"可怜春似人将老"，易安居士不易安，在这种心境中，诞生了悲情杰作《声声慢》。

寻寻觅觅，冷冷清清，凄凄惨惨戚戚。乍暖还寒时候，最难将息。三杯两盏淡酒，怎敌他，晚来风急？雁过也，正伤心，却是旧时相识。　满地黄花堆积，憔悴损，如今有谁堪摘？守着窗儿，独自怎生得黑？梧桐更兼细雨，到黄昏，点点滴滴。这次第，怎一个、愁字了得？

繁华易守，空巢难耐。李清照谢绝交游，独守寂寞，绝招是，用文字化解内心的郁结，将个人的痛苦化作美丽的文字，慰藉后人。

【宋】李清照：《〈金石录〉后序》——书香熏染的家庭生活

一篇《〈金石录〉后序》，让后人看见一个中国的大家闺秀的家庭生活画面。赵明诚撰《金石录》三十卷，李清照是合作者。

文中两个细节很是动人：没钱的时候，典当衣服买碑文，回家后一边吃着水果，一边展玩碑帖，自称是快乐自由的上古时代的人："赵、李族寒，素贫俭，每朔望谒告出，质衣取半千钱，步入相国寺，市碑文、果实归，相对展玩咀嚼，自谓葛天氏之民也。"有钱的时候，坐拥书城，夜静烛明，清茶两盏，夫妇相对而坐，每晚的工作时间以点完一支蜡烛为准，有时候也变工作为娱乐，猜书赌茶——这时节，往往是狡慧的清照获胜居多，看她欢喜得把茶杯都碰翻了："余性偶强记，每饭罢，坐归来堂，烹茶，指堆积书史，言某事在某书某卷第几叶第几行，以中否角胜负，为饮茶先后。中即举杯大笑，至茶倾覆怀中，反不得饮而起。甘心老是乡矣！"

李清照觉得，沉浸在书乡、智慧之乡，比沉浸在温柔乡更为快乐，也更为长久。这是一个传统的女性知识分子的亲身体会。书籍诗文容易安放"易安居士"李清照美丽的心灵。

这是中国古典知识女性的典范。"读书的女人最美"的标本。

今日社会一如远古，男人是狩猎者，女人是狩猎者＋耕耘者。做一个好男人容易：做点事、挣点钱、会修抽水马桶即可。做一个好女人麻烦：书香、脂粉香、菜根香，是"家务卿"。

因此，做男人幸福，做女人伟大。

母亲是孩子最早和最好的启蒙教师

中国古代有许许多多的母亲，在极端艰难的环境中，用柔韧的双手，培养出伟大的儿子。在"四大名母"中，孟母三迁、欧母画荻直接与课子读书相关。

【宋】曹周氏：《唐曹因墓铭》——耕读传家的信念

这是唐朝一名女子为丈夫撰写的墓志铭，堪称奇女奇碑。

丈夫早逝于进京赶考的"长安道上"，没有功名，留下一家老小，生活的重担全压在年轻的妻子肩上。这位妻子并不觉得天塌下来了，她对生活的理解超乎常人，体现出中国家庭文化的精髓："家有南亩，足以养其亲；室有遗文，足以训其子。"她告诉婆母不必担心，家有良田，就足以安稳活着；对未成年的儿女，更是心有底气，家中有丈夫留下的诗文，足以让儿女成才；对恩爱丈夫之死，坦荡通达，人有生本来就有死，就像日升月落一样正常，与其沉溺于伤逝，不如勉力让生者安好。这样遇变不惊、举重若轻的生活态度，是中国传统优秀文化熏陶的结晶。耕田读书，是立家之本。根本不乱，何惧何愁？直到今天，在偏远的山区泥屋的门楣上，你还能看到"耕读传家"这样的字样。

【清】蒋士铨：《鸣机夜课图记》——母亲作为启蒙教师

丈夫宦游在外多年，做妻子的独自敬老抚幼。年轻的母亲教四岁的儿子识字，发明了用竹枝拼字的妙法；母亲病了，最好的解病药方据说是听儿子在病床前朗朗读书，这样的母亲真是灵心巧慧。天寒，儿身单薄，母亲坐床拥被，"解衣以胸温儿背"，与儿子一同朗诵诗文，这样的爱的教育多么温馨。

一个经典镜头，千百年来，在中国民间的普通人家频频闪现：万籁俱寂，一灯荧荧，母亲一边摇着织机，纺线织布；一边在膝上摊开书本，课子读书。鸣机夜课，手操口授，织机摇落一个个月亮，书声迎来一个个太阳，纺机声伴和着读书声，日复一日，母亲老了，儿子大了，生活的温暖和希望代代相传。

第三十二讲　古典，让我们记住回家的路

——追忆中国人的诗生活

地球已成村庄，国界却未消亡。非英语国家纷纷标举文化的多样化顽强抵御经济的一体化，为民族生存把根留住。《圣经》说：巴别塔通天，上帝也恐惧，所以拆散高塔，驱散人群，变乱语言。似乎上帝也不喜欢全球一体化。

中国何以成为中国？有没有一种专属于中国人的心灵、情感、思维和生活的表达方式？中国传统文化与西方市场经济，五千年对五百年。文言与白话，五千年对一百年。生活在白话时代的中国人，一直在述说屈辱、耻辱与愤懑，古典的辉煌似乎遥不可及，似乎不属于我们，就像孱弱的子孙羞于提及先人。遥想过去，五千年中国人也不是白活过来的，看看古人活得有滋有味的地方，或许有助于我们所谓的现代人走路稳当。

我们要知道中华民族文化的好处，才能高高兴兴做一个中国人，是这样吧？在皇家钦定的《二十五史》之外，还有一个深厚广大生生不息的民间，汇聚着中国文化的主流，是真正的中国民众选择的历史。且让我们简洁还原一点中国古代的日常生活情调，展示民间的人性生活场景，看中国人如何诗意地栖居在大地上。

有韵的童年

在那些星月灿烂的夏夜，庭院如洗，西瓜新切，纳凉时分，中国孩子的黑眼睛里游动着满天星光，像一群小蝌蚪，刚长出小尾巴的。孩子

们从彼此的眼睛里数星星："天上一颗星，地上一个人。"没有一个生命是微不足道的，没有一个人是可有可无的，地上一个人，原本就是天上一颗星啊，每个人都是世间的珍宝。缕缕星光，人间天上，息息相通。孩子，你的生命是如此尊贵，活着，就要让自己闪光。而我们的人生启蒙课程，就是在明晃晃的月光底下，背诗歌，念文章："月奶奶，明晃晃，开开门儿洗衣裳；读诗书，念文章，看看排场不排场。"

只有一颗星星的天空就不成天空了，每个人的生存都要依赖他人的生存。即便你晚上无法安眠这样的小事，也需要别人为你排解。"天皇皇，地皇皇，我家有个夜哭郎；过路君子念一念，一觉睏到大天光。"大人们相信，只要一张巴掌大的红纸墨字，贴在街头巷尾醒目之处，让"过路君子念一念"，用心念为你加持，你这个"夜哭郎"就会"一觉睏到大天光"。这是对周围人的善良品性的充分信任吧？或者说，信任善良，就能祛邪驱魔。

古中国的孩子就是这样在母亲的眠歌一般的天籁之音中开始他的求知之旅的。从童谣到启蒙识字课本《三字经》《百家姓》《千字文》《幼学琼林》……都是有韵的读物，而创造性的"作业"也是有韵的对联和格律诗。那年夏天，小童解缙与父亲在赣江游泳，父亲引："千年老树为衣架；"小子对："万里长江作浴盆。"尚书考解缙："天作棋盘星作子，谁人敢下？"小子答："地当琵琶路当弦，哪个能弹？"

"天对地，雨对风，大陆对长空，山花对海树，赤日对苍穹……"（《笠翁对韵》）天地间，每一件事物都不是孤零零的，都能找到另一个相对应的事物，两者配对，构成对联，构成诗，构成画，构成音律。古人给事物配对的努力，催生了中华国宝——格律诗的诞生与宏大，推广了天地和谐的自然观，让莘莘学子从小的日常功课中，融入了对天地万物生命和谐的人生体验。对联、对句、对诗，不只是一种写作训练，更是一种人生训练。从小，习惯用一种和谐的眼光审视世界，长成后，心胸可以雄阔得容纳万物。

养成一代君子

两千五百年前，孔夫子用道德与才学两项标准要求弟子，希望自己的学生成为品德高尚、才华卓著、内心和谐的"君子"，而不是成为品格低下、巧言令色、内心龌龊、成事不足败事有余的"小人"。此后，"君子"与"小人"这一组相对概念，成为中国读书人自我约束的杠杆。把人群分为君子与小人，似乎有些简单与武断。但是，作为一个"青年成才指引"，它又是如此简洁明快，两千多年来，一直在提升着中国人的品质。

我臆想《论语》一书的核心是造就一种新人——"君子"，如同后世尼采呼唤"超人"的用心相同。以革新人种为目的，以君子为目标，而仁义礼乐等不过是指向目标的路径。后人买椟还珠，孜孜求索路径，结果歧路亡羊。

据《论语》的表述，君子的形象应该是这样的：他不是某种器具，只有单一的作用，君子应该胸怀天下，对社会有普遍的作用——后人引申为"天下兴亡，匹夫有责"；他文质彬彬，表里如一，行为有理有节，乐于成人之美，而内心朴素，以学习和交友为乐，胸怀坦荡，光明磊落，不会整天栖栖惶惶、患得患失；他注重提高自身的德能才识，却不刻意追求别人的赏识，更不会花言巧语、奴颜媚骨去获取一己的私利；他不"乡愿"，不是好好先生，不为外物驱使，不会明哲保身，不屑同流合污，他是爱憎分明、表里如一、敢于担当的人。

读书识字、掌握各种技艺，只是"小学问"，还有一种"大学问"，教育一个人如何成为治国之才，这就是《大学》的内容。一本薄薄的小册子，原文不过千字，是古代（南宋以后）儒生的必读书。什么是人生的大学问呢？孔夫子为后代的学者留下了清晰的路标：修身——齐家——治国——平天下。这是一个中国书生一生的目标，一步步登高，境界越来越宏大，个人的素质与家国的命运紧密相连，让自己成为对天下有用的人。

孔子温柔敦厚，孟子则尖锐刚猛。自陈"我善养吾浩然之气"的孟子，又提出了做人要做"大丈夫"的观念："富贵不能淫、贫贱不能移、威武不能屈，此之谓大丈夫。"清人顾炎武则标出"廉耻"一词，作为知识分子做人的底线。这个道理很浅显：知识分子是一个国家的大脑，这个群体集体无耻，整个民族就会大难临头；官员是国家秩序的维护者，这个群体集体无耻，结果就是改朝换代。而明人洪应明，以一本格言体小册子《菜根谭》行走江湖，作者并没有饿着肚子喊口号，他有高度的自尊，却又体贴人情；他有入世的心念，又表现为潇洒的意趣，倡导磨炼自我、蔑视苦难、放开怀抱做人。至此，中国书生人格追求的大模样就出来了。

但是，成为一名君子，颇为不易，需要仁义礼智信忠孝廉耻等诸多配件，所以真君子难得，伪君子横行。清白的儒者有一股清新浩然之气，维护着人世的希望不坠；而腐败的儒者却像政客嘴脸，不让人活得自然。而一般儒者都执着于教化事功，集体丢失了潇洒的意趣。这个心灵空白，要靠道家来填补。

田园的心思

老庄对中国文化的意义，就好像一枚硬币有两面一样不可或缺。多亏了道家，中国书生在治国平天下之余，还有一个自我生存的提醒，给自己留一条活路："归去来兮，田园将芜。"这个田园不是一亩三分地，而是胸中一点拳拳之地，人的心灵家园。不堪官场的污染，回归心灵的净土。它的生态，也不是躲进小楼成一统的归隐，而是亲近土地，将身心安放在不存心机的大自然，得大自在的生活方式。陶渊明的自我松绑，李白的放纵不羁，苏东坡的旷达洒脱，从魏晋名士背对乱世、揽镜自赏到明清名士一头沉入世俗滋味，中国知识分子的韧性生态逐步形成。

由此，中国文学的刚猛之音少见，即便是屈原，他可以上天入地，却没有试图抢地呼天，他天真地《天问》，痛苦地《离骚》，更见性情的依然是缠绵的《九歌》。金刚怒目常化作菩萨低眉，是因为见惯了人世的沧桑，中国书生的内心更多了一份容忍与慈悲。近代以后，中国人屈辱日深，脾气日盛，写文章也沉不住气了，这是后话。田园的向往，其实是追求心灵自由的一条大思路。历代所谓"隐士"辈出，不过是一些珍爱自己生命的人在小心呵护自己的心灵而已。说得文绉一点，儒家是中国书生精神家园的前厅，而道家以及禅宗则是后花园。在最高理念上，中国的佛道不分，佛教尤其是唐以后的禅宗对中国儒生的心灵危机寄予了深切关怀，禅宗几乎成了士大夫的宗教。但是禅师最有意味的是不假外物、不假文字，直视灵魂生存，由《坛经》可见一斑。唐以来最大的隐士群体是禅师，那些直面生命本原的人。

真正的归隐其实是归隐于自己的内心安宁。所谓"我心安处即为家"，而不必青山绿水终南捷径。

比如，黄庭坚一生数度被贬，最后一次被贬谪广西宜州，被迫在子城的城头破败戍楼里栖身，风雨无遮，睡床旁边就是卖牛肉的摊子，人声喧闹，跟住在路边的乞丐没有太大差别。然而，诗人说：我本来就是农民，如果不考进士，今天在乡野之中不是照样艰辛度日？有什么不得了的？于是诗人"焚香而坐"，"用三钱买鸡毛笔"（最便宜的劣质毛笔），给慕名前来的人写诗作书。并且，给这个小破楼题写了一个文雅的书斋名："喧静斋"，这或许是世上独一无二的书斋了。数月之后，诗人病逝于戍楼。陆游的《老学庵笔记》记录了黄庭坚临终前一个细节："一日忽小雨，鲁直饮薄醉，坐胡床，自栏楯间伸足出外以受雨，顾谓廖（范廖，字信中）曰：'信中，吾生平无此快也！'未几而卒。"黄庭坚在年轻欢畅的时节，高歌过"人生莫放酒杯干"；在被贬谪四川黔州的时候，还意气风发，在白发上插满黄菊，"风流犹拍古人肩"；被贬谪广西宜州时，"去国十年老尽少年心"，方才感觉真是老了。但是，总有些东西是不会老的。在蒸笼似的屋子里赤脚伸出去淋雨，竟然是一生中最快活的时光，诗人是随嘴一说吗？诗人的行为，用"安贫乐道"来解释就俗了。黄庭坚一生坚决"反俗"，他这句名言为人熟知："三日不读书，便觉语言无味，面目可憎。"他评论嵇康和苏轼的诗，都用过"无一点尘俗气"这样的句子；他还这样告诫子弟："士生于世，可以百为，惟不可俗，俗便不可医也。或问不俗之状，余曰：难言也，视其平居，无以异于俗人；临大节而不可夺，此不俗人也。"每次被贬官，生死之际，都是"临大节"之时，这时候的表现，最好判断一个人是否"俗人"。因而，我更愿意认为，黄庭坚有过一个不俗的生，更有一个不俗的死。

这是一个书生的行为艺术，演示的是风雅的精神家园。

读一种性情

五千年积累下来的故纸堆够多了，皓首穷经的年代也已经过去了。用今人的眼光看古文，有活气有汗味的文字才值得我们寓目。

前人说"文史不分家"，在某种意义上其实抬举了史书，史书最多只是传记文学，而且，二十四史多是"官的历史"，不是"人的历史"，所以大多乏味。只有司马迁用小说笔法书写历史，所以《史记》同时在历史与文学两面成就大德。

文章大家，一般常举"唐宋八大家"，其中，只有欧阳修、苏东坡，以及半个韩愈、半个柳宗元，把文章化作了人生，其他各家多是"做文章"，不读也罢。

而韵文，唐诗宋词元曲，都是表露个人的真性情的为好。作为诗的国度，韵文汗牛充栋，除了循着个人的嗅觉找准几家结成死党，我们一般要依赖于选家的趣味。大学问家钱锺书的《宋诗选注》，选文稍嫌偏狭，注释又如索引，唯有作者传写得极为潇洒，是一流的智性文章。可见大学者未必是好选家，因为自身个性过于鲜明，难免偏私。不会吟诗的人或许更少戒律，大约纯以性情考量文字。我翻阅唐诗选本数十册，还是觉得当代学者施蛰存的《唐诗百话》、葛兆光的《唐诗选注》选评最佳。宋词选家也多，俞平伯智性与情性俱佳，偏偏注文拘谨；唐圭章学问自然大，可惜守口如瓶。他们似乎都在比拼眼力和学问，都是给行家看的本子，现代普通读者，还是读今人的选本为宜。比如中国社会科学院文学研究所编的《唐宋词选》以及吴彬、冯统一的《唐宋词选注》，都是佳本。

为什么要读唐诗宋词？唐朝的伟大，就在于将诗歌变成了中国人的一种生活方式。以诗赋取士，天下学子的灵魂用诗句洗了一遍又一遍，身上的乡气土气酸气书呆气统统反复刷洗过后，新鲜出笼的是诗文的清气雅气爽气。宋朝把这个传统发扬光大，以文治国，成为世界上文人最有活趣的朝代。

风雅诗生活

"诗生活"当然不是说会写诗的人过的生活。写诗只是一种表情方式，进一步，以写诗的心情过日子，这才是像模像样的诗生活。如何以写诗的心情过日子？

秋风一吹，杜甫的胡须就落了。

杜甫的儿子过生日，诗人告诫儿子："诗是吾家事。"写诗是我们的家务劳动、家传遗产，多么自信，但这个以诗自得的人却从来没有因为写诗而得到任何现实的好处。他没有像别人那样为"吟安一个字，捻断数茎须"，成为诗痴；也没有本事"斗酒诗百篇"，成为诗仙；尤其没有能耐以诗句博取功名，成为诗官。他在四十岁之前留下的诗篇不过五十余首，然而他一生忠实于"诗言志"的古老传统，将诗歌创作作为一种自自然然的生活方式，这个将诗歌当作手中器玩一般稀松平常的诗人，这个用脚写诗的诗人，他一路绊倒在人生和时代的各种障碍上，一双麻鞋和一管毛笔丈量着生命的深浅，将一生的心思，都化作了诗篇。

杜甫年轻时裘马轻狂，中晚年颠沛流离，然而心灵依旧"飘飘何所似，天地一沙鸥"，人生处处有诗为证。杜甫的"诗史"固然为历史存证，但他的小诗更见性情，适合现代人见微知著的口味，比如：《又呈吴郎》："堂前扑枣任西邻，无食无儿一妇人。不为困穷宁有此，只缘恐惧转须亲。即防远客虽多事，便插疏篱却甚真。已诉征求贫到骨，正思戎马泪盈巾。"杜甫的一座故居转让给亲戚吴郎居住，故居的屋前有几棵枣树，每年枣子成熟的时节，邻居一位孤寡老妇必定来打枣充饥。最近听说吴郎将枣树围进了院子里，诗人心中大感不安，特意写下这首絮絮叨叨的诗寄去，其中包含的悲悯深情令人动容：让邻居在屋前打枣子吧，她原本是没有儿女没有食物来源的一个孤苦老人。不是因为穷极了哪会这样？正因为她怕换了屋主你更应该对她亲近。老人家提防新主人未免多虑，你用稀疏的篱笆将院子围起来却是事实。老人家为应付官府的苛捐杂税已经穷到了骨头，我想到战乱频繁民不聊生不禁老泪长流。忧国忧民不是纸上呐喊，而是日常行动。杜甫是一位"诗行合一"的真诗人，这样的诗人，后人尊为"诗圣"。在诸多诗人的文集中，这种诗意行动历历在目。

　　古人习惯将政见和学问写入大块文章，而个人情趣和私生活则率性写入笔记文字。所以策论大赋等正经文章一般都不可爱，而最有诗意的散文就落在小品、书信、笔记里面。笔记文是中国古代散文的宝库，读《东坡志林》《老学庵笔记》，你才能见到血肉丰满的苏东坡和陆游。南朝·宋刘义庆的《世说新语》，几乎是中国绅士的诗意风度博览。名士风流真潇洒，词隽味永动天下。清代李渔的《闲情偶记》，活脱脱一个追求精致生活的中国书生跃然纸上。比如他说到吃蟹：每当菊黄蟹肥时，眼中赏着菊，胃却惦记蟹了。这家伙"以蟹为命"，听得人口水津津。书中的"声容部"，对女子姿与态的点评，独有心得，大约可以作中国女性审美的教科书。清人张潮一册薄薄的《幽梦影》，经林语堂翻译为英文，成了畅销书。这是一个中国文人情趣的大观园，精致而美丽。"昔人云：若无花月美人，不愿生此世界。予益一语云：若无翰墨棋酒，不必定作人身。"这样的语句简直是为天下爱书人发表的人生宣言。

　　明清之际小品文大师很多，知堂先生认为是"王纲解枢的时代"，人的心灵解放的缘故。李贽、袁宏道、徐文长、王思任、张岱个个出手不凡，是几代白话文人的恩师，至今还看不出青出于蓝而胜于蓝的迹象。

大俗见大雅

最世俗的文字包含最本真的人性。中国民间文学异常发达，比如民歌，从诗经的国风、汉乐府诗到南北朝乐府，再到明清《挂枝儿》，一派天真烂漫，没有文人创作的故作深情，却是最本真、最诚实的爱情诗。冯梦龙甚至认为《挂枝儿》之类民歌代表着明朝文学的水准，堪与唐诗宋词元曲比肩。再如小说，唐宋传奇、明清白话小说、诸多公案小说、神怪小说（现在时髦的叫法是"魔幻小说"）等，多是民间口耳相传、茶馆戏台反复演变的故事，经文人加工固定作文本。大名鼎鼎的西游水浒三国聊斋，它们原本也是民间集体创作的结晶。

注意舞台上的中国梦幻，它是百姓日常的主要娱乐，也是民间道德发布宣讲的教坛，遍及全国各方言区的众多剧种，长期承担着寓教于乐的不可小觑的社会功能，如同今天的电视剧。《西厢记》《牡丹亭》等才子佳人戏，点燃了多少乡间少年的爱情美梦；《窦娥冤》《赵氏孤儿》等伦理道德戏，影响着无数匹夫匹妇的处世规则。戏文伙同着农家皆备的《三字经》《增广昔时贤文》《朱子家训》等家庭必备藏书，规范着中国百姓的人际关系。

明清文人的世俗生活情趣最为浓郁。冒襄的《影梅庵忆语》，沈复的《浮生六记》，难得地描述了求爱之后的婚姻生活状态，缠绵哀感，一往情深，托举出中国古人两性感情的高雅境界。而《金瓶梅》剑走偏锋，书写性福，落点悲凉；到《红楼梦》雅俗不避，终集大成。

中国文字太奇妙，所以不断有人发明高难度的玩法：骈文、大赋、格律诗、回文诗、图案诗，最后一不小心玩过火了，将一种文字游戏变成了科举方式，八股文因此祸害于世。

别埋怨中国人就知道吃，只因为中国古人充分地富裕过，才烹制出世界第一的饮食文化。也别以为古人笨得只会耕田读书，古人发明的游戏数不胜数，决不像今人的日子单调重复。今天的中国，茶的淡雅与咖啡的刺激，瓷器的温婉与铁器的铿锵，处世的淡定从容与急功近利，诗意的慰藉与物资的比拼，多元文化多元口味，是否会淹没了我们独特的口味？

埋在过去的未来

口味，是身体的怀乡；文化，是精神的怀乡。

有韵的汉语，是学问的诗意；君子，是人格的诗意；田园，是生命的诗意；风雅，是生活的诗意；大俗大雅，正是人生的诗意。

先人埋下的种子，未来会结出什么果实？

追踪古代，汉语是唯一的藏宝图，是汉语让我们成为中国人，这种世界唯一存活的象形文字，简洁，丰盈，美丽，如诗如画，风华绝代。

而中国人之美，哲学家罗素以为：中国人具有"深思熟虑的智慧，宽容的美德，深沉平和的心灵"。

而中华文化之美，历史学家汤因比如此期许："全世界在政治以外的各个领域，都按西方的意图统一起来了。恐怕正是中国肩负着给整个世界带来政治统一与和平的命运。"

而人类的未来，爱因斯坦表示：人类的希望在于倾听古代先贤释迦牟尼、耶稣和孔子的教导并依此生活。

不是洋人表扬就当真，而是提醒我们：汉语，是中国人的精神家园；古典，让我们记住回家的路。

第三十三讲　古典的中国如何活在今天
——课程结语

我们用了一整年的时间，徜徉在中国古典文化的长河里，见识了一些中国的风景，品尝了一些中国的味道，还体会到一些中国的人情风土，更见识了中国书生的高贵风骨。现在的问题是，如何让古典的中国活在今天？

读书学文化，不只是为了读书。读完以后，收到抽屉里，放在书架上。我们还要放在脑子里，放在心里，变成我们自己人格的一部分，然后指导我们今天的行动。我们用那么多时间来了解古人的生活和价值观，当然是为了尽可能去传承它。

在座的各位，比别的同学更多接触过中国文化美好的一面，你们每一个人，都是一个良好的载体，文化必须靠人来传承，你们，要当仁不让。

传承的角度有很多。首先，按我们的身份，作为学生，在古代叫书生。中国书生，如何传承中国味道的文化？这是我们要考虑的。书生在古代的社会阶层属于：士。士农工商，四民之首，是士。也就是说，在人群中，在一个国家的所有的人里面，士这个阶层是排在首位的。他的素质应该是最高的，士君子，士大夫，他是一个国家的大脑，必须引导这个国家的走向，影响庶民百姓。各位是今天的士，可别忘记你的责任，你不是个普通人。

作为士这种身份的人，从小处来说，我们要读书，而读书在古代叫"做学问"。做学问不只是读书而已，我们想去了解这个世界上的各种事物，这才叫做学问。做学问是把格物致知变成你的能力你的习惯，最终沉淀为你的人格,终其一生,对这个世界保持一种强烈的好奇心和敏感之心。正因为如此,才有了蔡邕听到琴声,感觉到其中的杀气;也正因为如此,有了张旭——草书大师,看见一个公主和一个挑夫在一条小路上迎面相逢,他们怎样错让、过道的,感觉到草书的结构流畅。还有沈括,身为外交官,在他出使边关的时候,留意到记录边境上的地形地貌将对国家边防很有用处,所以随手就用木屑、泥巴做了一个地理模型。这是世界上第一个用模型来标识地形,一目了然。这些都是学问。书本之外,天下处处皆学问。你要警醒自己,除了读文字之书,还要逼迫自己去读世界这本大书。

为什么几千年来古人只用经典来教育学生呢?这有一个深刻的道理在,那就是我们一代代学子,要跟中国历史上最优秀的那些圣贤、人杰的灵魂邂逅,发生碰撞、共鸣,知道他们对这个世界的看法、他们决定怎么去做一个人。我们如果能从小就跟中国最优秀的人杰为伴,做灵魂的伴侣,自然而然就影响到我们自己做人。所以读经典的目的不是为了考试,而是为了立人。把一个人立起来,成为一个有用的人。什么人呢?君子。

一个古老的概念被孔夫子悄悄地转换了,它原本是一个社会等级的概念,指的是贵族。在孔夫子的论述中,它变成了对人格的鉴定。我们没办法生下来选择自己的社会阶层,但是我们生下来以后有办法自己决定做个怎样的人,对吧?所以君子这个概念非常巧妙地给了中国所有的读书人一种希望:作为一个书生,你只要读懂了经典、对人世保持着良善与好奇,你就可以把自己变成一个社会中最优秀的人——君子。

君子这个概念有很丰富的内涵,我给大家说两条,最低的和最高的。最低的限度,做一个君子,要懂得廉耻,这是给自己的人生画一道底线。我这一辈子哪些事情是不应该做的、绝对不能做的,以廉耻为人生底线。然后在生命中有许多的重要时刻,可能需要我们做出艰难选择的时候,又有一种更重要的东西,叫做道义。大家还记得中国那么多史官,有受宫刑的,有被砍头的,有被打落牙齿的,但是他们一直很顽强地、实事求是地记录世界上发生的事情和皇帝的一言一行,不避讳,不遮掩，直面现实，直面历史。这些人为我们保存了最丰富的历史，中国人的历史变得历历在目，古人的生活历历在目。还有一种谏官，在朝堂上对大臣们的意见发表评议，甚至对皇帝的立场和观点做出自己的表态、产生影响。这些人就是有一种比王权更高的东西在指引他，那就是道义的力量。典型的例子像文天祥，整个国家都灭亡了，皇帝都投降了，而他自己呢？还坚持抵抗，君降臣不降，世界上哪有这样的人呐？就是因为他认为，他肩负的使命远远高于皇帝本人的命运，他要捍卫的不是王权，而是江山社稷、天下苍生。这种人，君子做到极致，就是有一种家国情怀。廉耻与道义，我希望同学们至少保有这两种品质，做一个有独立人格和自由精神的人。

　　君子有所为，有所不为，对美与善有所坚守，对丑与恶的事物断然拒绝。碰到事情的时候，你有一副侠骨热肠。小到路见不平拔刀相助，大一点到老吾老以及人之老、幼吾幼以及人之幼。你除了爱自己、爱家人，你还得学会爱别人，这个世界才值得活下去。不需要动不动说家国天下，但作为一个人，你必须要有最基本的操守，做有文化的人，有正义感的人，不会轻易被别人——不管什么身份地位的人，忽悠得失去立场，这是最基本的坚守，否则书都白读了。

　　前面是从大的方面来说，下面从小的方面来说。我们作为一个读书人，一颗文心是要有的。文心指的是什么心呢？不是世俗之心，而是由文化浸染过的敏感之心、纤细之心。它会时不时提醒你，从书本试卷中抬起头来，去眺望一轮明月与满天星光，去想想悠远美妙的事物。它永远在告诫你，你的世界，不是只有眼前的压力、疲惫与茫然。

　　文心是对美好事物的天然敏感：李白的月亮，杜甫的凤凰，袁枚的桃花，董小宛的花露，元好问的大雁，庄子的梦，李清照的文字，杨柳青青茶水清清，繁花似锦百鸟争鸣，泥人儿无言有深情……这些都是美的示范，是古人高贵文心的灿烂开放，是留给后人的遗产，我们要有能力继承它。薪火传承，起点是爱，爱是一个书生面对文化、面对人世的基本态度，是打开心眼拥抱世界的姿态。那些心眼只懂得盯着鼻子底下的一点事情的人，是自我封闭，是拒绝世界的姿态。你要问问自己，是否渴望爱，更要问问自己，是否懂得爱的姿态。所有的爱，都是从自己出发的，这一点别忘了。我们一个人要有能力爱自己，你懂得怎么爱自己，你才有能力去爱文化。爱是一种能力，是一种艺术，也是一种品质。一个懂得自爱的人会将自己辐射出去，这样的人才有一个丰盈的未来。

如此，做一个中国书生是一件美好的事情。而在任何时候，都别忘了读书这回事吧。这是中国最重要的一个传统：耕读传家。一边种田，一边读书。这个耕可以替换为任何职业，不要以为学生时代才要读书，进入工作阶段，作为一个成年人，你更要读书。读书是一辈子的事情，同时要把这件事情传递给你的下一代。

中国有许多美丽的习俗，我希望你们有能力去复活它。我们刚刚过完端午节，都吃过粽子吧？只是吃了粽子而已，还吃了什么？咸鸭蛋。还有什么？传统的节日越过越简单了。我的老家江西吉安，是有所谓五子的说法：粽子、包子、鸡子、鸭子、蒜子，一锅蒸出来，还要喝雄黄酒，祛邪。为什么是五子呢？五子登科，祝福子弟们读书都有出息。你想想看，一个古老的节日里面蕴含着多少迷人的心念。我一直说我来到深圳当老师，一个很意外的收获就是，深圳保留了重阳节登高的习俗，唐诗的意境瞬间复活了，这个在我的老家已经失传。文化就是这一点一滴的东西啊，我们要努力传承它，最好想到新的办法去复活它。

以后有的同学可能会去留学。当你在异国他乡听见鹧鸪鸟的叫声，听见杜鹃鸟的叫声，你就想起它原来说的是：不如归去、行不得也哥哥。它们说的是汉语，这是故乡的召唤，是传统文化意象对你的提醒。世上的人都会看月亮，中国人看月亮的感觉不一样。因为李白看过的月亮与众不同，张若虚看过的月亮呢，甚至唤起了我们对远古的畅想。还有广东诗人张九龄说的月亮，让我们有机会看到"海上生明月"。因为有了这些储备，你眼中的世界跟别人是不一样的。这些中国意象，会沉浸在我们的血液里。我们举手投足，我们开口点评，都会带上中国人的审美色彩，因为你心中储存了这些美好的记忆。这些值得传承下去，因为中国意象就是一种中国眼光。这样做的结果，就是获得一种诗生活，让你的生活富有诗意。不一定要写诗，但是你的灵魂、你的审美观会促使你看待世界的方式是有诗意的。是可以感慨一声，天若有情天亦老；也可以傲然地说一句，一蓑烟雨任平生。因为有这样一种诗意的心情、灵魂，所以你的生活过得更有滋有味、有风情、有风骨。

中国历史上那么多优秀的人、优秀的文化，他们创造了我们中国人的诗生活。作为中国当代书生，要真的体会到中国文化之美，然后，大家更重要的使命是传承我们的汉语。这是大家当仁不让的责任。体会汉字的美，学会使用美丽的汉语去表达。从王羲之的一幅短简，感觉到一种从形式到内容的美好。那么你以后给人发微信，也稍稍可以带上一点趣味与个性，对得起汉语，不要像俗人大众一样人云亦云。写命题作文，不要只会写正确的废话，命题作文也可以别开生面。有机会，尝试写一点原创文学作品，试一试自己的原创性的才华，你不尝试，根本不知道你是多么有才气。

汉字本身是有灵魂的，我们用好了，就在光大她的灵魂；我们懂得她的好，就传承了她的灵魂。如果更有能力的话，我们甚至可以为她赋予新的、更强大的生命，那就是为汉语做点贡献。你们生活在一个地球村的时代，中国古典文化与世界文化的交融必将精彩纷呈，在你们的一生中，或许有众多的机遇，让你们为深层次的文化交流与革新做出自己大大小小的贡献。今天，一个中国书生最重要的责任是：面对世界，用汉语发言。

同学们，拿出你的全部才华、青春豪情和热血勇气，风流犹拍古人肩。

致谢

1999年，深圳育才中学校门口的大榕树下，每周四会出现一块小黑板，上书：每周给文学一小时，悄悄滋润你的青春；读书课堂，来去自由；不分年级，没有学分；本周讲题：……（比如：我们需要一场灵魂拷问？）

这就是"青春读书课"最早开张的样子。我直钩悬水，你愿者上钩。迄今，二十余年了。我可以慨然一声：我追求过我理想中的语文。

一门课，变成一套书、一套教材，变成一套畅销书、一套畅销教材，变成一个文化现象，这是许多人心眼合力的结果。

或许，只有在蛇口这个改革试管中的学校，才会允许我做这样没有先例的试验，在特殊的意义上，深圳，只有一个育才。时任校长王庭尧，数学老师出身，却终于同意一个年轻的语文老师的冒险，其中的风险与胆识，堪称正比，惊险的比例。这门课一度遭遇某种质疑，时任校长曹衍清巧妙维护，而深圳读书月持续将这套书列入全民阅读书目，堪称精彩的平衡。

我感恩育才，感激深圳。那些正直力量的助力，增添我破空前行的勇气。

从校本教材到商务版再到海天版，从初版到修订版再到珍藏版，从育才到全国数百所中学，我听见了远远近近的同仁的呼应，也耳闻了高高低低的民间的呼声，我见证了特区出版人的坚守，那些理想的光芒，让我们映照了彼此的生命。

与"青春读书课"同时面世的春韵网站上，不断有各地同仁要求我发布授课笔记。这样一套没有教参的读本，该如何讲授，大家都在探索，并希望看到来自大本营的消息，于是，我为这门选修课设置了课代表——"青春读书课"版主，每一届听课同学中总有一两位慨然应命，自愿承担这个费时费力的工作，同步将听课笔记发布在春韵网上，并与全国师生在线交流，砥砺前行。

从首任版主杨建梁同学，为每一讲收集众多参考材料，引导大家拓展思维，到张木子、张铂镭等众版主，一笔不苟地全程文字实录，效率不亚于专业速记员。其中钟立普同学，因为要选修别的课程而被迫告别了版主的职务和读书课堂，却恳请同学帮忙课堂录音，课后自己输入成文字版在网上发布，就这样坚持了一年。因为一门课，我们彼此眷恋，且感动彼此。

这些年轻的脸庞，这些明亮的眼神，这些激情洋溢的青春，这些纯净向善的灵魂，伴随着这些文字，呈现于你的眼前，就是你手上的这本书，我们多年来在深圳育才中学讲授"青春读书课"的课堂实录。

如今，在读者的要求下，讲义整理出版。

是"青春读书课"版主们不辞辛劳，保留了课堂现场的原声。

他们的名字是：

杨建梁、张木子、张铂镭、钟立普、李天下、苏蔓菲、赵宏明、邓亮宏、陈奕熹、王子雍、曾珈琦、王瑜晖、郑文静、郑绮云、董捷……

谢谢你们的陪伴，感激你们的付出。

愿"青春读书课"成为你黄金时代的辉煌记忆。

严凌君

2020年冬至于蛇口